F

# FLORENZ

»

Wenn Italien, wie die Dichter singen, mit einer schönen Frau vergleichbar, so ist Florenz der Blumenstrauß an ihrem Herzen.

«

*Heinrich Heine*



baedeker.com

# TOP 14

*Die Top-Sehenswürdigkeiten von Florenz*

## BATTISTERO SAN GIOVANNI

Bronzereliefs in Vollendung an der »Pforte zum Paradies« machten das Baptisterium weltberühmt. **S. 40**

## DUOMO SANTA MARIA DEL FIORE

Eine Kathedrale »so schön wie nur irgend möglich« wollten die Florentiner. Es ist ihnen gelungen.
**S. 55**

## GALLERIA DELL' ACCADEMIA

Hier steht die berühmteste Statue der Welt: der David von Michelangelo.
**S. 73**

## GALLERIA DEGLI UFFIZI

Michelangelo, Botticelli, Giotto: In der Stadt der Künste darf eine Gemäldesammlung von Weltrang nicht fehlen.
**S. 80**

## MUSEO ARCHEOLOGICO

Etruskisches, Römisches, Pharaonenschätze. Und eine Bronzeskulptur, die die Stadt Arezzo gerne zurückhätte. **S. 103**

## MUSEO NAZIONALE DEL BARGELLO

Herausragende Werke der Bildhauerkunst inkl. eines kleinen, zarten David. **S. 107**

## MUSEO DELL' OPERA DEL DUOMO

Das Museum der Dombauhütte zeigt wertvollste Architekturstücke im Original. **S. 112**

## PALAZZO PITTI

Mehrere hochkarätige Kunstsammlungen in prachtvollen Ausstellungsräumen.
**S. 128**

## PALAZZO VECCHIO

Von der »freien gerechten Bürgerrepublik Florenz« zeugt der mächtige, wehrhafte Palast. **S. 138**

## PIAZZA DELLA SIGNORIA

Parkplatz für Pferdekutschen? Nein. Dieser Platz ist das pulsierende Herzstück der Stadt und Schauplatz vieler Feiern.
**S. 147**

## SAN LORENZO

Hier haben sich die Medici in aller Grandeur verewigt. **S. 158**

## SAN MARCO

Verborgen hinter einstigen Klostermauern locken die restaurierten Fresken des Mönchs Fra Angelico. **S. 165**

## SANTA CROCE

Eine würdige Ruhmeshalle in hellem Marmor für berühmte Persönlichkeiten wie Galileo Galilei oder Lorenzo Ghiberti in der größten Franziskanerkirche der Welt.
**S. 174**

## SANTA MARIA NOVELLA

Die kunsthistorische Bedeutung der Kirche liegt in der epochalen Renaissancefassade und ihren faszinierenden Fresken.
**S. 183**

# DAS IST FLORENZ



# TOUREN

## LEGENDE

**Baedeker Wissen**

● Textspecial, Infografik & 3D

**Baedeker-Sterneziele**

★★ Top-Sehenswürdigkeiten

★ Herausragende Sehenswürdigkeiten

## SEHENSWERTES VON A BIS Z

## HINTERGRUND



## ERLEBEN & GENIESSEN



## PREISKATEGORIEN

**Restaurants**
Preiskategorien
für ein Hauptgericht

| | |
|---|---|
| €€€€ | über 40 € |
| €€€ | 25 – 40 € |
| €€ | 15 – 25 € |
| € | bis 15 € |

**Hotels**
Preiskategorien
für ein Doppelzimmer

| | |
|---|---|
| €€€€ | über 250 € |
| €€€ | 170 – 250 € |
| €€ | 100 – 170 € |
| € | bis 100 € |

## PRAKTISCHE INFORMATIONEN



## ANHANG

## MAGISCHE MOMENTE

## ÜBERRASCHENDES

D

# DAS IST …

## *Florenz*

Die großen Themen
rund um die Hauptstadt der Renaissance.
Lassen Sie sich inspirieren!

Auch ohne Fernglas ein perfekter Blick:
Von der Piazzale Michelangelo schaut
man über die Dächer von Florenz. ►

# ANGELSÄCHSISCHER TRAUM VON ITALIEN

Mit dem Baedeker in der Hand spaziert sie durch Florenz – die Heldin aus »Zimmer mit Aussicht«, dem wohl berühmtesten Roman der englischen Florenzliebhaber. Kunst und Architektur lockten, viele Engländer und Amerikaner fanden hier ihr Arkadien, kauften Medici-Villen, sammelten und handelten mit Kunst und Antiquitäten oder wurden zu internationalen Renaissance-Spezialisten.

Lucy Honeychurch genoss in ihrem »Zimmer mit Aussicht« den Blick auf Stadt und Arno ▶

**SO** etwa die Dichterin Elizabeth Barrett Browning: Sie stammte aus einer reichen Plantagenbesitzerfamilie und konnte ihren geliebten Dichter Robert Browning nur heimlich heiraten. Für ihr gemeinsames Leben wählten sie 1847 Florenz. Ihr Heim in der **Casa Guidi** an der Piazza San Felice 8 wurde Treffpunkt für Künstler, Historiker und Politiker, denn wie viele Ausländer glühte Elisabeth für den damaligen Kampf der Italiener um ihre nationale Einheit. Seit 1861 ruht sie auf dem **Cimitero degli Inglesi,** dem kleinen Friedhof der Engländer am Piazzale Donatello mit seinen Zypressen und im Frühjahr mit herrlichen Lilien. Er ist immer noch eine idyllische, wenn auch heute vom Verkehr umbrandete Insel.

## Stadtverschönerung

Die Florentiner lieben ihre Stadt – aber dass sie bis heute so prachtvoll aussieht, ist auch ausländischen Investoren zu verdanken. Denn die **Liebe zu Florenz** veranlasste manche der angelsächsischen Residenten, ihr Vermögen in Restaurierungen zu stecken: So finanzierte der Geologe und Kunstsammler Francis Joseph Sloane Mitte des 19. Jh.s. die neue Fassade von Santa Croce und ließ heruntergekommene Villen instand setzen, darunter die große Landvilla der Medici in Careggi.

## Kampf um die Erhaltung

Die englische Schriftstellerin Vernon Lee setzte sich dafür ein, den massiven baulichen Eingriffen ins alte Stadtbild in der 2. Hälfte des 19. Jh.s Einhalt zu gebieten. Gemeinsam mit zahlreichen ausländischen und italienischen Intellektuellen rief sie 1898 die Società per la Difesa di Firenze Antica ins Leben, zur **»Verteidigung des alten Florenz«.** Denn seit die Stadt im Zuge der Nationalstaatswerdung Italiens von 1865 bis 1871 sogar italienische Hauptstadt gewesen war, waren ganze Viertel der Anlage neuer Plätze (z. B. die Piazza della Repubblica) und breiter Straßen zum Opfer gefallen.

## A SENTIMENTAL JOURNEY

»Ein Amerikaner in Paris« – dieser Titel ist weltbekannt, aber »Ein Engländer in Florenz«? Nie gehört! Dabei war die Stadt für viele Engländer und Amerikaner vor allem im 19. Jh. und um die Jahrhundertwende ihr Sehnsuchtsort. Sie kamen, manche blieben sogar ganz und hinterließen viel Sehenswertes und interessante Geschichten. Kunsthändler und Sammler Herbert P. Horne wollte wie in der Renaissance leben, das zeigt sein wunderbares Museum in einem Renaissancepalazzo. (▶ S. 179). Und eine regelrechte Schatzkammer exzentrischer Sammlerleidenschaft ist das Museum von Frederick Stibbert (▶ S. 118).

Umgeben von Schwertlilien ruht Elisabeth Barrett Browning auf dem Friedhof der Engländer

## »Americans in Florence«

Vernon Lee ist übrigens, wie auch die beiden Museumsgründer Horne und Stibbert, auf dem **Cimitero Evangelico agli Allori** begraben, einem weiteren sehenswerten Friedhof für Ausländer (Via Sienese 184). Dort liegt auch der Angloamerikaner Sir Harold Acton (1904–1994), der alte Meister sammelte, Bücher über die Medici schrieb und die wunderbare Villa La Pietra bewohnte, heute der kunsthistorische Campus der New York University. Das bedeutendste Zentrum für Studien zur italienischen Renaissance (Center for Italian Renaissance Studies) geht auf einen amerikanischen Kunsthistoriker zurück, auf Bernard Berenson (1865–1959) und seine Villa I Tatti mit Archiv, Kunstsammlung und zauberhaftem Renaissancegarten.

## Englische Ausländer

Übrigens kamen so viele Engländer nach Florenz, dass »Engländer« zum **Synonym für alle Ausländer** wurde – der gern kolportierte Satz eines Hotelpagen an seinen Direktor bringt das auf den Punkt: »Die Engländer sind da, ich weiß aber nicht, ob es Russen oder Deutsche sind.« Manchmal waren die Engländer also auch Deutsche oder Schweizer. So der symbolistische Maler **Arnold Böcklin**: zu seinem berühmten Bild, »Die Toteninsel«, das er in fünf Versionen 1880 bis 1886 malte, soll ihn der kleine Cimitero degli Inglesi inspiriert haben. Sein Malerkollege **Max Klinger** erwarb 1905 für den Deutschen Künstlerbund die klassizistische Villa Romana, seither das Atelierhaus für deutsche Künstlerstipendiaten und mit seinem reichen Ausstellungsprogramm heute fester Bestandteil des Florentiner Kulturlebens.

# FESTE AUF FLORENTINISCH

Ein Spektakel wie beim Calcio Storico (»Historischer Fußball«) unter der heißen Junisonne auf der Piazza vor der Kirche Santa Croce gibt es nur in Florenz. Doch vor der großen Rauferei haben elegante Fahnenschwenker ihren Auftritt: In schicken Strumpfhosen und Wämsern von anno dazumal lassen sie ihre Fahnen tanzen.

**DER** Calcio Storico geht noch auf mittelalterliche Zeiten zurück, zum wichtigsten Spiel kam es aber am 17. Februar 1530. Damals, während der Belagerung durch Karl V., trafen sich die jungen Männer aus der Florentiner Oberschicht mit dem Ruf **»Viva Fiorenza«** zum Fußballspiel auf der Piazza, stolz, trotzig und als demonstrative Geste, dass man sich nicht unterkriegen ließ. 1556 oder 1571 malte Giovanni Stradano das Spiel als Fresko – zu bestaunen ist es in der Sala di Gualdrada im Palazzo Vecchio.
Heute findet das Spiels am 24. Juni, dem Tag des Schutzpatrons von Florenz statt: **San Giovanni Battista** – Johannes der Täufer –, ihm ist auch das Baptisterium geweiht. Der Tag endet mit einem grandiosen Feuerwerk, das seinen Lichterregen über den Arno ausschüttet: Dicht stehen die Menschen an dessen Ufer und auf den Flussbrücken und lassen sich verzaubern.

## Tradition von Amts wegen

Die Florentiner lieben ihre Stadt und sind stolz auf ihre Geschichte. Und das dürfen ruhig alle sehen: Das Assessorato per le Tradizioni Popolari, das Rathausamt für die volkstümlichen Traditionen, hat erst jüngst wieder einige Traditionen neu eingeführt, so den **Wachwechsel** vor dem Palazzo Vecchio, dem historischen Rathaus auf der Piazza della Signoria. Zu allen Festen marschieren die Akteure des **Corteo Storico della Repubblica Fiorentina** in historischen Kostümen auf, angeführt vom Gonfaloniere di Giustizia, dem Bannerträger der Gerechtigkeit mit der städtischen Standarte, einer roten Lilie auf hellem Grund. Ein Höhepunkt ist der Auftritt der Sbandieratori, der **Fahnenschwenker.** Mit größter »Sprezzatura«, damit ist die typische florentinische »Coolness« gemeint, lassen sie zum Rhythmus des Trommelwirbels die historischen Wappenbanner präzise und hoch durch die Luft wirbeln. In Fahnenschwenkervereinen lernen Jungen das schon von klein auf. Fahnenschwenker begleiteten im Mittelalter auf dem Schlachtfeld ihre jeweilige Kompanie und taten mit den hoch übers Schlachtgetümmel fliegenden Bannern anhand des Fluges, der Farben und der Wappen dem Oberkommando den Zustand der Kompanie kund.

## Florentiner Neujahr

Und es gibt noch einen Termin, an dem die Florentiner Seite an Seite mit den Touristen in ihrer Stadtliebe schwelgen: zum **Capodanno Fiorentino** am 25. März, dem in Mittelalter und Renaissance gefeierten Florentiner Neujahr, das auf den Tag fiel, an dem im Kirchenkalender das Mysterium der Verkündigung der Geburt Jesu gefeiert wurde. Schließlich findet man in Florenz man einige der schönsten Gemälde überhaupt, auf denen der Erzengel Gabriel Maria verkündet, dass sie den Sohn Gottes austragen werde: die Annunciazione des Filippo Lippi (1440–1442), das zauberhafte Fresko von Fra Angelico (um 1450) oder Leonardos Verkündigung (ca. 1472–1475). Am 25. März startet gegen 14.30 Uhr der Corteo Storico an der Piazzetta di Parte Guelfa, zieht durchs Zentrum über die Piazza della Repubblica, die Piazza del Duomo und weiter auf die Piazza della Santissima Annunziata. Diese **historische Neujahrszeremonie** wurde übrigens auch erst im Jahr 2000 wieder aufgenommen.

Der Calcio Storico ist nichts für zarte Gemüter

## WILDE KERLE

Auf der Piazza Santa Croce sind jedes Jahr am 24. Juni die wilden Kerle in ihrem Element: Zwei Mannschaften treten beim 50-minütigen Calcio Storico vor der eleganten Fassade der Kirche Santa Croce gegeneinander an. Das Spiel ist eine Mischung aus Rugby, American Football und Wrestling – und ein wenig Fußball. 27 Spieler hat jede der beiden Mannschaften – 54 muskulöse Mannsbilder, viele über und über tätowiert, in historischer »Sportkleidung« (bunt gestreiften Pluderhosen im Pagenstil). Rau geht es zu, ja, das feine Florenz hat auch seine rohe, ungehobelte Seite.

(▶ S. 291)

# MYTHOS MEDICI

Die Geschichte der Familie de' Medici bietet feinstes Material für Seifenopern, Thriller und Wirtschaftskrimis –so ist diese sagenumwobene Familie vielen zumindest aus dem TV oderRomanen bekannt. Zwar sind Machtkämpfe und Intrigen spannend, aber die Medici haben weit mehr geleistet und Florenz verdankt ihnen viel: Durch ihre gezielte Förderung kamen in der Stadt bedeutende Künstler, Denker, Baumeister und Wissenschaftler zusammen, die einzigartige Werke hinterließen.

Im Palazzo Medici-Riccardi zeigt sich der Reichtum der Medici ▶

Am 6. Januar (Epiphanias, ital. »epifania«), ziehen beim Dreikönigszug, der Cavalcata dei Re Magi, die Akteure als prächtig gekleidete Edelleute durch Florenz

**ÜBER** 700 Figuranten schreiten im Zug mit, unter anderem historische Gruppen, allen voran die Compagnia de' Magi, die Bruderschaft der Heiligen Drei Könige. Sie war im 14. Jh. in karitativer Absicht entstanden, als Reaktion auf die schlimmen Pestepidemien. Mit der Zeit entwickelte sie sich zum **Honoratiorenklub** der großen Florentiner Familien, die ebenfalls im Zug vertreten sind. Das Spektakel ist fast so prächtig wie der Dreikönigszug auf den Fresken von Benozzo Gozzoli und hat nichts mehr zu tun mit der Aufwartung der drei Könige aus dem Morgenland, voller Demut und andächtig kniend vor dem Jesuskind in der ärmlichen Krippe, wohl aber mit der Selbstdarstellung der Florentiner Gesellschaft der ersten Hälfte des 15. Jahrhunderts. Und mittendrin die mächtigen Medici – Europas berühmteste Familie, mit sieben Kardinälen, zwei Päpsten und zwei Königinnen im Stammbaum –, die die **Heiligen Drei Könige** in gewisser Weise zu ihren Ikonen erkoren hatten.

Cosimo de' Medici, der Alte, stand der Dreikönigsbruderschaft ebenso vor wie sein Sohn Pietro und sein Enkel, der spätere Lorenzo der Prächtige. Der erhebliche Ausbau des Dominikanerklosters **San Marco,** in dem sich die Bruderschaft regelmäßig traf, war den Geldgeschenken Cosimos zu verdanken.

## Mechanismen, die bis heute gültig sind

Zunächst waren die Medici übrigens keine Fürsten, und Florenz war eine Bürgerrepublik. Das heißt, keine Familie konnte mittels monarchischem Anspruch dominieren. Sie musste sich vielmehr erst durch Reichtum und **geschickte Netzwerkpolitik** Einfluss verschaffen. Zu ihrem Vermögen war die Familie der Medici nach den Anfängen als Tuch- und Wollhändler durch Kreditvergabe gekommen. Sie betrieben eifrig **Lobbyarbeit** und pflegten ein Wertesystem im Sinne der Renaissance mit einer neuen Vorstellung vom Menschen als einem höheren Seelenwesen, das sich in der Kunst spiegelte. So ging es den Medici nicht nur darum, noch mehr Reichtum anzuhäufen: **Lorenzo der Prächtige** etwa gab sogar mehr aus, als er einnahm – für die Unterstützung von Künstlern und für neue Bauten.

## Endlich Fürsten

Neue Forschung zeigt: Um 1430 war Florenz durch Pestwellen vergleichsweise entvölkert und so brauchten die Medici nur etwa 2000 Gefolgsleute, um an die Macht zu gelangen. Mit dem Titel »Herzog« (1532) und schließlich »Großherzog« (1569), der 1575 auch vom Kaiser anerkannt wurde, stiegen sie zu **absolutistischen Herrschern** auf und zählten zu den bedeutendsten Familien Europas.

## Glorreiches Ende

Den krönenden Schlusspunkt des Familienclans setzte im 18. Jahrhundert die kinderlos gebliebene **Anna Maria Luisa de' Medici** (▶ Interessante Menschen) – nach 350 Jahren gab es keine weiteren Erben, aber von ihrer Mission für die Stadt ließ die Familie bis zuletzt nicht ab. Nach ihrem Tod 1743 vermachte Anna Maria Luisa daher ihren gesamten Besitz ihrer Heimstadt Florenz: die sagenhafte Gemäldesammlung der Uffizien, die Bibliothek von Lorenzo, die kostbaren Sammlungen im Palazzo Pitti, all das sollte fortan **»zur Freude und Erbauung der Bewohner und der zukünftigen Besucher der Stadt«** dienen. Und das tut es bis heute.

## DIE MEDICI – LIVE UND IN FARBE

Prächtig gekleidete »Edelleute« wie zu Zeiten der Medici erlebt man am 6. Januar beim Dreikönigszug durch Florenz. Ganzjährig sind die Fresken von Benozzo Gozzoli in der Kapelle des Palazzo Medici-Riccardi samt dem Zug der Heiligen Drei Könige zu bestaunen. Und seit 2020 präsentiert das private Museo de' Medici einmalig weltweit die Familiengeschichte der Medici anhand von Porträts, Skulpturen, Mobiliar und zig authentischen Dokumenten.
(Via dei Servi 12; tgl. 10–18 Uhr, www.museodemedici.com, Eintritt: 9 €)

# »AMERICAN DREAM« IN ITALIEN

Welche Frau möchte nicht, dass ein Mann einmal vor ihr niederkniet …? Schuhmacher Salvatore Ferragamo kniete vor einer stattlichen Anzahl an Damen – vor den schönsten und begehrtesten ihrer Zeit. Ferragamos Story ist eine Geschichte voller Talent, Willen und Glamour, die in Florenz zu ihrem Höhepunkt kommt.

◄ Eigentlich lagen die Frauen doch eher Signore Ferragamo zu Füßen …

## BELLA FORMA AM FUSS

»Gib einem Mädchen die richtigen Schuhe und es wird die Welt erobern«. Ein solcher Satz kann nur von Marilyn Monroe stammen. Den richtigen Schuh fand sie bei Salvatore Ferragamo. Außergewöhnliche Schuhmacher für außergewöhnliche Kunden bietet Florenz, die Stadt der »bella forma«, etwa im spektakulären Ferragamo-Museum im Palazzo Spini-Feroni (▶ S. 188). Die Tradition geht weiter, mit heutigen Meistern des feinen Schuhwerks wie Edgardo Osorio (Aquazzura, Lungarno Corsini 42, www.aquazzura.com) oder Vivian Saskia Wittmer (Via di Santa Lucia 24r, www.saskiascarpesumisura.com).

**1898** wurde Salvatore Ferragamo in eine einfache Familie in einem Dorf bei Neapel geboren. Schon als Kind verbrachte er jeden Nachmittag beim Dorfschuster. Schon mit neun Jahren fertigte er für seine Schwester ein paar Schuhe an. Im Alter von gerade einmal sechzehn Jahren wanderte er – wie viele Jungen seiner Generation – nach Amerika aus, um dort sein Glück zu versuchen. Er ging nach Boston, wo sein Bruder in einer Schuhfabrik arbeitete, und gelangte schließlich bis nach **Hollywood**, wo er für Filmausstatter tätig war, um das passende Schuhwerk für die Schauspieler zu entwerfen.

Die Schuhe fertigte er natürlich selbst. Sie waren schön, fantasievoll und maßgerecht auf den Fuß der Schauspieler zugeschnitten. Sein Perfektionismus ging so weit, dass er sogar **ein paar Semester Anatomie** studierte, um vor allem die High Heels so zu gestalten, dass sie bequem zu tragen waren. Klar, dass die Diven auch privat nur noch ihn an ihre Füße ließen.

### Einzug in den Palazzo

Doch es zog ihn zurück nach Italien, genauer gesagt nach Florenz. Bei seiner Rückkehr 1927 hatte er seinen **Ruf als genialer Schuhmacher** im Gepäck und im Kundenbuch Namen großer Filmstars wie Greta Garbo. Das Geschäft boomte, sodass er sich 1938 den schönsten mittelalterlichen Palast von Florenz leisten konnte, den **Palazzo Spini-Feroni** an der Via de' Tornabuoni, schon immer eine Spitzenadresse. Hier trafen sich dann in den 1950er-Jahren Filmdiven, der internationale Jetset und gekrönte wie ungekrönte Häupter in seinem Showroom.

### Der Ferrari unter den Schuhen

Ferragamo lebte also den **»American Dream«** in Italien – vom einfachen Dorfjungen zum gefeierten Schuhmacher der Stars. Als in den Jahren vor dem Krieg das Leder knapp wurde, erfand Ferragamo die berühmte Keilsohle aus Kork. Sein **Erfindungsreichtum** in Sachen Materialien und Schuhaufbau ist legendär, über 300 Patente meldete er an. Für **Audrey Hepburn** schuf er zauberhafte Sandaletten und Ballerinas. **Marilyn Monroe** bat ihn angeblich, einen Schuh immer einige Millimeter höher zu fertigen, um ihren berühmten Wiegegang zu akzentuieren. Die Innovationskraft Ferragamos beweisen die 15000 Schuhmodelle im Museum. Ferragamo starb 1960, doch Witwe Wanda (1921–2018) und die sechs Kinder bauten sein Werk zum **internationalen Modehaus** mit jährlich 1,5 Mrd. € Umsatz aus. 2019 wurde die kleine Piazza zwischen Ponte Vecchio, Via dei Bardi und via Guicciardini nach Wanda und Salvatore Ferragamo benannt.

## Die Konkurrenz

Nur ein paar Schritte vom Ferragamo-Palazzo entfernt kommt man am Ufer des Arno am Palazzo Corsini vorbei und entdeckt die **Schaufenster von Aquazzura:** wunderschöne High Heels und flache Sandaletten werden wie Juwelen präsentiert. In den Kreationen des Shootingstars am Schuhdesignerhimmel, des jungen Kolumbianers **Edgardo Osorio,** seit 2011 in Florenz, laufen heutige Stars wie Rihanna und Jennifer Lawrence über rote Teppiche. Der Männerfüße nimmt sich Maßschuhmacherin **Vivian Saskia Wittmer** aus Berlin an. 2001 eröffnete sie blutjung ihre Werkstatt in Florenz. Zur Anprobe ihrer eleganten Mokassins und klassischen Schnürer fliegen arabische Scheichs und englische Banker in die Stadt der »bella forma«.

Ferragamos Schuhe: extravagant auf jeden Fall, aber auch immer tragbar?

# KUTTELN UND LABMAGEN

Ortstypisches Essen probieren und an Ständen auf der Straße oder an Foodtrucks kleine Leckereien kosten, gehört zu den besonders reizvollen Erlebnissen. In Florenz zählen dazu »Trippa« und »Lampredotto«, beides auf Brötchen. Heute ist dieses Streetfood-Panino mehr denn je regelrecht Kult, und die kulinarische Entdeckung, die man nur in Florenz machen kann.

Lampredotto im Brötchen – trauen Sie sich einfach mal! ▶

## STREETFOOD ALLA FIORENTINA

Viele denken bei italienischem Essen an Pizza und Pasta. Das ist ja auch nicht verkehrt, aber es gibt noch sehr viel mehr – vor allem Leckereien, die man andernorts so nicht findet. Trauen Sie sich doch einfach, etwas Unbekanntes zu probieren, zum Beispiel Lampredotto. Das ist zarter dunkler Labmagen vom Rind auf Brötchen. Den bekommt man zum Beispiel am Streetfoodstand Trippaio del Porcellino an der Loggia Mercato Nuovo oder bei Nerbone im Mercato Centrale. (► **S. 45**)

**DIESES** uralte Armeleuteessen aus Schlachtabfällen wirft auch ein Licht auf den sparsamen Charakter der Florentiner – nichts wird verschwendet. Kein Wunder also, dass sich diese Köstlichkeit heute wieder besonderer Beliebtheit erfreut – denn wir sind ja alle bemüht, einen Ausweg aus der Wegwerfmentalität zu finden. **Nachhaltigkeit** ist angesagt und der Slogan »Von der Schnauze bis zum Schwanz« geistert durch die angesagten Streetfood-Festivals und die Speisekarten der Hipster-Bistros.

## Raffiniert einfach

In Florenz sieht man das gelassen, hier war das schon immer so. Auf der einen Seite kulinarische Raffinesse – die übrigens Katharina de' Medici nach Frankreich mitnahm, als sie 1533 den zukünftigen französischen König Heinrich II. ehelichte. Sie hatte ihre Köche beim Umzug von Florenz nach Paris dabei, und daraus, so heißt es, soll sich die französische Cuisine entwickelt haben. Auf der anderen Seite gab es die **Florentiner Metzger** mit ihrer jeweiligen Spezialität: Beim Pollaio ging nur Geflügel über die Theke, beim Agnellaio bekam man Schaf- und Ziegenfleisch, beim Frattagliaio Innereien wie Nieren, Darm, Leber usw., beim Testaio Kalbs- und Schweineköpfe mit zarten Backen, Öhrchen, Bries und Zunge. Und beim Trippaio Kaldaunen, Pansen, Labmagen; die Zunft der Trippai galt in Mittelalter und Renaissance als die älteste und traditionsreichste, das beweist die Wichtigkeit dieser Leib- und Magenspeise. Die Botteghe, die Läden der Metzger, befanden sich auf der **Ponte Vecchio.** Blut, Knochen und Abfälle konnten über Luken im Boden direkt im Fluss entsorgt werden. Als die Medici im 16. Jh. Großfürsten von Florenz wurden und der Stadt u.a. mit dem Bau der Amtsgebäude Uffizien auf der rechten und des neuen Wohnpalastes Palazzo Pitti auf der linken Arnoseite einen neuen urbanen Stempel aufdrückten, wurde auch der berühmte **Vasari-Korridor** gebaut: Cosimo I. gab ihn 1565 bei seinem Hauskünstler und -architekten Giorgio Vasari in Auftrag; er sollte die beiden Gebäude verbinden, sodass die Medici ungesehen und geschützt vom einen in den anderen gelangen konnten. Er verlief hoch über den Botteghe des Ponte Vecchio. Die Metzger mussten weichen, und die Goldschmiede zogen in die Läden auf der Brücke. Aber das nur nebenbei.

Das Anstehen lohnt sich, will man eines der leckeren Lampredotto-Brötchen ergattern

## Hier lohnt es sich

Zum Brötchen – in Florenz die runde hohle Semella – mit Lampredotto schmeckt besonders gut grüne Soße aus gehackten Kräutern und Sardellen, dazu viel frischer Pfeffer und ein Glas roter Chianti-Wein, den im Mercato Centrale z. B. die Enoteca Marconcini (seit 1957) und die Morfea Antica Cantina del Chianti anbieten. **Trippa und Lampredotto** sind im Mercato Centrale bei Nerbone (seit 1872) und Bambi (seit 1890) zu empfehlen.
Weitere Top-Anbieter sind der **Trippaio del Porcellino** am Mercato Nuovo, das Duo aus Vater Sergio und Sohn Pierpaolo in der **Tripperia Pollini** (Via de' Macci 126), außerdem **L'Trippaio di San Frediano** auf der Piazza dei Nerli, **L'Trippaio Fiorentino** (Via Gioberti 103) sowie natürlich der **L'Antico Trippaio** (Piazza De' Cimatori). Buon appetito!

# T
# TOUREN

## *Durchdacht, inspirierend, entspannt*

Mit unseren Tourenvorschlägen lernen Sie die besten Seiten von Florenz kennen.

Am Herzstück der Stadt, der Piazza della Signoria mit dem Neptun-Brunnen, führt kein Weg vorbei ►

Fortezza da Basso o di San Giovanni Battista
Palazzo delle Esposizioni
Stazione Centrale F. S. Santa Maria Novella
★★ Santa Maria Novella
★★ San Lorenzo
Palazzo Medici-Riccardi
★★ San Marco
★ Piazza della Santissima Annunziata
Galleria dell' Accademia
★★ Dom
Palazzo Antinori
Battistero San Giovanni
Piazza del Duomo
★★ Duomo Santa Maria del Fiore
★ Orsanmichele
★ Palazzo Rucellai
Palazzo Strozzi
★ Santa Trinità
Roberto Casamonti
Palazzo Spini-Ferroni
★★ Museo Naz. del Bargello
Casa Buonarroti
★★ Piazza della Signoria
Piazza Santa Croce
★★ Galleria degli Uffizi
★ Ponte Vecchio
★ Santa Maria del Carmine
★ Santo Spirito
★★ Palazzo Pitti
★ Giardino di Boboli
Ponte alle Grazie
Piazzale Michelangelo
★ San Miniato al Monte
Forte di Belvedere
SAN FREDIANO
SANTO SPIRITO
SAN GIORGIO
SAN NICCOLÒ
Fiume Arno
400 m
©BAEDEKER

# UNTERWEGS IN FLORENZ

*In Florenz gibt es unglaublich viel zu entdecken – nicht nur Kunstwerke, sondern auch malerische Kirchen und Brücken aus dem Bilderbuch, dazu beeindruckende Plätze und prunkvolle Palazzi. Die Stadt war und ist ohne Frage reich. Schlendern Sie mit einem Eis in der Hand durch die Straßen und lassen Sie sich von der Welt der Renaissance verführen!*

Überwältigende Fülle an Kunstwerken

Man kann Florenz natürlich auch nur wenige Stunden besuchen, aber so ein kurzer Trip kann nur einen ersten Eindruck von der überwältigenden Kunststadt vermitteln. Besser ist es, sich **einige Tage** Zeit zu nehmen. Sehr zu empfehlen ist eine Woche, dann hat man Gelegenheit, die unermessliche Fülle an Kunstwerken zu entdecken. Allein die Uffizien, eine der **bedeutendsten Gemäldegalerien der Welt,** erfordern einige Stunden oder bei großem Interesse auch einen Tag.

Stadt der kurzen Wege

Florenz erlebt man am besten zu Fuß! Die Innenstadt ist Fußgängerzone und so auch für Radler nicht ideal. Alle Sehenswürdigkeiten liegen nah beieinander. Und Tram- und Buslinien erleichtern den Weg zu weiter außerhalb liegenden Highlights. Stolz ist die Stadt auf das erfolgreiche Projekt »Florenz barrierefrei« und den Preis »Access City 2021«. Detaillierte Infos und nach Vorbestellung kostenfreie Rollstühle erhalten Sie im Info Point Piazza Stazione 4 (Vorbestellung: Tel. 055 21 22 45, touristinfo@comune.fi.it, www.feelflorence.it/de/node/11322).

# ABSOLUTE HIGHLIGHTTOUR

**Start und Ziel:** Vom Dom zum Giardino di Boboli | **Dauer:** 1–2 Tage

Tour 1

*Tour 1 umfasst die Piazza del Duomo und die Piazza della Signoria, zwei nahe beieinanderliegende Plätze, die auf kleinem Raum weltberühmte Kunstschätze versammeln. Die Tour ist ein Muss in jedem Besichtigungsprogramm. Da man für die Uffizien, eine der bedeutendsten Gemäldesammlungen der Welt, und für die wertvolle Kunstkollektion im Palazzo Pitti jeweils mehrere Stunden braucht, sollte man für den Rundgang eher zwei Tage vorsehen.*

Ausgangspunkt des Rundgangs ist die ❶ **Piazza del Duomo,** die von dem beeindruckenden ★★ **Duomo Santa Maria del Fiore** mit seiner majestätischen Kuppel und dem freistehenden harmonischen Campanile eingenommen wird. Das ★★ **Battistero San Giovanni** daneben fasziniert vor allem durch sein wunderschönes Paradiesportal, das hier in Kopie zu sehen ist. Da das Original im ★★ **Museo del Opera dell' Duomo** gezeigt wird, sollte man den Besuch dieses Museums mit einplanen. Eine Option ist das neue **Museo della Misericordia** am Domplatz, ein kurioses Fotomotiv der **Sasso di Dante** (Dantes Stein) auf der angrenzenden Piazza delle Pallottole.

Man geht nun die Via Calzaiuoli zur Kirche ❷ ★ **Orsanmichele** mit herrlich restauriertem Skulpturenschmuck. Folgt man der Straße weiter, erreicht man die ❸ ★★ **Piazza della Signoria,** das pulsierende Herz von Florenz. Eine wichtige Rolle in der Stadtgeschichte spielt der ★★**Palazzo Vecchio.** Die gotische ★**Loggia dei Lanzi** bewahrt Paradewerke der Bildhauerkunst. Es locken das Modemuseum **Gucci Garden** mit Guccis Dreisterne-**Osteria da Massimo Bottura** sowie erlesene Speisen und Weine im **Ristorante Frescobaldi**.

**Über den Arno**

Vor dem Besuch der ❹ ★★ **Galleria degli Uffizi** können Sie eine kleine Pause einlegen im Café Rivoire, das für seine Trinkschokolade berühmt ist. Das nächste Ziel ist der nahegelegene malerische ❺ ★ **Ponte Vecchio** mit beeindruckenden Auslagen der Goldschmiede. Nach Überqueren der Brücke erreichen Sie vorbei an der Kirche **Santa Felicità,** der wohl ältesten Kirche der Stadt, nach kurzem Anstieg den ❻ ★★ **Palazzo Pitti,** dessen Sammlungen ebenfalls Weltniveau besitzen. Nach allen Besichtigungen lohnt im schönen ❼ ★ **Giardino di Boboli** eine Pause von der Kunst. Den Abstieg zurück zum Arnoufer sollte man vorbei am **Forte di Belvedere** durch den **Giardino Bardini** angehen, wo man einen der schönsten Panoramablicke auf Florenz genießt.

# AUF DEN SPUREN MICHELANGELOS

**Start und Ziel:** Von Santa Maria Novella zum Museo Archeologico
**Dauer:** 1 – 2 Tage

Tour 2

*Höhepunkte der Tour, die in den nördlichen Teil des Zentrums führt, sind Meisterwerke des genialen Bildhauers Michelangelo: die neue Sakristei von San Lorenzo mit hervorragenden Statuen und die originale David-Skulptur, der man auch sonst im Stadtbild begegnet, in der Galleria dell' Accademia.*

Dort, wo die Medici wohnten

Tour 2 beginnt an ❶ ★★ **Santa Maria Novella,** einer der wichtigsten Kirchen von Florenz. Von noch größerer kunstgeschichtlicher Bedeutung ist die Kirche ❷ ★★ **San Lorenzo** weiter östlich mit der berühmten, von Michelangelo gestalteten Sagrestia Nuova mit ihren Statuen. Der ❸ **Palazzo Medici-Riccardi** schräg gegenüber demonstriert die Macht der einst die Stadt beherrschenden Familie Medici. Weiter geht es auf der Via Cavour zum Kloster ❹ ★★ **San Marco,** wo ausdrucksvolle Fresken von Fra Angelico und Gemälde der Florentiner Spätrenaissancemalerin Suor Plautilla Nelli beeindrucken.

Ein Muss: David in der Accademia

Besucherscharen pilgern zur nahen ★★ **Galleria dell'Accademia** wegen der weltberühmten David-Statue von Michelangelo. Richtung Südosten kommt man zur ❺ **Piazza della Santissima Annunziata,** ein einmaliges architektonisches Ensemble. Besonders sehenswert: die architektonisch meisterhafte Kirche ★ **Santissima Annunziata** und das Ex-Waisenhaus **Ospedale degli Innocenti** mit schöner Loggia, der ältesten Babyklappe der Welt und dem Caffè Del Verone auf der Dachterrasse.

# AUF DEN »KREUZBERG«

**Start u. Ziel:** Museo Bargello zur San Miniato al Monte | **Dauer:** 1 Tag

*Vom Museo Bargello, in dem Meisterwerke der Bildhauerei präsentiert werden, bis hinauf auf den Hügel mit der Kirche San Miniato al Monte, wo man ein herrliches Stadtpanorama genießen kann, spannt sich der Bogen dieser Tour.*

Ausgangspunkt des Rundgangs ist das ❶ ★★ **Museo Nazionale del Bargello,** das hervorragende Skulpturen des 14. bis 16. Jh.s ausstellt. Geht man anschließend die Via Ghibellina entlang in östlicher Richtung, kommt man zur ❷ **Casa Buonarroti,** deren Hauptattraktion zwei Originalwerke von Michelangelo sind. Die ❸ **Piazza Santa Croce** wird vom monumentalen Dante-Denkmal und von der Kirche ★★ **Santa Croce** beherrscht. Sie gehört mit ihren Grabmälern und Kunstwerken zu den eindrucksvollsten Sakralbauten Italiens.

OBEN: Immer reges Treiben herrscht vor dem Dom.
UNTEN: Auf der Piazza della Repubblica findet regelmäßig ein Blumenmarkt statt.

Herrlicher Blick über die Stadt

Nach der Besichtigung der Kirche empfiehlt sich ein Spaziergang hinauf zum Piazzale Michelangelo. Wem das zu Fuß zu anstrengend ist, der kann den Bus Nr. 13 nehmen. Wer sich für den Spaziergang entschieden hat, überquert zunächst den ❹ **Ponte alle Grazie.** Vorbei am sehenswerten Museo Bardini biegt man in die Via San Niccolò ein und kommt zur Kirche San Niccolò sopr' Arno (12. Jh.). Von hier führt die Via San Miniato durch das gleichnamige Stadttor von 1258 und dann die Via del Monte alle Croci zur ❺ **Piazzale Michelangelo,** wo sich ein herrlicher Ausblick auf die Stadt bietet. Vom Platz geht es höher zur beeindruckenden Kirche ❻ ★ **San Miniato al Monte,** wo man einen vielleicht noch besseren Ausblick genießt.

# VOLKSTÜMLICHES FLORENZ

**Start und Ziel:** Dom | **Dauer:** 1 Tag

Tour 4

*Der Schwerpunkt des Spaziergangs liegt auf dem Stadtteil Santo Spirito auf der gegenüberliegenden Arno-Seite und präsentiert auch Kunsthandwerker und kleine Restaurants.*

Flanieren vor der Florentiner Renaissance

Die Tour beginnt am ❶ ★★ **Dom** (▶ Tour 1). Auf der Via de Cerretani passiert man die **Santa Maria Maggiore,** eine der ältesten Kirchen der Stadt. Am nahegelegenen ❷ **Palazzo Antinori,** wo in der gleichnamigen edlen Cantinetta toskanische Gerichte und Weine serviert werden, fängt die Via de' Tornabuoni an, die Florentiner Mode-Einkaufsstraße schlechthin. Vorbei an der Kirche San Gaetano mit einer schönen Fassade (17. Jh.) gelangt man zum wuchtigen Renaissancebau ❸ **Palazzo Strozzi**. Es folgt ❹ ★ **Santa Trinità** am gleichnamigen Platz, die erste gotische Kirche von Florenz. Im ersten Stock des herrlichen Palazzo Bartolini Salimbeni (Hausnummer 1), 1520–1523 von Baccio d'Agnolo erbaut, bietet die ❺ **Collezione Roberto Casamonti** herausragende moderne Kunst von Marina Abramovic über Gilbert & George, Renato Gutuso, Mimmo Paladino und Robert Rauschenberg bis Andy Warhol! Im nahen ❻ **Palazzo Spini-Feroni** befindet sich das Schuhmuseum der berühmten Schuhmacher-Dynastie Ferragamo.

Ruhigeres Viertel

Nach Überqueren der Brücke Santa Trinità geht es auf der Via Maggio an Palästen und der Casa di Bianca Cappello (Nr. 26) vorbei zur Kirche ❼ ★ **Santo Spirito.** Sie liegt im Herzen des gleichnamigen Viertels, wo kleine Läden, Trattorien und vor allem Handwerksbetriebe das Bild prägen. Nach dem Besuch der von Brunelleschi entworfenen Renaissancekirche lockt eine Pause auf der idyllischen baumbestandenen Piazza. Die Via Sant' Agostino führt zur bedeutenden Kirche ⑧ ★ **Santa Maria del Carmine** mit der künstlerisch einzigartigen Brancacci-Kapelle. Der Weg passiert die barock gestaltete Kirche San Frediano in Cestello und den Ponte alla Carraia. An der feinen Einkaufsstraße Via della Vigna Nuova steht der ⑨ ★ **Palazzo Rucellai,** ein schönes Beispiel für einen Renaissancestadtpalast. Moderne Kunst und die phänomenale, von Leon Battista Alberti errichtete Grabstätte der **Cappella Rucellai** stehen dann im **Museo Marino Marini** auf dem Programm. Perfekt endet die Tour mit einem Mahl in der nahen Trattoria Marione (Via della Spada 27 r) oder einem der mondänen Cafés an der **Piazza della Repubblica**.

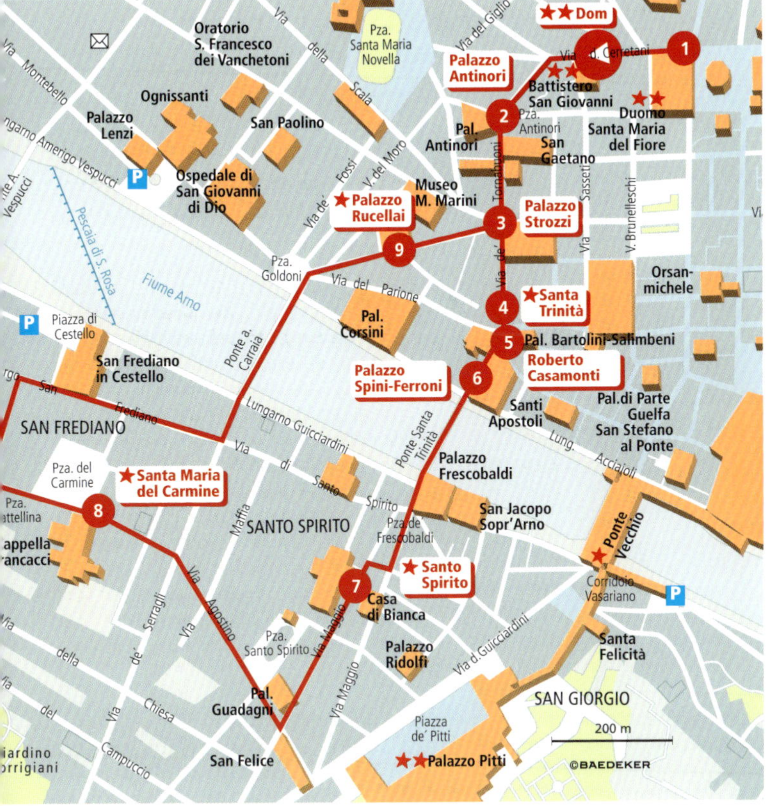

# S
# SEHENSWERTES

*Magisch, aufregend, einfach schön*

Alle Sehenswürdigkeiten sind alphabetisch geordnet. Sie haben die Freiheit der Reiseplanung.

Das Meisterwerk Brunelleschis, die Kuppel der Kathedrale, erhebt sich über den Dächern der Stadt ▶

# ★★ BATTISTERO SAN GIOVANNI

**Lage:** Piazza San Giovanni | **Bus:** C1, C2 | **Öffnungszeiten:** tgl. 8.30–19.45 Uhr (manchmal geschl. wg. Mosaiken-Restaurierung) | **Eintritt:** Ticket je 3 Tage gültig, Dom frei; Brunelleschi-Pass (Kuppel, Campanile, Battistero, Dombaumuseum, St. Reparata) 30 €, Giotto-Pass (Campanile, Battistero, Dombaumuseum, St. Reparata) 20 €, Ghiberti-Pass (Battistero, Dombaumuseum, St. Reparata) 15 € | **Verkaufsstellen:** Piazza San Giovanni 7 u. Piazza Duomo 14 a (hier nur Kartenzahlung); Online-Reservierung: **https://duomo.firenze.it**

J 5/6

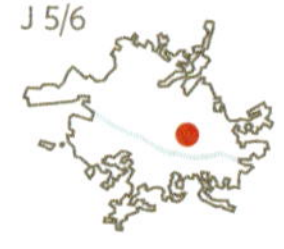

*Etwas Geheimnisvolles umgibt die marmorne Schönheit des Baptisteriums. Von den vielen Sakralbauten in der Stadt liegt diese achteckige Taufkirche gleich gegenüber dem Dom den Florentinern am meisten am Herzen. Noch bis zu Beginn des 20. Jh.s wurde jedes Florentiner Kind hier getauft, und Johannes dem Täufer zu Ehren – Schutzpatron der Stadt und der Taufkirche – wird alljährlich am 24. Juni ein prachtvolles Feuerwerk entfacht.*

Bronze-Reliefs in Vollendung

Lange war unklar, wann das Baptisterium erbaut wurde. Noch in der Renaissance glaubte man, es sei ursprünglich ein antiker römischer Tempel des Mars gewesen. Das lag auch nahe, denn die Wandverkleidung mit ihren klaren geometrischen Formen aus dunkelgrünem Marmor in weißen Marmorplatten entsprach dem römischen Inkrustationsstil. Archäologische Grabungen legten Reste eines römischen Bauwerks (1.–3. Jh. n. Chr.) frei. Eine Kirche wurde erstmals 897 erwähnt. Ob das Baptisterium bei seiner Weihe durch Papst Nikolaus II. im Jahr 1059 bereits fertig war, ist umstritten.

Im 11. und 12. Jh. ging es mit Florenz aufwärts, die Stadt wurde zum religiösen Zentrum in Mittelitalien und gewann zunehmend politische Autonomie. Offizielle Taufkirche der Stadt wurde das Baptisterium 1128. Dank der Marmor-Außenverkleidung (12. Jh.), dem Fußboden mit Marmorintarsien (1209), ersten Mosaiken in der Apsis (ab 1220) und dem Bau der Kuppel (wohl ab 1225) stieg das Baptisterium neben der Kirche San Miniato al Monte (▶S. 170) zum schönsten architektonischen Bauwerk der Stadt auf.

Südportal

### Kirchenpatron: Johannes der Täufer

Das älteste der drei beeindruckenden Bronzeportale wurde im gotischen Stil von **Andrea Pisano** entworfen und von Leonardo d' Avanzano in den Jahren 1330 bis 1336 gegossen. Es ist in 28 Quadrate mit Vierpassfeldern eingeteilt. Die 20 oberen Relieftafeln in goldschmiedartiger Ausführung zeigen Szenen aus dem Leben Johannes

Ein Tempel des Mars, so glaubte man: Inzwischen ist der Ursprung des Baptisteriums aber geklärt.

des Täufers, des Patrons der Kirche; die acht unteren Felder weisen allegorische Darstellungen der christlichen und weltlichen Tugenden auf. Die Figuren, jede für sich in der Modellierung des Gesichts, des Faltenwurfes der Gewänder und der ausdrucksvollen Haltung beispielhaft, treten deutlich unterscheidbar hervor. Die Dekoration der Rahmungen schuf 1453 bis 1466 Vittorio Ghiberti, der Sohn des Lorenzo. Ihre Blätter, Tiere und Früchte weisen schon auf den Formenreichtum der Renaissance hin.

**Wettbewerb für die Gestaltung des Portals**

Für das Nordportal wurde 1401 ein Wettbewerb ausgeschrieben, in dem **Lorenzo Ghiberti** sechs Konkurrenten, u. a. Brunelleschi, ausstach. Von 1403 bis 1424 führte Ghiberti mit Gehilfen – darunter Donatello – die Bronzetüren aus. Er hielt sich dabei in der Aufteilung eng an das Vorbild des Südportals von Andrea Pisano: 28 Quadrate mit 28 Vierpassfeldern, davon zwanzig Szenen aus dem Neuen Testament und acht Figuren: vier Evangelisten, vier lateinische Kirchenväter. Seine Arbeit geht jedoch in der Eleganz der Figuren und in der Lebhaftigkeit des Ausdrucks weit über das Werk Pisanos hinaus. Der neue Stil des Künstlers wird besonders anschaulich in den Szenen der »Auferstehung« (rechter Türflügel, 1. Reihe von oben, links), der

# BATTISTERO SAN GIOVANNI

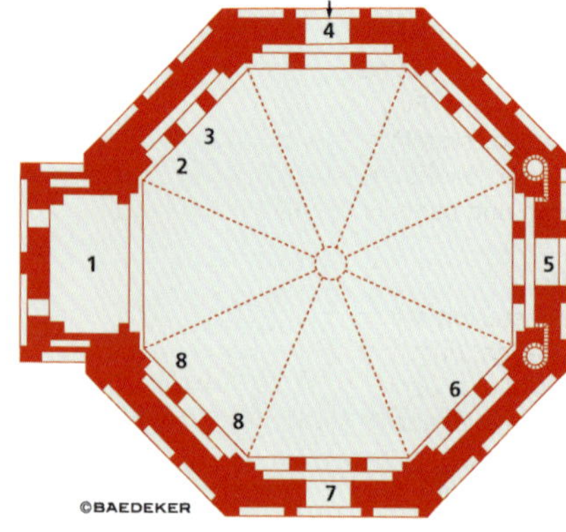


1 Tribuna mit Mosaike des Jacopo
2 Steinsarg des Bischofs Ranieri
3 Grabmal des Johannes XXIII.
4 Nordportal (Eingang)
5 Ostportal (Porta del Paradiso)
6 Marmorner Taufstein
7 Südportal
8 Römische Sarkophage

»Taufe« und der »Versuchung Jesu« (linker Türflügel, 4. Reihe von oben, links und rechts), der »Geburt Jesu« (linker Türflügel, 5. Reihe von oben, rechts) und des »Streit mit den Schriftgelehrten« (rechter Türflügel, 5. Reihe von oben, rechts). In anderen Teilen blieb Ghiberti noch den traditionellen Formen verpflichtet. An allen Schnittpunkten der Rahmenleisten ragen kleine Köpfe hervor.

Ostportal

**Pforte ins Paradies**
Gänzlich neue Wege ging **Ghiberti** jedoch beim Ostportal, seinem Hauptwerk. Michelangelo befand es für würdig, die Pforten des Paradieses zu schmücken – deshalb auch sein Name **»Porta del Paradiso«** (»Paradiesportal«). Ghiberti selbst rühmte es neben seiner Signatur auf dem rechten Flügel als »mira arte fabricatum« (»mit bewundernswerter Kunst geschaffen«). Das Portal wurde 1990 durch eine Kopie in vergoldeter Bronze ersetzt, die restaurierten Originalplatten stellt das Museo dell' Opera del Duomo (► S. 112) aus. Bis zu Rodin hat sich die bildende Kunst im Bronzerelief nicht so vollkommen ausgedrückt wie in dem 1425 bis 1452 geschaffenen Tor. In den zehn Platten, die von Propheten, Sibyllen und anderen biblischen wie heidnischen Gestalten umrahmt werden, sind jeweils mehrere Szenen meisterlich zusammengefasst. Die Schönheit und Perfektion der Perspektive, die feine Linienführung, die Wirklichkeitsnähe der handelnden Personen, die verschiedenen Tiefen der Darstellungsebenen, die szenische Komposition der Gruppen: All das führt zum **vollkommenen Gesamteindruck** dieses herausragenden Werks. Die Tafeln zeigen von links oben nach rechts unten: Adam und Eva: Erschaffung, Sündenfall, Vertreibung aus dem Paradies; Kain und

Abel: die Opfer von Kain und Abel, der Mord an Abel, die Bestrafung Kains; Noah: sein Opfer, Auszug aus der Arche, Trunkenheit; Abraham und Isaak: Engel vor Abraham, Opfer des Isaak; Jakob und Esau: Geburt des Esau und des Jakob, Verkauf des Erstgeburtsrechts, Esaus Jagd, Rebekka, Betrug von Isaak; Joseph: Verkauf des Joseph, Benjamin, Joseph und seine Brüder; Moses: Moses empfängt auf dem Berg Sinai die Gesetzestafeln; Josua: die Juden vor Jericho, Zeltlager, Trompetenwunder; Saul und David: Schlacht gegen die Philister, Tötung des Goliath und dann Salomon und die Königin von Saba.

Innenraum der Taufkirche

**Grandioses Mosaik**

Das Innere des Baptisteriums überraschts gegenüber der klaren Gliederung des Äußeren durch feierlich-mystisches Dunkel. Beherrscht wird es von der achteckigen, doppelschaligen Kuppel (Durchmesser 25,6 m), die ganz von einem Mosaik aus dem 13. Jh. bedeckt wird. Es ist eine der bedeutenden Schöpfungen unter byzantinischem Einfluss, die durch ihre thematischen Darstellungen ebenso hervorragt wie durch reiche Ornamentik. Über der Chorkapelle hält Christus als Weltenrichter das **»Jüngste Gericht«** ab; die Gestalt des Heilands misst allein 8 Meter. Um ihn gruppieren sich in den verschiedenen Zonen die Auferstandenen und Verdammten, Engel, Apostel, Propheten und Heilige mit Maria und Johannes dem Täufer, denen das Reich des menschenverschlingenden Teufels gegenübersteht. Weitere Bildstreifen zeigen in bewegten, ausdruckskräftigen Darstellungen die Erschaffung der Welt, Szenen aus dem Leben Josephs, Jesu Christi, Mariens und Johannes des Täufers. Interessant sind das **Grabmal des Gegenpapstes Johannes XXIII.** (vom Konstanzer Konzil 1415 abgesetzt), ein Meisterwerk (1422–1428) von Donatello und Michelozzo, der Marmorfußboden mit eingelegten farbigen Steinen (Tierkreiszeichen und Ornamente), das marmorne Taufbecken, der Sarkophag des Bischofs Rainer und der Hauptaltar mit einem Leuchterengel. Bis zur Flutkatastrophe 1966 stand hier auch Donatellos grandiose Holzskulptur der Maria Magdalena – nach ihrer Restaurierung wurde sie zusammen mit den Originalportalen im ▶ Museo dell'Opera del Duomo untergebracht.

## Rund um das Battistero San Giovanni

Santa Maria Maggiore

**Die eingemauerte Berta**

Nicht weit vom Baptisterium, in der Via de' Cerretani, steht eine der ältesten Kirchen von Florenz: Sie wurde schon 931 schriftlich erwähnt und ab der zweiten Hälfte des 13. Jh.s erneuert. Der alte **Glockenturm** zeigt noch das tiefere Niveau der romanischen Kirche. In ihm ist hoch oben die »Berta« eingemauert, eine spätromanische Frauenbüste. Über dem Kirchenportal sieht man die Kopie einer

»Madonna mit Kind« der Pisanischen Schule (14. Jh.). Zahlreiche Gemälde und Statuen schmücken den stimmungsvollen Innenraum, eine dreischiffige gotische Halle mit Pfeilern. Unter ihnen verdient besonders eine Figur Beachtung: die »Thronende Madonna mit Kind« am Reliquiar (Heiligenschrein) in der Cappella Carnesecchi links vom Hauptaltar. Das große farbige, kostbar vergoldete Tafelgemälde beherrscht eine aus Holz und Stuck modellierte Marienfigur in feierlicher Versonnenheit. Lange dem Florentiner Coppo di Marcovaldo zugeschrieben, vermutet man heute darin ein Gemeinschaftswerk lokaler und byzantinischer Künstler vom Ende des 12. Jh.s.

# CASA BUONARROTI

**Lage:** Via Ghibellina 70 | **Bus:** C 1, C 2, C 3 | **Öffnungszeiten:** Mi.–Mo. 10–16.30, 16.6. bis 31.10. bis 17 Uhr | **Eintritt:** 8 €
**www.casabuonarroti.it**

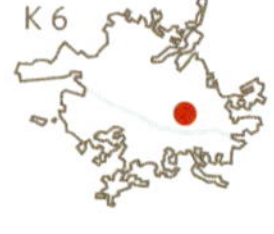


*Hier können Sie zwar keinen Blick ins Atelier oder Schlafzimmer von Michelangelo Buonarroti (1475–1564) werfen, denn das Künstlergenie der Hochrenaissance hat hier nie gewohnt. Dafür zeigt das Museum eindrucksvolle frühe Arbeiten des Meisters, ihn selbst als Bildmotiv in den Arbeiten anderer Künstler und was seine kunstsinnigen Nachfahren sonst noch gesammelt haben.*

Eine kunstsinnige Familie

Zu Michelangelos Zeit gab es den Palazzo noch nicht. Wohl aber gehörte ihm das Grundstück mit Vorgängerbauten, in denen der Künstler 1516 bis 1525 lebte. Sein hochgebildeter Großneffe Michelangelo il Giovane ließ den stattlichen Palazzo 1612 in strengem Barock mit schönen Details wie **Majolikafußböden** errichten und füllte ihn mit Schätzen, die die Familie über die Jahre angesammelt hatte: zahlreiche Gemälde, auf denen andere Künstler Michelangelo darstellen, zudem Kopien, Originalentwürfe, Modelle und Archivmaterial. Weitere Sammlerstücke – selbst Etruskisches – kamen im Laufe der Jahrhunderte hinzu, denn unter den Nachfahren Michelangelos waren Antiquare und Archäologen. Kurios unter den vielen gezeigten Autografen von Michelangelo ist eine **Einkaufsliste** (lista della spesa), die er 1518 auf der Rückseite eines Briefs anlegte und jedes Produkt (Spinat, Tortellini, Fisch etc.) mit einer Zeichnung illustrierte.

### Geniale Frühwerke von Michelangelo

Bewegtes Marmorrelief

Unter den Originalwerken Michelangelos verdienen diese besondere Aufmerksamkeit: die **»Kentaurenschlacht«,** ein Marmorrelief, das

Michelangelo mit 17 Jahren schuf und in dem schon manches Meisterliche späterer Jahre, so Bewegung und Körperlichkeit der Figuren, vorweggenommen ist, und das Relief »Madonna (mit Kind) an der Treppe« – auch **»Madonna della Scala«** genannt –, das früheste Werk des jungen Künstlers, das er im Alter von 16 Jahren beendete. Das Genie drückt sich schon klar aus, in der räumlichen Gestaltung, der Bewegung und Gegenbewegung auf der Treppe links – daher der Name »Madonna an der Treppe« –, dem reichen Ausdruck des Profils, dem Wehen des Gewandes. Die Casa Buonarroti, seit 1858 Museum, veranstaltet zudem vielbeachtete Wechselausstellungen.

## Rund um die Casa Buonarroti

### Vom Frauenkloster zum Gefängnis zum Nachbarschaftstreff

Le Murate

Weiter auf der Via Ghibellina gelangt man zum 14500 m² großen Komplex Le Murate: Es entstand im 14. Jh. als Frauenkloster und wurde um 1845 und von 1883 bis 1984 als Gefängnis genutzt. Unter Federführung von Stararchitekt Renzo Piano wurde es geschickt zur Anlage mit Sozialwohnungen umgewandelt und fungiert nun als Nachbarschaftstreff mit Kunsthandwerkladen, **Literaturcafé** mit Kleinkunstbühne, Restaurant Le Carceri und Kunstort **MAD** (Murate Art District). Letzterer befindet sich auf drei Etagen im einst besonders gesicherten Trakt (carcere duro) und kann n. V. auf Führungen besichtigt werden (Tel. 055 2 47 68 73, www.murateartdistrict.it).

Piazza delle Murate (Zugang Via Ghibellina 2–16) | www.lemurate.it

### Versetzte Loggia

Loggia del Pesce

Selbst für die Fischmarkthalle beauftragte man 1567 keinen Geringeren als den Stararchitekten und Maler **Giorgio Vasari.** Einst war die Loggia del Pesce ein eigenständiges Gebäude auf dem Marktgelände, das Ende des 19. Jh.s der Piazza della Repubblica weichen musste. Dafür versetzte man die Loggia del Pesce an die Piazza dei Ciompi, nur ein paar Schritte nordöstlich der Casa Buonarroti.

### Von Artischocken bis zum Lampredotto-Brötchen

Marktvergnügen

Heute bekommt man frischen Fisch in der großen Markthalle **Mercato di Sant' Ambrogio** an der Piazza Ghiberti wenige Schritte weiter östlich. Während die Markthalle **Mercato Centrale** bei San Lorenzo in der Innenstadt nun teils in touristischer Hand ist, trifft man im Mercato di Sant'Ambrogio noch die Florentiner beim Kauf frischer Artischocken und Wildschweinwürstchen aus dem Chianti, Pecorino-Käse und der Finocchiona, der mit Fenchelsamen gewürzten Salami. Essen kann man hier auch, zum Beispiel Lampredotto-Brötchen (Mo.–Sa. 7–14 Uhr). Auf dem nahen Largo Pietro Annigoni öffnet der einstige Flohmarkt **Mercato delle Pulci** nun in 28 festen Läden.

# CERTOSA DEL GALLUZZO

**Lage:** 5 km südl. des Zentrums, Via della Certosa 1 | **Bus:** 37 ab Via Orti Oricellari (links vom Bahnhof St Maria Novella, zurück mit 37 ab Dorf Galluzzo | **Öffnungszeiten:** nur Führung Di.–Sa. 10, 11, 15, 16, April–Okt. auch 17, So. 15, 16, 17 Uhr | 5 € | **www.certosadifirenze.it**

***Das eindrucksvolle Kartäuserkloster am südlichen Stadtrand entstand, weil der Bankier Niccolò Acciaiuoli (1310–1365), als politischer Gesandter ständig auf Reisen, einen Hort für humanistische Studien schaffen und ihnen nahe sein wollte.***

Kunstsinnige Mönche

Die Anlage, bestehend aus Kapellen, Kreuzgängen und Mönchshäuschen, deren Bau er 1341 in Auftrag gab, war bis 1810 voller Kunstwerke. Hunderte davon ließ **Napoleon** jedoch im Zuge seiner Säkularisierung kirchlicher Einrichtungen aus der Kartause fortschaffen. Aber es bleibt immer noch Außergewöhnliches zu sehen! Und im Klosterladen linkerhand der Frauenkapelle, der auch als Ticketkasse und Café dient, erhält man von der freundlichen deutschen Bedienung tolle Tipps zum Einkauf von Olivenöl, Cantuccini und Co.

### Die Grabstätten der Stifterfamilie

San Lorenzo

Über den 1491 bis 1520 erbauten Kreuzgang, dessen Säulengänge Giovanni della Robbia mit 66 Medaillons schmückte, gelangt man zur Kirche San Lorenzo: Herrlich ist das Chorgestühl aus Nussbaum (16 Jh.), überragend die **Reliquienkapelle** rechts vom Hauptaltar. In der Krypta birgt die **Cappella di Sant'Andrea** das Grabmal von Kardinal Agnolo Acciaiuoli († 1408). In der Cappella di San Toba ist das Orcagna zugeschriebene Grabmal von Stifter Niccolò Acciaiuoli.

### Mönchswohnungen und die Fresken des Pontormo

Klostergebäude

Ein besonderer Ort während des Klosterrundgangs ist der schmale **Corridoio del Colloquio**, wo es den zum Schweigen verpflichteten Mönchen erlaubt war zu reden. Im Kapitelsaal beeindruckt das realistische Grabmal des Abts Leonardo Buonafede (1450–1545), ein Werk von Francesco da Sangallo. Die Mönche wohnten isoliert in **Zellenhäusern,** die zu dem Komplex gehörten. Eines dieser Häuschen, bestehend aus drei Räumen, einer Loggia und einem kleinen Garten, kann besichtigt werden. Nicht nur von der Essensdurchreiche der Zelle ließ sich Stararchitekt Le Corbusier nach einem Besuch in jungen Jahren inspirieren. Der eigentliche Rundgang beginnt im **Palazzo degli Studi**. Ihn ließ sich Stifter Accaiuoli von Jacopo Passavanti und Jacopo Talenti erbauen. Großartig sind die fünf restaurierten Fres-

Das Karthäuserkloster lugt aus dem Dunst der sanften Hügel hervor

ken mit Motiven aus der Passion Christi, die Pontormo 1523 bis 1525 für die Lünetten des Großen Kreuzgangs schuf.

## Rund um die Certosa del Galluzzo

**Grabstätten berühmter Florenzliebhaber**

Friedhof Cimitero Agli Allori

Der Engländerfriedhof im Zentrum von Florenz war bald zu klein für die vielen Angelsachsen und Deutschen, die Florenz zur Wahlheimat auserkoren hatten. So wurde 1878 der Cimitero Evangelico Agli Allori am südlichen Stadtrand an der Straße nach Siena eingerichtet. Im **Amphitheater** der teils perfekt restaurierten Grabmäler entdeckt man Namen von Menschen, die in Florenz ihre Spuren hinterlassen haben: etwa die Kunstsammler und Museumsgründer Frederick Stibbert (1838–1906) und Henry Percy Horne (1864–1916) oder der große Kunstkenner Sir Harold Acton (1904–1994). Der Begründer des Symbolismus, der Schweizer Künstler Arnold Böcklin (1827–1901), liegt ebenfalls hier begraben. Eine Pilgerstätte ist für viele das Grab der Journalistin **Oriana Fallaci** (▶ Interessante Menschen).

Via Senese 184 (Bus 37 bis Halt Gli Allori 01) | Mo.–Sa. 8.30–12.30, 15–18 sowie letzter So. im Monat 8.30–12.30 Uhr

**Ein großer Abstecher in eine Stadt aus dem Mittelalter**

Certaldo

Rund 40 km südlich von Florenz liegt Certaldo versteckt in den toskanischen Hügeln. Als ein Hauptort im Elsa-Tal wurde das Bilderbuchstädtchen ab dem 15. Jh. Sitz eines bischöflichen Vikariats. Sohn des Städtchens und sein ganzer Stolz ist **Giovanni Boccaccio** (▶ Interessante Menschen), der unterhalb des Palazzo Pretorio einige Jahre gelebt haben soll. Das Museum Casa del Bocaccio mit angeschlossener Bibliothek informiert über den Dichter, der in der benachbarten ehemaligen Klosterkirche dei Santi Jacopo e Filippo beigesetzt wurde. Der schmucke Palazzo Pretorio barg übrigens einst auch ein Frauengefängnis.

Via Boccaccio 18 | April–Okt. tgl. 10–13, 14.30–19, Nov.–März Mo., Mi.–Fr. 10–13, 14.30–16.30, Sa./So. bis 17.30 Uhr | Eintritt: 5 bzw. 7 €

#  CHIANTI

**Lage:** ca. 30 km südlich | **Provinzen:** città Metropolitana di Firenze (FI), Siena (SI) | **Höhe:** 230–400 m ü. d. M.

*Hier sind sie, die herrlichen Kalenderbilder von der Toskana: Zwischen Florenz und Siena räkeln sich die Hügel mit Rebzeilen des Chianti-Classico-Weins und Olivenhainen, mit Wäldern voller Wild und Trüffeln. Zypressenalleen führen über die Kämme zu burgartigen Weingütern und beschaulichen Winzerdörfern.*

Kulinarische Traumziele

Diese Dörfer, allen voran Greve in Chianti und Castellina in Chianti, verbindet die Strada del Vino e dell'Olio Chianti Classico (Weingüter: www.stradachianticlassico.it). Die neue **Chianti Classico Card** (https://card.chianticlassico.com, 36 bzw. 54 €) bietet vergünstigte Besuche und Degustationen in 150 Weingütern, Rabatte in den dortigen Museen etc. Und beim Gedanken an die Bandnudeln Pappardelle mit Ragout aus Wildschwein, dazu das Glas kräftigen Chianti-Roten in einer der vielen guten Trattorien, läuft einem das Wasser im Mund zusammen.

##  Strada del Vino e dell'Olio Chianti Classico

**Töpfern zwischen Weinbergen**

Impruneta

Über Grassina, den ersten Ort an der Wein- und Olivenstraße, erreicht man Impruneta. Das idyllische Städtchen bezaubert mit seinen Terrakotta-Werkstätten. Hier verläuft auch der bei Radwanderern beliebte Renaissance-Rundkurs »Anello del Rinascimento« (250 km, 8 Etappen) um Florenz (www.visittuscany.com/it/itinerari/anello-rinascimento).

### Weintempel und traumhafte Trutzburg des Glauben

Bargino San Casciano in Val di Pesa, Badia a Passignano

Kurz nach dem Dörfchen Bargino verführen die Markgrafen Antinori zum Besuch ihres 100 Mio. € teuren futuristischen Weinkellers **Cantina Antinori nel Chianti Classico** und des Restaurants »Rinuccio 1180«. In San Casciano in Val di Pesa erlaubt der 33 m hohe einstige Wasserturm **Torre del Chianti** den Blick ins Hügelland des Chianti Classico. Die Fürsten Corsini bitten zu Führung, Olivenöl- und Weinverkostung und Mahl in die **Villa Le Corti**. Und das **Casa-Museo Machiavelli** im Vorort Sant'Andrea in Percussina erkundet die Spur des Staatstheoretikers. Ein Muss ist die Führung durch die von sieben Mönchen bewohnte Klosteranlage **Badia a Passignano**, ehe Stärkung in Antinoris Osteria di Passignano oder im günstigen DiVino wartet.

**Cantina Antinori:** Via Cassia 133, Bargino; tgl. 10–17.30 Uhr | **Chianti-Turm:** Via San Francesco d'Assisi 38, San Casciano, Do.–So. 10–13, 16–19 Uhr | 2 € | **Le Corti:** Via San Piero di Sotto 1, San Casciano | tgl. 12–18 Uhr | **Casa Machiavelli:** Via degli Scopeti 64, San Casciano, Führung tgl. 11.30, 16.30 Uhr | 10 € | **Badia a Passignano:** Via Badia 29, Passignano | 10 € | www.badiapassignano.com

### Blumiges Kastelldorf

Unbedingt zu empfehlen ist der Ausflug in das 2 km oberhalb von Greve liegende Kastelldorf Montefioralle wegen des **herrlichen Panoramablicks.** Das Auto kann man auf dem Parkplatz hinter dem Ort abstellen (ausgeschildert), denn in Montefioralle selbst haben nur die Bewohner Fahrerlaubnis.

Greves berühmtester Spross, vom Wein abgesehen, ist der Seefahrer Giovanni da Verrazzano. Er erkundete 1524 u.a. die Küste vor dem heutigen New York.

Greve in Chianti

### Eines der besten Wurstgeschäfte der Toskana

Kurz vor Greve ragen die Burgen **Castello di Vicchiomaggio** und das benachbarte **Castello di Verrazzano** auf, das zu Führungen mit Weindegustation und zur Übernachtung in der Foresteria lädt (tgl. 10–17 Uhr, Führung ab 28€, www.verrazzano.com). Im Weinzentrum Greve trifft man sich auf der **Piazza Matteotti** mit dem Standbild von Giovanni Verrazzano. Eines der besten Schinken- und Delikatessengeschäfte der Toskana ist hier die **Antica Macelleria Falorni** (https://falorni.it) – und das schon seit 1806. Oberhalb von Greve bietet auch das **Castello di Querceto** exquisite Weine und Übernachtung an (www.castellodiquerceto.it).

Castellina in Chianti

### Burg mit Ausblick

Im schönen Castellina locken die überbaute Via delle Volte an der Stadtmauer und die Delikatessen- und Weinläden entlang der Via Ferruccio. Bemerkenswert ist Alberto Inglesis Triptychon **»Allegoria del Chianti«** mit der Hauptskulptur auf dem Burgplatz, das die historische Animosität der ewigen Rivalinnen Siena und Florenz thematisiert. Hier öffnet auch das **Archäologische Museum** mit Funden aus dem etruskischen Hügelgrab am Ortseingang, dem Monte Calvario. Nebenan bietet der Blick vom Burgturm das wunderbare Chianti-Panorama. Lohnend ist der Besuch der Weingüter Nittardi (www.nittardi.com) und des Castello di Fonterutoli der Markgrafen Mazzei (https://mazzei.it/pages/castello-di-fonterutoli).

**Museo Archeologico:** April/Mai, Sept./Okt. tgl. 10–18, Juni–Aug. tgl. 11–19 Uhr | Eintritt: 5 € | www.museoarcheologicochianti.it

Radda in Chianti

### Im Herzen des Chianti

11 km vor Radda sind in **Panzano in Chianti** die Metzgerei und die Restaurants von **Dario Cecchini** Kult! Es locken sagenhafte Bistecche fiorentine und »Tonno del Chianti« – kein Chianti-Tunfisch, sondern in Rotwein zubereitetes Spanferkel. Im herrlich mittelalterlich wirkenden Radda ist der Besuch der **Casa Chianti Classico** mit Weinmuseum, Vinothek und Bistro ein Muss. Das Tourismusbüro (Piazza del Castello 6, Tel. 0577 73 84 94) vermittelt Besuche in 30 Weingütern.

**Dario Cecchini:** Via XX Luglio 11, Panzano | tgl. 9–16, Rest. Einlass 13 u. 20 Uhr | www.dariocecchini.com | **Casa Chianti:** Circonvallazione Santa Maria 18, Radda | www.casachianticlassico.it

Volpaia

### Weinverkostung der Spitzenklasse

Volpaia zählt zu den hübschesten Dörfern im südlichen Chianti. Das **Kastell** des Weilers wurde bereits 1172 erstmals schriftlich erwähnt. Längst ist Volpaia ein Gesamtkunstwerk, in dem das herausragende Weingut Castello di Volpaia auch großartiges Olivenöl und Essig anbietet. Außerdem hat es eine Osteria und Bäckerei und bietet Übernachtungen an (https://volpaia.com).

## CHIANTI ERLEBEN

www.visitchianti.net, Chianti-Touren: www.enjoychianti.com

### CASTELLINA IN CHIANTI
Via Ferruccio 40, Tel. 0577741392 (saisonal geöffnet)
www.visitchianti.net

### GREVE IN CHIANTI
P.za Matteotti 10, Tel. 0558546299
www.visitchianti.net

### ALBERGACCIO DI CASTELLINA €€€
Sonia Visman, Francesco und Pietro Cacciatori schwören auf die erstklassigen Zutaten aus dem Chianti für ihre kreative, gepflegte Küche. Nebenan öffnet auch ihre Osteria (April–Okt. Mo.–Sa. 10–18 Uhr).
Via Fiorentina 59
Castellina in Chianti
Tel. 0577 74 10 42, So., im Winter auch Mo. und Di. geschl.
www.ristorantealbergaccio.com

### OSTERIA ALLA PIAZZA €€-€€€€
Mitten in den Weinbergen locken Steinpilzgerichte der Extraklasse, Trüffel- u. Wildgerichte! Ein Genuss!
Loc. La Piazza 9, Castellina in Chianti, Tel. +39 331 9 26 74 03
www.osteriaallapiazza.com
Mo. geschl.

### OSTERIA VOLPAIA €€–€€€
Roberto Giallini und Anan Kay bieten Top-Küche. Wählen Sie Papardelle mit Wildschwein oder das Degustationsmenü (40 €)! Großartig sind die Weine des Castello di Volpaia.
Loc. Volpaia, Radda in Chianti
Tel. 0577 73 80 66, Mi. geschl.
https://volpaia.com/osteria/

### RELAIS & SPA VIGNALE €€€
Eine der besten Adressen im Chianti, natürlich in historischem Gemäuer. Das Hotel ist auch Sitz des Weinkonsortiums Chianti Classico. Und nicht nur Gourmets sollten das exzellente Restaurant testen!
Via Pianigiani 9, Radda in Chianti
Tel. 0577738300
www.vignale.it

### TENUTA NITTARDI €€€
Sechs stilvolle Apartments im Weingut, das schon Michelangelo Buonarroti besaß. Mit Pool, Skulpturenpark und klasse Weinen!
Loc. Nittardi
Castellina in Chianti
Tel. 0577 74 02 69
www.nittardi.com

Badia a Coltibuono

**Abtei mit historischem Weinkeller und romantischem Park**
Eine wunderbare Aussicht haben Sie von der 1049 geweihten Abtei von Coltibuono, die oberhalb von Gaiole in Chianti liegt. Die **Klostergebäude** wurden 1402 von Benediktinermönchen aus Vallombrosa übernommen, die daraufhin den Kreuzgang, die Wohn- und Wirtschaftsgebäude erneuerten. Heute ist die Abteianlage ein privates **Bio-Weingut mit sehr gutem Restaurant** an herrlicher Panoramaterrasse. Angeschlossen sind auch geschmackvolle Unterkünfte und

eine bekannte Kochschule. Für Führungen durch die eindrucksvollen Weinkeller, die romanische Abteikirche und den italienischen Park meldet man sich an.

**Weingut:** Tel. 05 77 7 44 81 | Führung/Degustation 10–50 € | www.coltibuono.com | **Restaurant:** Tel. 0577 74 90 31 | Nov.–März geschl.

### Schmuckes Weindorf mit Skulpturenpark

Giaole in Chianti

Das zauberhafte Gaiole in Chianti ist umgeben von Weingütern, die für ihre ausgezeichneten Tropfen berühmt sind. Herausragend ist Frescobaldis Weingut **Tenuta di Perano** mit angeschlossener Osteria Perano (Strada di San Donato in Perano, www.frescobaldi.com). Auch am Marktplatz mit renovierten Häusern verströmt Gaiole einen besonderen Charme! Nahe Gaiole teilt sich die Wein- und Olivenstraße in zwei Streckenvarianten. An der Route auf der SP 408 lohnt der Abstecher zum **Chianti-Skulpturenpark** bei Pievasciata mit Werken zeitgenössischer Künstler aus aller Welt. In Cavriglia, 17 km von Gaiole, öffnete 2021 zudem der erste Skulpturenpark weltweit zum Gedenken an die Covid-19-Opfer: Hier werden 12 moderne Travertin-Skulpturen ausgestellt.

**Chianti-Skulpturenpark:** tgl. 10 Uhr bis Sonnenuntergang | Eintritt: 10 € | www.chiantisculpturepark.it

### Entlang der Burgenstraße

Castello di Brolio

Die andere Route (SP 484) trägt den Namen »Strada dei Castelli del Chianti«, »Straße der Chianti-Burgen«. Die erste Burg steht 4 km südlich von Gaiole: Runde Ecktürme (11. Jh.) bekrönen das **Kastell von Meleto,** das während des 13. Jh.s zu einem der stärksten Festungswerke der Chianti-Liga ausgebaut wurde und bis 1498 allen Belagerungen widerstand. Die zweite Burg, das **Castello di Brolio,** steht oberhalb der »schönsten Sackgasse der Welt«, so Eigner Baron Francesco Ricasoli. Die Geschichte der Bastion ist eng mit der Familie Ricasoli verbunden, die seit dem 13. Jh. die Region beherrschte. **Bettino Ricasoli**, zweimal Italiens Premierminister, entwickelte 1872 die bis heute gültige Formel für den körperreichen Chianti-Classico-Wein und ließ das **Schloss im Tudor-Stil** umbauen. Zu besichtigen ist seine Gruft in der Burgkapelle von 1348 ebenso wie das ihm gewidmete Museum im Kastell samt Waffensammlung. Großartig sind Führungen durch die Gärten, Weinberge und die Cantina mit Verkostung in der **Vinothek**. Die Ricasoli-Weine, vor allem die Gran-Selezione-Tropfen, zählen zu den besten der Toskana und weltweit. Treffpunkt ist das **Eroica Caffé**, über dem man auch in 4 Zimmern übernachten kann. Großartig ist die **Osteria di Brolio** mit hochmoderner, toskanisch inspirierter Küche.

**Castello di Meleto:** www.castellomeleto.it – Führung, Degustation, Osteria | **Castello di Brolio:** Loc. Madonna a Brolio | tgl. 10–18.30, Winter bis 17 Uhr | Führung ab 30 €, Gärten 6,50 € | https://ricasoli.com

# ★★ DUOMO SANTA MARIA DEL FIORE

**Lage:** Piazza del Duomo | **Bus:** C 1, C 2 | **Domkomplex:** Dom Mo.–Sa. 10.15–16.45 Uhr, So. geschl. | **Kuppel/Domterrassen:** (Aufstiegszeit reservieren!) Mo.–Fr. 8.15–19.30, Sa. bis 17.15, So. 12.45–17.15 Uhr | **Krypta:** Mo.–Sa. 10.15–16.45, So. 13.30–17 Uhr | **Campanile:** tgl. 8.15–19.45 Uhr | **Battistero:** tgl. 8.30–19.45 Uhr | **Dommuseum:** tgl. 8.30–19.45 Uhr, erster Di. im Monat geschl. | **Eintritt:** Dom frei, sonst Kombitickets von 15 bis 30 € | **Kassen:** Piazza San Giovanni 7 (tgl. 8–19 Uhr), Piazza del Duomo 14 a (tgl. 8–19.15 Uhr; nur Kartenzahlung) oder online auf **https://duomo.firenze.it**

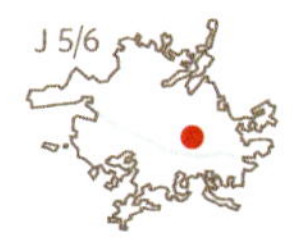


*Beim überwältigenden Anblick der Kathedrale spürt man, dass so einen Prachtbau nur eine Stadt zustande bringen konnte, die die Schönste und Mächtigste im Lande sein wollte. Anfang des 14. Jh.s hatte sich Florenz mit Stoffproduktion, Handel und Bankgeschäften sowie 100 000 Einwohnern zu einer der größten und reichsten Metropolen Europas entwickelt. In neuen grandiosen Bauvorhaben sollte das für alle unmissverständlich sichtbar werden, am deutlichsten mit einer neuen Kathedrale »so schön wie nur irgend möglich«, so steht es in alten Dokumenten.* (▶ S. 60)

Das formvollendete Baptisterium aus der Mitte des 11. Jh.s. hielt den neuen Ansprüchen stand. Nicht so die frühmittelalterliche Kathedrale Santa Reparata: zu klein, zu romanisch schlicht. Den Auftrag für einen Neubau erhielt der renommierte Baumeister und Bildhauer Arnolfo di Cambio. Am 8. September 1296, dem Tag der Mariengeburt, wurde der Grundstein gelegt. **Die enormen Kosten für diesen Bau, der Jahrhunderte dauern sollte,** besorgten sich die Signoria, die Stadtregierung, und die Dombauhütte über eine Sondersteuer, den Verkauf von Ablässen sowie über Schenkungen reicher Familien und der mächtigen Wollweberzunft. Di Cambio zog die Seitenmauern hoch, die Domfassade wurde allerdings nur teils fertig. 1587 wurde sie im Auftrag der Medici-Fürsten sogar ganz abmontiert. Wie einzigartig sie geschmückt war, ist heute im Dommuseum zu bewundern. 1334 wurde Giotto für den Bau des Kirchturms gewonnen.

### Architektonisches Wunderwerk

»Del Fiore«

Die Kathedrale drohte, zu klein auszufallen: Experten – über 400 werden in den Quellen genannt – wurden gegen Mitte des 14. Jh.s zu Rate gezogen. Schließlich wurde vor allem der Apsisbereich erheblich vergrößert. Für ihn wurde eine derart weit gespannte Kuppel erforderlich, dass niemand wusste, wie sie bautechnisch zu bewältigen wäre. Erst 70 Jahre später traute sich **Filippo Brunelleschi** daran: 16 Jahre, von 1420 bis 1436, baute er an diesem architektonischen Wunderwerk. Am 25. März 1436 wurde der Dom der heiligen Jungfrau und Gottesmutter Maria geweiht und erhielt nach der Florentiner Wappenblume, der Lilie, den Beinamen »del Fiore«.

**Drittgrößte Kirche Italiens**

Fertigstellung

Aber damit ist die Baugeschichte nicht zu Ende: Die heutige Fassade, die mit ihrem überreichen weiß-grünen Marmordekor, mit Rosetten, Spitzbögen und Skulpturen die Formsprache aus den mittelalterlichen Anfängen des Dombaus aufgreift, stammt tatsächlich aus dem 19. Jh. und ist ein Werk der Baumeister Emilio de Fabris und Luigi Del Moro. **25 000 Menschen** finden in der Kathedrale Platz. Nach dem römischen Petersdom und dem Dom zu Mailand ist Santa Maria del Fiore die drittgrößte Kirche Italiens.

## Außenansicht

**Tonnen von Marmor in Weiß, Grün und Rot**

Fassade

Das Äußere der Kathedrale bestimmt die reiche Gliederung mit **verschiedenem Marmor:** weißem aus Carrara, grünem aus Prato und rotem aus der Maremma. Marmor ist das prägende Baumaterial: an der dem gotischen Stil nachgebildeten Fassade aus dem 19. Jh., den mittelalterlichen Flanken der Seitenschiffe bis zur Langhaushalle, den konstruktionsbedingten Stützen, den kleineren Halbkuppeln und der machtvollen Hauptkuppel. Der Wechsel der Farben zeigt Strenge und Schönheit – die beiden Grundprinzipien der Florentiner Kunst.
Beim **Rundgang um den Dom** sollten Sie sich vor allem die vier Portale anschauen. Auf der südlichen Seite beim Campanile liegt die **Porta del Campanile** mit »Segnendem Christus« im Giebel und »Madonna mit Kind« in der Lünette, Werke aus der Schule Andrea Pisanos (14. Jh.). Es folgt die **Porta dei Canonici,** über der eine »Maria mit Kind« von Lorenzo di Giovanni d'Ambrogio eingearbeitet ist. Gegenüber, in Nischen des **Palazzo dei Canonici** von 1826 (Piazza del Duomo 14), ehrte Bildhauer Luigi Pampaloni 1830 die zwei Dombaumeister Arnolfo di Cambio und Brunelleschi mit Statuen. Einige Schritte weiter soll an der Piazza delle Pallottole der schweigsame Dante auf dem Stein **»Sasso di Dante«** sitzend die Bauarbeiten beobachtet haben. Auf der Nordseite trägt die perfekt restaurierte **Porta dei Cornacchini** (1359/60) eine einst vielfarbige Madonna mit Kind und Engeln. Löwen stützen an den Seiten die gedrehten Säulen. Die **Porta della Mandorla,** das schönste Portal der Kirche, wurde u.a. von Giovanni d'Ambrogio und Nanni di Banco geschaffen und von verschiedenen Künstlern – Donatello, Niccolò di Pietro Lamberti und Ghirlandaio – vollendet. Das Giebelrelief (1414–1421) der Himmelfahrt Mariens schuf Nanni di Banco.

### Blitzende Laterne

Der Höhepunkt des Dombesuchs ist der **Aufstieg** (463 Stufen!) in die Kuppel. Er startet an der Porta della Mandorla, der Ausgang ist an der Porta dei Canonici. Um Staus zu vermeiden, sind große Rucksäcke und Taschen nicht gestattet, auch nicht längere Pausen in einzelnen Abschnitten. Eine **Rast mit Panoramablick** ermöglichen die zwei Domterrassen in 32 m Höhe. Vom Verbindungsgang ergibt sich ein großartiger Blick ins grandiose Dominnere. Der Aufstieg ist eng, Platzangst sollte man keine haben, denn er führt durch den schmalen Zwischenraum zwischen den beiden Kuppeln. Dass es zwei sind – die innere Trägerkuppel und die große äußere – ist die geniale bautechnische Erfindung Brunelleschis, wie auch die Anordnung bzw. Verkeilung der Backsteine, die er sich von römischen Ruinen abgeguckt hatte (▶ Baedeker Wissen, S. 60). Während der Bauzeit liefen alle umliegenden Ziegelbrennereien heiß: Im Jahr wurden **400 000 Ziegel** verbaut, insgesamt sage und schreibe **8 Millionen.** Rund 50 Maurermeister arbeiteten täglich an der Kuppel. Alljährlich wuchs sie um 2,5 m in die Höhe. Die Spitze der Kuppel krönt die Marmorlaterne. Im Pflaster vor der Apsis ist eine Marmorplatte eingelassen. In der Kuppel schlug im Jahr 1600 der Blitz ein – und die vergoldete Kugel auf der Laterne fiel zur Erde und zersprang. Man ersetzte sie zwei Jahre später durch eine größere, unter dem Kreuz. Die **Laterne** schützt heute ein moderner Blitzableiter.

### Der Turm Giottos, ein Gesamtkunstwerk zum erklimmen

Das Stadtbild von Florenz wird entscheidend geprägt durch den Campanile von Giotto, den 84,7 m hohen **Glockenturm** des Doms. Das Fundament legte Arnolfo di Cambio schon 1298, doch die Bauarbeiten begannen erst 1334 nach Giottos Entwurf. Nach dessen Tod (1337) führte Andrea Pisano sie zunächst nach Giottos Ideen weiter. Sein Nachfolger Francesco Talenti entfernte sich jedoch von den ursprünglichen Plänen. Der Turm wurde 1359 vollendet. Das Bauwerk beeindruckt durch die Harmonie seiner Abmessungen, die Festigkeit der achteckigen Pfeiler, die feine Gliederung der Mauern dazwischen und den kunstvollen Wechsel in den Marmorfarben. Seinen Schmuck bilden im unteren Teil Kassettenfelder. Die sechseckigen Kassetten stammen zum größten Teil von Andrea Pisano, der sie nach Entwürfen von Giotto anfertigte, und von Luca della Robbia. Sie zeigen die Arbeits- und Bildungswelt des Menschen. Die darüber liegenden rautenförmigen Kassettenfelder stellen Allegorien von Planeten, Tugenden, freien Künsten und Sakramenten dar. In den Nischen darüber standen früher Statuen von Heiligen, Propheten und Sibyllen, die bis 1341 von florentinischen Bildhauern geschaffen wurden. Zwischen 1415 und 1436 fügte Donatello weitere Statuen ein. Heute sind sie im **Museo dell' Opera del Duomo** zu sehen (▶ S. 112); in die Nischen wurden teilweise Kopien gestellt. Der Aufstieg (414 Stufen!) wird mit einem **herrlichen Panoramablick** belohnt.

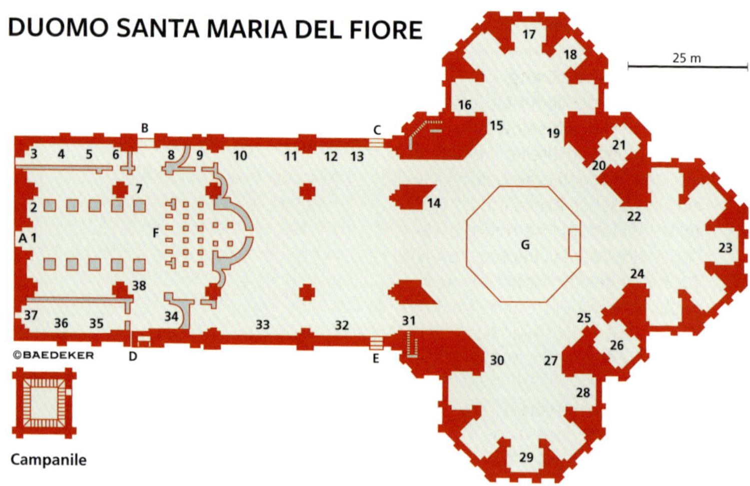


**A** Portale Maggiore mit Relief »Maria in Gloria« von A. Passaglia
**B** Porta dei Cornacchini
**C** Porta della Mandorla von d'Ambrogio und di Banco Über dem Portal die von Engeln getragene Madonna von di Banco
**D** Porta del Campanile mit Verkündigungsgruppe
**E** Porta dei Canonici, darüber »Madonna mit dem Kind« von d'Ambrogio
**F** Krypta Santa Reparata
**G** Kuppel des Brunelleschi mit Fresko des Jüngsten Gerichts von Vasari und wertvollen Glasmalereien
**1** Fenster nach Entwurf von Ghiberti, Mosaik von Gaddi
**2** Grab des Antonio d'Orso
**3** Fenster nach Ghiberti
**4** Büste des Emilio De Fabris von Consani (1887)
**5** Statue des Josua (Kopf 1415 von Donatello angefertigt)
**6** Büste des Arnolfo di Cambio von Costoli (1843)
**7** Nische mit hl. Zenobius von G. del Biondo
**8** Büste des Organisten Squarcialupi von Benedetto da Maiano (1490)
**9** Gemaltes Reiterstandbild des Niccolò da Tolentino von del Castagno (1456)
**10** Gemaltes Reiterstandbild des Giovanni Acuto (John Hawkwood) von P. Uccello
**11** Fenster von 1395. Darunter in der Marmornische eine Statue König Davids von Ciuffagni
**12** »Hll. Cosmas und Damian« von Bicci di Lorenzo (15. Jh.)
**13** Fenster aus dem 14. Jh., darunter »Dante und die Göttliche Komödie« von di Michelino (1465)
**14** Statue »San Giacomo Maggiore« von Sansovino
**15** Statue »San Tomasso« von de' Rossi
**16** Gemälde»San Giuseppe« von di Credi
**17** Marmoraltar (Buggiano)
**18** »Madonna mit Heiligen«, Altarbekleidung aus der Schule von Bonaguida
**19** Statue »San Andrea« von A. Ferrucci
**20** In der Türlünette Terrakotta »Auferstehung«, von Luca della Robbia Bronzetor ebenfalls von della Robbia unter Mitarbeit von Michelozzo und Maso di Bartolomeo
**21** Neue Sakristei
**22** Statue »San Pietro« von Bandinelli
**23** Oberhalb des Altars zwei kerzentragende Engel (von L. della Robbia). Unter dem Altar Reliquienschrein des hl. Zenobius von Ghiberti
**24** Statue »San Giovanni« von da Rovezzano
**25** In der Lünette Christi Himmelfahrt aus emaillierte Terrakotta von L. della Robb
**26** Alte Sakristei
**27** Statue »San Giacomo Mino
von Bandini
**28** Fragment des Freskos »Madonna del Popolo« aus der Schule des Giotto
**29** Altar des Michelozzo
**30** Statue »San Filippo« von Bandini
**31** Weiterer Zugang zur Kuppel
**32** Büste des Marsilio Ficino von A. Ferrucci
**33** In der Marmornische ein Standbild des Jesaia, von Nanni di Banco
**34** »Hl. Bartolomeo« von di Jacopo Franchi
**35** Rundbild von da Maiano, Giotto bei der Arbeit darstel
**36** Büste des Brunelleschi von A. Cavalcanti (1446)
**37** Fenster »San Lorenzo e Angeli« nach Ghiberti
**38** Treppe zur Krypta Santa Reparata

## Innenraum

**Grandios und streng**

Verzierung

Strenge und Schönheit prägen auch den kargen Innenraum des Doms, der durch seine gotischen Formen und die hoch aufstrebenden Bögen und Pfeiler beeindruckt, ohne dass auffälliger Schmuck die Weite der Räume beeinträchtigt. Der Grundriss des Doms zeigt ein lateinisches Kreuz mit Langhaus und zwei Seitenschiffen; die kurzen Querschiffarme und die Apsis bündelt die gewaltige Kuppel in der Mitte. Wie das Baptisterium besitzt auch der Dom astronomische Zuordnungen: So ist am 21. Juni um 12 Uhr (13 Uhr Sommerzeit) der höchste Stand der Sonne im Jahreslauf durch einen Lichtkegel markiert. 1754 führte hier der großherzogliche Astronom Leonardo Ximenes Vermessungen der Erdachse durch.

**Kostbare Glasfenster, ein gemaltes Reiterstandbild und Dante**

Glasfenster

Trotz der Kargheit lässt sich allerhand Kostbares von berühmten Künstlern entdecken: etwa die Glasfenster über den Eingangsportalen (rechts), die nach Vorlagen von **Lorenzo Ghiberti** ausgeführt wurden, dem Künstler der Paradiespforte am Baptisterium. Kostbar sind auch die Glasfenster im Chor. Tino da Camaino, ein herausragender Bildhauer des 14. Jh.s aus Siena, schuf das gotische Grabmal des Bischofs Antonio d'Orso († 1321) links vom Hauptportal. Zwei Reiterbilder, die wie plastische Denkmäler gemalt sind, beeindrucken an der Wand des linken Seitenschiffs: Das erste von Andrea del Castagno stellt den Heeresführer Niccolò da Tolentino dar (1456). Das zweite, künstlerisch interessanter, von Paolo Uccello zeigt den englischen Söldnerführer **John Hawkwood**. Weil die 1436 präsentierte erste Fassung den Arbeitern im Dom nicht gefiel, wurde das Werk bis zur endgültigen Abnahme zwei Monate später überarbeitet. Ein paar Schritte weiter fällt unter einem Glasfenster ein Gemälde von Domenico di Michelino (1465) ins Auge, das Dante mit seinem berühmten Werk, der **»Göttlichen Komödie«**, darstellt. Im Hintergrund sieht man die Domkuppel – eine späte Rehabilitierung zum 200. Geburtstag des Dichters durch die Stadt, die ihn einst verbannte.

**Ein Lichtstrahl zur Sommersonnenwende**

Linkes Querschiff

Das kurze linke Querschiff, das wie das rechte auch »tribuna« genannt wird, ist in fünf Kapellen gegliedert. Die Glasfenster gehen auf Entwürfe von Ghiberti zurück. In der vierten Kapelle ist eine **zweiseitige Altarrückwand** aus der Schule des Pacino di Bonaguida sehenswert, mit Darstellungen der »Madonna mit Heiligen« sowie »Verkündigung Mariens und Heilige«. Im Boden des Querschiffs dient eine Metallplatte seit 1468 astronomischen Messungen: Am 21. Juni mittags fällt durch ein Loch in der Kuppellaterne ein Sonnenstrahl darauf und gibt die genaue Sommersonnenwende an.

# BRUNELLESCHIS VERMÄCHTNIS

BAEDEKER WISSEN

*Die Kuppel des Doms von Florenz ist das erste Bauwerk dieser Art in doppelschaliger Konstruktion und das ingenieurtechnische Vermächtnis des Filippo Brunelleschi. Er verwendete dabei – erstmals auf einem achteckigen Grundriss – die Mauertechnik des Fischgrätverbands (»a spinapesce«), bei der die sich immer schräger auftürmenden Backsteine miteinander verkeilen.*

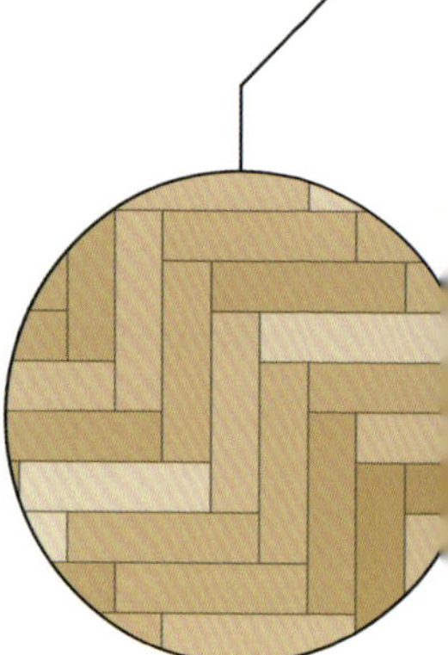

▶ **Angaben zur Domkuppel**

| | |
|---|---|
| Konstrukteur/Ingenieur | Filippo Brunelleschi |
| Baubeginn | 1420 |
| Schließung der Kuppel | 1434 oder 1436 |
| Fresken (Vasari, Zuccari) | 4000 m² |
| Durchmesser | 45,5 m |
| Gewölbehöhe | 84 m |
| Höhe einschl. Laterne | 116,5 m |
| Masse | 37000 t |

▶ **Baumaterialien:**
Marmor, Stein, Naturstein, Tuffstein, Ziegelstein, Eichenholz, Kastanienholz, Glas (Fenster), Steinketten, Eisenketten

▶ **Berühmte Kuppelbauten im Vergleich**

**Felsendom (690 n. Chr.)**
Jerusalem (Israel)
Kuppeldurchm.: 20 m

**Hagia Sophia (537 n. Chr.)**
Istanbul (Türkei)
Kuppeldurchm.: 31 m

**Saint Paul's Cathedral (170**
London (England)
Kuppeldurchm.: 34 m

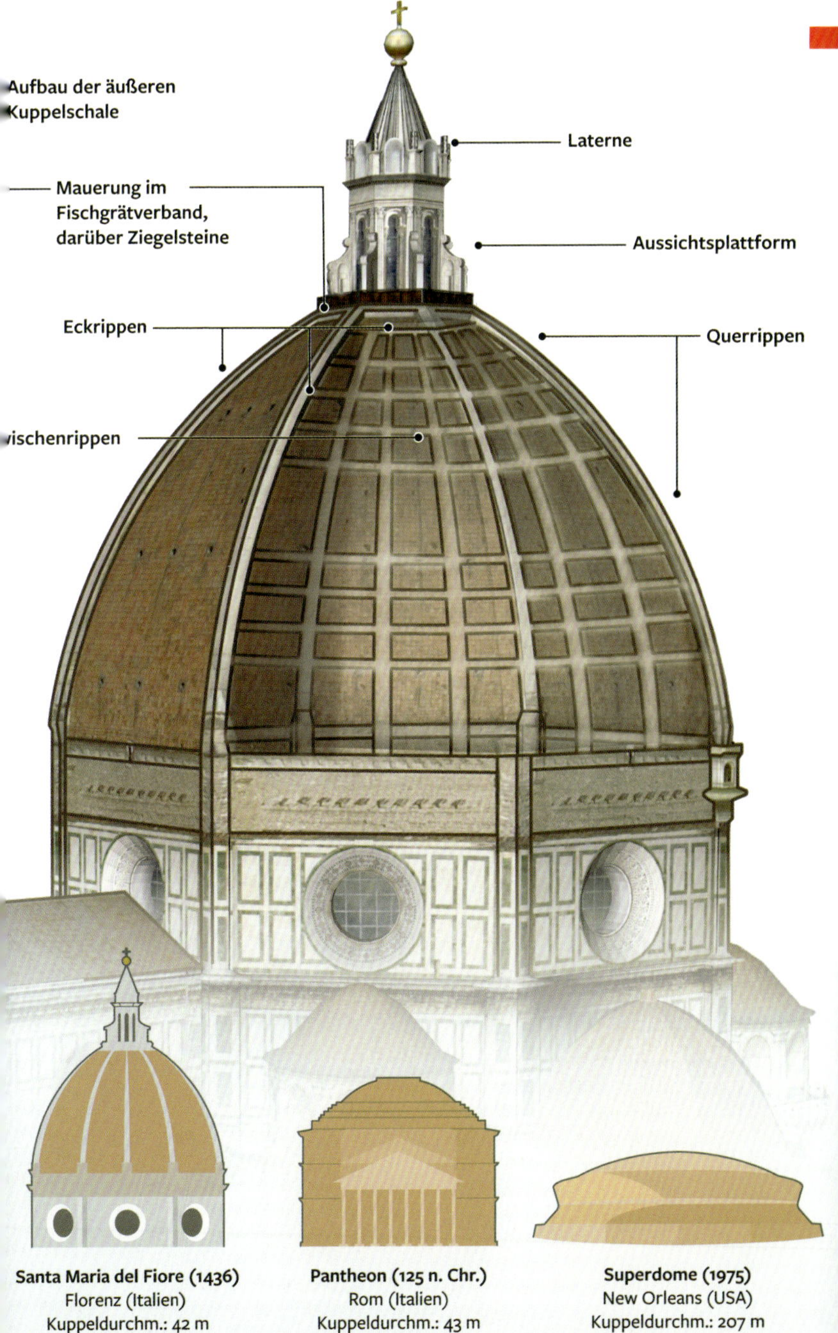


**Santa Maria del Fiore (1436)**
Florenz (Italien)
Kuppeldurchm.: 42 m

**Pantheon (125 n. Chr.)**
Rom (Italien)
Kuppeldurchm.: 43 m

**Superdome (1975)**
New Orleans (USA)
Kuppeldurchm.: 207 m

# DUOMO SANTA MARIA DEL FIORE

*Der Dom ist ein Juwel gotischer Baukunst mit reichem Portalschmuck und weitläufigem Innern. Die doppelschalige Kuppelkonstruktion von Brunelleschi, die erste der Neuzeit, erhebt das Bauwerk in den Rang eines weltweit einmaligen Meisterwerks.*

**❶ Fassade**
Reich ist der Figurenschmuck der Fassade: am obersten Zwickel Gottvater; in den darunterliegenden Feldern Brustbilder berühmter Florentiner Künstler; unter einer mächtigen Rosette »Maria mit dem Kind« und Apostelstatuen; darunter in den vier Pfeilernischen Papst Eugen IV., der die Kirche 1436 weihte.

**❷ Kuppel**
An der Überkuppelung des riesigen Vierungsraumes scheiterten fast alle Baumeister. Weder ein Holzgerüst schien zur Konstruktion brauchbar noch der Vorschlag, einen gewaltigen Erdhügel aufzuschütten, um darüber die Kuppel zu wölben. Brunelleschi baute sie schließlich zwischen 1420 und 1434/36 als doppelschalige Konstruktion – eine Ingenieursleistung, die bis zum Barock wegweisend war. (►Baedeker Wissen S. 60)

**❸ Innere Eingangswand**
Über dem Haupteingang sieht man ein schönes Mosaik der Marienkrönung (um 1300) von Gaddo Gaddi sowie die berühmte Uhr, in deren Ecken Paolo Uccello 1443 Prophetenköpfe malte und deren Zeiger entgegengesetzt dem Uhrzeigersinn gehen.

**❹ Neue Sakristei**
Herausragende Kunstwerke hier sind die »Auferstehung Christi«, eine Terrakottaarbeit von Luca della Robbia, und das Bronzetor desselben Künstlers.

**❺ Campanile**
Baumeister des 84,7 m hohen, architektonisch hervorragenden Campanile war Giotto, und nach dessen Tod führte Andrea Pisano die Arbeiten nach den ursprünglichen Entwürfen weiter. Wer die 414 Stufen auf den Turm nicht scheut, wird mit einem herrlichen Stadtpanorama belohnt.

2
4

### Dem Jüngsten Gericht ganz nah

Unter der Kuppel

Unter der achteckigen Kuppel angelangt, schaut man hinauf ins Jüngste Gericht: Dunkel und beängstigend beginnt die untere Ebene, aber je höher das Gemälde in die Spitze der Kuppel aufsteigt, umso lichtvoller werden die Farben – ein Wimmelbild voller Figuren, die um ihren Platz ringen. Details erkennt man erst, wenn man die Kuppel erklimmt. Ursprünglich sollte die Kuppel mit einem Mosaik ausgelegt werden wie im Baptisterium, doch dann entschied man sich für Giorgio Vasari. 1572 begann er mit der Ausmalung, nach seinem Tod 1574 vollendete sie Federico Zuccari (1579). Im Zentrum des Kuppelraums (Chors) steht der 1973 eingeweihte Hauptaltar, linkerhand der Ambo – ein bemerkenswertes Lesepult, das der Japaner Etsurō Sotoo (*1953) aus Pseudo-Marmor fertigte. An der achteckigen Marmorbrüstung schuf ab 1547 Baccio Bandinelli, der mächtige Leiter der Dombauhütte und Konkurrent Michelangelos, **88 Marmorreliefs,** die Propheten, Apostel und Heilige darstellen. Sein Sohn Clemente vollendete die Arbeit zusammen mit zwei Schülern Bandinellis. 24 dieser Reliefs stellt nun das Museo dell'Opera del Duomo aus. Von Bandinelli ist auch der rückwärtige Hochaltar mit großem hölzernem Kruzifix von Benedetto da Maiano (ca. 1495). Seit 2015 schmücken den Bereich auch **sieben Kerzenskulpturen** von Giuseppe Rosini. Er erfand die einmalige Kunst der »Ceriscultura«, bei deren Aufbau er sich am minimalistischen Prinzip von Lego-Steinen orientierte. 22 weitere stehen im Chor, zwei mitunter auf dem Hauptaltar.

### Luca della Robbias Werke

Sakristeien

Man sollte sich auch die Sakristeien links und rechts hinter dem Hochaltar genauer anschauen, vor allem die Werke von Luca della Robbia, berühmt für seine vornehmlich in Weiß und Blau glasierten Terrakotta-Arbeiten. So über der Tür der Sacrestia Nuova (Neue Sakristei) die »Auferstehung Christi« (1444). Auch am Bronzetor hat er zusammen mit Michelozzo gearbeitet: In zehn Feldern sind Maria mit dem Kind, Johannes der Täufer, Evangelisten und Kirchenväter dargestellt. Im Inneren, in das sich Lorenzo der Prächtige beim Attentat der Pazzi-Verschwörung 1478 flüchtete, beeindruckt der **Intarsienschmuck** an den Schranktüren. Über der Tür zur nördlichen Sacrestia Vecchia (Alten Sakristei) erkennt man della Robbias »Christi Himmelfahrt« (ca. 1450). Ebenfalls von della Robbia sind die beiden knabenhaften Leuchterengel in Weiß glasierter Terrakotta auf dem Altar der mittigen Apsiskapelle, der Cappella di San Zenobio (»Kapelle des hl. Zenobius«). Für dessen Gebeine schuf Lorenzo Ghiberti 1432 bis 1442 den kostbaren Bronzesarkophag unter dem Altar mit der Darstellung von Wundern des Heiligen.

Besuchermagnet: der Duomo mit seiner einzigartigen Marmorfassade

**Philosophen, Propheten und Brunelleschi in der Krypta**

Rechtes Seitenschiff und Krypta Santa Reparata

Nun kommen Philosophen, Propheten und Künstler: Im rechten Seitenschiff sieht man unter dem Glasfenster eine Büste des großen Renaissancephilosophen Marsilio Ficino (19. Jh.) und gegenüber dem letzten Pfeiler ein Medaillon mit dem Bild Giottos von Benedetto da Maiano (1490). Daneben findet sich in einer Holznische die Statue des Propheten Jesaia (Nanni di Banco, 1408) und ein Medaillon mit dem Porträt Brunelleschis (1446) von seinem Lieblingsschüler und Erbe: Andrea Cavalcanti, genannt Buggiano. Gleich nach dem Eingang des Doms führt eine Treppe in die **Krypta Santa Reparata** und zum **Grab von Brunelleschi**. Die Krypta mit frühchristlichen Mosaiken wurde 1966 bis 1972 vollständig freigelegt und gehört zu den Überresten der Vorgängerkirche, die aus dem 4./5. Jh. stammt und im 8. und 11. Jh. erweitert wurde. Zunächst war der Dom um die ältere Kirche herumgebaut worden, endgültig abgetragen wurde sie erst 1375.

## Rund um den Dom

**Pontormo in der schmucken Kirche**

San Michele Visdomini

Der Blick in die Kirche im Schatten des Doms lohnt vor allem wegen des Gemäldes über dem zweiten rechten Seitenaltar: »Madonna mit Kind und Heiligen« (1518) von Pontormo, dem eigenwilligen **Meister des florentinischen Manierismus.** Wie viele andere Gebäude musste die Kirche (ab 1364 bis 18. Jh. erbaut) einst Platz machen für den neuen Dombau – hier an der Via de' Servi baute man sie wieder auf.

**Caffè in besinnlicher Atmosphäre**

Kulturzentrum Convento delle Oblate

Espresso und ein toller Blick auf die Domkuppel? Das gibt es in der **Caffetteria delle Oblate** auf der dritten Ebene des Kreuzgangs im ehemaligen Oblatinnen-Kloster östlich des Doms. Die Ordensschwestern pflegten einst die Kranken im nahen Ospedale Santa Maria Nuova. Heute beherbergt das Convento ein Kulturzentrum mit gutem Abendprogramm und die umfangreichste Innenstadtbücherei.

**Caffetteria:** Via dell'Oriuolo 24 | Mo. nur nachmittags, So. geschl.

**Ältestes Hospital der Stadt**

Ospedale Santa Maria Nuova

In diesem Krankenhaus an der Piazza Santa Maria Nuova wurden seit 1287 die Kranken in Florenz gepflegt! Seit seinem Neubau Ende des 14. Jh.s heißt es Santa Maria Nuova. Im 17. und 18. Jh. mehrmals erweitert, beeindruckt vor allem, wie klar die Loggien der Fassade an der Piazza gegliedert sind. Zu einem Hospital gehörte auch immer ein Gotteshaus, hier die Kirche Sant'Egidio. Nach Voranmeldung (Tel. 055 6 93 86 88)kann man auch die Kunstschätze sehen, die dem Krankenhaus über die Jahrhunderte geschenkt wurden.

**Lage:** 8 km nördlich | **Provinz:** Città metropolitana di Firenze (FI)
**Höhe:** 295 m ü. d. M. | **Einwohnerzahl:** 13 670

***In dem uralten Städtchen inmitten sattgrüner Hügel lässt sich entspannt Luft holen und gleichzeitig stockt einem der Atem: Von hier hat man den herrlichsten Blick auf Florenz.***

Ideal, um der sommerlichen Hitze am Arno für ein paar Stunden zu entgehen: Das etruskisch-römische »Faesulae« ist ein natürliches Belvedere mit Aussicht auf Florenz und lockt mit Villen, Klöstern, einem römischen Theater sowie buntem Kulturprogramm. Bus Nr. 7 dorthin startet wegen des Ausbaus der Tram 2023 ab Via Nazionale Ecke Piazza della Stazione rechts vom Bahnhof Santa Maria Novella.

## Wohin in Fiesole?

### Kunst und Wissenschaft in zwei alten Abteien

Klöster und Hochschule

Die Panoramastraße Via di San Domenico schlängelt sich aus dem Trubel der Stadt hinaus und führt bergauf vorbei an herrlichen Villen, Gärten und Parks. Im Ortsteil San Domenico an der Piazza San Domenico 4 (Bus-Stopp: Ospedale Camerata oder Di San Domenico 08) liegt das 1406 gegründete Kloster **San Domenico di Fiesole** mit seiner 1488 bis 1592 erweiterten Kirche – halb Renaissance, halb Barock – und schönem Kreuzgang. In der Kirche erwartet Sie in der ersten Seitenkapelle links ein Meisterwerk, gefertigt 1424/1425 vom großen Renaissancemaler **Fra Angelico** (▶ Interessante Menschen): das Tafelbild Maestà, die thronende Gottesmutter mit nacktem Kind, Engeln und den vier Heiligen Thomas von Aquin, Barnabas, Dominikus und Petrus von Verona, das der. Einst war es zentraler Teil des Altartriptychons und wird daher auch **Pala di Fiesole** (Altarbild von Fiesole) genannt. Fra Angelico lebte hier, eher er 1436 von den Medici nach Florenz geholt wurde.
Seit 2016 ist das Kloster auch Sitz des Sprachenzentrums und weiterer Einrichtungen des Europäischen Hochschulinstituts (www.eui.eu), dessen Hauptsitz sich nahebei in der eindrucksvollen Renaissanceabtei **Badia Fiesolana** befindet. Hier verfassen Stipendiaten aus EU-Staaten ihre Doktorarbeiten in Jura, Politik- und Wirtschaftswissenschaften. Die Kirche der Badia und den berühmten, von Bernardo Rossellino 1432–1438 erbauten **Chiostro degli Aranci** (Kreuzgang mit damals exotischen Orangenbäumchen) darf man besichtigen.

**San Domenico di Fiesole:** tgl. 8–12, 16–18 Uhr | www.dominicanes.it
**Badia Fiesolana:** Via Roccettini 9 | Kirche Di.–Sa. 7–19, Kirche u. Kreuzgang nur Mo. 15–17.30 Uhr | Eintr.: Kirche frei, Kreuzgang 3 €

# FIESOLE ERLEBEN

Via Portigiani 3
Tel. 055 5 96 13 11
www.fiesoleforyou.it
www.comune.fiesole.fi.it

## FÜHRUNGEN DURCH VILLEN UND GÄRTEN

Mai–Okt. jeden Do. 16 Uhr
Ticket: 5 € | Anmeldung (3 Tage im Voraus): Tel. 055 055 oder bei Valentina Barabuffi, v.barabuffi@comune.fiesole.fi.it, oder auf www.comune.fiesole.fi.it

## GEFÜHRTE E-BIKE-EXKURSIONEN

Fiesole Bike Tours
Piazza Mino da Fiesole
Tel. +39 345 3 35 09 26
www.fiesolebike.it

## 1 LA REGGIA DEGLI ETRUSCHI €€–€€€

Ein bisschen müssen Sie laufen, bergauf, zur Aussichtskirche San Francesco. Dafür werden Sie mit einer Küche aus besten Zutaten belohnt; z. B. mit saisonfrischen Gemüsen, Trüffeln und Steinpilzen, hausgemachter Pasta, Chianina-Rind, zarter Ente und vielem mehr.
Via San Francesco 18
Tel. +39 333 3 55 61 26, tgl. offen, Winter Mo.–Fr. mittags geschl.
www.lareggiadeglietruschi.com

## 2 VINANDRO €€–€

Ab 12 Uhr bis zum späten Abend öffnet die gemütliche Taverne direkt am Hauptplatz ihre Pforten, zu typischen rustikalen Speisen, zum Glas Wein, zu selbst gebackenem Kuchen.
Piazza Mino da Fiesole 33
Tel. 055 5 91 21

## 1 BELMOND VILLA SAN MICHELE €€–€€€

Zwischen Zitronenbäumen und einem fantastischen Ausblick über Florenz schläft man in einem Luxushotel, dessen Fassade Michelangelo zugeschrieben wird. Zudem speist man einmalig im Ristorante La Loggia.
Via Doccia 4, Tel. 0800 1 83 07 81 (zentr. Reservierung in Deutschland), www.belmond.com

## 2 HOTEL VILLA FIESOLE €€€€

Entlang der Villenstraße lässt man im haustierfreundlichen Hotel mit herrlicher Aussicht die Seele baumeln.
Via Beato Angelico 35
Tel. 055 59 72 52
www.villafiesole.it, 32 Zi.

## 3 BENCISTA €€–€€€

In diesem Landgasthaus mit viel Flair, inmitten von Olivenhainen unterhalb von Fiesole, frühstückt man auf der Terrasse mit grandiosem Blick auf Florenz, dazu gibt es ein Restaurant.
Via Benedetto da Maiano 4
Tel. 05559163, www.bencista.com

## 4 HOTEL VILLA BONELLI €€–€€€

Charmantes Hotel im Herzen von Fiesole mit schönen Zimmern.
Via Francesco Poeti 1
Tel. 055 0 54 11 35
www.hotelvillabonelli.com

## ESTATE FIESOLANA

Kulturprogramm in der ersten Julihälfte mit Theater, Musik und Ballett im römischen Theater und im Dom.
Info: Via Portigiani 1
Tel. 055 66 75 66

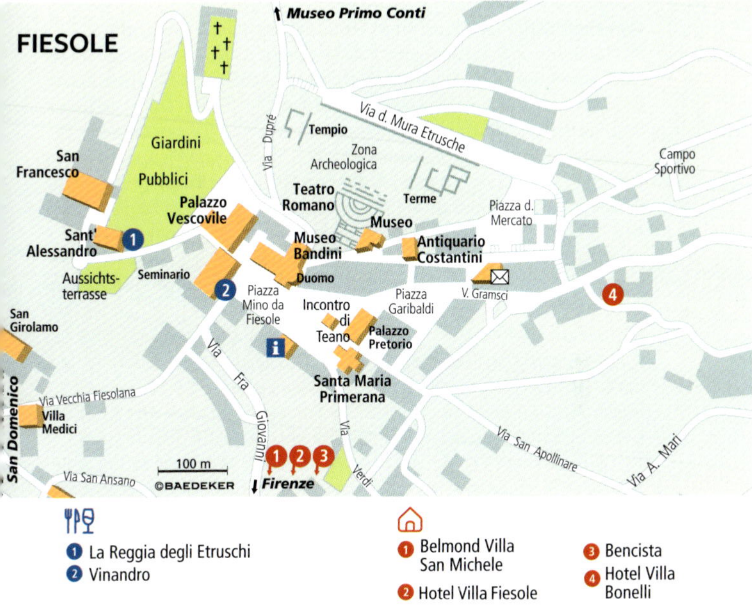


1 La Reggia degli Etruschi
2 Vinandro

1 Belmond Villa San Michele
2 Hotel Villa Fiesole
3 Bencista
4 Hotel Villa Bonelli

**Wer es sich leisten konnte, wohnte in einer Villa in Fiesole**

Villenstraße

Die Via Fra'Giovanni da Fiesole detto l'Angelico, kurz Via Beato Angelico, führt weiter aufwärts und an ihren Seiten reihen sich die Villen auf – viele waren einst Wohnsitze wohlhabender Engländer, Amerikaner und Künstler. Lust, einen Blick hineinzuwerfen? Die Führungen der Gemeinde Fiesole sind z. B. Türöffner für die Paläste und Gärten der Villen Schifanoia, La Torraccia, Il Roseto, Montececeri, Il Salviatino und I Tatti.

Die **Villa San Michele** hat eine beachtliche Kehrtwende hinter sich: Entstanden ist sie 1413 als Konvent, gestiftet von der Bankiersfamilie Davanzati. Im 16. Jh. zeichnete kein anderer als Michelangelo Pläne, um sie mit eleganten Loggien zu erweitern. Und heute ist sie ein Luxushotel mit drei Gartenterrassen! Ebenfalls im Programm ist das UNESCO-Welterbe **Villa Medici**, 1451 bis 1457 von Michelozzo erbaut. Ihre Gärten dürfen Gruppen von mind. 15 Personen unabhängig besuchen, Gleiches gilt für die Gärten der **Villa Peyron**. Frei zugänglich ist der Park der **Villa Le Balze** (Via Vecchia Fiesolana 24), heute ein College der amerikanischen Georgetown University. Die **Villa Fiesole** aus dem 19. Jh. ist heute ein Hotel.

**Villa Medici:** Via Beato Angelico 2 | Anmeldung annamarchimazzini@gmail.com | Mo.–Fr. 9–13 Uhr | www.villamedicifiesole.it

**Villa Peyron:** Via di Vincigliata 2 | Anmeldung (5 Tage vorher) lastrucci@paesaggista.it | Eintritt: 10 € | www.bardinipeyron.it

**Von fliehender Zeit und dem Handschlag der Bronzereiter**

Piazza Mino da Fiesole

Im Zentrum der weitläufigen Piazza erhebt sich die imposante Metallskulptur **»Fuga del Tempo«** von Antonio Crivelli. Die Piazza selbst wurde nach Bildhauer Mino da Fiesole (1429–1484) benannt und nimmt den Platz des antiken Forums ein. An ihrer Ostseite begegnen sich zwei Bronzereiter von 1906 zum **»Incontro di Teano«**. Diesen »Handschlag« bewerkstelligten Giuseppe Garibaldi und König Viktor Emanuel II. 1860 in Teano, einer Kleinstadt in Kampanien – eine wichtige Etappe bei der Einigung Italiens zum Königreich.

An der Nordseite des Platzes erhebt sich der 1024 begonnene, im 13. und 14. Jh. erweiterte und im 19. Jh. veränderte **Duomo San Romolo.** Dominant ist der 1213 fertiggestellte, später mit Zinnen geschmückte **Glockenturm**. Im Innern des dreischiffigen Gotteshauses ruhen beachtliche Fresken und Bilder. Das Grabmal des Bischofs Leonardo Salutati in der gleichnamigen Kapelle schuf 1466 Mino da Fiesole, der Namensgeber der Piazza. Die **Terrakottastatue des Kirchenpatrons San Romolo** (1521) stammt von Giovanni della Robbia.

Nördlich an den Dom schließt das kleine, feine **Museo Bandini** an. Es zeigt die Sammlung von Angiolo Maria Bandini: mit kostbarer toskanischer Tafelmalerei (13.–15. Jh.), Terrakotta-Werken im Della-Robbia-Stil und der zauberhaften farbigen Madonna von Brunelleschi. Bandini war Ende des 18. Jh.s Wissenschaftler und Bibliothekar an der Biblioteca Medicea Laurenziana in Florenz und überließ die Sammlung nach seinem Tod dem Domkapitel von Fiesole.

Die nordwestliche Schmalseite der Piazza nehmen zwei Gebäude ein: das stattliche **Seminario** von 1697 sowie der ursprünglich aus dem 11. Jh. stammende **Palazzo Vescovile** (»Bischofspalast«). An der Südostseite des Platzes stehen der wappengeschmückte **Palazzo Pretorio** (14./15. Jh.) und das mittelalterliche **Oratorium Santa Maria Primerana** mit Portikus (16. Jh.). Schöne Cafés und Restaurants laden zum Verweilen ein. Schon seit 1910 öffnet beispielsweise das **Bistrot al 5** (https://bistrotal5.com).

**Museo Bandini:** Via Duprè 1 | Nov.–Feb. Fr.–So. 10–15, März/Okt. bis 18, April–Sept. tgl. 9–19 Uhr | Eintritt: ab 5 € | www.museidifiesole.it

**»Mutter von Florenz«**

Area Archeologica

Nordöstlich hinter dem Dom legt Fiesole in der Zona archeologica seine antike Seite offen: Schon im 7. Jh. v. Chr. war es ein etruskisches und im 1. Jh. v. Chr. ein römisches Städtchen. Bei Ausgrabungen im 19. Jh. fand man Spuren dieser Vergangenheit: ein gut erhaltenes römisches Theater, das fast 3000 Zuschauern Platz bietet und heute zu Sommeraufführungen genutzt wird, sowie römische Thermen. Im Ostteil wurde das Wasser mithilfe von Heizöfen und Hypokausten aufbereitet, die drei zentralen Räume waren für Kaltbad (Frigidarium), lauwarmes Bad (Tepidarium) und Warmbad (Caldarium) gedacht, während die größeren Becken im Westteil als Schwimm- und Speicherbecken dienten. In der Nordwestecke des Grabungsfelds befinden sich die Reste eines etruskisch-römischen **Tempels** (4. Jh. v. Chr. bzw. 2. Jh. v. Chr. erbaut). Nach Norden wird das Grabungsgelände von einem Stück der einst mächtigen **etruskischen Stadtmauer** aus dem 4. Jh. v. Chr. begrenzt. Eindrucksvolle etruskische und römische Funde sowie eine Sammlung antiker Keramik zeigt das Archäologische Museum, das Ezio Cerpi 1912 bis 1914 als Tempel im römisch-ionischen Stil erbaute.

Via Portigiani 1 | März/Okt. tgl. 10–18, April–Sept. tgl. 9–19, Nov./Dez. Mi.–Mo. 10–15, Jan./Feb. tgl. 10–15 Uhr | Eintritt: Arch. Zone 7 €, mit Arch. Museum 10 €, dazu Museo Bandini 12 € oder Firenze Card | www.museodifirenze.it

**Künstlermuseum für die Moderne**

Museo Primo Conti

Auch moderne Künstler bieten Interessantes: Der Florentiner Maler Umberto Primo Conti (1900–1988) zog in den 1950ern nach Fiesole in die kleine **Villa Le Coste** (15. Jh.) und arbeitete hier bis

**FATA MORGANA IM ARNOTAL**

Ein kurzer steiler Aufstieg, aber die Mühe lohnt sich: Wie eine Fata Morgana erscheint das Häusermeer und mittendrin erhebt sich der Dom. Der schönste Blick über die endlosen Weiten der Stadt und die grünen Hügel der Umgebung bietet sich vom Villenvorort Fiesole von der kleinen stimmungsvollen Kirche San Francesco aus. Noch schöner frühmorgens!

Mitten im Grünen hangelt sich Fiesole die Hügel hinauf

zu seinem Tod. Beeinflusst wurde er von Futurismus und Kubismus, sein farbenfrohes Werk führt in die italienische Avantgarde.
Via Dupre' 18 | Mo.–Fr. 9–14 Uhr | 3 € | www.fondazioneprimoconti.org

Schöne Aussichten

**Aufstieg zu den Kirchen**
Reservieren Sie beim Besuch von Fiesole ein bisschen Zeit für den kleinen steilen Spaziergang zur Kirche San Francesco. Er beginnt zwischen Bischofspalast und Seminargebäude und führt zunächst zur Ex-Kirche **Sant' Alessandro,** die wohl im 6. Jh. anstelle eines erst etruskischen, dann römischen Tempels errichtet wurde und nun Ausstellungen beherbergt. Hier haben Sie von der schattigen Aussichtsterrasse eine herrliche Sicht auf Florenz: Wie ein ferner Ozeandampfer taucht die Kathedrale Santa Maria del Fiore mit ihrer weithin sichtbaren Kuppel aus dem dunstigen Häusermeer in der Ebene auf. Im kleinen Parco della Rimembranza (Park der Erinnerung) erinnert ein **Denkmal** an gefallene Soldaten aus dem Ersten Weltkrieg, ein anderes an drei Carabinieri, die 1944 von den Nationalsozialisten getötet wurden. Picknicken oder gar zelten ist hier nicht gestattet.
Ein letzter steiler Anstieg und Sie sind an der Klosterkirche **San Francesco** (1399/1906) mit schönen Tafelbildern und stimmungsvollen **Kreuzgängen** angelangt. Erste Mönche kamen hier schon 1225 an. Das kleine **Ethnografische Museum** zeigt Exponate aus der Missionstätigkeit des Ordens. Vom Vorplatz des Klosters geht es durch den Stadtpark Giardini Pubblici zurück ins Zentrum von Fiesole.
**San Francesco:** Via San Francesco 13 | Kirche tgl. 9–18, Museum Di.–Sa. 10–12, 14–17, So. 14–17 Uhr | www.fratifiesole.it

# ★★ GALLERIA DELL' ACCADEMIA

**Lage:** Via Ricasoli 58–60 | **Bus:** C 1, 7, 10, 25, 31, 32 | **Geöffnet:** Di.–So. 8.15–18.50 Uhr | **Eintritt:** 12 €, Reserv. dringend empf. (4 €, online/Tel. 055 29 48 83); Museumsführer mit 96 S. auf Deutsch: 10 € (im Buchladen My Accademia) **www.galleriaaccademiafirenze.it**

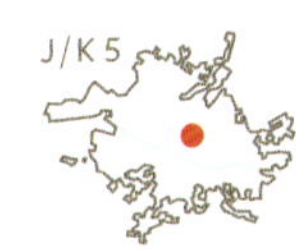


***Die Menschen stehen hier Schlange, um die berühmteste Statue der Welt im Original zu bestaunen. Zum David als Kopie kann man auf der Piazza della Signoria und der Piazzale Michelangelo aufschauen. Und auf der Galerie-Webseite kann man nun auch mit seinem virtuellen Alter Ego chatten: »Chatta col David.«***

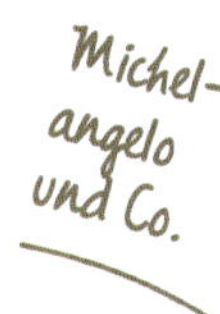


Damit aber nicht nur Michelangelo Aufmerksamkeit bekommt, hat die Galleria einen neuen Leitfaden durch die Räume entwickelt, der Unterschätztes besser in Szene setzt. So kommen zum Beispiel die Werke der **Florentiner Spätgotik** (1370–1430) in drei Sälen im 1. OG zur Geltung. Beachtung verdient auch die grandiose **Musikinstrumentensammlung**. Generell wurde hier viel getan: 2016 bis 2022 hat man 732 Werke bewegt, 5 Säle neu hergerichtet und während der Corona-Pandemie 50 Videos gedreht und 24 176 Dokumente aus dem Archiv gescannt, um die Galerie fit zu machen für das 21. Jh.

### »Raub der Sabinerin«

Salone del Colosso

Der neue Rundgang startet in der Sala del Colosso. Hier fällt sofort die 4,10 m hohe originale Gipsskulptur »Raub der Sabinerin« (1582) von Giambologna auf. Das Marmororiginal steht in der Loggia dei Lanzi. Zudem sind prächtig restaurierte florentinische Werke aus dem 15./16. Jh. ausgestellt, z. B. von **Paolo Uccello, Ghirlandaio, Perugino oder Cosimo Roselli** (u. a. Hl. Barbara mit Johannes dem Täufer und dem Apostel Matthäus, ca. 1468–1470). Die **»Madonna del Mare«** (ca. 1475–1480) wird oft Sandro Botticelli, teils auch dem jungen Filippino Lippi zugeschrieben. Prachtvoll ist das Tafelbild **»Cassone Adimari«** (ca. 1450; 88,5 x 303 cm!), das einen Hochzeitszug und -tanz in idealisierter Umgebung zeigt, vermutlich zwischen den Familien Adimari und Ricasoli 1420. Maler war kein Geringerer als Giovanni di Ser Giovanni, genannt Lo Scheggia, der Bruder des berühmten Masaccio. Das ungewöhnliche Werk dekorierte wohl nie, wie einst angenommen, eine Hochzeitstruhe (»cassone«).

### Echte Stradivaris und skurrile Klangschätze

Musikinstrumente

Biegen Sie nach der Sala del Colosso direkt rechts zur Sammlung der Musikinstrumente ab. Sie besteht aus etwa 50 Instrumenten des 17.

bis 19. Jh. und aus Gemälden von Anton Domenico Gabbiani. Er porträtierte 1685 bis 1690 Musiker und Instrumente für den musikbegeisterten Erbprinzen Ferdinando (1663–1713), den ältesten Sohn von Cosimo III. de' Medici.

Zu den Highlights hier zählen die Tenorviola (1690) von Antonio Stradivari, die **weltweit einzige Stradivari im Originalzustand**, dazu ein Cello (1690) und zwei Geigen vom Meister. Großartig auch das Cello von Nicolò Amati (ca. 1650) und das vertikale Klavier von Domenico de Mela (1739). Ansonsten entdeckt man hier Vorläufer des Klaviers wie das **Harpsichord** (1700) von Bartolomeo Cristofori oder das fast vergessene **Psalterium**, dessen Saiten mit einem Plektron gezupft wurden. Und Ungewöhnliches wie eine Trompetengeige (Ende 18. Jh.) und ein Ungetüm namens Serpent (Schlange).

### Galerie der »Sklaven«

Galleria dei Prigioni

Nur in der Accademia kommt man dem Schaffensprozess von **Michelangelo** so nahe! Die Galleria dei Prigioni, auch Galleria dei Schiavi (Galerie der Sklaven) genannt, führt auf die Tribuna zu, die 1873 bis 1882 extra für den David erbaut wurde. Hier stehen vier unvollendete Figuren jener »Sklaven«, die Michelangelo um 1530 für das Grab von Papst Julius II. in Rom anfertigen wollte. Nach dem Tod des Künstlers schenkte sie sein Neffe Leonardo dem Großherzog Cosimo I., der sie im Boboli-Garten aufstellte. Vier dieser Figuren stehen nun hier: der »Erwachende«, der »Bärtige«, der »Junge« und der »Atlas«. Die Statuen sind unterschiedlich weit fortgeschritten: Michelangelo trug Schicht um Schicht auf der Vorderseite ab. Die Sklaven versuchen, sich aus der Materie zu lösen – nach der platonischen Idee, dass der Körper das Gefängnis der Seele sei.

Unvollendet blieb auch die Figur des Apostels **Matthäus**, an der Michelangelo 1505/1506 meißelte. Sie sollte wie elf weitere geplante Apostelstatuen im Dom von Florenz aufgestellt werden. Der Block, aus dem die Figur herausgehauen wurde, ist deutlich flacher als die der Sklaven: Diese Statue sollte nur frontal betrachtet werden. Auch hier zu sehen ist Pontormos Bild **»Venus und Amor«** (ca. 1533), das er nach einer Zeichnung von Michelangelo schuf. Bemerkenswert ist auch das Fresko **»Pietà Christi«** (ca. 1525) von Andrea del Sarto.

### Zwei Jahre für 110 Kilometer lange Strecke

Tribuna del David

Den ersten Platz unter allen Skulpturen Michelangelos nimmt der weltberühmte **David** (▶ Baedeker Wissen, S. 76) ein. Die Figur ist riesig, 5,17 m hoch und 6 Tonnen schwer, und wirkt dennoch leicht und lebendig: David sieht kühn und energisch aus und dennoch gelassen. Kaum zu glauben, dass er aus einem riesigen Marmorblock von ausgesprochen mäßiger Qualität entstand! Zwei Jahre dauerte allein der Transport des 10 Tonnen schweren Trumms aus den Brüchen bei Carrara nach Florenz. Die 110 km bewältigte der Steinbrocken auf

## ALLERIA DELL' ACCADEMIA

**ERDGESCHOSS**

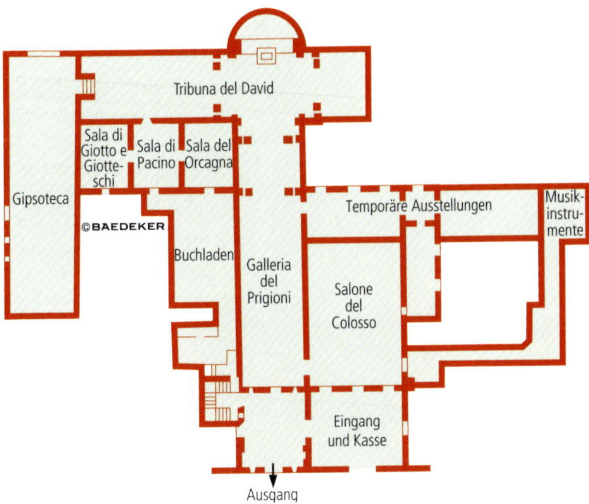


Schlitten mit geschmierten runden Holzbalken, die Zentimeter für Zentimeter von Pferden und Ochsen gezogen wurden. Dann lag er über 35 Jahre hinter dem Dom, wurde dreckig grau – bis ihn der 26-jährige Michelangelo unter Hammer und Meißel bekam. Er arbeitete drei Jahre wie besessen an ihm, oft bis zu 20 Stunden täglich, bis das Werk 1504 vollendet war. Die begeisterten Florentiner stellten »ihren« David indes nicht wie geplant am Domchor, sondern auf der **Piazza della Signoria** auf. 1873 brachte man die Originalstatue ins Museum, da ihr die Witterung immer stärker zusetzte.

Schäden hat der David dennoch davongetragen: 1527 zerbrach der linke Arm in drei Teile, 1813 musste der Mittelfinger der rechten Hand rekonstruiert werden, den rechten kleinen Finger erwischte es 1851. Und 1991 malträtierte ein Mann zwei Zehen des linken Fußes mit einem Hammer. Alles wurde originalgetreu restauriert.

In den Seitenräumen der Tribuna hängen **florentinische Gemälde des 16. Jh.s**, u.a. fünf Werke von Alessandro Allori, auch »Verkündigung« (ca. 1579), die »Beweinung Christi« von Santi di Tito (ca. 1592) oder die »Kreuzabnahme« von Agnolo Bronzino (ca. 1561).

### Wie eine der früheren Wunderkammern

Gipsoteca (Sala dell' Ottocento)

... präsentiert sich die eng gestellte Sammlung schneeweißer Kunstwerke in der Gipsothek. Zu sehen sind vorwiegend herausragende Arbeiten von **Lorenzo Bartolini** (1777–1850), **Francesco Pozzi** (1790–1844) und **Luigi Pampaloni** (1791–1847). Da konkurriert Bartolinis herrliche Statue von Niccolò Machiavelli (1845/1846) mit

# GLAUBENSKÄMPFER UND AKTFIGUR

*Als Verkörperung idealer Männlichkeit fasziniert Michelangelos überlebensgroßer David seit über einem halben Jahrtausend die Besucher der Stadt. Das Original ist seit 1873 in der Galleria dell' Accademia. Kopien stehen vor dem Palazzo Vecchio und auf dem Piazzale Michelangelo.*

Der mittlerweile auf den Eros reduzierte Werbeträger von Florenz war ursprünglich als gerechter Glaubenskämpfer und Symbolfigur der Florentiner Republik zu Ruhm gekommen. Im 15. Jh. hatte der Stadtstaat Florenz alle Mühe, seine Selbstständigkeit gegen machthungrige Fürsten zu verteidigen. Erst als der ärgste Widersacher, der Herzog von Mailand, 1402 vor den Toren der Stadt plötzlich an der Pest verstarb, konnten die Florentiner aufatmen und fassten neuen Mut. Sie begannen, sich mit einem Bibelhelden zu identifizieren, der aus einer Position der Schwäche heraus Stärke bewiesen hatte: mit dem Hirtenjungen David, der den übermächtigen Riesen Goliath tötete und schließlich gar zum König avancierte.
Der Kampf für die gerechte Sache ließ sich auf diese Weise religiös und politisch gut verbrämen. Für den 26-jährigen **Michelangelo** war der Auftrag der Dombauhütte für den David kein einfaches Unterfangen. Denn schon 1464 hatte Agostino di Duccio, ein Schüler Donatellos, den vorgesehenen 5,5 m hohen Marmorblock zur Ausarbeitung einer Statue für einen Strebepfeiler des Doms erhalten, ohne mit der Arbeit weit vorangekommen zu sein. Nur der Durchbruch zwischen den Beinen war gemeißelt worden. Durch die geringe Tiefe des Blocks war Michelangelo außerdem gezwungen, eine vornehmlich auf Vorderansicht hin angelegte Figur zu gestalten. Die monumentale, zwischen 1501 und 1504 geschaffene Statue war also nicht als freistehende Figur konzipiert worden, sondern für eine Nischenaufstellung in großer Höhe. Michelangelos Lösung ist vor diesem Hintergund mehr als außergewöhnlich.

## Erste Aktfigur der Neuzeit

Es ist zunächst das Verdienst des Bildhauers, die erste überlebensgroße Aktfigur der Neuzeit geschaffen zu haben, in starker Anlehnung an die antike Kunst. Kennzeichnend für den Marmor-David ist der **Kontrapost** (= Gegenstück), der bei der Figurengestaltung dazu führt, dass ein gegenüber dem Standbein vorgestelltes Spielbein zur Asymmetrie, zur leichten Verschiebung der Körperachsen führt. Entsprechend bilden eine gesenkte und zurückgenommene sowie eine gehobene und vorgeschobene Schulter einen harmonischen Ausgleich zwischen Ruhe und Bewegung, zwischen Gelöstheit und Anspannung. Die angespannte Körpermuskulatur ist dabei deutlich herausgearbeitet, was auf gute anatomische Kenntnisse des Bildhauers schließen lässt. Die Gesichtszüge des David zeigen dagegen wenig Individualität, wenngleich die Augen unter der gekräuselten Stirn den Gegner zu fixieren scheinen. Denn im Vergleich zu Donatello und

Verrocchio, die den David nach der Tat in Siegerpose darstellten, gestaltete Michelangelo seinen David in jenem Konzentrationszustand zwischen Ruhe und Bewegung unmittelbar bevor er den in seiner Schleuder gehaltenen Stein als tödliches Geschoss auf den Riesen Goliath schleudert. Michelangelos David spiegelt in Haltung und Bewegung des Körpers die innere Befindlichkeit des biblischen Helden wider bei dieser übermenschlichen Tat, der die Angst verdrängt und im Vertrauen auf Gott sein Werk vollendet.

## Vorbild für ritterliche Tugend

Seit dem Mittelalter sah man in Davids siegreichem Kampf gegen Goliath ein alttestamentliches Vorbild zum Sieg Christi über den Satan. Ganz allgemein war David aber auch als jugendlicher Held ein Leitbild und Vorbild für ritterliche Tugend. Sein Kampf für Recht und Freiheit ließ sich zu Beginn des 16. Jh.s programmatisch gut zur **Selbstdarstellung der Republik Florenz** als Kämpferin für städtische Autonomie gegen die unumschränkte Fürstenherrschaft verwerten. Nach der Vertreibung der Medici 1494 begannen 1502 mit einer neuen Verfassung republikanische Zustände unter Piero Soderini als Gonfaloniere della Giustizia auf Lebenszeit. Er stützte sich im Wesentlichen auf die mittleren und unteren Volksschichten, machte sich dadurch aber das Patriziat zum Feind, das schließlich die von Soderini geleitete Republik 1512 stürzte. In seine Regierungszeit fiel die Entscheidung zur Aufstellung des ursprünglich für die Außenfassade des Doms geschaffenen David vor dem Palazzo Vecchio. Es ist die Ironie der Geschichte, dass während der Unruhen bei der erneuten Vertreibung der Medici 1527 der linke Arm der Davidstatue zerbrach. Der junge Künstler Giorgio Vasari sammelte die Bruchstücke auf, die im Jahr 1543 ohne große Verluste an die Figur angefügt wurden. Trotz leichter Blessuren verkörpert der David als grandioses Bildhauerwerk eine zeitlose, bis heute bewunderte kraftvoll-erotische Männlickeit.

Pozzis grandioser »Bacchantin mit Faun und Panter« (1818–1820). Einzigartig ist die mehrreihige Galerie der Büsten, vornehmlich von Bartolini. Darunter befinden sich die Häupter von Napoleon Bonaparte, Franz Liszt und Madame Germaine de Stael sowie zahlreicher Damen und Herren, die sich im 19. Jh. auf Grand Tour in Florenz einfanden und die Gunst der Stunde für eine Gipsbüste nutzten.

**Eines der wichtigsten Werke: »Baum des Lebens«**

Byzantinische Säle

Die Sale Bizantine – bestehend aus Sala di Giotto e Giotteschi, Sala di Pacino und Sala degli Orcagna – bewahren die **ältesten Gemälde** der Sammlungen auf aus dem 13. und frühen 14. Jh. **Giotto** und seine Schüler versammelt der erste Saal, die Sala di Giotto e Giotteschi. Großartig sind die Werke von **Bernardo Daddi** (ca. 1290–1348) und **Taddeo Gaddi** (ca. 1300–1366), einem der bedeutendsten gotischen Maler des 14. Jh.s. Eines der wichtigsten Werke des Museums enthält der zweite Saal: der **»Baum des Lebens«** (um 1310) von Pacino di Bonaguida. Dargestellt ist die Kreuzigung Christi an einem Baum mit zwölf Ästen, darunter die Genesis von der Erschaffung des Menschen bis zur Vertreibung aus dem Paradies und im oberen Feld die himmlischen Heerscharen, Heilige, Christus und die Jungfrau Maria. Der dritte Saal, die **Sala degli Orcagna**, versammelt Werke von Orcagna (Andrea di Cione) und seiner Brüder Jacopo und Nardo di Cione sowie des Schülers Niccolò di Tommaso. Durch den Buch- und Souvenirladen geht es weiter zum Aufgang ins Obergeschoss.

Auch Davids Rückenpartie entzückt, selbst wenn es nur eine Kopie ist. Sie blickt von der Piazzale Michelangelo über die Stadt.

**Altartafeln aus Florentiner Kirchen**

OG: Sale Lorenzo Monaco e il tardo Gotico

Die drei Säle im Obergeschoss drehen sich um Lorenzo Monaco und die Florentiner Spätgotik 1370 bis 1430. Der Hauptsaal präsentiert großartige Altartafeln aus Florentiner Kirchen, etwa von Niccolò di Pietro Gerini, Lorenzo di Niccolò und Giovanni del Biondo. Im kleinen Nachbarsaal besticht das Tafelbild »Cristo in pietà« , das Giovanni da Milano 1365 für einen Florentiner Konvent malte. Ein eigener Bereich ist 13 Werken von **Lorenzo Monaco** gewidmet, besonders dem Verkündigungs-Triptychon (Trittico dell'Annunciazione; ca. 1410–1415). Sie zeigen ihn als herausragenden Vertreter des eleganten Form- und Farbkanons der Gotik. Wichtig in der Sala del Gotico Internazionale sind die Werke von **Maestro della Madonna Straus**, v.a. das Tafelbild »Cristo in pietà con i simboli della Passione« (ca. 1400).

## Rund um die Galleria dell' Accademia

**Alles über Florentiner Mosaik**

Opificio e Museo delle Pietre Dure

An der Via degli Alfani 78 öffnet das Opificio e Museo delle Pietre Dure (kurz OPD), die »Werkstätte und Museum für Einlegearbeiten in Stein«. Das spezielle Florentiner Mosaik, feinste Einlegearbeiten von kostbaren Steinen in Stein, besitzt eine lange, einzigartige Tradition. Sie wird hier v.a. für Restaurationszwecke fortgesetzt.
Das angeschlossene interessante Museum zeigt Exponate dieses ungewöhnlichen Kunsthandwerks, dazu Werkzeug für die Bearbeitung und eine Sammlung kostbarer Gesteinsarten.

Mo.–Sa. 8.15–14 Uhr | Eintritt: 4 € | www.opificiodellepietredure.it

**Selfies, da Vinci und die Medici**

Weitere Museen

Die Zeiten ändern sich! Wenige Schritte von der Galleria dell'Accademia öffnet das **Selfie Museum**. Es wurde von 400 Künstlern konzipiert und zeigt in einem Labyrinth auf zwei Etagen 50 Installationen inkl. Videokunst, optischen Illusionen und digitalem Storytelling. Hinzu kommt die temporäre Ausstellung zu Pinocchio.
Im **Leonardo Interactive Museum** können Sie wiederum die funktionierenden, von Leonardo da Vinci entworfenen Maschinenkonstruktionen ausprobieren. Und das **Museo de' Medici** widmet sich als weltweit erstes im Palazzo di Sforza Almeni der Familiengeschichte der Medici-Dynastie. Anhand von Mobiliar, Porträts, Skulpturen, authentischen Dokumenten und Briefen spürt man dem Leben der illustren Florentiner Bankerfamilie nach.

**Selfie-Museum:** Via Ricasoli 44 | tgl. 10–19, teils 21–24 Uhr | Eintritt: 13 € | https://selfiemuseumfirenze.it | **Leonardo:** Via dei Servi 66 r | Mo.–Fr. 10–18, Sa./So. 9.30–19 Uhr | Eintritt: 8 € | https://leonardo interactivemuseum.com | **Museo de' Medici:** Via dei Servi 12 | tgl. 10–18 Uhr | Eintritt: 9 € | www.museodemedici.com

# ★★ GALLERIA DEGLI UFFIZI

**Lage:** Piazzale degli Uffizi 1 | **Bus:** C 1, C 2, 23 | **Öffnungszeiten:** Di.–So. 8.15–18.50 Uhr | **Eintritt:** März–Okt. 25 €, Nov.–Feb. 12 € oder Kombiticket »Passepartout«; Reservierung dringend empfohlen (4 € online o. an einer der Verkaufsstellen ▶ S. 296 links) | **Audioguide:** 6 € (auch Deutsch) | **Sonstige Führungen (auch Deutsch):** **www.getyourguide.de** | **www.uffizi.it**

J 6

***Am Ende bleibt die Kunst: Die Medici mögen ausgestorben sein, aber dieser Ort wird immer an sie erinnern. Hier sind Kostbarkeiten aus 400 Jahren Kunstschaffen und Kunstsinn vereint: Tausende von Tafelbildern, Gemälden, Statuen, Wandteppichen. Hier stehen Sie vor der liebreizenden Venus von Botticelli, vor künstlerischen Meilensteinen wie der Thronenden Madonna von Giotto oder dem furchteinflößenden Haupt von Caravaggios Medusa.***

400 Jahre Kunstsinnigkeit

Die Uffizien wurden mit dem Palazzo Pitti und dem Giardino di Boboli zusammengelegt – und wenn der Vasari-Korridor wiedereröffnet wird, ist der Museumskomplex auch räumlich miteinander verbunden. In den Top 10 Italiens liegen die Uffizien noch vor dem Kolosseum in Rom auf Platz 1! Kurzum: Die Galerie der Uffizien ist ein Museum von Weltrang und wartet mit einzigartigen Meisterwerke auf. Von Caravaggio, Rembrandt, Dürer, Tizian, Goya ...

### Großzügiges Mäzenatentum

Entstehung

Die Entstehung des Museums ist eng verknüpft mit der Geschichte der **Medici.** Mit Cosimo dem Alten (1389–1464) begann die Familie, systematisch Kunst zu sammeln – aus der Zeit stammen z. B. viele der antiken Statuen, die heute die Korridoren der Uffizien schmücken. Die griechischen und römischen Skulpturen entsprachen dem Zeitgeist der Renaissance, dem neuen Interesse an den humanistischen Idealen der Antike. Die Medici förderten herausragende Künstler wie **Filippo Lippi**, den Cosimo 1445 mit dem Altarbild für die Kirche Santa Croce beauftragte: die »Thronende Madonna mit Kind und den Hll. Cosmas und Damian«, den Schutzpatronen der Medici (Saal A 9). Lorenzo de' Medici, der »Prächtige« (1449–1492), förderte **Botticelli**. Dessen »Frühling« und die »Venus« (Säle A11/ A12) schmückten einst die Medici-Villa von Castello. Der 16-jährige **Michelangelo** wohnte bei Lorenzo und besuchte eine seiner Kunstschulen.
Überhaupt gehörte es zum Prestige reicher Familien und der mächtigen Zünfte, Kunstwerke in Auftrag zu geben. Für den Kaufmann Agnolo Doni und seine Gattin Maddalena, eine Strozzi-Tochter, malte Michelan-

gelo das berühmte Rundgemälde **»Tondo Doni«**, die »Heilige Familie« (1505–1507). Der Anlass? Entweder die Erinnerung an ihre Hochzeit oder die Geburt ihrer ersten Tochter (Saal A38). Vittoria Della Rovere vererbte ihrem Mann, Großherzog Ferdinand II. de' Medici (1610–1670), die legendäre »Venus« von Tizian (1538, Saal D 22) und das berühmte Doppelporträt des Herzogs Federico da Montefeltro und seiner zweiten Gattin Battista Sforza (Saal A9) von Piero della Francesca. Bald wurde es zeitgemäß, auch Kunst anderer Malschulen zu erwerben: So wanderten zwei Rubens-Werke in die Uffizien, weil Großherzog Cosimo III. (1642–1723) niederländische Malerei schätzte.

### »Uffizien« steht für »Büro«

Bau der Uffizien

Im 16. Jh. waren die Medici offiziell die Herzöge von Florenz geworden und Cosimo I. bestimmte 1540 den traditionsreichen Florentiner Regierungspalast Palazzo Vecchio als neue Residenz der Familie. Die Verwaltungsämter, »magistrature« und »uffizi« (Büros) genannt, waren jedoch noch über die Stadt verteilt. Daher sollte Giorgio Vasari ab 1560 ganz in der Nähe ein neues Amtsgebäude für die 13 wichtigsten »Uffizi« bauen. Er entschied sich für einen zweiflügeligen Palast, der sich U-förmig vom Palazzo Vecchio bis ans Arnoufer erstreckte. Die streng gegliederten Fassaden umschlossen die alte Zollbehörde, die Münze, sogar ein Theater und Teile der 1068 geweihten Kirche San Pier Scheraggio. Vasari verwendete bei diesem Bau übrigens erstmals in Europa **Zement und Verstrebungen aus Eisen**.
Schon 1549 hatte Eleonora di Toledo de Toledo, Cosimos Gattin, den Palazzo Pitti erworben. Da die Familie ungestört von einem in den anderen Palast wechseln wollte, baute Vasari flugs einen 760m langen Geheimgang, der den Palazzo Vecchio u.a. mit den Uffizien, dem Giardino di Boboli und dem Palazzo Pitti verband. Dieser **Corridoio Vasariano, der Vasarikorridor,** soll 2023 wieder öffnen (Tickets nur in den Uffizien).
Im Laufe der Zeit fanden in den Uffizien neben Ämtern und Stadtarchiv vor allem die Sammlungen der Medici-Familie Platz. 1763 wurden sie dann als Museum eröffnet – dank der letzten Medici-Erbin: Die 1743 verstorbene Kurfürstin **Anna Maria Luisa von der Pfalz** hinterließ die unermesslichen Kunstschätze ihrer Familie der Stadt Florenz mit der Auflage, sie öffentlich zugänglich zu machen.

### Viel hat sich getan

»Neue Uffizien« (»Nuovi Uffizi«)

Das seit 2006 laufende Projekt »Neue Uffizien« wird wohl 70 Mio. € verschlingen und noch mindestens bis 2024 dauern. Ziel des ungeheuren Aufwands und Umbaus ist die **Verdopplung der Ausstellungsfläche**. Ermöglicht wird das durch die Auslagerung des Staatsarchivs im 1. Stock, aber auch durch neu erschlossene Räumlichkeiten. Auch für die Besucher ändert sich einiges: So soll die Einführung fester Eintrittszeiten (»time slots«) Warteschlangen vermeiden und

den Besucherstrom entzerren. Auch online haben sich die Uffizien auf die Höhe der Zeit gebracht: Die **Webseite** punktet mit Videos und virtuellen Touren. Und nun sind Smartphones in den Uffizien sogar erwünscht! Damit kann man jederzeit detaillierte Infos zu den wichtigsten Kunstwerken von der Webseite abrufen.
Die Säle sind nun nicht mehr nur streng chronologisch, sondern auch nach Personen geordnet: So wurde ein Saal für die Werke Leonardo da Vincis eingerichtet (A 35), Michelangelo und Raffael sind in Saal A 38 platziert. Weitere Höhepunkte sind die Säle A 4 (Giotto), A 9 (Piero della Francesca), A 11 und A 12 (Sandro Botticelli), die Tribuna (A 16), D 22 (Tizian) und D 31 (Caravaggio). Und das Museum verändert sich weiterhin: So gelangte 2021 erstmals ein Werk der **Streetart** in die Uffizien.

## Start im 2. Stock

**Mittelalterliche Tafelmalerei aus der Toskana**

Säle A3 bis A6

Nach Saal A3 mit dem Kruzifix 432 von einem anonymen Meister Ende des 12. Jh.s folgen in Raum A4 drei Maestà – großformatige Tafelbilder mit thronender Madonna und Kind. Es handelt sich um die **Madonna Rucellai** (ca. 1285) von Duccio di Buoninsegna, die lange Cimabue zugeschrieben wurde, dann die **»Thronende Madonna mit Engeln«** (ca. 1275) von **Cimabue** selbst sowie die **»Ognissanti-Madonna«** (um 1310) von **Giotto**, ursprünglich in der Kirche Ognissanti in Florenz. Cimabue steht noch ganz in der Tradition byzantinischer Madonnenmalerei: Bei ihm wirkt die von symmetrisch angeordneten Engeln umgebene Madonna statuenhaft, der Wirklichkeit entrückt. Am ehesten übersetzt Giotto die Maestà in eine menschliche Dimension. Bei ihm sind die Figuren körperlich gestaltet, haben Blickkontakt untereinander und mit dem Betrachter. Erstmals stellt Giotto die Madonna nicht als wesenlose Himmelskönigin, sondern als menschliche Frauengestalt dar. Zudem belebt er die Szenerie, indem er nicht nur die einfachen Erdfarben der Byzantinisten, sondern auch Farben von stärkerer, differenzierterer Leuchtkraft verwendet. Traditionell ist der schlichte Gold-Hintergrund.
Die epochale Leistung Giottos liegt im Bildaufbau: Als Erster konzipierte er einen fest umrissenen, **wirklichkeitsgetreuen Bildraum** und berücksichtigte dabei den Standpunkt des Betrachters. Die weißen Gewänder der Engel im Vordergrund bilden mit dem weißen Obergewand der Madonna farbliche und geometrische Eckpunkte einer ausgeklügelten Dreieckskomposition, die durch den Dreiecksgiebel des Throns noch überhöht wird. Mit dieser Dreieckskomposition schafft Giotto ein Jahrhunderte gültiges Bildschema. Seine individuelle, realistische Seh- und Malweise führte zur wahren Renaissance der Malerei.

Beachtenswert sind in den Sälen **A 5 und A 6** mit Malern aus Siena die »Präsentation Jesu im Tempel« (1342) von Ambrogio Lorenzetti, die »Verkündigung« (1333) von Simone Martini und Lippo Memmi, das Polyptychon des Hl. Pankratius (um 1338) aus Santa Reparata von Bernardo Daddi, Werke von Pietro Lorenzetti sowie von Orcagna (Andrea di Cione) und seinem Bruder Jacopo di Cione.

### Hochgotik und Frührenaissance (15. Jh.)

Saal A7

Zu Beginn des 15. Jh.s zeigt in Raum A7 das monumentale Werk »Die Krönung Mariens« (1414) von **Lorenzo Monaco** den Formen- und Farbenkanon der internationalen Gotik. Auch bei **Gentile da Fabrianos** »Anbetung der Könige« (1423) fällt das gotische Schönheitsideal ins Auge. Das Bild zeugt in seiner verschwenderischen Kostbarkeit der Details vom hohen Anspruch des Auftraggebers – es handelte sich um den reichen, kunstsinnigen Bankier, Politiker, Schriftsteller und Philosophen Palla Strozzi (1372–1462).

### Werke der Frührenaissance

Säle A8 bis A10

Die Wende bringt ein Zeitgenosse: **Masaccio**. Seine **»Anna Selbdritt«** (1424/1425), in Zusammenarbeit mit Masolino entstanden, gilt als Schlüsselwerk der Frührenaissance. Hier führten die zwei die Perspektive in die Malerei ein, also die Abbildung des dreidimensionalen Raums auf der Fläche. Auf Grundlage genauer Naturbeobachtung sollte das Bild zum neuen Erlebnis der Wirklichkeit führen. Diese Altartafel ist mit ihrer energischen Zeichnung und reliefartigen Modellierung der realistischen Schönheit der Menschen das Werk eines großen Kunsterneuerers. Damit steht Masaccio auf einer Stufe mit den Wegbereitern der Renaissance, dem Architekten Brunelleschi und dem Bildhauer Donatello.

Im gleichen Saal hängt die »Krönung Mariä« (um 1432–1435) von **Fra Angelico**. Der malende Dominikanermönch war mit seiner tief religiösen, mystisch-traditionellen Kunstauffassung ein Gegenpol zu Masaccio, wird aber zu Unrecht als konservativ charakterisiert. Zwar dominiert bei ihm die Goldgrundmalerei. Doch nutzt er eine reichhaltige Farbpalette und gelangt mithilfe der kreis- und halbkreisförmigen Figurenanordnung zu einer eindrucksvollen Komposition.

Saal **A9** ist Paolo Uccello, Filippo Lippi und Piero della Francesca gewidmet. Als Meister der Perspektive zeigt sich **Paolo Uccello** mit dem Tafelbild »Schlacht von San Romano« (ca. 1438). Es erinnert an den 2. Juni 1432, als die Florentiner die zahlenmäßig überlegenen Truppen Sienas und Mailands besiegten. Uccello malt kein blutrünstiges Gemetzel – eher ein zirzensisches Turnier, bei dem die Akteure wie Marionetten auftreten. Extreme perspektivische Verkürzungen, etwa zerbrochener Lanzen oder gestürzter Reiter und die auf Volumen reduzierten Formen der Kämpfer belegen sein Interesse an perspektivischen Problemen. Seine Malweise mutet fast modern an.

# KUNST STATT AKTEN

*Wo einst Beamte der toskanischen Herzöge Akten anlegten und bearbeiteten, ist heute eine der bedeutendsten Gemäldesammlungen der Welt zu Hause. Zwar verzeichnen andere große Kunstgalerien deutlich mehr Besucher, aber nirgends sonst findet man solch großartige Stücke florentinischer Renaissancemalerei.*

**Uffizien, Florenz**
1560 – 1580

Besucher 2022 (mit Palazzo Pitti): 4,06 Mi

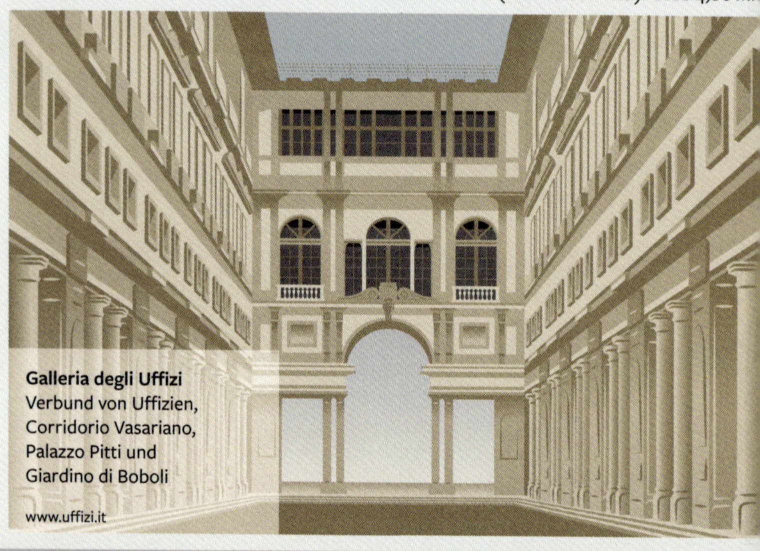

**Galleria degli Uffizi**
Verbund von Uffizien, Corridorio Vasariano, Palazzo Pitti und Giardino di Boboli

www.uffizi.it

▶ **Bedeutende Werke in den Uffizien**

SANDRO BOTTICELLI

LEONARDO DA VINCI

MICHELANGELO

GIOTTO – **»Maesta«** um 1310

TIZIAN

RAFFAEL – **»Madonna mit dem Stieglitz«** 1505/1506

LUCAS CRANACH D. Ä.

ALBRECHT DÜRER

ARTEMISIA GENTILESCHI

1250 | 1300 | 1350 | 1400 | 1450

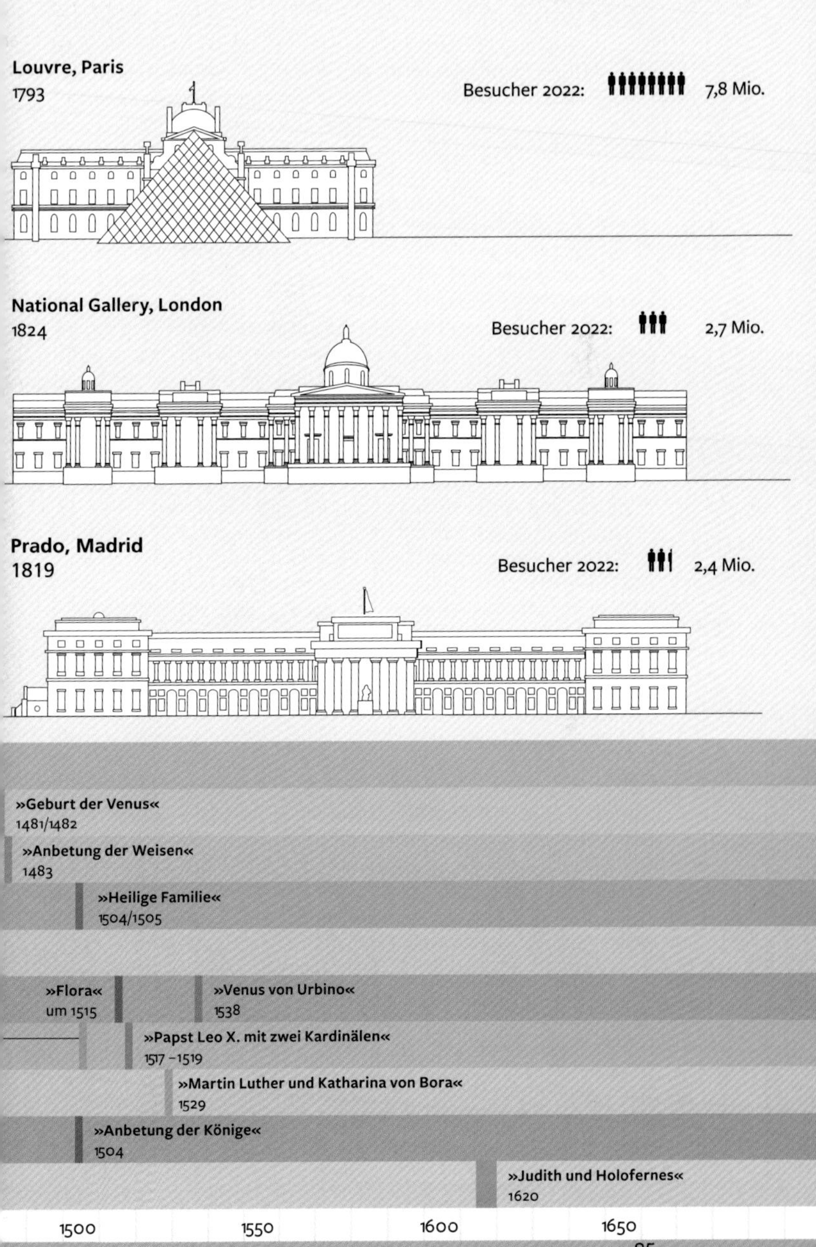
Louvre, Paris
1793
Besucher 2022:
7,8 Mio.
National Gallery, London
1824
Besucher 2022:
2,7 Mio.
Prado, Madrid
1819
Besucher 2022:
2,4 Mio.
»Geburt der Venus«
1481/1482
»Anbetung der Weisen«
1483
»Heilige Familie«
1504/1505
»Flora«
um 1515
»Venus von Urbino«
1538
»Papst Leo X. mit zwei Kardinälen«
1517 – 1519
»Martin Luther und Katharina von Bora«
1529
»Anbetung der Könige«
1504
»Judith und Holofernes«
1620
1500
1550
1600
1650

Einen Schwerpunkt in der Malerei der Frührenaissance bildet das Porträt. Es entwickelt sich aus der Anschauung der antiken Medaillenkunst und findet besonders als Profilgestaltung Anklang. Bestes Beispiel dafür ist das Tafelbild **»Madonna mit Kind und zwei Engeln«** (um 1465) von **Filippo Lippi**. Es ist sein berühmtestes und beliebtestes Werk und wird auch **»Lippina«** genannt. Wahrscheinlich zeigt es die Nonne **Lucrezia Buti** aus Prato, die für Lippi Modell stand und dann seine Geliebte wurde. Das Verhältnis von Mönch und Nonne, aus dem zwei Kinder entstanden, wurde zum Riesenskandal. Der besorgte Cosimo der Alte erwirkte zwar die päpstliche Erlaubnis zur Eheschließung, doch die zwei heirateten nie. So entstand hier weitgehend losgelöst von religiöser Thematik das Bildnis einer vornehm gekleideten, mädchenhaft anmutigen Frau im Halbprofil. Ins goldgelbe Haar ist kunstvoll ein Schleier eingewoben. Sie sitzt am offenen Fenster, zwei vergnügt lächelnde Engel heben das Jesuskind zu ihr empor. Auch Lippis übrige Werke, die Predellentafeln (um 1437), die schon erwähnte »Thronende Madonna mit Kind und den Hll. Cosmas und Damian« (um 1445), die »Marienkrönung« (zwischen 1439 und 1447) oder die »Anbetung des Kindes in Camaldoli« (1463) zeigen seinen elegant geschwungenen Linienstil.
Höhepunkt im Saal A 9 ist das oben erwähnte Diptychon der **Bildnisse des Herzogspaars** von Urbino, gemalt von Piero della Francesca (ca. 1472/73). Der Herzog mit prägnanter Adlernase und hartem Blick ist mit dem Gesicht nach links gewandt, da er sein rechtes Auge in jungen Jahren durch einen Lanzenstich beim Turnierspiel verloren hatte. Auch das wachsbleiche Gesicht seiner Gemahlin zeigt die Sorgfalt des Künstlers. Die früheren Außenseiten zeigen den Herzog und die Herzogin im Triumphzug. Battistas von Einhörnern gezogene Kutsche symbolisiert die drei christlichen Tugenden, die von Schimmeln gezogene herzogliche Kutsche die vier Kardinaltugenden.
Mit Saal **A 10** beginnt die Hochrenaissance! Bildwerke wie Kleinplastiken der Brüder **Antonio und Piero del Pollaiolo** zeichnen sich durch Darstellungen kraftvoller, bewegungsreicher Körper aus – Resultate intensiver Anatomiestudien. Antonios kleinformatige **Herkules-Tafeln** (»Ringkampf mit Antäus«, »Tötung der Hydra«; ca. 1475) sind exemplarisch. Aufmerksamkeit verdienen auch die Frühwerke eines Schülers von Filippo Lippi: Sandro Botticelli. Sein Gemälde »Fortezza« entstand 1470, »Rückkehr der Judith« und »Entdeckung des Leichnams des Holofernes« wohl 1472.

### Botticellis Frühling

Saal A11 Eines der bedeutendsten Gemälde von Sandro Botticelli und gleichzeitig **eines der Hauptwerke der italienischen Renaissance** ist »Der Frühling« (»Primavera«, 1480–1482) in Saal A11. Leicht bekleidete Jungfrauen tanzen anmutig auf einer blumenübersäten Frühlingswiese, ein Antikenzitat der drei Grazien. Auch die übrigen

Personen sind mythologischer Herkunft: in der Bildmitte Venus mit ihrem pfeilschießenden Sohn Cupido, links Merkur. In ihm erkennen manche den Auftraggeber des Werks, Lorenzo di Pierfrancesco de' Medici. Auf der rechten Bildseite wird nach Art mittelalterlicher Simultanbilder die Verwandlung der Nymphe Chloris – nach ihrer Vergewaltigung durch den Windgott Zephyr – in die blumenspendende Göttin Flora dargestellt. Ist es ein Frühlingsfest? Das legt der nach 1550 von Vasari erfundene Bildtitel nahe, doch bis heute gibt es keine einheitliche Interpretation. Die drei Grazien sind als Atlastöchter oder Hesperiden aus antiken Schriften bekannt. Eine weitere Sinnebene erschließt sich aus zeitgenössischen philosophischen Betrachtungen über ideelle Liebe und Schönheit: Im Frühling erwachen die Gefühle der Menschen. Damit sie sich entfalten können, hält Merkur mit seinem Stab die dunklen Wolken des Trübsinns fern. Die Dreiergruppe von Zephyr, Chloris und Flora verkörpert den Konflikt zwischen Wollust, Keuschheit und Schönheit. Die Venusgestalt in der Bildmitte wiederum erinnert stark an eine Marienfigur. Sie ist Sinnbild für die vergeistigte, moralisch-göttliche Liebe, ein Leitbild für das vollkommene Menschsein.

**Boticellis »Geburt der Venus«**

Saal A12

... dominiert Saal A12. Das Gemälde wurde vermutlich um 1485 von Lorenzo di Pierfrancesco de' Medici in Auftrag gegeben. Botticelli

Immer ein Anziehungspunkt: die »Geburt der Venus« von Botticelli

verbindet hier antike Mythologie und christliche Theologie im Sinn der Renaissance als Wiedergeburt des Geists. So malt er einen weiblichen Akt nach dem Vorbild einer antiken Statue der Liebesgöttin Venus und greift dabei indirekt auf den Typus des christlichen Taufbilds zurück. Laut dem zeitgenössischen Philosophen und Humanisten Marsilio Ficino gilt Venus als Allegorie der himmlischen Liebe, verkörpert in einer schönen Frau.
Inspirieren ließ Boticelli sich wohl auch von der schönen **Simonetta Vespucci**, dem It-Girl und Supermodel der Renaissance, 1475 zur Florentiner »Königin der Schönheit« gekürt. Botticelli malte sie hier allerdings 9 Jahre nach ihrem Tod – Simonetta starb 23-jährig an Tuberkulose – und machte sie so unsterblich.
Weitere Botticelli-Werke wie die »Madonna del Magnificat« (1483) oder »Die Verleumdung des Apelles« (ca. 1495) vervollständigen die grandiose Schau.

### Boticellis Altarbild »Anbetung der Hll. Drei Könige«

Saal A13

... malte der Künstler um 1475, als er gerade mal 30 Jahre alt war. Es entstand während der Herrschaft des vier Jahre jüngeren Lorenzo des Prächtigen, Florenz wähnte sich im »Goldenen Zeitalter«. Auf Botticellis Dreikönigsbild ließ sich die Oberschicht in der Versammlung der Anbetenden porträthaft darstellen. Der Maler verwendet für die Gruppen einen klassischen Dreiecksaufbau, bei dem die heilige Familie der Dreiecksspitze zugeordnet wird. Die Könige, hier allesamt Mitglieder der Familie Medici, sind ihr untergeordnet, doch zentral und in die Bildmitte gesetzt: Vater Cosimo der Alte mit seinen Söhnen Giovanni und Piero de Medici. An den Dreiecksseiten befinden sich die jüngeren Medici: Cosimos Enkel, der nachdenkliche, schwarzhaarige und dunkel gekleidete Lorenzo der Prächtige sowie sein stolzer, lebensfroher und in leuchtende Gewänder gehüllte Bruder Giuliano. Sie werden umrahmt von Gruppen mit Humanisten, aristokratisch-bürgerlichen Freunden und Künstlern vor antikisierendem Hintergrund.
Großartig in Saal A13 ist außerdem das **Portinari-Triptychon** (ca. 1473–1478) von Hugo van der Goes, das für den Medici-Agenten Tommaso Portinari angefertigt wurde. Domenico Ghirlandaio ist u.a. mit dem Tafelbild »Sacra conversazione degli Ingesuati« (etwa 1484) vertreten.

### Kartenterrasse und Raum der Mathematiker

Säle A14 und A15

Der Raum A14, einst eine offene Loggia, stellt toskanische Landkarten des 16. Jh.s aus. Der Raum der Mathematiker (A15) wartet mit kleinen römischen Skulpturen aus Marmor und Alabaster (2. und 3. Jh. n. Chr.) sowie mit Fresken (ca. 1600) auf, die wohl von Giulio Parigi stammen. Gewidmet sind sie den großen antiken Mathematikern Pythagoras, Archimedes und Ptolemäus.

Im Saal Tribuna beherrscht neben den Skulpturen Rot das Raumkonzept

**Die Tribuna: ein Saal in roter Seide**

Saal A16

Auf dem berühmten Gemälde »Tribuna degli Uffizi« (1776) von Johann Zoffany drängten sich die Menschen auf der Grand Tour noch zwischen den Kunstwerken – heute darf man die einstige **Wunder- und Schatzkammer** der Medici nicht mehr betreten: Bei der Restaurierung der Tribuna 2010 bis 2012 wurde der wunderschöne Original-Fußboden freigelegt, der nun geschützt werden soll. Einen Blick durch die Tür werfen darf man aber! Architekt Bernardo Buontalenti baute diesen herrlichen achteckigen Kuppelraum ab 1584 für Großherzog Francesco I. Wichtig war die Darstellung der **vier Elemente Erde, Feuer, Wasser und Luft**. Die Wände sind mit roter Seide bespannt, rund 6 000 schimmernde Muschelschalen verkleiden die achtteilige Kuppel, farbige Marmorintarsien schmücken den Boden. Ganz dem Renaissanceideal entsprechen die antiken Statuen: die berühmte Medici-Venus (Ende 1. Jh. v. Chr.), eine späthellenistische Marmorskulptur in Anlehnung an die »Knidische Aphrodite« (ca. 350–340 v. Chr.) von Praxiteles, »Apollino« (nach Praxiteles), »Arrotino« (Pergamon-Schule, 3. oder 2. Jh. v. Chr.), »Kämpfer« (Pergamon-Schule) und »Tanzender Faun« (römische Kopie des Originals aus dem 3. Jh. v. Chr.).

### Ausflug in die italienische Renaissancemalerei (15. Jh.)

Säle A17 bis A22

An die Tribuna schließen die frühere Waffenkammer bzw. -sammlung der Medici an. Heute zeigen die Säle frühe italienische Renaissancemalerei des 15. Jh.s: Saal A17 widmet sich der Schule in Siena, Saal A18 zeigt Meisterwerke u. a. von Antonello da Messina. Höhepunkte sind Andrea Mantegnas **»Triptychon«** (ca. 1460–1464) mit Himmelfahrt, Anbetung der Könige und Beschneidung sowie Giovanni Bellinis **»Heilige Allegorie«** (ca. 1490–1500). Mantegnas wirklichkeitsnahe Malerei hat Albrecht Dürer stark beeinflusst.
Saal A19 mit venezianischer Malerei zeigt u. a. Cima da Coneglianos »Madonna mit Kind« (ca. 1504). Es geht weiter mit Saal A 20 zur Region Emilia-Romagna, u.a. mit Boccaccio Boccaccinos Kleinbild »Zingarella« (ca. 1504/1505), und Saal A21 zur Lombardei. Den Abschluss bildet das Miniaturenkabinett in Saal A22 mit ca. 400 Miniaturen aus der Medici-Sammlung.

### Renaissance des späten 15. Jahrhunderts

Säle A25 bis A34

Über den Südkorridor (A23) mit schönem Fensterblick auf den Arno geht es in den Westkorridor (A24) mit zahlreichen Skulpturen. An seinem Ende ist auch die Marmorkopie der antiken Laokoon-Gruppe (1520–1524) von Baccio Bandinelli zu bewundern.
Die Säle A25 bis A34 vereinen Werke großer Namen der Renaissance aus der Toskana und Umbrien: Nach Domenico Ghirlandaio (Saal A25) und Cosimo Rosselli (A26) verdient **Pietro Perugino** etwa mit seiner **Pietà** (ca. 1483–1493) in Saal A 27 Aufmerksamkeit: Danach trumpft dann **Filippino Lippi**, der Sohn von Filippo Lippi, in Saal A 28 u.a. mit dem Tafelbild »Pala degli Otto« (»Madonna mit Kind und vier Heiligen«; 1486) auf. **Luca Signorelli** gehören die Säle A31 und A32, u. a. mit einer »Madonna mit Kind« (ca. 1490).

### Leonardo und sein Lehrmeister Verrocchio

Saal A35: Sala di Leonardo

Als Botticelli 1510 starb, dominierte bereits eine neue Künstlergeneration. Das zentrale Dreigestirn bildeten nun Leonardo, Michelangelo und Raffael. Leonardo da Vinci ging bei Andrea del Verrocchio in die Lehre. Zusammen mit seinem Lehrer malte er um 1475 die **»Taufe Christi im Jordan«**. Verrocchio hatte als Goldschmied begonnen, doch zeit seines Lebens als Bildhauer gearbeitet – vielleicht zeigen die Gestalten des Heilands und Johannes des Täufers deshalb die kraftvolle Modellierung eines Bildhauers. In Leonardos Zeit, die schon von der naturwissenschaftlichen Entdeckung der Welt geprägt war, wurde die Heilsgeschichte als alleiniges Erklärungsmodell für das komplexe Universum zunehmend untauglicher. Einfühlsam erfasste der Künstler diese Krisenstimmung in der **»Anbetung der Weisen«** (1481): Im Zentrum des unvollendeten Bilds erscheint als ruhender Pol die Madonna mit dem Kind. Sie ist umringt von einer wogenden Masse alter und junger Menschen, die der Geburt des

Gottessohnes mit staunender Verwunderung, aber auch mit Zweifel und Schrecken begegnen.
Ein absoluter Publikumsliebling in diesem Saal ist außerdem Leonardos Gemälde **»Verkündigung«** (ca. 1472–1475), das im Jahr 2000 meisterhaft restauriert wurde. Er bedient sich einiger perspektivischer Tricks: So ist Marias rechter Arm, dessen Hand auf dem Buch bzw. Lesepult ruht, länger als ihr linker.

**Michelangelos und Raffaels Werke**

Saal A38

Als eines der bedeutendsten Werke in den Uffizien gilt Michelangelos **»Heilige Familie«**, das oben erwähnte Rundbild **»Tondo Doni«** (1505–1507). Die Familie erscheint wie aus einem Block gemeißelt und zeigt unverkennbar Michelangelos starkes Interesse an der Bildhauerkunst, selbst in der Malerei. **Raffaels** zwei Porträts (ca. 1504–1506) im gleichen Saal zeigen sogar die Auftraggeber dieses »Tondo Doni«, **Agnolo Dodi und seine Gemahlin Maddalena Strozzi**. Da beide schon 1504 heirateten, ist sehr wahrscheinlich, dass der Tondo Doni nicht zu Ehren ihrer Hochzeit, sondern erst zur Geburt der erstgeborenen Tochter Maria entstand.
Meisterhaft ist auch Raffaels bis 2008 restauriertes Gemälde **»Madonna del Cardellino«** (»Madonna mit dem Stieglitz«; ca. 1506). Es zeigt Maria mit den Kindern Jesus und Johannes dem Täufer vor grüner Landschaft. Auftraggeber des Werks war laut Vasari der reiche Florentiner Kaufmann Lorenzo Nasi.

**Römische Kopien und Rubens**

Säle A39 und A40

Der Niobe-Saal (Sala di Niobe, A39) wurde 1993 durch einen Bombenanschlag beschädigt und bis 2008 restauriert. Jetzt findet hier die **Niobiden-Gruppe**, römische Kopien griechischer Originale (5. und 4. Jh. v. Chr.), einen würdigen Platz. Sie wurde 1583 in Rom entdeckt. Die Wände schmücken zwei riesige Gemälde von **Peter Paul Rubens**: Die unvollendeten Monumentalbilder »Triumphaler Einzug von Heinrich IV. in Paris« (1627–1630) und »Heinrich IV. in der Schlacht von Ivry« (1627) erwarb Cosimo III. de' Medici 1686. Unbedingtes Muss in Saal A40 ist der **Schlafende Hermaphrodit**, eine antike römische Skulptur aus bestem Marmor von der griechischen Insel Paros.

**Zurück zu Adam und Eva**

Saal A42

Saal A42 ist **Albrecht Dürer** und der Renaissancekunst nördlich der Alpen gewidmet. Dürers Hauptwerk **»Anbetung der Könige«** (1504) zeugt bereits von großartiger Raffinesse. Zudem zu nennen sind die Gemälde **»Madonna mit Kind«** (1526) und das »Bildnis des Vaters« (1490), die kurz vor seiner zweiten Italienreise entstanden. Meisterlich sind außerdem **»Adam und Eva«** sowie die Porträts von Martin Luther und seiner Frau Katharina von Bora, die von Lucas Cranach dem Älteren gemalt wurden. Wenn Sie wollen, können Sie hier den **schnellen Rundgang** (»Percorso veloce«) beenden, Café und Panoramaterrasse aufsuchen und den Ausgang via Scalone die Lanzi (Treppe, Aufzug) auf die Piazza degli Uffizi erreichen. Haben Sie allerdings Lust auf den **klassischen Rundgang** (»Percorso classico«), dann geht es nun über den Scalone Buontalenti (Treppe, Aufzug) zwischen den Sälen A35 und A38 im 1. Stock weiter.

**Geheimgang der Medici**

Corridoio Vasari

Im zweiten Obergeschoss befindet sich der Eingang zum **Vasari-Korridor**. Der 760 m lange Gang beginnt im Palazzo Vecchio, führt durch die Uffizien und hinaus über den Ponte Vecchio auf die andere Seite des Arno. Er endet mit einem Ausgang nahe der Grotte von Bernardo Buontalenti im Giardino Boboli und dann im Palazzo Pitti. Im Zweiten Weltkrieg und durch den Bombenanschlag 1993 wurde der Gang zwar beschädigt, aber nicht zerstört. Er existiert heute nur noch, weil die mit ihm verbundene Brücke Ponte Vecchio im August 1944 nicht gesprengt wurde – als einzige Brücke in Florenz. Lag es daran, dass Mussolini dort 1938 zu Ehren von Hitlers Besuch Panoramafenster in den Gang einbauen ließ und dem die Aussicht gefiel? Nein, der Ponte Vecchio verdankt sein Überdauern dem deutschen Konsul **Gerhard Wolf**, der sich nicht nur für die Brücke einsetzte, sondern auch für viele Menschenleben. Eine Gedenktafel am Ponte Vecchio erinnert daher seit 2007 an ihn. Nach Wiedereröffnung soll der Vasari-Korridor mit einem Kombiticket der Uffizien und/oder des Palazzo Pitti zu besichtigen sein.

## Weiter im 1. Stock

**Hochkaräter ...**

Säle B1 bis B9 (Collezione Contini Bonacossi)

Diese bedeutende **Privatsammlung** geht auf die Stiftung des Conte Alessandro Contini Bonacossi von 1969 zurück und hat hier nun eine neue Heimat gefunden. Sie umfasst hochkarätige Kunstwerke des 13. bis 18. Jh.s, darunter Gemälde von Giovanni Bellini, Andrea del Castagno, Francisco Goya und Tintoretto sowie Skulpturen, etwa von Gian Lorenzo Bernini.

**Medici-Sammlung von Selbstporträts**

Säle C1 bis C14

Auch heute wird diese Sammlung noch ständig erweitert! Angefangen hat allerdings der kunstsinnige Kardinal Leopoldo de' Medici, der ab dem 16. Jh. etwa **1750 Selbstporträts italienischer und ausländischer Künstler** zusammentrug. Einst schmückten sie die Wände des Vasari-Korridors, nun hängen sie hier. Zu entdecken gibt es Selbstdarstellungen von Leonardo, Raffael, Michelangelo, Rembrandt oder Velázquez, aber auch von modernen Künstlern wie James Ensor und Carlo Levi sieht. 2023 war nur Saal C 14 geöffnet.

### Italienische Malerei des 16. Jh.s

Säle D2 bis D28

Diese Säle sind den italienischen Malschulen des 16. Jahrhunderts gewidmet. Die Sammlung startet in den Sälen D2 bis D4 mit der Florentiner Malerei. In Saal D 2 dominiert dann die beschwingte, formvollendete Anmut des späten Renaissancemalers **Andrea del Sarto**. Der Wegbereiter von Florentiner Manieristen wie Pontormo und Rosso Fiorentino ist z. B. mit dem Gemälde »Dama col Petrarchino» (ca. 1528) vertreten. In der Hand hält die porträtierte Dame eine aufgeschlagene Buchausgabe des »Canzoniere« (»Sänger«), einer damals sehr populären Sammlung von Sonetten und Kanzonen zu den Themenkomplexen Liebe, Ethik, Religion und Politik. Sie zeigt dabei mit dem Finger auf zwei Sonette.
Mit dem Todesjahr Raffaels (1520) setzt man den Beginn des Manierismus an, die Spätphase der Renaissance bis etwa 1600. Einer der frühen Manieristen, **Rosso Fiorentino**, hatte ein Faible für den flächenförmigen Aufbau von Körpern und für kühle, fahle Farbgebung. Das zeigt sich etwa in Saal D4 mit dem Gemälde »Angiolino musicante« (1521), einem Laute spielenden Engelchen, oder im Gemälde »Moses verteidigt die Töchter Jethros« (1523/1524), das auf die alttestamentliche Erzählung verweist, nach der Moses die Hirten am Brunnen vertreibt und die Herden der sieben Töchter Jethros trinken lässt. Natürlich darf hier auch **Jacopo da Pontormo** nicht fehlen. Sein »Abendmahl in Emmaus« (1525) malte er für die Certosa del Galluzzo nahe Florenz.

### Malschulen Roms und der Emilia-Romagna

Säle D5 bis D11

Roms Malschule (Säle D 5 und D 6) ist z. B. mit Sebastiano del Piombo und seinem **»Tod des Adonis«** (ca. 1512) vertreten. Es wurde beim Bombenanschlag 1993 beschädigt, aufwendig restauriert und ist nun ein Symbol der neuen Uffizien. Neben Daniele da Volterra ist auch Francesco Salviati mit dem Gemälde »Carità« (ca. 1434–1445) dabei. Er war schon von Bronzino beeinflusst. Das Gemälde »Anbetung des Kindes« (ca. 1524–1526) von Antonio Allegri, genannt Correggio, gelangte schon 1617 in Medici-Besitz und wurde damals prompt am prestigeträchtigsten Ort gezeigt, in der Tribuna. Es folgt die Malerei der Emilia-Romagna, u.a. in Saal D8 mit dem Gemälde »Madonna mit dem langen Hals« (ca. 1534–1540) von Parmigianino. Ebenfalls präsent sind Werke von Doccio Dossi und Kollegen (Säle D9, D11).

### Bronzinos Werke, Saal der Dynastien

Säle D12 bis D14, D 15 bis D17

Ein weiterer großer Meister des florentinischen Manierismus war Agnolo di Cosimo, genannt Bronzino. Nach den Florenzer Porträts in Saal D 12 zieht er in Saal D 13 alle Aufmerksamkeit auf sich. Im Januar 2023 wurde ein sensationell wiederaufgefundenes Porträt aus seiner Hand für enorme 10,7 Mio. US-Dollar in New York versteigert. Vertreten ist er hier u. a. mit seinem Porträt von Lucrezia Panchiatichi (ca. 1541).

Ab dem **Saal der Dynastien** (Sala delle Dinastie, D 14) wurden die Räumlichkeiten bis zu den Sälen der Malerei aus Venetien (Säle D18 bis D26) bis 2019 restauriert. Aus den hier gezeigten Bildern zur Medici-Familie ist eines nicht wegzudenken: Pontormos berühmtes Porträt von Cosimo dem Älteren (ca. 1519–1520). Großmeister Giorgio Vasari ist mit seinem berühmten Porträt von Lorenzo dem Prächtigen (1534) dabei, Tizian mit dem Porträt der Eleonora Gonzaga della Rovere (ca. 1536–1538) sowie erneut Bronzino mit seinem Porträt der Eleonora di Toledo (um 1545), der Gattin des ersten Medici-Großherzogs. Die Säle D15 bis D17 sind säkulärer und religiöser Kunst gewidmet, u.a. zeigt die große Sala del Pilastro (D15, Saal des Pfeilers) Altarbilder der Gegenreformation.

### Venezianischer Künstler

Säle D18 bis D26, D27

Die Kunstwerke im restaurierten Saal D22 wirken nun vor grünem Hintergrund. Herausragend ist hier **Tizians »Venus von Urbino«** (1538). Flankiert wird sie von »La Flora« (ca. 1515), einem seiner schönsten Frauenbildnisse, und der »Fornarina«, dem Porträt einer Frau (1512) von Sebastiano del Piombo. Die »Venus von Urbino«, gemalt für den Herzog von Urbino, besticht vor allem durch ihre Farbkomposition: Die Rottöne verklammern die einzelnen Bildteile raumperspektivisch und flächendiagonal miteinander.

Weitere Werke von Tizian im Besitz der Uffizien sind u.a. das Porträt von Papst Sixtus IV. (Francesco della Rovere; ca. 1540), das Porträt von Bischof Ludovico Beccadelli (1552), »Venus und Cupido« (ca. 1550) oder das Porträt von »Francesco Maria della Rovere« (1536–1538). Zudem sind weitere venezianische Meister zu bestaunen, etwa Lorenzo Lotto, Paolo Veronese (Säle D25 und D26) oder **Tintoretto**, der mit bedeutenden Gemälden wie »Leda mit dem Schwan« (Saal D24) und diversen Porträts vertreten ist. Saal D18 ist **Giorgione** gewidmet, Saal D20 **El Greco**. Statuen schmücken den dank großer Fenster lichtdurchfluteten, **Verone** (D 27) genannten Verbindungsgang unter dem Südkorridor zu den nächsten Sälen im Ostflügel des 1. Stocks.

### Caravaggio, Rembrandt & Co: Malerei des 17./18. Jhs.

Säle D28 bis D35

Saal D 28 ist der Malerei der Lombardei (u.a. Annibale Carracci) gewidmet, ehe man sich in Saal D 29 der kontrastreichen Kunst von Caravaggio zuwendet. Hier ist seine dramatische **»Opferung des Isaak«** (ca. 1602) ausgestellt, in Konkurrenz zum hochdramatischen Gemälde »Judith und Holofernes« (1620) von Italiens berühmtester Barockmalerin **Artemisia Gentileschi** (1593–1654). Auch Guido Reni ist in Saal D 29 vertreten. Die Uffizien besitzen zudem die »Hl. Katharina von Alexandria« (1618/1619) von Artemisia Gentileschi. Caravaggios berühmter Rundschild mit dem furchteinflößenden Haupt der **»Medusa«** (ca. 1598) ist der Höhepunkt in Saal D31. Sein jugendlicher **»Bacchus«** (1596–1597) ist ein Selbstporträt.

Rembrandt, Rubens (»Portrait der Isabella Brandt«; ca. 1625) und van Dyck gehört dann Saal D 34. Die **niederländische Malerei** legte im sogenannten »Goldenen Zeitalter« der Niederlande (17.–18. Jh.) ein ungemein fruchtbares Kunstschaffen an den Tag, das mit Genrebildern aus dem Alltagsleben, mit Landschaften, Stadtansichten und vor allem Porträts den wirtschaftsstarken Aufstieg des Bürgertums widerspiegelt. So kann sie mit drei wunderbaren Porträtbildern (u.a. »Bildnis eines jungen Mannes« (ca. 1634) von **Rembrandt** aufwarten. Diese Bestände gehen vielfach auf die Vorlieben von Großherzog Cosimo III. de' Medici zurück sowie auf die reiche Kunstsammlung seiner Tochter, der Kurfürstin Anna Maria Luisa, und ihres Mannes, des Kurfürsten Johann Wilhelm von der Pfalz-Neuburg.

In Saal D35 sieht man Justus Sustermans Porträts von Galileo Galilei (1636) und Cosimos II. de' Medici mit Gattin und Sohn (ca. 1640). Weitere Werke des 18. Jh.s – etwa von Canaletto, Watteau, Boucher, Liotard, Chardin und Goya – werden nach dem Ende der Umstrukturierungsmaßnahmen wieder zugänglich sein.

Die Uffizien sind in einem Atemzug mit Museen wie dem Pariser Louvre, dem Madrider Prado oder der Londoner National Gallery zu nennen

## Rund um die Galleria degli Uffizi

### Eine tiefe Verbeugung vor Galileo Galilei

Museo Galileo

Im mittelalterlichen Palazzo Castellani an der Piazza dei Giudici 1 residierte bis 1841 die Gerichtsbehörde – daher auch der Name »Platz der Richter« (»Giudici«). Vor ihm legten 2007 Luise Schnabel und Filippo Camerota als »mathematisches Ornament« eine **monumentale Sonnenuhr** an. Der 6 m hohe Bronze-Gnomon gibt mit Schatten die Uhrzeiten auf dem 15 m langen Meridian an – allerdings nur von 9 bis 15 Uhr! Auf der Arnoseite des Schattenzeigers entdecken Sie ein Fabeltier, eine Mischung aus Eidechse und Schlange (»lucertola«), auf der anderen Seite die beiden Sternenkonstellationen Großer und Kleiner Wagen.

Im Galilei-Museum erwartet Sie in **18 Sälen** jede Art von historischem Gerät zur **Vermessung der Welt,** handwerklich eines schöner als das andere: Quadranten, Sextanten, Uhren, Mikroskope, Fernrohre, Kompasse. Vieles stammt aus dem Fundus der Medici, die auch darin große Sammler waren. Darunter ist auch ein Astrolabium, ein Sternenhöhenmesser des berühmten Kosmografen Gerhard Mercator (1512–1594). Weiteres kommt aus den Forschungsinstituten des 18. Jh.s, die von den Medici-Nachfolgern, den Herzogen von Lothringen, gefördert wurden. Besondere Aufmerksamkeit wird natürlich Galileo Galilei zuteil (▶ Interessante Menschen und ▶ Baedeker Wissen S. 248). Er war ab 1610 »Erster Mathematiker und Philosoph« am Hof von Cosimo II. de' Medici, im selben Jahr machte er mit der hier ausgestellten Linse seine entscheidende Entdeckung: das Kreisen von vier Gestirnen um den Planeten Jupiter, seither »Mediceische Gestirne« genannt.

Piazza dei Giudici 1 | tgl. 9.30–18 Uhr | Eintritt: 10 €, Online-Kauf oder tel. Vorbestellung je plus 1 € | www.museogalilei.it

### Halb Kirche, halb Kunst

Santo Stefano al Ponte, Cattedrale dell'Immagine

Nahe am Ponte Vecchio wartet die säkularisierte Kirche »Sankt Stefan an der Brücke« aus dem 12. Jh. mit einer romanischen Fassade auf und einem Mittelportal aus dem 13. Jh.; der weiße Marmor stammt aus Luni, der grüne aus Prato. Im Inneren birgt sie Kunstschätze der Gotik und des Florentiner Barock – doch seit 2015 ist sie auch die Florenzer Anlaufstelle für digitale Kunst. Hier zeigt die Cattedrale dell'Immagine (**Kathedrale des Bildes**) Ausstellungen etwa zu Klimt, da Vinci, Monet, van Gogh, Magritte, Dali und zuletzt 2022/23 **Banksy**. Dank hervorragender Akustik finden zudem regelmäßig Konzerte statt. Schräg gegenüber ermöglicht **Opera Your Preview** (Via Por Santa Maria 13r) das Vorbestellen und Reservieren von Museumstickets.

Piazza di Santo Stefano al Ponte 5 | Mo.–Fr. 10–18.30, Sa./So. 10–20 Uhr | Eintritt: 14 € | www.cattedraledellimmagine.it

### UNTER BLÜHENDEN LAUBENGÄNGEN

Lila, Rot, Blau: Kamelien, Blauregen, Rosen, zu jeder Jahreszeit verzaubert der Giardino Bardini, verzücken seine blühenden Lauben, Terracottatöpfe, Blütenkaskaden. Blickt man zwischen den Blütenträumen hindurch, kann es einem schon mal die Sprache verschlagen bei dem atemberaubenden Blick auf den Arno und die Stadt.

#  GIARDINO DI BOBOLI

**Lage:** Piazza Pitti | **Bus:** C 2, 11, 36, 37 | **Öffnungszeiten:** Nov.–Feb. tgl. 8.15–16.30, März bis 17.30, April–Mai u. Sept.–Okt. bis 18.30, Juni–Aug. bis 19.30 Uhr; 1. u. letzter Mo. im Monat geschl., 1. So. im Monat gratis | **Eintritt:** Nov.–Feb. 6 €, März–Okt. 10 €, außerdem verschiedene Kombitickets oder Firenze Card | **Eingänge:** 4 Stück, u. a. via Palazzo Pitti, s. auch Plan auf Folgeseite | **www.uffizi.it**

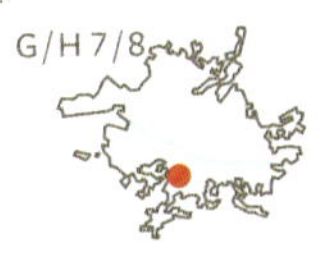


***Nicht einfach ein Stadtpark, sondern ein ganzer Kosmos: hier spaziert man durch 400 Jahre Gartenkunst, steigt bei fantastischen Ausblicken hoch hinauf, schaut in höchst wundersame Grotten, entdeckt das Emblem und Leitmotiv der Medici und begegnet einem dicken Zwerg, der auf einer Schildkröte reitet. Ein Paradies zum Flanieren, Staunen und Entspannen, das die Herzöge von Florenz, erst die Medici, dann die Lothringer, mit viel Sinn für Proportionen anlegten und das seit 2013 Teil des UNESCO-Weltkulturerbes ist.***

# GIARDINO DI BOBOLI

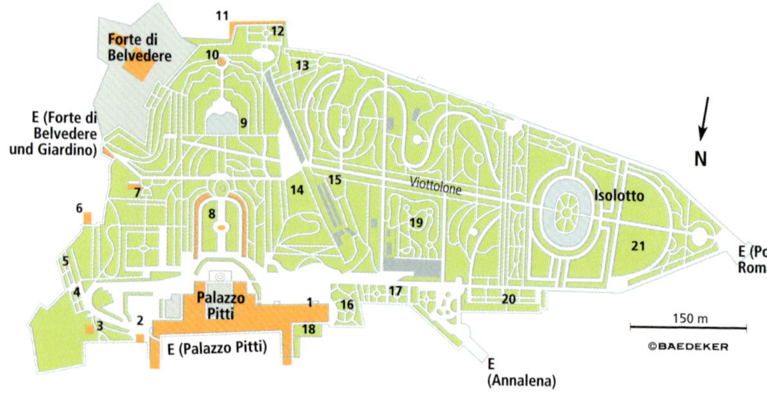


**1** Galleria del Costume
**2** Fontana del Bacco
**3** Grotta del Buontalenti
**4** Jupiter-Garten
**5** Damengarten
**6** Kleine Grotte
**7** Kaffeehaus
**8** Amphitheater
**9** Neptun-Brunnen
**10** Statue der Abbondanza
**11** Museo delle Porcellane
**12** Giardino del Cavaliere
**13** Lavendel-Garten
**14** Kastanienwiese
**15** Korkeichen
**16** Meridiana-Garten
**17** Garten der Sternwarte
**18** Marini-Garten
**19** Ananas-Garten
**20** Orangerie
**21** Säulenwiese

**E** Ein-/Ausgang

Exzentrische »Parkmöblierung«

Um 1550 kaufte Eleonora de Toledo, die Frau von Großherzog Cosimo I. de' Medici, den stattlichen Palazzo Pitti (▶ S. 128) und das Gelände dahinter mit dem Steinbruch, aus dem das Baumaterial für den Palazzo stammte. Er sollte die zukünftige Residenz der Herrscherfamilie werden, und natürlich gehörte ein repräsentativer Park dazu. Architekt Niccolo' Pericoli legte an der Rückseite des Palazzo die zentrale Sichtachse an, den Hügel hinauf bis zum Forte Belvedere. Gleich zu Beginn öffnet sich die Achse zum **Amphitheater** – für rauschende Gartenfeste und Lustspiele – mit ägyptischem Obelisken als zentraler Landmarke. Links der Achse erstreckt sich der älteste Teil des Parks mit dem **»Bacchus-Brunnen«** (1560). Hier reitet der dicke Nano Morgante auf einer Schildkröte. Er war der berühmteste jener fünf Kleinwüchsigen, die den Hofstaat als Narren unterhielten.

Berühmt ist auch die monumentale **Grotta del Buontalenti**. Architekt Bernardo Buontalenti schuf sie 1583 bis 1593, im Inneren mit Schafs- und Hirtenfiguren aus Stalaktiten. Auf der rechten Seite der Grotte befindet sich auch das Emblem von Cosimo I.: ein aufgeblähtes Segel auf einer Schildkröte. Dazu passt der Wahlspruch der Medici **»Festina Lente«**, von Goethe übersetzt als »Eile mit Weile«! In den Ecken der leider nicht begehbaren Grotte ließ Cosimo I. Michelangelos »Sklaven« aufstellen. Weiter die Achse aufwärts erreicht man den Neptunbrunnen (Fontana del Nettuno) mit der Statue des Meergottes von Stoldo Lorenzi (1571). Zum Ende hin erhebt sich die weibliche Kolossalstatue **»Abbondanza«** (»Überfluss«, 1636) mit Früchten und Ähren – ein Sinnbild für die Generosität der Fürsten.

**»La Kaffeehaus« und Giardino del Cavaliere**

Kavaliersgarten und Porzellanmuseum

Eine bemerkenswerte Wiederbelebung erfuhr das restaurierte Kaffeehaus auf der Wiese des Ganymed (Prato di Ganimede), das 1776 von Zanobi del Rosso als Pavillon im Rokokostil erbaut wurde. In Zukunft sollen hier sogar wie im 18. Jh. Kaffee und Schokolade serviert werden! Auch die Treppenanlage zum Giardino del Cavaliere schuf Zanobi del Rosso. Die **Palazzina del Cavaliere** wurde schon um 1700 erbaut und beherbergt das derzeit geschlossene Porzellanmuseum. Einen Teil der exquisiten Sammlung zeigt nun der Palazzo Pitti als »Il Tesoro dei Granduchi« (»Der Schatz der Großherzöge«).

**Durch Zypressen zu Okeanos**

Insel und Brunnen

Im rechten Winkel zur Hauptachse erschließt eine wunderbare Zypressenallee den Ostteil des Parks. Viottolone genannt, erreicht sie in abschüssigem Verlauf den sogenannten **Isolotto:** eine ovalförmige Insel mit einem Brunnen. Heckenbeete und im Sommer zahlreiche Zitrusbäumchen schmücken diesen Isolotto sowie der Brunnen **Fontana dell' Oceano,** der »Ozean-Brunnen«. Dessen zentrale Figur, die Statue des Okeanos, ist ein Werk des großen manieristischen Bildhauers Giambologna (1576, Kopie, Original im ▸ Museo Nazionale del Bargello). Die Skulpturen zu Füßen des Okeanos versinnbildichen die Flüsse Nil, Ganges und Euphrat.

## Rund um den Giardino di Boboli

**Kunst, Kamelien und das Panorama schlechthin**

Forte del Belvedere, Villa & Giardino Bardini

Über den Ausgang Porta Belvedere erreichen Sie rasch die Via San Leonardo 1 und damit das Forte del Belvedere (1590–1595), das im Sommer Ausstellungen zeigt. Großartig ist die anschließende kleine Parkanlage des Giardino Bardini mit **Hortensien-, Kamelien- und Rosengärten**. Den herrlichen Panoramablick auf Florenz genießt man beim Gläschen Rosato vom Café der Loggia Belvedere oder im Sternerestaurant La Legenda dei Frati (Costa San Giorgio 6 a). Die perfekt restaurierte Villa Bardini trumpft mit **Wechselausstellungen moderner Kunst** und dem Museo Pietro Annigoni. Der »Maler der Königinnen« porträtierte schon Queen Elizabeth II. zu ihrer Krönung.

Villa: Costa San Giorgio 2, Garten: Via dei Bardi 1 r | www.villabardini.it

**Mächtigstes Stadttor von Florenz**

Porta Romana

Vom Ausgang des Boboli-Gartens an der Via Romana geht es vorbei an Werkstattläden von Restauratoren und Kunstmalern zur Porta Romana, dem mächtigsten und besterhaltenen **Stadttor** von Florenz. Es markiert den Stadtausgang gen Rom – daher auch sein Name. Über dem Bogen im Innern der Anlage aus dem 14. Jh. ist ein Fresko von Franciabigio angebracht: »Madonna mit Kind und vier Heiligen«.

# LOGGIA DEL MERCATO NUOVO

**Lage:** Via Porta Rossa | **Bus:** C 1, C 2 | **www.mercatodelporcellino.it**

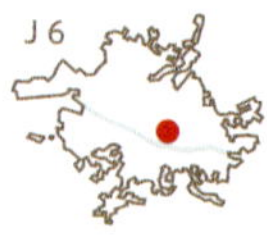


*Umgangssprachlich trifft man sich hier am »Markt des Schweinchens«, am »Mercato del Porcellino«. In der alten überdachten Markthalle stöbert man zwischen Ledertaschen, Strohhüten und Souvenirs und bewundert die Fontana del Porcellino mit besagtem »Schweinchen« – einem imposanten Bronze-Eber.*

Am schönsten, wenn nichts los ist

Am schönsten wirkt die Halle (tgl. 9–18.30 Uhr geöffnet) in den Abendstunden, wenn sie leer ist. Kulinarisch lockt jedoch tagsüber eine Florentiner Streetfood-Ikone: **Orazio Nencione**, der Trippaio del Porcellino, bietet an der Piazza del Mercato Nuovo / Ecke Via di Capaccio saftige Lampredotto-Brötchen an.

Die offene, von Säulen gestützte Markthalle wurde von **Giovanni Battista del Tasso** 1547 bis 1551 errichtet und früher vornehmlich von Seidenhändlern und Goldschmieden genutzt. An der Marmorplatte im Zentrum der Loggia versammelte man sich einst vor Beginn eines Kriegs. Hier wurden aber auch insolvente Händler den Schlägen und dem Spott der Öffentlichkeit ausgesetzt – daher auch der Name der Platte: »Pietra dello scandalo«, »Skandalstein«.

**Kopie der Kopie der Kopie: die Schnauze des Glücks**

Fontana del Porcellino

Reibt man dem Bronzewildschwein an der Südseite der Loggia die Schnauze, soll das Glück bringen und man kehrt wieder nach Florenz zurück. Dabei ist hier nur eine Kopie zu sehen: Das 1633 erschaffene Original steht im Museo Bardini – und beruht seinerseits auf einer römischen Marmorskulptur in den Uffizien, die wiederum eine Kopie eines antiken hellenistischen Vorbilds ist. Der Popularität des »Schweinchens« tut das keinen Abbruch! Es kam sogar in zwei Harry-Potter-Filmen vor, als Deko im Eingangssalon von Hogwarts.

Wer die Schnauze des »Porcellino« reibt, kehrt angeblich nach Florenz zurück

## Rund um die Loggia del Mercato Nuovo

### Einstiges mittelalterliches Hauptquartier

Palagio di Parte Guelfa

Jetzt wird es traditionsreich: der alte Gebäudekomplex hinter der Loggia del Mercato war einst das mittelalterliche Hauptquartier der papsttreuen bürgerlichen Guelfen, die Gegenpartei zu den adligen kaisertreuen Ghibellinen. Gotische Fenster, Zinnen und die überdachte Freitreppe weisen ins 14. Jh. zurück. An seinem Ausbau im 15. und 16. Jh. waren Filippo Brunelleschi und Giorgio Vasari beteiligt. In den eindrucksvollen Sälen – mit Ausschmückungen u. a. von Luca della Robbia und Giambologna – tagen die Mitglieder des Calcio Storico, von hier startet zu den Florentiner Festen der **Kostümzug Corteo storico della Repubblica Fiorentina.** Die Bibliothek, in die man hineinschauen kann, organisiert Veranstaltungen zur Stadtgeschichte.

**Bibiliothek:** Piazza della Parte Guelfa | Mo. 14–22, Di./Mi. 9–22, Do./Fr. 9–19, Sa. 9–13 Uhr

### Ein Saal der Papageien

Museo di Palazzo Davanzati

Auf den Baumkronen hocken kleine Papageien und reife Früchte fallen aus dem Blätterwerk. Über den Bäumchen wölben sich verzierte Mauerbögen, ihnen zu Füßen hängen elegant gemusterte Teppiche, die jeden Designer entzücken würden. Das alles ist gemalt und bildet die **hinreißende Wanddekoration** im Salon mit Kamin, der sich Sala dei Pappagalli nennt. Das setzt sich fort in den beiden Schlafgemächern im 1. und im 2. Stock, mit Pfauen und zauberhaften Minne-Szenen. Diese illusionistischen Wandbemalungen waren ab dem 13. Jh. große Mode in den Florentiner Residenzen. Kaum anderswo findet man sie so gut erhalten wie hier im Palazzo Davanzati, der treffenderweise auch **Antica Casa Fiorentina** genannt wird und anschaulich zeigt, wie die gehobenen Schichten zwischen Mittelalter und Renaissance lebten. So befand sich die Küche im 3. und letzten Stock, damit Küchendünste direkt nach oben abziehen konnten. Errichtet wurde der Palazzo um 1300 von der Tuchhändlerfamilie Davizzi, im 16. Jh. zogen die Davanzati ein, ebenfalls eine wohlhabende Händlerfamilie. Zur weiteren Ausstattung gehören Möbel, wie wunderbar gearbeitete Truhen, aber auch Kunst, Keramik und Mobiliar aus Renaissance und Barock, spätere Bestände aus Sammlungen, etwa der des Antiquars Elio Volpi. Er machte die Residenz 1910 der Öffentlichkeit zugänglich.

Via Porta Rossa 13 | Di.–Do. 8.15–13.50, Fr./Sa. und 2./4. So. im Monat 13.15–18.50 Uhr, sonst geschl. | 2./3. Etage nur mit Führung (Di.–Do. 10.15 und 12.15, sonst 15.15 und 17.15 Uhr) Anmeldung: Tel. 055 0649460 | Eintritt: 6 € oder Kombiticket

Arezzo hätte sie gerne zurück: die Chimäre im Museo Archelogico

# ★★ MUSEO ARCHEOLOGICO NAZIONALE (MAF)

**Lage:** Piazza Santissima Annunziata 9 b | **Bus:** C1, 6, 31 | **Öffnungszeiten:** Di./Do. 8.30–19, Mi. u. Fr.–Mo. 8.30–14 Uhr, 2.–5. So. im Monat geschl. | **Eintritt:** 8 €, gratis bei Ticket für Uffizien

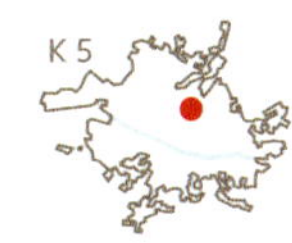


*Wie gern hätte die Stadt Arezzo ihre Chimäre zurück! Beim Bau der Medici-Festung hatte man die meisterliche etruskische Bronzeskulptur dort 1553 ausgegraben und Großherzog Cosimo I. de' Medici ließ sie natürlich sofort nach Florenz in seine Sammlung bringen. Auch die heutigen Florentiner werden sie nicht herausrücken, schließlich ist sie eines der Prunkstücke im Archäologischen Museum. Neben etruskischen und römischen Funden beeindrucken hier die Pharaonenschätze und Mumien der ägyptischen Abteilung.*

Der **Palazzo della Crocetta** entstand um 1620 für die Großherzogin Maria Magdalena von Österreich, die Frau Cosimos II. Er beherbergt Sammlungen, die schon von den Medici begonnen worden waren. Sie unterteilen sich in das Etruskische Museum (Museo Etrusco), die römisch-griechische Antikensammlung und das Ägyptische Museum (Museo Egizio). Gerade nicht zugänglich sind die numismatische Sammlung, der Garten und der Korridor der Gemmen.

### Von Amazonen, Chimären und Idolen in Klein

Etruskisches Museum (Museo Etrusco)

Die auf beide Etagen verteilte etruskische Sammlung ist die zweitgrößte ihrer Art. In neuen Räumen im Obergeschoss weilen der **Terrakottasarkophag** der Larthia Seianti (spätestens 147 v. Chr.) und der **Amazonensarkophag** (350–325 v. Chr.), auf dem der Kampf zwischen Amazonen und griechischen Kriegern dargestellt ist. Restauriert in die Sammlung zurückgekehrt ist die **Mater Matuta etrusca** (ca. 450–440 v. Chr.): Diese Kalksteinstatue einer Dame auf einem Sphinxthron wurde einst als Urne genutzt. Eines der berühmtesten Werke hier ist die Bronzeskulptur einer **Chimäre** (Saal XV), ein hervorragendes Beispiel etruskischer Metallbearbeitung aus dem 4. Jh. v. Chr. Das Ungeheuer ist eine Art Löwe mit Ziegenkopf und Schlangenschwanz. Laut Inschrift oberhalb der rechten Tatze war das Werk dem etruskischen Gott Tinia/Tin geweiht, dem etruskischen Äquivalent zu Jupiter bzw. Zeus.
Ihm zur Seite steht der **Arringatore** (»Redner«, 1. Jh. v. Chr.), laut Inschrift Aulus Metellus in der Amtskleidung eines römischen Senators. Es stellt das seltene Beispiel einer Ehrenstatue für einen Etrusker dar, dem das römische Bürgerrecht 89 v. Chr. verliehen worden war, als Zei-

chen der Verschmelzung von etruskischer und römischer Oberschicht. Dritte im Bunde ist die 1541 ebenfalls in Arezzo entdeckte Bronzestatue der **Minerva**, vermutlich die römische Kopie (1. Jh.v.Chr.) eines griechischen Originals (ca. 340–330 v.Chr.). Ebenfalls eine römische Kopie (ca. 30 v.Chr.) eines griechischen Bronzeoriginals (ca. 430–420 v.Chr.) ist der sogenannte **Idolino** (»kleines Idol«) im Obergeschoss. Er ist die Attraktion der römischen Sammlung. Saal IX präsentiert 180 griechisch-römische Bronzen. Griechische Exponate sind in den Sälen X bis XIV des Obergeschosses versammelt (siehe weiter unten).

### Von ägyptischen Statuen bis zur Mumie

Museo Egizio

Das Ägyptische Museum ist das **zweitwichtigste seiner Art in Italien** nach dem von Turin. Es entstand nach einer äußerst ergiebigen Expedition (1829), die der toskanische Herzog Leopold II. von Lothringen finanzierte. Seit 1855 ist es für die Öffentlichkeit zugänglich. Präsentiert werden Statuen, Büsten, Keramik, Reliefs, Sarkophage, Mumien, Bilder und Gebrauchsgegenstände von verschiedenen ägyptischen Dynastien. Bemerkenswert ist ein gut erhaltener Streitwagen (15. Jh. v. Chr.) aus einem Grab in der Nähe Thebens.

### Griechische und etruskische Vasensammlung

»François-Vase«

Die vielfältige Vasensammlung im Obergeschoss umfasst griechische und etruskische Exponate in reicher Bemalung. Einen eigenen Saal erhielt 2018 ein **Mischkrug**: die 1844 von Alessandro François entdeckte attische »François-Vase«, laut Vaseninschrift ein Werk des Malers Klitias und des Töpfers Ergotimos (6. Jh. v. Chr.). Im Jahr 1900 zerschlug ein geistig verwirrter Museumswärter den Krater in 638 Einzelteile, woraufhin das Gefäß in **mühevoller Puzzlearbeit** wieder zusammengesetzt wurde. Auf der nun sehr gut hinter Glas geschützten Vase sind griechische Mythen dargestellt, darunter die Rückkehr der Athener aus dem Labyrinth des Minotauros auf Kreta.

## Rund um das Museo Archeologico

### Santa Maria Maddalena dei Pazzi

Fresken von Perugino

Die Kirche am Borgo Pinti 58 ist der 1607 verstorbenen Maria Maddalena geweiht. Die Karmelitin und Mystikerin aus der Florentiner Bankiersfamilie Pazzi wurde 1669 heiliggesprochen. Ihr zu Ehren erweiterte man den im 13. Jh. gegründeten Komplex von Kirche und Kloster, den man schon zwei Jahrhunderte zuvor nach Plänen von Giuliano da Sangallo umgestaltet hatte. Zur gleichen Zeit erhielt die Kirche im Inneren illustre Werke von Botticelli, Perugino und Domenico, die heute weit verstreut in Florenz, Paris und Sankt Petersburg zu sehen sind. Dafür kann man nun in den Seitenkapellen und der Cappella Maggiore Werke **toskanischer Meister** bestaunen, z.B. Portelli, Boschi und Santi di Titpo.

In dem Kloster fand 1709 übrigens ein aufsehenerregendes Treffen statt: 1691 hatte die Liebesaffäre zwischen der schönen Adelstochter Maria Maddalena Trenta aus Lucca und dem späteren Dänenkönig Frederik IV. nicht zur Eheschließung geführt. Ein Skandal! Maddalena wählte umgehend das Klosterleben und traf hier im März 1709 erneut auf den nunmehrigen König, der sich unter enormen Schwierigkeiten ein Gespräch erbeten hatte. Ohne den erhofften Erfolg: Er soll nach der Begegnung in Tränen aufgelöst davongeeilt sein. Ein Gutteil des Ex-Konvents beherbergt heute das angesehene Gymnasium Liceo Michelangiolo. Das Refektorium des Klosters ist nun Teil einer Carabinieri-Kaserne, und der Kreuzgang des Sangallo gehört zum Liceo Michelangelo.
Im **Sala del Perugino**, dem Kapitelsaal des Konvents, sind **Fresken von Perugino** erhalten, die zu seinen schönsten Werken zählen. Die Wandbilder entstanden zwischen 1493 und 1496, in Peruginos bester Schaffenszeit. Sie zeigen Christus am Kreuz und Maria Magdalena, den hl. Bernhard und Maria, die hll. Johannes und Benedikt sowie Christus am Kreuz und den hl. Bernhard. Im Hintergrund der Figuren erkennt man die umbrische Landschaft – der Künstler stammte aus Perugia.
**Kirche:** tgl. 9–12, 17–19 Uhr | **Kapitelsaal:** Zugang über Schuleingang Via Colonna 9 | Fr. 14.30–17 Uhr (nicht in Schulferien) | Eintritt frei

# MUSEO MARINO MARINI

**Lage:** P.za San Pancrazio | **Bus:** C 3, D | **Öffnung:** Sa.–Mo. 10–19, 1. So./Monat bis 18 Uhr | **Eintritt:** 10 € | **www.museomarinomarini.it**

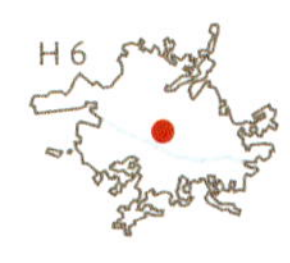


*Mit diesem Bildhauer aus Pistoia beweist die Toskana, dass sie auch im 20. Jh. herausragende Künstler hervorbrachte! Was Auguste Rodin in Sachen moderner Skulptur für Frankreich war, das war Marino Marini (1901–1980) für Italien.*

Der extrem produktive Bildhauer und Grafiker hat mit seinen Werken ganze Museen gefüllt! Hier in Florenz sind sie in architektonisch besonders reizvollem Ambiente zu erleben, häufig zudem mit Sonderausstellungen – ein spannender Ort zeitgenössischer Kunst.

### Nachbildung des Heiligen Grabes

San Pancrazio

Das zentral gelegene Museum versteckt sich hinter einen spröden Kirchenfassade (14. Jh.). In der schon 1808 säkularisierten Kirche San Pancrazio schuf Baumeister Leon Battista Alberti im 15. Jh. die **winzi-**

**ge, aber sensationelle Privatkapelle** für den Kaufmann Giovanni di Paolo Rucellai (1403–1481): eine elegant stilisierte Nachbildung des Heiligen Grabs in Jerusalem in weißem Marmor und schwarzen Steineinlagen. Vor Betreten des Kirchenschiffs sollte man Plastiküberzieher über die Schuhe streifen (links vom Zugang ausgelegt), um Herrn Rucellai und die Museumsaufsicht nicht zu beunruhigen.
Im 19. Jh. war San Pancrazio übrigens **Sitz der Direktion des Lotto-Glücksspiels**, dann Sitz der Präfektur, ab 1888 der staatlichen Tabakfabrik. Ab 1982 begann unter den namhaften Architekten Lorenzo Papi und Bruno Sacchi der radikale Umbau. So entstand ein Bau, dessen Zusammenspiel von Holzverkleidungen, Gussbeton und Eisenverstrebungen einen gelungenen Rahmen für die ausgestellte Kunst bietet.

Ausstellung

**Spaziergang durch alle Schaffensperioden Marinis**
Das Museum stellt 176 Skulpturen, Gemälde und Zeichnungen von Marini aus, der viele Werke schon vor seinem Tod der Stadt Florenz überließ. Sie stammen, angefangen mit dem Bild »Die Jungfrauen« von 1916, aus allen Schaffensperioden des Künstlers. In diversen Variationen sind natürlich seine **Reiterstandbilder** vertreten. Während die frühen Arbeiten die Pferde meist in Harmonie mit dem Menschen zeigen, so sind es seit 1943 vorwiegend Tiere, die sich ihres Reiters zu entledigen suchen. Bevorzugte weibliche Figur Marinis ist die »Pomona«, die voluminöse Fruchtbarkeitsgöttin. Daneben schuf er vor allem Gestalten von Tänzerinnen und Gauklern.

## Rund um das Museo Marino Marini

Palazzo Rucellai

**Wer ist der Schönste im ganzen Land?**
Im Baufieber Mitte des 15. Jh.s. wetteiferten die reichen Florentiner Händler- und Bankiersfamilien, welcher Palazzo wohl der schönste im neuen Renaissancestil werden würde. Einen Stern hat auch der Palazzo Rucellai verdient (Via della Vigno Nuova 18, immer noch in Familienbesitz und **nur von außen zu besichtigen**). Leon Battista Alberti, der große Architekt der Renaissance, entwarf ihn und dürfte vor allem für die Gestaltung der 1465 fertiggestellten Fassade und der 1466 vollendeten **Loggia Rucellai** zwischen Via della Vigna Nuova und Piazza Rucellai verantwortlich sein. Zusammen mit Stararchitekt **Bernardo Rossellino** schuf er 1446–1451 einen Palazzo mit klarer Konzeption und großzügiger Ausführung: Die genaue Zeichnung der Fassade mit nach oben schmaler werdenden Pilastern, verschieden geformten Fenstern, genau behauenen Steinquadern und einer nach oben abnehmenden Geschosshöhe macht das Bauwerk zum **Meilenstein in der Architekturgeschichte der Renaissance.** Über den Fenstern des ersten Geschosses zieht sich ein Fries mit windgeblähten Segeln, dem Handelszeichen der Rucellai.

# ★★ MUSEO NAZIONALE DEL BARGELLO

**Lage:** Via del Proconsolo 4 | **Bus:** C 1, C 2 | **Öffnungszeiten:** So./Mo., Mi.–Fr. 8.15–13.50, Sa. 8.15–18.50 Uhr, Di. und 2./4. So. im Monat geschl. | **Eintritt:** 9 € | **www.bargellomusei.beniculturali.it**

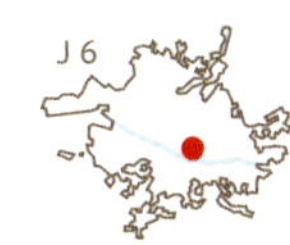


*Auch im Bargello sind David-Statuen zu bewundern: etwa die in Bronze von Donatello, die kleiner, zarter und knabenhafter ausfällt als Michelangelos Marmor-David. Wo einst Verurteilte im Kerker saßen, flaniert man heute vorbei an großartigen Skulpturen aus Mittelalter und Renaissance: Alle Meister sind hier vertreten, Donatello, Verrocchio und natürlich Michelangelo, dazu zauberhafte Keramikreliefs der Familie della Robbia.*

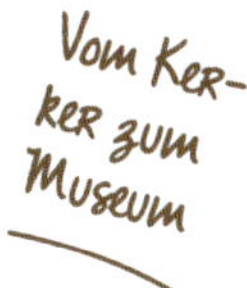


Als die Uffizien aus allen Nähten platzten, wurde die epochemachende **toskanische Bildhauerkunst** des 14. bis 16. Jh.s in ein anderes Museum überführt: 1865 eröffnete es im Palazzo del Bargello als erstes italienisches Nationalmuseum. Mit seinem trutzigen Turm und dem Zinnenkranz war der wuchtige gotische Wehrbau seit 1261 Sitz der Podestà: Die aus mindestens 50 Meilen Entfernung berufenen Stadthauptmänner sorgten in der Zeit der Republik als neutrale Instanz für Recht und Ordnung. Ab dem 16. Jh. waren hier der Gerichtsrat, später das Gefängnis (bis 1857) sowie das Amt des obersten Polizeihauptmanns (Bargello = Büttel, Häscher) untergebracht. In Ausnahmefällen fanden im Bargello auch Hinrichtungen statt, bis 1782 die Toskana als erstes Land weltweit Folter und Todesstrafe abschaffte.

### Eindrucksvoller Hof

Innenhof

Schon der gotische Innenhof ist äußerst eindrucksvoll. Er wird auf drei Seiten von einem Bogengang mit achteckigen Stützen und Kreuzgewölbe gesäumt. Auf der vierten Seite führt eine Freitreppe in die Obergeschosse. Historische Wappen schmücken Pfeiler und Wände, die Hofmitte nimmt ein achteckiger **Brunnen** ein. Skulpturen von Ammanati, Giambologna und Co. schmücken den Hofumgang. Heiß begehrt sind Tickets für die Hofkonzerte des **Florentiner Kammerorchesters** (20 €, https://orchestradacamerafiorentina.it). Der Saal der mittelalterlichen Skulpturen im EG wird nun für Sonderausstellungen genutzt, die Exponate des 14. Jh.s sind im 1. OG.

### »Trunkener Bacchus«

Saal des Michelangelo

Vom Innenhof aus gelangt man direkt zu den hervorragenden Werken Michelangelos. Seine unvollendete Marmorbüste »Brutus« (um 1540) stellt wohl Lorenzino de' Medici dar, den »toskanischen Bru-

tus«, der 1537 den Tyrannen Alessandro de' Medici ermordete. Das Rundrelief **»Tondo Pitti«** (Madonna mit Kind und jungem Johannes dem Täufer; um 1504) wurde im Auftrag von Bartolomeo Pitti geschaffen und zeigt die Muttergottes als nachdenkliche Seherin. Seine Marmorfigur »Apollino« (um 1530) dreht sich um ihre eigene Achse. Das ausdrucksvolle Frühwerk »Bacchus« (um 1497) ist die **erste Großplastik** Michelangelos, in der sehr naturalistisch die Trunkenheit des jungen Gottes dargestellt wird.
Weitere Werke von Künstlern des 16. Jh.s sind die Bacchus-Statue von Jacopo Sansovino (um 1515), die Bronzebüste Michelangelos von Daniele da Volterra sowie die Büste Cosimos I. von Benvenuto Cellini (1557). Atemberaubend ist die balancierende Bronzestatue des quasi fliegenden Merkur (»Mercurio volante«, 1578–1580) von Giambologna, bemerkenswert die Skulpturen von Baccio Bandinelli.

**Davidfiguren**

Erstes Obergeschoss

Meisterwerke des großen Renaissancebildhauers **Donatello** beherbergt der gleichnamige Saal 5, z. B. die **Davidfiguren.** Den »Marmordavid« (1408/1409) meißelte der junge Künstler für den Dom. Der weich modellierte, knabenhafte »Bronzedavid«, um 1440 für Cosimo den Älteren gefertigt, ist die erste freistehende nackte Figur seit der Antike. Inspiriert von Donatello schuf Verrocchio seinen bronzenen »David« mit Goliaths Haupt zu Füßen (1472–1475). Es gibt die Hypothese, dass Verrocchio Davids Gesichtszüge nach seinem Schüler, dem jungen Leonardo da Vinci, gestaltete. Hervorzuheben sind Donatellos Marmorstatue des »Hl. Georg« (1415–1417) und das dazugehörende Relief (1416–1417). Meisterhaft ist auch sein Löwe »Marzocco« (1419–1420) mit Florentiner Lilienwappen.
Einen Stilvergleich erlauben Ghibertis und Brunelleschis Konkurrenzreliefs für die zweite Tür des Baptistierums, die Opferung Isaaks (1401). Zudem versammelt der Saal schöne Terrakottaarbeiten von **Luca della Robbia**, so die zauberhafte »Madonna del Roseto«. Elfenbeinschnitzereien von der Antike bis ins Mittelalter finden Sie im **Saal der Elfenbeinarbeiten** (Saal 1). Die Ausdrucksvielfalt der gotischen Skulptur des 14. Jh.s zeigen die Bildhauerarbeiten von Tino di Camaino, Arnoldi, Talenti und Arnolfo di Cambio im **Saal der mittelalterlichen Skulpturen** (Saal 2). Bemerkenswert ist die »Madonna mit Kind« von Camaino.
Keramisches Kunsthandwerk des 16./17. Jh.s enthält Saal 3, der **Saal der Majoliken**. In der Verone genannten Loggia (Saal 4) warten die fabelhaften realistischen Tierbronzen von Giambologna. Die Säle 6 und 7 beherbergen u. a. eine fabelhafte Ceroplastik (Wachsplastik) des sizilianischen Mönchs Gaetano Zumbo und islamische Kunst. Ein Höhepunkt ist die ab 1280 erbaute Maria-Magdalena-Kapelle (Saal 8), auch **Cappella del Podestà** genannt. Hier schuf Giottos Werkstatt 1330 bis 1337 Fresken zum Leben der Maria Magdalena

# MUSEO NAZIONALE DEL BARGELLO

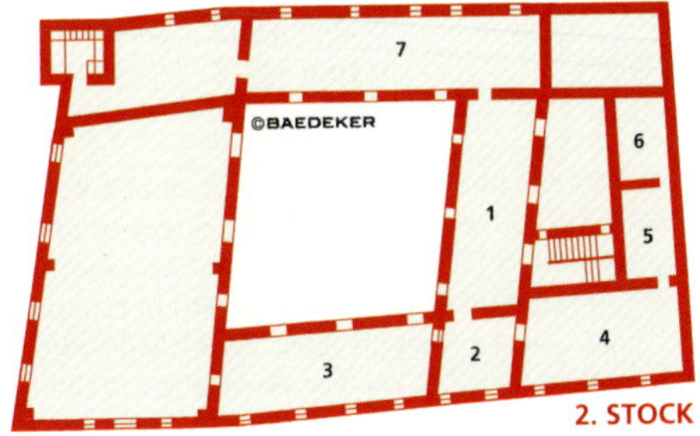


ZWEITER STOCK

1 Saal des G. della Robbia
2 Saal des A. della Robbia
3 Waffensaal
4 Saal des Verrocchio
5/6 Säle der Barockskulpturen und des Medagliere
7 Saal der Kleinbronzen

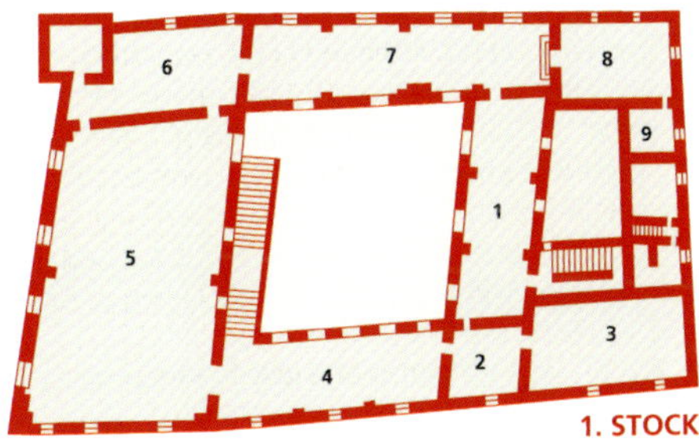


ERSTER STOCK

1 Saal der Elfenbeinarbeiten
2 Saal der mittelalterlichen Skulpturen
3 Saal der Majoliken
4 Verone (Loggia)
5 Großer Saal des Donatello
6 Islamischer Saal
7 Carrand-Saal
8 Maddalena-Kapelle
9 Sakristei

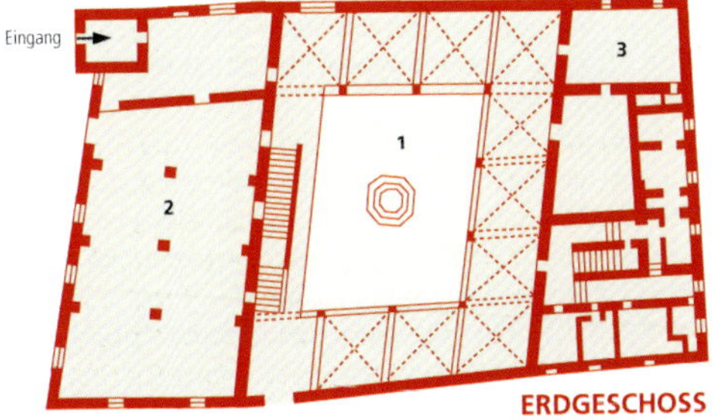


ERDGESCHOSS

1 Innenhof
2 Saal des Michelangelo
3 Saal der mittelalterlichen Skulpturen

und des Jüngsten Gerichts. Im Paradies-Teil ist **Dante Alighieri** mit der Göttlichen Komödie porträtiert! Umstritten ist **Holzskulptur Crocifisso Gallino**, 2008 vom italienischen Staat für wohl 3,25 Mio. € angekauft. Dieser gekreuzigte Jesus ohne Kreuz (ca. 1495–1497) wurde erst Michelangelo, nun aber einem anonymen Florentiner Holzschnitzer zugeschrieben.

**Säle von della Robbia**

Zweites Obergeschoss

Die Säle 1 und 2 zeigen Werke in farbiger glasierter Terrakotta von Giovanni und Andrea della Robbia. Beeindruckend ist Andrea della Robbias **Bildnis eines Mädchens** (»Ritratto di fanciulla«, 1465–1479). Saal 4 präsentiert Werke von **Andrea del Verrocchio,** dem Lehrer Leonardo da Vinci. Seine »Dame mit Blumenstrauß« (»Dama col mazzolino«, ca. 1475) lässt antike Einflüsse erkennen. Das Relief »Madonna mit Kind« ist ein Frühwerk des Künstlers. Herausragend sind die 1474 geschaffene realistische Porträtbüste des Pietro Melini von Benedetto da Maiano, die Marmorbüste des Matteo Palmieri (1468) von Antonio Rossellino und die Keramikbüste eines jugendlichen Kriegers (um 1475–1480) von Antonio del Pollaiolo mit Herkules-Hydra-Relief auf dem Brustpanzer.
Die Räume 5 und 6 stellen Barockskulpturen aus und die berühmte **Medaillensammlung** der Medici. Lorenzo de' Medici hatte sie begonnen, seine Nachkommen haben sie erweitert. Saal 7 (Sala dei Bronzetti) präsentiert Kleinbronzen.

## Rund um das Museo del Bargello

**Fresken zum Leben des hl. Benedikt im Orangenkreuzgang**

Badia Fiorentina

Der 70 m hohe Spitzturm der Badia prägt zweifelsohne die Silhouette der Stadt – doch 1307 wurde er auf die Hälfte gestutzt, weil die Mönche eine städtische Steuer nicht gezahlt hatten! Erst 1330 konnte er wieder aufgebaut werden. Das Areal der uralten Kirche Santo Stefano al Popolo erwarb 960 Willa, Mutter von Ugo, dem Markgrafen der Toskana. Der gründete hier dann 978 das Benediktinerkloster und schuf so die **älteste Florentiner Klostergründung**. Noch heute findet am 21. Dezember, dem Todestag des Marchese Ugo, eine Messe für ihn statt. Die Kirche wurde erweitert und umgebaut, so im 13. Jh. durch Arnolfo di Cambio und im 17. Jh. durch Matteo Segaloni. An der gotischen Außenfassade beeindrucken das Portal von Benedetto da Rovezzano (ca. 1500) und in der Lünette (Bogenfeld) eine glasierte Terrakottaarbeit »Madonna mit Kind« vom Anfang des 16. Jh.s von Benedetto Buglioni.
Bemerkenswert in der Kirche ist das Gemälde **»Die Erscheinung der Madonna vor dem hl. Bernhard«** (links am Eingang), ein Meisterwerk von Filippino Lippi (1482–1486). Wichtig ist zudem

das Grabmal des 1001 verstorbenen Ugo di Toscana links im angedeuteten Querschiff. Mino da Fiesole schuf es 1466 bis 1481. Vom Chor der Kirche aus hat man Zugang zum herrlichen **Chiostro degli Atanci** (Orangen-Kreuzgang, 1432–1438) von Bernardo Rossellino mit 12 Fresken in der oberen Galerie. Seit 1998 wird die Badia wieder von den Brüdern und Schwestern der Monastischen Gemeinschaften von Jerusalem genutzt.
Via del Proconsolo | Mo. 15–17.30 Uhr | 3 € | www.badiafiorentina.org

**Hochgeehrt in der Heimatstadt**

Casa di Dante

Geboren ist Dante wohl nicht in diesem Haus unweit westlich des Bargello, wohl aber gehörte der rückwärtige Häuserkomplex seiner Familie. Zum **Dante-Jahr 2021** (700. Todesjahr) wurde das Haus umgestaltet und multimedial aufgerüstet – nun zeigt es neben historischen und nachgeschneiderten Kostümen sowie Ausgaben der »Göttlichen Komödie« auch eine Kopie der Totenmaske, die dank Dan Browns Bestseller »Inferno« berühmt wurde (Original im Palazzo Vecchio). Seit 2021 ist die Casa di Dante Start und Ziel des **Rad- und Wanderwegs Cammino di Dante**, der in zwei Versionen bis Ravenna verläuft, wo Dante starb (www.camminodante.com). Und das neue Florentiner Museum **MUNDI** zur Geschichte der italienischen Sprache ehrt den längst rehabilitierten größten Sohn der Stadt.
Via Santa Margherita 1 | tgl. 10–18, Nov.–März Di.–Fr. 10–17, Sa./So. 10–18 Uhr | Eintritt: 8 € | www.museocasadidante.it

**Bild des Alltagslebens des 15. Jahrhunderts**

San Martino

Das unscheinbare Oratorio San Martino gegenüber der Casa di Dante wurde schon 986 gegründet. 1442 ging es in den Besitz der Compagnia dei Buonomini über – einer wohltätigen Bruderschaft, die bis heute ihrer Hilfstätigkeit nachgeht. Ursprünglich half man verarmten Bürgern und Medici-Gegnern, die ihren Besitz verloren hatten. Der heutige Kirchenbau stammt aus dem 15. Jh. Einen Besuch lohnen die **Fresken,** die die verschiedenen Tätigkeiten der Bruderschaft wie Krankenbesuche und Beherbergung von Pilgern zeigen und dadurch ein anschauliches Bild des Alltags im Florenz des 15. Jh.s liefern.
P.za San Martino | Mo.–Do. 10.30–12.30, 14.30–17, Fr./Sa. 10.30–12.30 Uhr, So. geschl. |Eintritt frei | www.buonominidisanmartino.it

**Zum »Palast der Visagen«**

Spaziergang zu Palazzi

Spaziert man entlang der Via del Proconsolo zur Hausnummer 10, Ecke Borgo degli Albizzi 31, gelangt man zum »Palast der Verschwörung«: Den **Palazzo Pazzi-Quaratesi** ließ die Familie Pazzi, erbitterte Widersacher der Medici, wohl 1458 bis 1469 von Giuliano da Maiano erbauen. Jacopo de’ Pazzi wurde 1478 nach dem gescheiterten Mordversuch an Lorenzo de’ Medici hingerichtet und die Familie aus Florenz vertrieben. Heute ist der Palazzo der Floren-

tiner Sitz der Staatlichen Rentenkasse. Der folgende Palazzo (Nr. 12) wurde ab 1593 als neues Stadthaus mit schönem Innenhof für die mächtige Familie Strozzi errichtet. Seit 1932 ist es Sitz der anthropologischen und ethnologischen Sammlung des heutigen **Museo di Storia Naturale, di Antropologia e Etnologia**. Nie vollendet, trägt der Bau schon seit 1822 den Spitznamen »Palazzo Nonfinito«. Der **Palazzo Valori-Altoviti** diente der Albizi-Familie im 15. Jh. am Borgo degli Albizi 18 als Residenz errichte. Baccio Valori ließ seine Fassade bis 1604 mit Porträts berühmter Toskaner verzieren: Vespucci, Dante, Petrarca ... Gut kam das nicht an: Im Volksmund heißt der Bau seither »Palast der Visagen« . Heute trifft sich hier die Freimaurerloge Grande Oriente d' Italia.
Südlich des Bargello öffnet sich die Piazza San Firenze mit der großen **Sakralanlage San Firenze** aus zwei Kirchen und dem mittigen Konventsgebäude, einer der wenigen Florentiner Barockbauten. Gegenüber erhebt sich der elegante **Renaissance-Palazzo Gondi** (www.gondi.com), von 1489 bis 1495 von Giuliano da Sangallo für die Adelsfamilie Gondi erbaut. Schön ist der Brunnen im anmutigen Innenhof, im UG öffnet die Enoteca des Gondi-Weinguts.
**Museum:** Di.–So. 9–17 Uhr | Eintritt: 6 € | www.sma.unifi.it

# ★★ MUSEO DELL' OPERA DEL DUOMO

**Lage:** Piazza del Duomo 9 | **Bus:** C 1, C 2, 14, 23 | **Öffnungszeiten:** tgl. 8.30–19.45 Uhr | **Eintritt:** nur Kombitickets, ab 15 € | **Tickets:** Piazza S. Giovanni 7 u. Piazza del Duomo 14 | **https://duomo.firenze.it**

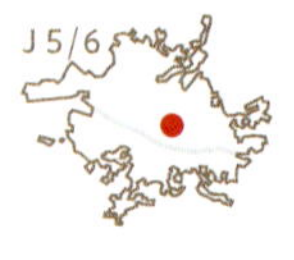


*Ihre Arbeit endet nie! Seit über 725 Jahren sorgt die Dombauhütte, die Opera del Duomo, für den Umbau, die Instandhaltung und das permanente Restaurieren der gewaltigen Domanlage samt Kuppel, Kampanile und Baptisterium. Am alten Ort ihres Wirkens steht das radikal erneuerte Museum, das diese Anstrengung dokumentiert. Es ist eines der schönsten in Florenz und zeigt über 750 Werke, die hier vor Verfall und Umweltzerstörung geschützt werden: Figuren aus Stein, Bronze und Holz, philosophierende Evangelisten, eine ausgezehrte Büßerin und fröhlich musizierende Kinder. Zusätzlicher Clou: Gegen die museumstypische Reizüberflutung liefert die dritte Etage einen famosen Kontrapunkt. In frischer Luft genießt man auf der Brunelleschi-Terrasse den unvergesslichen Blick auf Tambour und Domkuppel.*

Hinter der Apsis an der Ostseite des Doms konzentrierte sich alles, was man zum Errichten von **Santa Maria del Fiore** brauchte: die 1296 eingerichtete Dombauhütte, die Ziegelbrennereien, die Werkstätten der Zimmermannsleute und der Künstler Donatello oder Lorenzo Ghiberti. In einem Hof lagerte Brunelleschi Bauholz für die Kuppel, Michelangelo schuf hier seinen David. Schließlich wich die Dombauhütte dem 1891 eröffneten Dommuseum, das seither wunderbare Werke aus den Depots zeigt – darunter kostbare Skulpturen von Arnolfo di Cambio und Donatello samt der rekonstruierten ersten Domfassade, die ab 1587 entfernt wurde. Oder die marmornen Sängerkanzeln von Luca della Robbia (1431–1438) und Donatello (1433–1438), die 1688 abmontiert wurden, um große Holztribünen zu errichten für den Chor zur Hochzeit von Erbgroßherzog Ferdinando de’ Medici mit Bayernprinzessin Violante Beatrix. Heute arbeiten die **Maestri della Pietra**, die Meister des Steins der Dombauhütte, nahebei und sind mit der angeschlossenen Scuola Professionale eine europaweit anerkannte Ausbildungsstätte für Restauratoren (nach Voranmeldung zu besichtigen).

Museum für die Kunst aus dem Dom

**Bottega degli Artisti dell’ Opera di Santa Maria:** Via dello Studio | Anmeldung: Tel. 055 2 30 28 85 oder commerciale@duomo.firenze.it

**Am besten noch vorm Dombesuch**

Gesamtkunstwerk Domanlage und Museum

6000 Quadratmeter, drei Etagen und 28 Säle: Hier gibt es viel zu sehen. Vielleicht besuchen Sie das Museum ja zur Vorbereitung noch vor Ihrem Besuch von Kathedrale, Kuppel und Baptisterium? Los geht es

Wie ein Vogel: Im Dommuseum kann man von oben auf das Kuppelmodell schauen

im Cortile del Ticciati (Saal 2) mit der Skulpturengruppe vom Barockaltar des Baptisteriums, die Girolamo Ticciati 1732 schuf. Dann erinnern an der Nordwand des Corridoio d'Opera (Saal 3) die Namen von bekannten wie unbekannten Architekten, Künstlern, Kunsthandwerkern, Humanisten und Musikern daran, dass das jahrhundertealte Werk nur gemeinsam entstehen konnte.
In der **Galleria delle Sculture** (Säle 4 und 5) präsentieren rechts ein Holzmodell und ein Film die mittelalterliche Fassade des Doms. Zudem sieht man Fragmente von den Seitenfassaden des Doms, etwa von der **Porta della Mandorla** (1404–1409), an der auch Nanni di Banco und der junge Donatello mitwirkten. Großartig sind die Statuetten aus der Florentiner Schule des 14. Jh.s, die einst die Domfenster schmückten und die entrückten Frauenköpfe »Barmherzigkeit«, »Glaube« und »Hoffnung« (alle 1320–1324), die **Timo di Camaino** fürs Baptisterium schuf. Höhepunkt ist die Rückseite der **bronzenen Nordpforte des Baptisteriums** (1401–1424) von Lorenzo Ghiberti.

### Eine Fassade wie eine Bühne

Alte Domfassade

Die Sala del Paradiso, der Paradiessaal, ist der größte und schönste des Museums. Ihn darf man beim Rundgang gleich zweimal bestaunen, denn den besten Blick auf dieses Wunderwerk italienischer Ausstellungskunst hat man vom **Belvedere del Paradiso** im 1. Stock aus (Saal 16). Beeindruckend ist die grandios nachgebaute **erste Marmorfassade des Doms**. So hatte sie Arnolfo di Cambio, der erste Baumeister und Bildhauer der neuen Kathedrale, 1296 entworfen: eine Fassade wie eine große vertikale Bühne, auf der im Laufe der Zeit die Muttergottes, Evangelisten und Propheten, aber auch Intellektuelle wie Dante und Petrarca ihre Plätze fanden. Überragend sind Arnolfo di Cambios Muttergottes mit den Glasaugen (um 1300/1310), einst über dem Hauptportal, oder links neben ihr seine Santa Reparata-Figur, die erste Heilige von Florenz. Hundert Jahre später kamen besonders ausdrucksstarke Heiligenfiguren von Nanni di Banco und Donatello hinzu. Unbedingt in Erinnerung bleibt auch die Statue von Papst Bonifaz VIII., flankiert von zwei Propheten (1296–1310). Auch sie stammt von Arnolfo di Cambio und seiner Werkstatt.

### Im »Paradies«

Porta del Paradiso, Nord- und Südportal

Dieser Fassade gegenüber sind die drei Portale des Baptisteriums aufgereiht. Das mittige Ostportal aus **zehn vergoldeten Bronzeplatten** ist die wunderschöne Porta del Paradiso von Lorenzo Ghiberti (1425–1452). 1966 hatte sie unter einer verheerenden Überschwemmung gelitten, 1990 wurde sie am Baptisterium durch eine Kopie ersetzt. Meisterhaft sind auch die Vorderseite des Nordportals von Ghiberti sowie das Südportal. Es ist das älteste, geschaffen 1330 bis 1336 von Andrea Pisano. Weiter geht's durch den Saal der Fragmente (7), der geborgene Artefakte der ersten Domfassade zeigt.

### Alterswerk von Donatello

In der Sala della Maddalena (8) schaut einen aus tiefen Augenhöhlen die **Hl. Maria Magdalena** an – einst schöne Prostituierte, später biblische Büßerin schlechthin und hier nun ausgezehrt, barfüßig, vergreist. Als Donatello die lebensgroße Holzfigur um 1455 schuf, war er selbst schon fast 70 Jahre und fühlte sein Alter. Wieder einmal bewies der Renaissancekünstler, dass ihm nichts Menschliches fremd war. Die stimmungsvolle **Cappella delle Reliquie** (9) versammelt kostbare Reliquiare des 13. bis 18. Jh.s aus Dom und Baptisterium.

Säle 8 und 9

### Alterswerk von Michelangelo

Im Publikumsmagneten, der **Tribuna di Michelangelo** (Saal 10), ist Maria aus Magdala auch wieder präsent. Hier hilft sie, den Leichnam von Christus zu halten. Ihre Figur wurde allerdings später der Gruppe hinzugefügt, von Michelangelos Schüler Calcagni. Auch diese **Pietà Bandini** ist ein Alterswerk, Michelangelo schuf es ca. 1547 bis 1555. Der zusammengesunkene Körper Christi, das in seinem Schmerz nur angedeutete Gesicht von Maria, das von Gram gezeichnete Antlitz des Nikodemus (ein Selbstporträt Michelangelos), das Unvollendete der ganzen Gruppe – all das bildet eine kaum zu steigernde Hilflosigkeit gegenüber dem Sterben ab. Michelangelo zerschlug die Statue, weil er unzufrieden war mit der Qualität des Marmors – und doch wollte er **zu ihren Füßen begraben** sein. Calcagni setzte die Stücke wieder zusammen. Bis 1981 stand die Pietà im Dom. Das historische Lapidarium (11) stellt Architekturelemente und Grabinschriften aus.

Säle 10 und 11

### Kunst am Glockenturm und ein »Kürbiskopf« von Donatello

In der Galleria del Campanile hängen die Originale jener **54 Kassetten,** die den unteren Teil des Glockenturms schmücken. Die **sechseckigen Reliefs** fertigte Andrea Pisano an, teils nach thematischen Entwürfen von Giotto, dem Erbauer des Campanile. Anschaulich und fein ziseliert zeigen sie die Arbeit des Menschen, etwa Ackerbau, Medizin, Handwerke, Künste. Fünf Kassetten stammen von Luca della Robbia zu Mathematik, Astrologie, Grammatik. An der gegenüberliegenden Längsseite des Saals sind **16 Originalstatuen** aufgereiht, die in den oberen Nischen am Turm standen und durch Kopien ersetzt wurden. Die Künstler sind Andrea Pisano mit Sohn Nino und Nanni da Bartolo. Zu sehen sind auch Meisterwerke von Donatello, z.B. der **berühmte Habakuk** (1427–1435), wegen seines kahl geschorenen Schädels auch »Zuccone«, »Kürbiskopf«, genannt: Die Statue schaut einen so intensiv an, dass Donatello ihr während der Arbeit immer wieder zugerufen haben soll, sie möge doch endlich sprechen.

Saal 14 (1. Stock)

### Kuppelmodell, Kindergesang und die große Aussicht

In Saal 15 öffnet sich die **Galleria della Cupola:** Wie die Kuppel und die Laterne auf ihrer Spitze konstruiert wurden, vermitteln verschiede-

Säle 15, 22 bis 28 u. 2. Stock

ne Modelle und Originalwerkzeuge. Zudem ist die **Totenmaske** des genialen Baumeisters Brunelleschi ausgestellt. Der **Blick vom Belvedere del Paradiso** (16) in den Paradiessaal ist das reinste Vergnügen! Danach geht es in Saal 22 weiter mit Werken und Gemälden aus den Seitenschiffen des Doms sowie dem Grabmal des Condottiere Piero Farnese (1310–1363). In Saal 23 (Sala delle Cantorie) begeistern die marmornen Sängertribünen von Donatello und Luca della Robbia, die **Cantorie** aus dem Dom: Sie zeigen entzückend fröhliche Kinder, die tanzen, singen und musizieren. Saal 24 konserviert Elemente der Marmorbrüstung aus dem Dom von Bacio Bandinelli sowie liturgische Gewänder des 16. bis 18. Jh.s. Saal 25 hütet einen besonderen Schatz: den **Silberaltar** aus dem Baptisterium, eines der schönsten und vielleicht langwierigsten Werke der Florentiner Schmiedekunst: 1367 im gotischen Stil begonnen, wurde der Altar 1480 in der Renaissance vollendet. Ihn schmücken Propheten und Sybillen, Szenen aus dem Leben Johannes des Täufers und viele weitere Bibelmotive.

**Saal 26** besteht aus fünf Räumen, die den Bau der neuen Domfassade thematisieren. Saal 27 führt zum Treppenhaus, die Cappella Musicale (Saal 28) würdigt das grandiose Musikarchiv. Der 2. Stock startet in Saal 17 mit weiteren Domfassadenmodellen. Saal 18 erlaubt die **Aussicht auf die Domkuppel** durch ein Oberlicht und den Blick von oben auf das Brunelleschi-Modell der Kuppel. In Saal 19 beleuchtet ein Film die Rolle der Medici beim Dombau. Saal 20 zeigt kostbare liturgische Gewänder des 18. und 19. Jh.s. Dann folgt im 3. Stock die **Panoramaterrasse** (21) mit unschlagbarem Blick auf die Kuppel!

Das Museo Opera del Duomo zeigt Originalskulpturen vom Dom

# MUSEO STEFANO BARDINI

**Lage:** Via dei Renai 37 | **Bus:** C 1, C 3, D, 23 | **Öffnungszeiten:** Fr.–Mo. 11–17 Uhr | **Eintritt:** 7 €

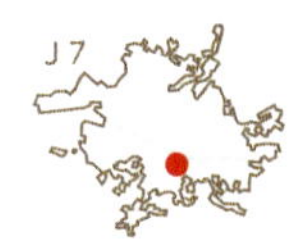


*Ende des 19. Jh.s sammelte man querbeet alles, was schön, alt und gut gemacht war – vom Sarkophag über Madonnendarstellungen bis zur Ritterrüstung. Und baute neue Palazzi im Stil der Renaissance. So kam es, dass Stefano Bardini, der »Fürst der Antiquare«, 3600 Schätze in einem wunderschönen Palast zusammentrug. Die Wände hier strahlen im oft kopierten »Bardini-Blau«, durch das der historische »Showroom« schon damals das bunte Sammelsurium bestens zur Geltung brachte.*

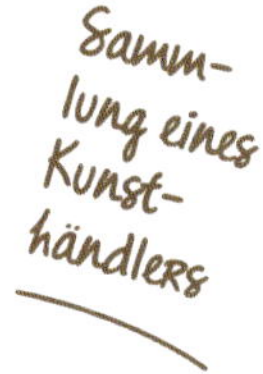


Bardini (1836–1922) war ein echter »Goldfinger«: Der Kunsthändler kaufte lächerlich günstig und verkaufte teuer an Sammler und Museen in Europa und den USA. Bedenkt man, was Bardini alles an italienischen Meistern und Florentiner Renaissancemöbeln nach Übersee verkauft hat, so sind die vielen Gemälde, Skulpturen, Truhen und Schätze, die er der Stadt überließ, fast so etwas wie eine Wiedergutmachung. Allein das Treppenhaus des Palazzo ist ein Hingucker! Zwei Säle im Erdgeschoss sind der Stadt Florenz gewidmet. Großartig sind in der mit modernen Kunst kontrastierten Ausstellung das Original-Wildschwein von Pietro Tacca und ein Bronze-»Teufelchen« von Giambologna. Der Sala del Crocifisso im ersten Stock trumpft mit dem farbigen Flachrelief **Madonna dei Cordai** (um 1435) von keinem Geringeren als Donatello. Die zärtliche Terrakottafigur **Madonna della Mela** (1400–1425) wird ebenfalls eher Donatello zugeschrieben. Bardini tippte indes auf Lorenzo Ghiberti, andere auf Nanni di Banco. Die große **Caritas-Figur** aus Marmor (um 1320), eine mütterliche Frau mit zwei Säuglingen vom Meister aus Siena Tino di Camaino, war einst fürs Baptisterium bestimmt.

## Rund um das Museo Bardini

### »007 der Kunst« und Panorama von Florenz

Spaziergang: Casa Rodolfo Siviero, Piazzale Michelangelo

Wer den Ausgang des Museums Bardini zur Piazza de' Mozzi verlässt, kann zum Eingang des **Giardino Bardini** (▶ S. 99) weiterlaufen, dort die Villa besuchen und die Aussicht genießen. Schön ist der Weg entlang des Arno auf dem Lungarno Serristori. Nummer 1–3 ist das Neo-Renaissance-Haus des Kunstsammlers, Geheimagenten und Staatsministers **Rodolfo Siviero** (1911–1983). Neben dem Mobiliar und der

Kunstsammlung (u.a. Werke von Giorgio De Chirico, Soffici, Annigoni) lohnen vor allem Original-Dokumente und beglaubigte Fotos zum **Nazi-Kunstraub 1944**: Am 3.Juli brachten deutsche Soldaten über 200 Gemälde aus den Uffizien nach Südtirol, bis 11. August folgten Skulpturen aus den Uffizien, dem Dommuseum und weiteren Florentiner Museen. Siviero informierte die Alliierten, damit die Kunstwerke 1945 nach Florenz zurückkehrten. Nach dem Krieg brachte er zig weitere geraubte Werke meist diskret aus dem Ausland zurück. Vielfach geehrt, ging er als »007 der Kunst« in die Geschichte ein.
An der 1324 erbauten Torre San Niccolò, einst Teil eines Stadttors, befindet sich ein monumentaler Treppenaufgang. Er führt auf schattigem Weg vorbei am Rosengarten **Giardino delle Rose** (tgl. 9 Uhr bis Sonnenuntergang) bis hinauf zur ▶ **Piazzale Michelangelo** und nach ein paar weiteren Schritten aufwärts bis ▶ **San Miniato al Monte**. Hier genießen Sie weitere spektakuläre Blicke auf Florenz!

**Casa Museo Siviero:** Lungarno Serristori 1–3 | Sa. 10–18, So./Mo. 10–13 Uhr, Di.–Fr. nur Gruppen nach Voranmeldung (Tel. 0552345219)

# ★ MUSEO STIBBERT

**Lage:** Via Federigo Stibbert 26 | **Bus:** 4 Haltestelle Gioia | **Öffnungszeiten:** Mo.–Mi. 10–14, Fr.–So. 10–18, Park April–Okt. Fr.– Mi. 8– 19, sonst Fr.–Mi. 8–17 Uhr | 10 €, Park frei | **www.museostibbert.it**

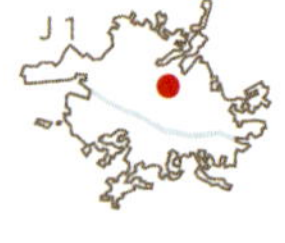


*Besessenen Sammlern sind mitunter ganz spezielle Schätze zu verdanken, und so auch Frederick Stibbert, dem wohlhabenden Erben einer anglo-toskanischen Familie (1838–1906): Er trug eine einzigartige Sammlung kostbarer Ritterrüstungen und Waffen aus Europa, der Türkei, Indien und Japan zusammen. Zum Anwesen gehört auch ein öffentlicher romantischer Park im englischen Landschaftsstil.*

### Reiter aus der islamischen Welt und Samurai-Krieger

Sammlung

Im weiträumigen Villenkomplex am nördlichen Stadtrand stellte Stibbert seine enorme Sammlung aus sage und schreibe 50000 Objekten aus, zu der auch kostbare Teppiche, Gemälde und Möbel gehören, und vermachte sie nach seinem Tod der Stadt Florenz. Eines dieser Objekte ist eine eventuell von Leonardo-Schüler Giovanni Antonio Boltraffio geschaffene **Kopie der »Mona Lisa«** (»La Gioconda«) in der Sala delle Malachite, die Stibbert 1879 ersteigerte. Absoluter Höhepunkt ist die **Cavalcata Islamica**: 12 lebensgroße Reiterfiguren mit kostbaren Rüstungen, Waffen und Zaumzeug aus der islamischen

# 6X ERSTAUNLICHES

*Überraschen Sie Ihre Reisebegleitung!*

## 1. WISSENSCHAFTLICHE ARCHE NOAH

Säle voller Vitrinen in **La Specola** mit allen nur erdenklichen Tierarten, vor allem aber bestaunt man die Genauigkeit der anatomischen Wachsmodelle, anhand derer einst angehende Ärzte den menschlichen Körper studieren (und heilen) konnten. (▶ **S. 136**)

## 2. MUSEO STIBBERT

Der Sammler trug mit unermüdlicher Akribie und viel Geld eine der erstaunlichsten **Waffensammlungen** Europas – u. a. aus dem Orient und Asien – zusammen. (▶ **S. 118**)

## 3. BIBLIOTECA MEDICEA LAURENZIANA

In der Renaissance wurde in Florenz nicht nur Kunst, sondern auch **Wissen** gesammelt: In ehrfürchtiges Staunen versetzt einen schon der von Michelangelo gestaltete Eingang zur Bibliothek sowie die Lesepulte und Bänke mit uralten Karteikarten. (▶ **S. 161**)

## 4. STEINMALEREI

Tischplatten und Bilder mit Landschaften, Mustern, Stillleben aus unterschiedlichstem Gestein in wunderbaren Farben, lassen einen staunen, so in der Werkstatt Scarpelli oder im **Opificio delle Pietre Dure.** (▶ **S. 79**)

## 5. STENDHAL-SYNDROM

Den Schriftsteller Henry Beyle, der sich Stendhal nannte, ergriff in der **Kirche Santa Croce** in Gegenwart der Gräber großer Künstler eine schwindelerregende Gemütsbewegung, die ihn fassungslos machte. (▶ **S. 174**)

## 6. 3D-EFFEKT

Das Fresko zur Dreifaltigkeit von Masaccio in der **Santa Maria Novella** beeindruckt heute noch: Es ist so plastisch dargestellt, dass man denkt, man könne die abgebildete Kapelle wirklich betreten (▶ **S. 185**)

Welt. Der Zug der **Samurai-Krieger** mit ihren nicht minder kunstvollen Schutzbekleidungen, furchterregenden Masken und legendären Schwertern ist das Highlight in den drei Sälen der japanischen Waffensammlung aus der Momoyama- bis zur Edo-Zeit (1573–1868). Die Kollektion der Samurai-Schwerter trug Stibbert kurz nach der Öffnung Japans 1868 zusammen – sie gilt als **beste außerhalb Japans**.

# OGNISSANTI

**Lage:** Piazza Ognissanti | **Bus:** C 2, C 3, D | **Öffnungszeiten:** April–Sept. tgl. außer Di. 9–13, 15.30–20, sonst bis 19.30 Uhr | **Eintritt:** frei | **https://chiesaognissanti.it**

*Amerigo Vespucci, der legendäre Florentiner Seefahrer und Namenspate Amerikas, mag zwar im spanischen Sevilla gestorben sein. Aber er stammt aus diesem Viertel der Wollweber und Wollhändler am Arno. Und berühmte Familienmitglieder wie Botticellis Muse liegen in der Allerheiligenkirche (Ognissanti) begraben.*

Die einst mittelalterliche, dann barock geschmückte Kirche birgt Meisterwerke von Giotto, Botticelli und Domenico Ghirlandaio. Außer Botticelli und seiner Muse ruht hier auch Napoelons jüngere Schwester Caroline Murat, geb. Bonaparte, Königin von Neapel.

### Freskenbilder und der Namenspatron Amerikas

Ausstattung

Die Kirche eines Humiliatenklosters von 1251 prunkt heute im Barock des 16./17.Jh., aus dem Mittelalter stammt der romanische Campanile. Den Tympanon über dem Eingang schmückt ein Majolikarelief mit der Krönung Mariens von Benedetto Buglioni (ca. 1510). Künstlerische Höhepunkte im Inneren sind die frühen Fresken von Domenico Ghirlandaio in der Kapelle, die Familie Vespucci gestiftet hat: An der rechten Seite des Hauptschiffs erkennt man eine eindringliche Kreuzabnahme und darüber die **»Madonna della Misericordia«** (um 1476/77). Der kniende Jüngling unter dem rechten Arm der Madonna stellt Amerigo Vespucci dar. Hier liegt auch Botticellis Muse Simonetta Vespucci begraben, eine angeheiratete Kusine Amerigos. Mit 23 Jahren 1476 an Typhus gestorben, galt sie zu Lebzeiten als schönste Frau von Florenz und Modell für Botticellis »Venus«. Großartig sind die Fresken der Heiligen in ihren Studierzimmern: an der linken Kirchenwand der **Hl. Hieronymus** von Ghirlandaio, an der rechten der **Hl. Augustinus** von Sandro Botticelli (beide 1480). In der Kapelle im rechten Seitenschiff ist Botticelli begraben, der ursprünglich Alessandro di Mariano Filipepi hieß. An der mit roten Kordeln markierten Marmor-Bodenplatte legen Besucher regelmäßig Briefe mit Widmungen ab. Am Ende des rechten Seitenschiffs liegt der Zugang zur Grabkammer von Caroline Bonaparte. Absolut unübersehbar ist **Giottos** Meisterwerk, das 4,68m hohe, vergoldete und bemalte Kreuz (1315) im linken Seitenschiff.

**Inspiration für das Mailänder Abendmahl**

Cenacolo di Ghirlandaio

Eine Pforte linkerhand der Hauptfassade führt in den Klosterkreuzgang mit schönen Fresken zum Leben des Hl. Franziskus (17. Jh.) und weiter ins einstige Refektorium zum **»Abendmahl« (1480)** von **Domenico Ghirlandaio,** das die gesamte hintere Wand einnimmt. Leonardo da Vinci soll die realistische Darstellung der Jünger sehr beeindruckt haben; der Kopf Jesu wurde im 17. Jh. ergänzt.

Via Borgo Ognissanti 42 | Öffnungszeiten: wechselnd | Eintritt frei

# ★ ORSANMICHELE

**Lage:** Kasse: Via de' Calzaiuoli, Kirche/Museum: Via dell'Arte della Lana | **Bus:** C 2, C 3, D | **Kirche/Museum:** bis Sept. 2023 wg. Renov. geschl., Führungen Di./Sa. 10.30, 11.40, 12.50, 14.15, 15.25, 16.35 Uhr
**Eintritt:** 4 €, Reservierung (empfohlen) plus 3 € oder Kombiticket

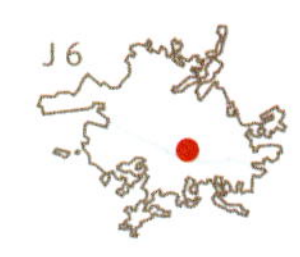


*Markt- und Einkaufsstraße zwischen Domplatz und Piazza della Signoria – das war die Via de' Calzaiuoli einst, mit Werkstattläden für Tuche und Schuhe (calzolaio = Schuhmacher). Heute lädt sie noch immer zum Shoppen in Markenboutiquen ein. Auch die gotische Kirche Orsanmichele war eine Markthalle für Getreide, ehe die Skulpturen der Renaissancebildhauer in ihren Fassadennischen sie im 15. Jh. zum regelrechten Freilichtmuseum machten.*

Mit ihrer feinen Gliederung, den Bögen, Nischen, Figuren, der Marmorfüllung der Fenstereinrahmung sieht die Kirche eher wie ein edler gotischer Palazzo aus, ein **architektonisches Highlight** des 14. Jh.s. Ein Gnadenbild in der Verkaufshalle hatte mit der Zeit mehr Gläubige als Käufer angezogen, sodass man Ende des 14. Jh. beschloss, das Gebäude ganz als Kirche zu nutzen. Ihren Ursprung als Markthalle sieht man ihr mit den Loggienbögen im Innern noch ein wenig an. Das Gnadenbild ging übrigens bei einem Brand verloren und wurde 1347 durch ein neues von Bernardo Daddi ersetzt. Der in der Loggia errichtete Altar der Hl. Anna avancierte fortan zum Treffpunkt der Zünfte, die hier ihre Fahnen anbrachten. Und so wurde Orsanmichele zur Kirche der Zünfte.

### Die Heiligen der Zünfte

Nischenfiguren

In den 14 kunstvoll bearbeiteten Nischen der Fassade, die von den einzelnen Zünften in Auftrag gegeben wurden, stehen deren Schutzheilige. Die meisten Figuren stammen aus dem beginnenden 15. Jh. und sind **bedeutende Zeugnisse der Renaissanceskulptur**. Heute stehen hier Kopien, die Originale befinden sich bis auf zwei im Orsanmichele-Museum. Die schönen Terracotta-Medaillons über den Nischen zeigen die Wappen der Zünfte und stammen überwiegend von Andrea und Luca della Robbia.

In der Via dei Calzaiuoli beginnt die linke äußere Nische mit einem Werk der Frührenaissance, der Bronzestatue **Johannes des Täufers** (1412–1416) von Lorenzo Ghiberti für die Zunft der Tuchhändler und Großkaufleute. Das in Faltenkaskaden herabfallende Gewand verleiht der Figur tänzerische Anmut, die noch dem gotischen Stil entlehnt ist. Renaissancehaft dagegen sind der kontrapostische (=gegensätzliche) Aufbau und das ausdrucksvoll-energische Antlitz. Zur Hochrenaissance zählt die Bronzegruppe **»Christus und der ungläubige Thomas«** (1467–1483) von Andrea del Verrocchio für die Nische des Handelsgerichtes. In den nächsten beiden Nischen stehen der **Evangelist Lukas** (1597–1602) von Giambologna für die Richter und Notare sowie **Apostel Petrus** (um 1412) im Auftrag der Schlachter, vermutlich von Brunelleschi. Für die zwei folgenden Nischen schuf Nanni di Banco den **hl. Philippus** (1410–1412), eine trotz Kontrapost flächig dekorativ aufgefasste Gewandfigur für die Gerberzunft, sowie die **vier gekrönten Heiligen** (1409–1417) für die Zunft der Steinmetze und Zimmerleute als Gruppe von vier unter Diokletian gemarterten frühchristlichen Bildhauern (Sockelrelief). Beeinflusst von der Antike zeigen die Figuren einen ausgeprägten Kontrapost, togaähnliche Gewänder und römische Barttrachten.

Donatello meißelte den **hl. Georg** (um 1416) als Ritterheiligen für die Nische der Waffenschmiede (Original im Bargello). Zwar steht die Figur noch in einer Nische, doch ist der Weg zur freistehenden Statue bereits vorgezeichnet. Die Bronzefigur des **Evangelisten Matthäus** (1419–1423) von Lorenzo Ghiberti für die Geldwechslerzunft wirkt sicherer im Körperaufbau als der hl. Johannes. Statt traditionell frontal erscheint die Gestalt nun leicht seitlich gewendet. Die rechte Hand ist nicht mehr durch das Raffen des Gewands oder Halten eines Attributs gebunden. Der Evangelist hebt sie in der Geste eines antiken Redners vor die Brust.

Zwei weitere Nischen zeigen den **hl. Stephanus** (1427–1428) von Ghiberti für die Wolltuchhändler und den hoch aufgerichteten **hl. Eligius** (1417–1421) von Nanni di Banco für die Hufschmiedezunft. Der folgende **Evangelist Markus** (1411–1413) ist von Donatello für die Leinen- und Altwarenhändler geschaffen worden. Sein stark durchfurchter Bart, seine wenigen wilden Locken, tiefliegenden Augen und die vorspringende Stirn vermitteln geistige Anspannung und innere Erregung. In den weiteren Nischen fanden der **hl. Jacobus** (1410–1412) von Niccolò di Pietro Lamberti für die Kürschner und Pelzhändler Aufstellung, die **»Madonna della Rosa«** (ca. 1399), Piero di Giovanni Tedesco zugeschrieben, für die Zunft der Ärzte und Apotheker sowie der **Evangelist Johannes** (1515) von Baccio da Montelupo für die Seidenweber- und Goldschmiedezunft.

**Vom Getreidelager zur Statuenausstellung**

Innenraum

Das Innere der zweischiffigen Halle, die die einstige Funktion als Markt erahnen lässt, beeindruckt durch den Schmuck der Fresken, Gemälde und Glasfenster. Im linken Seitenschiff (hinten) befindet sich der Altar der hl. Anna mit der Marmorgruppe »Hl. Anna, Madonna und Kind« von Francesco da Sangallo (1526). Das rechte Schiff wird von dem berühmten gotischen **Marmortabernakel des Orcagna** (1349–1359) abgeschlossen, dessen reiche Dekoration das Gnadenbild der Madonna von Bernardo Daddi (1347) verherrlicht. Reliefs am Sockel zeigen Szenen des Marienlebens (vorne) und »Tod und Himmelfahrt Mariens« mit einem Selbstbildnis Orcagnas. Das Tabernakel wird von Engeln und Propheten, Sibyllen, Aposteln und allegorischen Figuren der Tugenden geschmückt. Beachtenswert ist auch die Marmorschranke mit Bronzegitter (1366) von Pietro Migliore. Der eindrucksvolle gotische Saal im Stockwerk über der Kirche, wo einst das Getreide eingelagert wurde, dient heute als **Museo di Orsanmichele**, u.a. mit Originalstatuen aus den Fassadennischen.

**Einstiger Hauptsitz der Dante-Gesellschaft**

Palazzo dell' Arte della Lana

Über eine Brücke (1569) von Buontalenti ist die Kirche mit dem Palazzo dell' Arte della Lana verbunden. Durch Verarbeitung von Wolle und Verkauf von Wollprodukten wurde Florenz im Mittelalter wohlhabend. Das zeigt sich im Palast der Zunft der Wollweber und Wollhändler (Via dell' Arte della Lana 1), der 200 Läden besaß. Der unregelmäßige Palastkomplex wurde 1308 begonnen. 1903 hatte die Dante-Gesellschaft hier ihren Hauptsitz. Heute ist hier ein Geschäft eingerichtet. An der Ecke Via dell' Arte della Lana/Via Orsanmichele steht der gotische **Tabernakel Santa Maria della Tromba** (14. Jh.).

## Rund um Orsanmichele

**»Cafézentrum«**

Piazza della Repubblica

Die Kinder reiten selig auf den Pferdchen des nostalgischen **Karussells,** das sich seit über 100 Jahren dreht. Derweil genehmigen sich die Erwachsenen einen Negroni in einem der Traditionscafés, die auf der Piazza della Repubblica im 19. Jh. eine regelrechte Kaffeehauskultur einläuteten. Ein Tempel süßer Leckereien ist das **»Gilli«**, 1733 von der Schweizer Familie Gilli gegründet (Nr. 36–39r). Ihm steht

das 1904 von der gleichnamigen polnischen Familie eröffnete **»Paszkowski«** (Nr. 31–35r) kaum nach. Und das denkmalgeschützte **»Le Giubbe Rosse«** (Nr. 13–14r) – benannt nach den roten Jacken der Kellner und Treff der Künstler wie Oppositionellen zur Mussolini-Zeit – musste zwar 2018 schließen, wird aber restauriert.
Schon zu römischer Zeit befand sich hier das **Forum.** Die **Colonna dell'Abbondanza**, die »Säule des Überflusses« ersetzte ab 1430 ein antikes Monument, das den Mittelpunkt des römischen Florenz markierte. Die Statue der Abbondanza ist eine Kopie der 1950er Jahre.

# OSPEDALE DEGLI INNOCENTI

**Lage:** Piazza della Santissima Annunziata 13 | **Bus:** C 1, 6, 31, 32
**Öffnungszeiten:** tgl. 10 –19, Dachcafé (separater Zugang) Mi.–Mo. 11.30–21.30 Uhr | **Eintritt:** 8 € | **www.museodeglinnocenti.it**

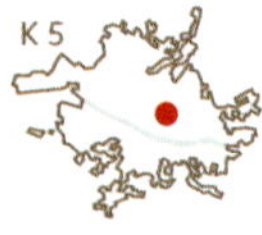


*Eine halbe Münze oder ein halber Anhänger lag den Kindern bei, die hier abgelegt wurden. Anhand der anderen Hälfte konnte die Mutter ihr Kind in besseren Zeiten vielleicht wiederfinden. Mit der Eröffnung 1445 und der Aufnahme des ersten Kinds Agata Smeralda entstand ein Waisenhaus mit einer der ältesten Babyklappen der Welt. Brunelleschi erschuf mit seinem Bau zudem ein erstes wunderbares Beispiel der Renaissancearchitektur.*

Sozial- und Architekturgeschichte

An der weiten Piazza della Santissima Annunziata erstreckt sich das alte Findelhaus. Einst vertraten die mächtigen Zünfte nicht nur ihre Berufsstände, sondern finanzierten auch die sozialen Einrichtungen der Stadt. So beauftragte die Seidenhändlerzunft Brunelleschi 1419 mit dem Bau dieses Findel- und Waisenhauses, des **»Spitals der Unschuldigen«,** wie auch die ermordeten Kinder von Bethlehem genannt werden. In manchen Jahren lebten über 1 000 Kinder hier. Nach Jungen und Mädchen getrennt, lernten sie einfache Tätigkeiten. Ausnahme: Prior Vincenzo Borghini ließ sie 1552 bis 1580 auch Musik und Malerei studieren. Bis heute betreibt man hier eine Kinderkrippe, kümmert sich um in Not geratene Mütter und führt Kinder in der **Bottega dei Ragazzi** (Kinderwerkstatt) in die Kunst ein.

Architektur und Rundgang

**Wiedererkennungszeichen und ein Riesenfresko**
Brunelleschi erschuf bis 1427 den berühmten äußeren Portikus des Hauses mit der vergitterten, seit 1875 geschlossenen Babyklappe

BAEDEKER ÜBERRASCHENDES

# 6x DURCHATMEN

*Entspannen, wohlfühlen, runterkommen*

## 1. MEDITATION

Sie sind an der zentralen Via del Proconsolo, und der Rummel beginnt zu nerven: Da tut sich das Tor der uralten **Abtei Badia Fiorentina** auf und Ruhe lädt zum Durchatmen ein. (▶ **S. 110**)

## 2. AN DER PIAZZA SANTA CROCE

Allein schon die volkstümliche Großzügigkeit der Piazza vor der Kirche lässt aufatmen. Noch besser, dass den autofreien Platz alte kompakte **Steinbänke** säumen, auf denen man sich niederlassen kann. (▶ **S. 174**)

## 3. AUF DER PIAZZA SANTA MARIA NOVELLA

Helle stilvolle Fassaden säumen die Piazza mit ihren puristischen Marmorbänken, den geometrischen Rasenflächen, dem schlanken Obelisken und der wunderbar geformten Marmorfassade von **Santa Maria Novella** ... (▶ **S. 183**)

## 4. IM PARK LE CASCINE

Wald und weite Wiesen wechseln sich ab, und das in Fußnähe zum Stadtzentrum: Der **Stadtpark** erstreckt sich auf immerhin 160 Hektar am westlichen rechten Arnoufer. Da findet jeder sein ruhiges Plätzchen. (▶ **S. 187**)

## 5. IM CAFÉ AN DER PORTA SAN FREDIANO

Am westlichen Ende des San Frediano-Viertels, nahe am linken Arnoufer, geht es ins **Café/Bistro Santarosa,** das sich im Schatten der alten Stadtmauer auf grünem Rasen ausstreckt. Hier kann man beim Drink oder Snack die müden Beine strecken. (▶ **S. 158**)

## 6. DEL VERONE

Museen, Hotels und Palazzi richten auf Dächern über der Stadt Bars und Cafés ein, wie das auf dem Dach des **Ospedale degli Innocenti** an der Piazza della Santissima Annunziata. (▶ **S. 124**)

(»ruota«) ganz links, zudem den Schlafsaal der Kinder und die Kirche. Ab 1436 setzte **Francesco della Luna** die Arbeit mit den eleganten Innenhöfen und der überdachten Galerie über dem Portikus fort. Die Architekturgeschichte wird beim Museumsrundgang im Erdgeschoss erlebbar. Die Sozialgeschichte ist Thema im Eingang und Keller: Hier sind 140 der erwähnten Wiedererkennungszeichen ausgestellt, ebenso eine Krippe und die virtuelle Darstellung des Riesenfreskos »Strage degli Innocenti« (Massaker an den Unschuldigen«, 1610) von Bernardino Pocchetti. Es stellt auch den kompletten Tagesablauf der »nocentini« genannten Kinder dar.

**Grandiose Kunst und famose Aussicht**

Percorso Arte (3. Etage)

Ein Fest für die Augen ist die Kunstsammlung im 3. Stock mit Auftragsarbeiten und Schenkungen ans Spital, darunter auch ein Werk von Botticelli. Höhepunkt ist das Gemälde »Anbetung der Könige« (1488) von **Domenico Ghirlandaio** aus der Spitalkirche Santa Maria. Einzigartig sind die zwei Originale der zehn **Rundmedaillons mit Wickelkindern** in blau-weiß glasierter Terrakotta, die Andrea della Robbia 1487 am Portikus anbrachte. Großartig sind auch die Werke der im Findelhaus groß gewordenen und ausgebildeten **Francesco Morandini**, genannt »Il Poppi«, Vincenzo Ulivieri oder Giovan Battista Naldini. Im Corretto befinden sich Krippen und Heilgendarstellungen mit Kleidern, die Mädchen einst in diesem früheren Näh- und Schlafsaal herstellten. Über eine Treppe geht es zum Dachterrassencafé del Verone. Wo einst Bettwäsche im Wind flatterte, genießt man heute den Blick auf Giotto-Campanile und Domkuppel.

# PALAZZO MEDICI-RICCARDI

**Lage:** Via Cavour 3 | **Bus:** C 1,11, 17 | **Öffnungszeiten:** Do.-Di. 9–19 Uhr, Mi. geschl. | **Eintritt:** 7 bzw. 10€ | **Reservierung:** empfohlen, Gebühr 3€, Tel. 055 2 76 05 52) **www.palazzomediciriccardi.it**

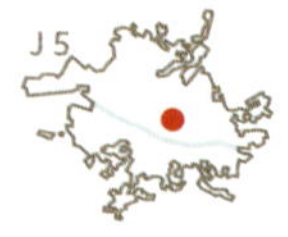


*Wir sind im Herzen des Medici-Viertels, im Stadtteil San Giovanni, wo sich die einflussreiche Familie im 15. Jh. im Stadtgefüge positioniert sah: an der Rückseite der Residenz die Basilika San Lorenzo, an der Front die Via Larga (heute Via Cavour) – die Straßenachse verbindet die Klosteranlage San Marco, Cosimos spirituellen und intellektuellen Lieblingsort, mit der Domanlage und weiter der Piazza della Signoria.*

Auffallen, aber doch nicht zu protzig

Als Cosimo der Alte (1389–1464), der Strippenzieher in Florenz, aber noch eingebunden in ein demokratisch-republikanisches Gemeinwesen, **Michelozzo** 1444 den Auftrag für eine neue Residenz erteilte, sollte der Palast zwar beeindrucken, aber nicht zu protzig sein. In strategischer Bescheidenheit wollte man sich nicht wie Stadtkönige gebärden. Das tat man eher im Verborgenen, in der kleinen Familienkapelle im ersten Stock des Palazzo, der **Cappella dei Magi,** in der sich die Familie im Gefolge der Heiligen Drei Könige auf hinreißenden Fresken verewigte.
Der strenge quadratische Bau weist eine geschickt verfeinerte Fassadenstruktur auf: Das Erdgeschoss beginnt mit rustikalem Bossenmauerwerk, das Mauerwerk des Stockwerks darüber ist schon flacher geschliffen, am letzten Stockwerk ist es ganz glatt. An der südlichen Palastecke zur Via de' Gori erkennt man das **Wappen der Medici** mit sechs Kugeln. Im Innern tut sich der **Hof** auf (Cortile di Michelozzo, bis 1452) – zauberhaft mit eleganten Säulenarkaden und heller Sgraffito-Dekoration im dunklen Stein. Zu Zeiten der Medici stand hier der knabenhafte Bronze-David von Donatello, heute im Bargello-Museum. In den historischen Medici-Räumen ringsum finden Sonderausstellungen statt, der Medici-Garten dahinter wartet mit Zitrusbäumen auf. Vom benachbarten Hof Corte dei Muli geht es ins Souterrain auf den Archäologischen Rundgang (Percorso archeologico) zur Sammlung römischer Marmorskulpturen, dem **Museo dei Marmi Romani**.

### Umzug der Medici

Neue Residenz

1540 zog Herzog Cosimo I. mit der Familie in den Palazzo Vecchio um. Den Medici-Palast erwarb 1659 die Familie Riccardi, die ihn vergrößerte und hier ihre Bibliothek unterbrachte. Heute schlendert man im ersten Stock durch elf prächtige Säle. Höhepunkt ist der **Spiegelsaal** (Saal 11), den Luca Giordano 1682 bis 1685 ausmalte, u.a. mit dem Deckenfresko »Apotheose der Medici-Dynastie«. In Saal 9 befindet sich das Gemälde »Madonna mit Kind« von Filippo Lippi (ca. 1466–1469).

### Goldbeschlagenes Zaumzeug und märchenhafte Landschaften

Cappella dei Magi

Höhepunkt und Schatzkammer im ersten Stock ist aber der winzige Saal 1. Beim Betreten der kleinen Hauskapelle wird man geradezu überwältigt von den Farben und Details der Fresken: das fein gearbeitete, goldbeschlagene Zaumzeug der Pferde, die edlen Tuche der Gewänder, die ausdrucksstarken Gesichter, märchenhafte Landschaften. In diesem **»Zug der Heiligen Drei Könige nach Bethlehem«,** ein Meisterwerk (1459) von **Benozzo Gozzoli,** zeigt die Familie ihr stolzes Selbstverständnis: Angehörige der Medici sind unter den Reitern verewigt, möglicherweise ist in König Balthasar der noch sehr junge Lorenzo zu identifizieren. In dem Zug abgebildet sind auch hochgestellte Adlige, die sich 1458 in Florenz trafen, um einen Kreuzzug gegen die vorrückenden Türken vorzubereiten, und Teilnehmer des 1439 abgehaltenen, von den Medici mitfinanzierten Konzils zur Vereinigung von West- und Ostkirche: etwa der Patriarch Joseph aus Konstantinopel im alten König Caspar mit weißem Bart. Über dem Altar hängt eine Kopie der »Geburt Jesu« von Filippo Lippi; das Original (1458–1460) befindet sich in der Berliner Gemäldegalerie.

# ★★ PALAZZO PITTI

**Lage:** Piazza Pitti 1 | **Bus:** C 3, D, 11, 36, 37 | **Öffnungszeiten:** Di.–So. 8.15–18.50 Uhr | **Eintritt:** 10 bzw. 16 € o. Kombiticket | **www.uffizi.it**

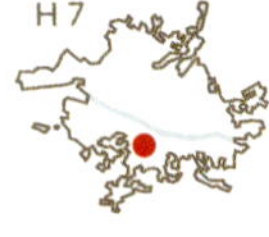


***Gucci durfte 2017 eine Schau in der prachtvollen Galleria Palatina im Palazzo Pitti ausrichten und stiftete dafür 2 Mio. Euro zur Restaurierung des Giardino di Boboli. Schon in den 1950ern führte man Haute Couture im Palazzo Pitti vor – deshalb heißen die renommierten Florentiner Männermodeschauen in Januar und Juni auch noch immer Pitti Moda. Als einst großherzogliche, dann königliche Residenz haben sich im Palazzo enorme Kunstschätze und kostbares Interieur angesammelt. Und 2022 wurden sie spektakulär erweitert: mit der Sammlung russischer Ikonen und der Wiedereröffnung der restaurierten Cappella.***

Imposante Nüchternheit gepaart mit Prunk

32 000 m² Fläche und 205 m Fassadenlänge: Dieser Palast besticht durch seine bloße Größe, sein imposantes Äußeres und die Lage oberhalb des gleichnamigen weitläufigen Platzes. Die Pitti waren eine angesehene und reiche Florentiner Kaufmannsfamilie. Deshalb plante Luca Pitti nach 1447 einen großartigen Stadtpalast auf dem südlichen Arno-Ufer. Der **Architekt Luca Fancelli** leitete – möglicherweise nach Entwürfen Brunelleschis – die ersten Bauarbeiten (1457–1464). Etwa 100 Jahre später ließ Eleonora von Toledo, die Frau Cosimos I., den Palazzo durch Bartolomeo Ammanati gänzlich erneuern und beträchtlich vergrößern. Für den Schmuck der Gemächer kauften die neuen Medici-Besitzer, vor allem Cosimo II., wertvolle Bilder, die den Grundstock der Galleria Palatina ausmachen. Antike und zeitgenössische Statuen kamen mit der Zeit hinzu. Der Palazzo Pitti war von 1865 bis 1871 Residenz der italienischen Könige, als Florenz Hauptstadt eines noch nicht gänzlich geeinten Italien war. König Viktor Emanuel III. schenkte ihn 1919 schließlich dem Staat, der die Museen erweitern ließ. Architektonische Höhepunkte sind die Schauseite des Palasts mit mächtigen Steinquadern, hochgewölbten Fenstern und Stufungen der Geschosse

sowie der 1558 bis 1570 in manieristischem Stil von Bartolomeo Ammanati angelegte Hof, der als Grotte erscheint und von rustikaler Fantasie belebt ist. Auf der rechten Seite des Innenhofs öffnet seit 2022 das **Museo delle Icone Russe** mit der **Capella Palatina**, die nach jahrzehntelanger Restaurierung wieder zugänglich ist. Zur Linken des Innenhofs befindet sich der Eingang zum Schatz der Großherzöge (**Tesoro dei Granduchi**). An den Hof schließt nach der Terrasse mit Brunnen und Statuen der ▶ **Giardino di Boboli** an.
Übrigens gewährt der Palazzo **»Frühaufsteherrabatt«**: Wer sein Ticket vor 8.59 Uhr kauft und zwischen 8.30 und 9.25 Uhr nutzt, erhält 50 % Rabatt. Gleiches gilt (nur Nov.–Feb.) mittwochs ab 15 Uhr.

## Galleria Palatina

### Ordnung nach dekorativen Kriterien

Sammlung

Rechterhand im Erdgeschoss führt der Weg durch das monumentale Ammanati-Treppenhaus direkt in den ersten Stock zur Galleria Palatina. Die Bilder der Galerie sind rein nach dekorativen Kriterien geordnet, um die **Prunkräume** zusammen mit dem wertvollen Mobiliar zu schmücken. Die Namen der Räume entsprechen der ausgestellten Thematik bzw. den Künstlern, die darin mit Werken vertreten sind, u.a. Raffael, Andrea del Sarto, Tizian, Tintoretto und Rubens.

Ganz schön wuchtig: 205 Meter misst allein die Fassade des Palazzo Pitti.

## Mit Halbedelsteinen verziert

Weißer Saal, Sala delle Statue, Sala Castagnoli

In der Buchhandlung im ersten Stock können Sie für 10€ den Museumsführer auf Deutsch kaufen, rechts geht es dann in den **Weißen Saal** für Sonderausstellungen und Events. Hier fand 1952 die erste Modenschau statt und hier verkündete man 2019, dass die **»Blumenvase«** von Jan van Huysum endlich zurückgeben wurde: Nach seiner Auslagerung 1940 war das Gemälde in deutschem Privatbesitz verschwunden. Bald soll es wieder im Sala dei Putti (Puttensaal) hängen. Das einstige Vorzimmer der Reitknechte führt in die Sala delle Statue mit vorwiegend antiken römischen Statuen (1./2. Jh. n.Chr.). Der Castagnoli-Saal ist benannt nach **Giuseppe Castagnoli**, der ca. 1812 das Deckengemälde schuf. In diesem einstigen Wohnbereich der Großherzogin beeindrucken vier chinesische Vasen aus der Qing-Dynastie. An den Längswänden des Raumes stehen zwei kolossale Marmorstatuen aus der Villa Medici in Rom. Der wertvolle **Musentisch** aus Lapislazuli in der Raummitte, der 1853 bis 1855 im Opificio delle Pietre Dure geschaffen wurde, ist mit pflanzlichen und figürlichen Motiven aus Halbedelsteinen verziert.

## Winterwohnung der Großherzogin

Sala delle Allegorie

Die rechts mit der Sala delle Allegorie beginnende Saalflucht, die Quartiere del Volterrano, war zur Zeit der Medici Winterwohnung der Großherzogin. Von damals stammt nur noch die Dekoration des ersten Raums, die anderen Säle wurden nach 1815 neu ausgestattet. Den von Großherzogin Vittoria della Rovere in Auftrag gegebenen »Saal der Allegorien« schmücken Fresken von Volterrano

Hochschauen lohnt: Deckengemälde in den Königlichen Gemächern

(1611–1690). Die Plastik **»Michelangelo als Kind«** (ca. 1862) von Emilio Zocchi vermittelt den Mythos des genialen Künstlers, der schon in jungen Jahren einen Faun meißelt. Im folgenden Saal der Schönen Künste beeindruckt das Gemälde »Christi Auferstehung« (1616) von Rubens. Es folgen Sala dell'Arca, Vetrinensaal und Reliquienkapelle sowie die Säle des Herkules, der Aurora, der Berenike und der Psyche.

**Madonnenbild**

Sala della Musica, Sala di Prometeo

Der Name ist Programm: Ab 1814 diente dieser Raum als »Musiksaal«, Leuchter und Möbel wurden Instrumenten nachempfunden. Durch die Poccetti-Galerie geht es in die einstigen Gemächer des Großherzogs. Zwölf Tondi der Galleria Palatina hängen in der **Sala di Prometeo** (»Saal des Prometheus«). Sie stammen genau wie die anderen Werke aus dem 15. und 16. Jh. Mit Arbeiten vertreten sind hier u a. Filippo Lippi, Sandro Botticelli, Ridolfo del Ghirlandaio und Guido Reni. Das Madonnenbild (um 1450), das große und einzige Tondo **Lippis,** vereinigt in mittelalterlicher Weise verschiedene Themen: Madonna mit Kind, Szenen aus dem Leben der hl. Anna und die Geburt Mariens. Der Saal ist nach dem Deckengemälde benannt, das Prometheus zeigt, der den Menschen das Feuer bringt. Die mit farbigen Blumensträußen bemalte und vergoldeten Bronzeverzierungen geschmückte Vase stammt aus der Sèvre-Porzellan-Manufaktur.

**»Bildnis des Tommaso Mosti«**

Sala della Giustizia und Sala di Ulisse

Der Korridor der Säulen führt in den »Saal der Gerechtigkeit« mit vielen Werken der venezianischen Malerei des 16. Jh.s. Herausragend ist **Tizians** »Bildnis des Tommaso Mosti« (um 1520). Typisch für die Meisterschaft des Malers sind die genaue Darstellung des Gesichts und der pelzgefütterten Jacke. Es folgen Flora-Saal und Saal der Putten. An der Decke der Sala di Ulisse (»Odysseus-Saal«) ist die Heimkehr von Odysseus dargestellt, eine Anspielung auf die Rückkehr Ferdinands III. von Lothringen nach Florenz (1814). Wichtigstes Werk ist **Raffaels** »Madonna dell' Impannata« (um 1514), benannt nach dem Stoff, mit dem das Fenster verhangen ist.

**Ein anderes Modell**

Sala dell' Educazione di Giove

Eindruck macht das 1813 eingerichtete Badezimmer Napoleons. Nebenan diente ihm der »Saal der Erziehung des Jupiter« als Schlafgemach. **Caravaggios »Schlafender Amor«** (1608) zeigt dessen Realismus: Als Modell wählte er ein schlafendes Kind und konnte so wahrheitsgetreu einen kindlichen Körper abbilden.

**Bad des Großherzogs**

Sala della Stufa

Das einstige Badezimmer des Großherzogs, den »Saal des Ofens«, dekorierten 1625 bis 1627 Michelangelo Cinganelli, Matteo Rosselli und Ottavio Vannini mit Allegorien der großen antiken Monarchien. Die Gemälde für die freigebliebenen Wände schuf **Pietro Cortona** 1637 und 1641. Sie thematisieren die **»Vier Lebenszeitalter des Menschen«:** das goldene, silberne, kupferne und eiserne.

### Himmelfahrt Marias

Sala dell' Iliade

Einst diente er als Billardsaal, doch 1819 bis 1825 wurde der »Saal des Ilias« neu gestaltet. Luigi Sabatelli malte das Deckengemälde mit dem Olymp und die Lünetten mit Szenen aus Homers »Ilias«. Zwei große Bilder Andrea del Sartos, die beide die Himmelfahrt Marias zum Thema haben, hängen einander gegenüber (von 1526 bzw. 1522–1523). Besondere Beachtung erfordern das gelungene Porträt **»La Gravida«** (»Die Schwangere«; 1505/1506) von **Raffael** und das im barocken Stil gemalte **»Bildnis des Grafen Waldemar Christian«** (1638–1639) von Justus Sustermans, des Hofmalers der Medici.

### Zum Saturn

Sala di Saturno

Das Deckenfresko (1663–1665) im »Saturn-Saal« von Ciro Ferri stellt den Fürsten als Herakles dar, der zum Olymp aufsteigt. Beeindruckend in ihrer Schlichtheit und Innigkeit ist die »Madonna del Granduca« (um 1506) von **Raffael.** Die »Madonna della Seggiola« (1513–1514) ist das einzige Madonnenbild Raffaels in Tondoform – diese Form bewirkt Dichte und Monumentalität der Darstellung. Außerdem sieht man hier sein Porträt von Tommaso Inghirami (ca. 1514–1516) und seine »Baldachin-Madonna« (1506–1508).

### Ehemaliger Thronsaal

Sala di Giove

Auch den »Saal des Jupiter« schmücken Deckenbilder (1642–1644) von Pietro da Cortona. Der Saal diente als Thronsaal, worauf das Deckengemälde Bezug nimmt. Zu den bedeutendsten Kunstwerken zählt das Gemälde des jugendlichen **»Johannes des Täufers«** (ca. 1523) von Andrea del Sarto; bemerkenswert ist die plastische Gestaltung der Figur, die durch den roten Mantel noch verstärkt wird. Eines der wichtigsten Bilder des frühen 16. Jh.s ist die »Pietà« (ca. 1511–1512) von **Fra Bartolomeo;** das Werk beeindruckt durch lebensnahe Darstellung und intensive Farben. **»Die drei Alter des Menschen«** (1500–1501), Giorgione zugeschrieben, zeigt eine Gesangsstunde. Die **»Dame mit Schleier«** (»La Velata«), eines der schönsten Frauenporträts Raffaels, entstand um das Jahr 1516.

### Kriegerisches

Sala di Marte

Die Deckengemälde (1643–1647) im »Saal des Mars« von Pietro da Cortona zeigen das Familienwappen der Medici, umgeben von allegorischen Szenen zu Krieg und Frieden. In Korrespondenz zu dieser Thematik steht **Rubens'** großformatiges Meisterwerk **»Die Folgen des Krieges«** (1637–1638): Venus will Mars hier vergeb-

lich davon abhalten, in den Krieg zu ziehen. Rubens schuf das Gemälde unter dem Eindruck des Dreißigjährigen Krieges.
Ein Meisterwerk der Porträtkunst des 17. Jh.s ist sein Gemälde **»Die vier Philosophen«** (1611–1612), wo sich der Künstler links selbst dargestellt hat. Rubens schuf das Werk in Erinnerung an seinen verstorbenen Bruder Philipp und dessen Philosophielehrer Justus Lipsius; der rechte Mann ist ein Mitschüler. Die Tulpen bei der Büste Senecas symbolisieren die Blüte des Lebens.
Das **»Bildnis des Ippolito de' Medici«** (1532–1534) malte Tizian als Erinnerung an die Kriegstaten des Kardinals Ippolito de' Medici bei der Belagerung Wiens durch die Türken. In Farbgebung und Mimik wird das Kriegerische des Geistlichen betont. Im **»Bildnis des Kardinals Bentivoglio«** (ca. 1623) verherrlicht van Dyck den päpstlichen Legaten in den Niederlanden durch die Kardinalsfarbe Rot, edle Gesichtzüge und feine Hände. Tintoretto verdeutlicht im **»Bildnis des Alvise Cornaro«** (ca. 1560–1565) den Rang des Literaten und dessen menschliche Seite.

### Von Tizian zu »Kleopatra«

Sala di Apollo

Auch im »Apollo-Saal« schuf Pietro da Cortona ab 1647 die Fresken; sein Schüler Ciro Ferri vollendete sie 1659 bis 1661. Von den Werken des 16. und 17. Jh.s seien genannt: **»Hl. Maria Magdalena«** (ca. 1533) und **»Bildnis eines jungen Engländers«** (ca. 1540–1545), beide von **Tizian.** Das erstere, entstanden um 1535 für den Herzog von Urbino, zeigt in der Haarpracht der Heiligen das typische »Tizianrot«. Die **»Beweinung Christi«** (»Pietà di Luco«) malte **Andrea del Sarto** 1523/1524 für den Hochaltar der Kirche von Luco di Mugello, heute ein Ortsteil von Borgo San Lorenzo nordöstlich von Florenz. Ein Spätwerk **Guido Renis** ist die »Kleopatra« (1638/1639) in pathetischer Pose und Lichtführung.

### Italienische Venus

Sala di Venere

Die Deckenfresken, wieder von Pietro da Cortona (1641/ 1642), zeigen im Mittelteil einen jungen Fürsten, der von Minerva der Venus entrissen wird, um ihn Herkules zuzuführen. Die ovalen Stuckmedaillons stellen die Päpste und Fürsten der Medici dar. In der Saalmitte steht die »Italische Venus« von **Antonio Canova,** die 1804 bis 1812 als Ersatz für die Medici-Venus aus den Uffizien geschaffen wurde – denn die hatte sich Napoleon 1803 nach Paris »ausgeliehen« (1815 rückerstattet). In den Gemälden »Rückkehr der Bauern vom Feld« (ca. 1640) und »Odysseus auf der Insel der Phäaken« (1630–1635) hebt **Rubens** die heitere Seite der Natur hervor. Eine grandiose Landschaftsdarstellung gelang **Salvatore Rosa** mit dem **»Meer bei Sonnenuntergang«** (ca. 1641), auf dem die untergehende Sonne der Szenerie eine besondere dichte Wirkung verleiht. Drei Gemälde bezeugen Tizians gestalterischen Möglichkeiten: »Das Konzert«

(1507–1508), ein Jugendwerk und ungewöhnliches Genrebild, sowie als einfühlsame Menschenbilder »La Bella« (»Bildnis einer Edelfrau«, ca. 1536) und »Bildnis von Pietro Aretino« (1545). Die folgenden Königlichen Gemächer waren 2023 teils wegen Restaurierung geschlossen. Einige Säle entlang der Fassadenfront sind zugänglich. Über das Vestibül mit Buchhandlung geht es weiter ins Treppenhaus.

## Weitere Museen

Apparta-menti Reali

**Königliches Wohnen**

Die Sammlung der Galleria Palatina wird ergänzt durch die 20 Säle der Appartamenti Reali (»Königliche Gemächer«), in denen Viktor Emanuel II., Umberto I., Königin Margherita und Viktor Emanuel III. wohnten. Die Räume sind kleiner als in der Gallerina Palatina, eher familiär als repräsentativ, aber dennoch **prunkvoll** – auch hier sollte man Fresken und Stuckverzierungen beachten. Ausgestattet sind sie mit kostbaren Gemälden, Statuen, Gobelins und Gebrauchsgütern.

Galleria d' Arte Moderna

**Anti-akademische Pinselführung**

Die **Galleria d' Arte Moderna** im zweiten Stockwerk des Pitti-Palasts füllt 30 Säle. Sie zeigt eine beeindruckende Übersicht über die **toskanische Malerei und Bildhauerei des späten 18. bis frühen 20. Jh.s**. Ein Teil der Sammlung ist den 1855 bis 1867 aktiven Macchiaioli (»Fleckmalern«) gewidmet. Die Vertreter dieser toskanischen Schule erhielten ihren nur anfangs abwertenden Namen aufgrund ihrer anti-akademischen Pinselführung. Zudem sind Werke moderner italienischer Maler vertreten, u.a. Severini, Soffici und De Chirico.

Il Tesoro dei Granduchi

**Großherzoglicher Schatz der Extraklasse**

Im Erdgeschoss des Palazzo Pitti (Zugang vom Innenhof, links) beherbergen die einstigen Sommerapartments der Medici den immensen großherzoglichen Schatz. Nach Material und in Sälen geordnet, werden Silber- und Goldschmiedearbeiten präsentiert, aber auch Edelsteine, Schmuck, Elfenbein- und Bernsteinarbeiten sowie bemaltes Glas und Porzellan aus China und Japan. Herausragend ist das Porzellan aus der Sammlung Scalabrino, einzigartig eine **Lapislazuli-Vase** (1583–1584) aus den großherzoglichen Werkstätten.

Museo delle Icone Russe, Cappella Palatina

**Jede Menge Ikonen und eine herrlich restaurierte Kapelle**

Auf der rechten Seite des Innenhofs öffnet seit 2022 das **Museum der Russischen Ikonen**. Die von den den Medici und den Habsburgern zusammengetragene Sammlung umfasst 78 Ikonen vom späten 16. bis zum 18. Jh. In den vier Sälen befindet sich auch eine Kopie der

In den Appartamenti Reali wandelt man auf den Spuren von Italiens Königen

**Gottesmutterikone von Tichwin** (1383), die Vasilij Grzaznov 1728 schuf. Sie wird in ganz Russland verehrt, hilft gegen Krankheiten und schützt die Gesundheit der Kinder. Bemerkenswert ist auch die Ikone der »Gottesmutter, Freude aller, die leiden« (ca. 1725–1750) aus Zentralrussland. Zum Rundgang gehört außerdem die wunderbar restaurierte **Cappella Palatina** mit Fresken von **Luigi Adamello**. Die 1766 eingerichtete Palastkapelle war zuvor der große Salon in der Sommerwohnung von Großherzog Cosimo III. Großartig ist der Altar, den Sante Pacini 1785 dekorierte. Das letzte Abendmahl am Altar (1604–1606) schuf Il Cigole. Das **imposante Elfenbeinkreuz** über dem Altar von Lorenz Rues (1670) war ein Geschenk an Cosimo III.

**Des Königs neue Kleider ...**

Museo della Moda e del Costume

Kostüme, Abendroben, Hüte, Federboas, feine Wäsche, niedliche Handtäschchen – hinreißende Mode vom 18. Jh. bis heute zeigt die Sammlung in der **Palazzina della Meridiana** am Südflügel des Palazzo. Der Name des kleinen Palais bezieht sich auf den Meridian (1699) im Vestibül. Das beste Modemuseum Italiens zeigt auch Trauerkleidung von Cosimo I. (1574), Eleonora von Toledo und ihres siebten Kindes Don Garzia (geb. 1547). 2023 wurde es restauriert und wird hoffentlich bald wieder öffnen.

## Rund um den Palazzo Pitti

**Weltgrößte Sammlung von Wachspräparaten**

Museo di Storia Naturale, »La Specola«

Florenz ist voller Wissenschaftsmuseen, die auf Sammlungen der Medici und der Großfürsten von Lothringen zurückgehen und heute zur Universität gehören. »La Specola« (»Sternwarte«) im Palazzo Torrigiani an der Via Romana heißt so, weil Großherzog Pietro Leopoldo 1775 hier ein **astronomisches Observatorium** einrichtete. Die Sensation hier ist die Sammlung von 1400 anatomischen Wachspräparaten (18./19. Jh.) – die weltweit größte ihrer Art. Berühmt für seine Schönheit ist das Modell der »Venus«. Die in Florenz hergestellten Lehrmodelle für den Anatomieunterricht waren in ganz Europa begehrt: Kaiser Joseph II. bestellte 1784 gleich 1 200 Wachsmodelle, die auf Packeseln nach Wien transportiert wurden und die berühmte anatomische Sammlung im Wiener Josephinum begründeten.

Via Romana 17 | zu Redaktionsschluss geschl. wegen Renovierung | aktuelle Infos: www.sma.unifi.it

**Prunkvolle Ausstattung**

San Felice

Die auf 1066 datierbare Kirche schräg gegenüber dem Palazzo Pitti war im Zweiten Weltkrieg ein Hort des Widerstands. Pfarrer Bruno Panerai versteckte zudem verfolgte Juden. Die **Renaissance-Fassade** (1457–1460) wird Michelozzo zugeschrieben. Werke der Giotto-

Schule (»Gekreuzigter« über dem Hauptaltar, ca. 1308), von Ridolfo del Ghirlandaio (»Madonna mit Kind«, ca. 1529), von Neri di Bicci (Triptychon, ca. 1467) und eine Terrakotta-Gruppe von Fra Ambrogio della Robbia (ca. 1510) bereichern die Ausstattung.

# PALAZZO STROZZI

**Lage:** Piazza Strozzi | **Bus:** C 1, 6, 22, 36, 37 | **Öffnungszeiten:** Mo.-Mi., Fr.-So. 10-20, Do. bis 23 Uhr | **Eintritt:** 15 €
**www.palazzostrozzi.org**, **www.strozzina.org**

*Die machtbewusste Bankiersfamilie Strozzi baute fast 50 Jahre an ihrem Stadthaus, von 1489 bis 1538. Um dem gewaltigen Gebäudekubus Platz zu verschaffen, mussten 15 Häuser abgerissen werden. Während des Baus gerieten sie immer wieder ins argwöhnische Visier der Medici. Aber sie schafften es, mit Temperament und Selbstbewusstsein: Der Palazzo Strozzi gilt als schönster der Florentiner Stadtpaläste. Heute beherbergt er hochkarätige Wechselausstellungen zu alter, moderner und zeitgenössischer Kunst.*

Vollkommenheit am Bau

Kaum war der Palast fertig gestellt, beschlagnahmte ihn Cosimo I. und steckte Filippo Strozzi den Jüngeren, damals mit Widersachern der Medici verbündet, ins Gefängnis. Erst 1568 wurde der Palast der Familie zurückgegeben, die ihn dann immerhin bis 1937 behielt. Die Architekten Benedetto da Maiano und (nach dessen Tod) **Il Cronaca** vereinten in diesem Bau die Errungenschaften der Renaissancearchitektur – eine klassisch-schöne Gliederung im Gesamtentwurf und den Einzelelementen – mit einer handwerklich vollkommenen Bearbeitung. Die Wirkung der Fassade beruht auf der ausgewogenen Gliederung der Geschosse, des Portals, der Fenster und des abschließenden Gesimses sowie der genauen Steinmetzarbeiten an allen Quadern, die von unten nach oben in ihrer Wölbung abnehmen und horizontal in ihrer Reihe gleichmäßig verlaufen. Die Schmiedearbeiten – Wandringe zum Anbinden der Pferde, Fackelhalter und Ecklaternen – führte Niccolò Grosso 1491 bis 1498 aus. Der Eisenschmied war damals so begehrt, dass er Aufträge nur nach Vorauszahlung annahm! Beachtenswert ist der elegante Hof, ein Werk von Cronaca.

### Heute: zeitgenössische Kunst

Strozzina, Palazzo dello Strozzino

Dieser Hof ist heute oft **Schauplatz von Installationen** zeitgenössischer Kunst, wie auch das Untergeschoss des Palazzo, das Centro di Cultura Contemporanea Strozzina (CCCS). Im Café unter den Hofarkaden genießt man Cappuccino und Aperitifs. Raffiniert gestaltet ist der Museumsshop **Bottega Strozzi** mit Buchladen und Kunst. Gegenüber erhebt sich an der Piazza Strozzi 2 der **Palazzo dello Strozzino,** den eine jüngere Linie der Familie ab 1451 erbauen ließ, unter Mitarbeit von Michelozzi und Giuliano da Maiano. Von diesem Palazzo sind nur zwei Fassadenseiten verblieben.

# ★★ PALAZZO VECCHIO

**Lage:** Piazza della Signoria | **Bus:** C 1, C 2 | **Öffnungszeiten:** Fr.–Mi. 9–19, Do. 9–14 Uhr, Turm: Fr.–Mi. 9–17, Do. 9–14 Uhr (bei Regen geschl.) | **Eintritt:** 12,50 €, bei Sonderausstellung 17,50 €; Turm 12,50 €; Führung 5 € | **https://musefirenze.it**

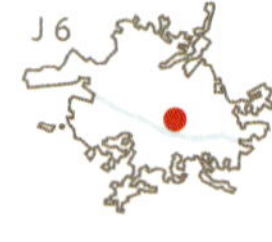


*Wann nahm die ruhmreiche Geschichte des Palazzo ihren Anfang? Vielleicht Mitte des 13. Jh.s mit der Vertreibung der Uberti, einer kaisertreuen Adelsfamilie, und der Zerstörung ihrer Häuser genau an dieser Stelle. Um den Boden von dieser Vorgeschichte zu befreien, bestreute man ihn der Legende nach mit Salz. Der Weg war damit auch symbolisch geebnet für die Entwicklung der »freien gerechten Bürgerrepublik Florenz«, und ihr Markenzeichen wurde dieser kompakte wehrhafte Steinpalast.*

Symbol für den Stolz der Stadt

Lebhaft und locker geht es auf der weiten **Piazza della Signoria** zu. Von einem Café aus können Sie den Palazzo, den schönen David und die Löwen auf sich wirken lassen. Den auf jeder Stadtansicht präsenten, knapp 95 m hohen Torre di Arnolfo darf man besteigen – und passiert dabei jene »Alberghetto« (Herbergchen) genannte Gefängniszelle, in der Cosimo il Vecchio 1433 schmorte. Nach 233 Stufen winkt die grandiose Aussicht auf Florenz: Von nirgends sonst hat man einen so guten Blick auf den Dom und seine Kuppel! Der Turm ist nach **Arnolfo di Cambio** (um 1245 bis um 1310) benannt, nach dessen Plänen man den Palazzo 1299 bis 1314 baute. Als absoluter Stararchitekt seiner Zeit hatte er auch die Baupläne für die Kirche Santa Croce und den Dom entworfen.
Zunächst zogen die Priori ein, der Rat der Zünfte, in denen sich die neuen Bürgerschichten organisierten, und mit ihnen der Gonfaloniere, die höchste Justizinstanz und die Magistrats-Regierung der Republik, »Signoria« genannt. Als Ausdruck des demokratisch-republikanischen Charakters der Stadt hieß er dann auch Palazzo del Popolo und Palazzo della Signoria. Mit dem Einzug von Herzog Cosimo I. 1540 hieß er **»Palazzo Ducale«** (»Herzogspalast«). 25 Jahre später, als die Medici-

Fürsten in den Palazzo Pitti auf der linken Arno-Seite umzogen, wurde er zum **»Palazzo Vecchio«,** dem alten Palast. Im Laufe der Jahrhunderte wurde er erweitert, umgebaut und im Innern prächtig ausgeschmückt. Von 1865 bis 1871, als Florenz für kurze Zeit sogar Hauptstadt des neuen Königreich Italien war, tagte hier die Abgeordnetenkammer. Heute beherbergt der Palazzo die Amtsräume des Bürgermeisters, der prachtvolle Rest ist Museum. Übrigens: Nur eine schmale Gasse trennt den Palazzo von den Uffizien, in der Höhe durch ein Stück Vasari-Korridor verbunden.

**Marzocco-Löwe mit dem Florentiner Wappen**

Außenansicht

Links vorm Haupteingang steht eine Kopie des Marzocco-Löwen von Donatello mit Florentiner Wappen in den Pranken, daneben eine Kopie der Bronzestatue »Judith und Holofernes« von **Donatello**, rechts eine Kopie der Statue des »David« von Michelangelo (Original in der Galleria dell' Accademia) sowie eine Marmorgruppe mit Herkules und Cacus von Bandinelli (1533). Direkt hinter dieser Marmorgruppe ist das mysteriöse Profil eines Menschen in einen Außenstein des Palazzo Vecchio gemeißelt – der Volksmund schreibt es Michelangelo zu. Er soll von einem vorübergehenden zum Tode Verurteilten so beeindruckt gewesen sein, dass er diesen **Volto di Michelangelo** in aller Hast gefertigt hat. Dagegen hätten die argusäugigen Palastwächter sicher etwas gehabt! Ihren Wachwechsel, den **Cambio della Guardi**a in historischen Kostümen, kann man noch heute bewundern: an jedem ersten Sonntag im Monat, stündlich 9 bis 13 Uhr.

**Zu den Waffen!**

Erdgeschoss

Den ersten Hof **Primo Cortile** entwarf Michelozzo 1453 mit prachtvollen Säulen, Vasari baute ihn 1565 im Stil des Manierismus um. In der Mitte steht ein graziöser Brunnen, dessen Spitze ein Genius mit wasserspeiendem Delfin (um 1470) einnimmt. Den Oberteil der Wandzonen bedecken 18 große **Stadtbilder**, die 1565 zur Hochzeit von Francesco I. de' Medici mit Johanna von Österreich gemalt wurden. In einer Nische steht die Marmorgruppe »Samson und der Philister« von Pierino da Vinci. Die für Sonderausstellungen genutzte **Camera d'Arme** (Waffenkammer) ist der einzige Palastraum im Originalzustand von 1312. Der zweite Hof **Cortile della Dogana** wurde in Medici-Zeiten vom Zoll genutzt. Hier befinden sich u.a. die Kasse und der Aufgang zum Turm und hier starten auch die Ausstellung »Tracce di Firenze« (»Spuren von Florenz«; Eintritt frei) und der archäologische Rundgang (Percorso Archeologico) zu den Resten des antiken römischen Amphitheaters. Über die Monumentaltreppe von Vasari gelangt man ins Museum. Tipp: Sehr lohnend sind die Spezialführungen (5€, auch engl.), etwa zu den »Geheimwegen im Palazzo Vecchio« oder eine »Führung mit Giorgio Vasari«, die manchmal sogar der Museumsdirektor selbst durchführt.

### Geschichte von Florenz und der Medici in Bildern

Erster Stock

Der repräsentative **Salone dei Cinquecento** (»Saal der Fünfhundert«) – 54 m lang, 23 m breit und 18 m hoch – ist das Werk von Cronaca (1495–1496). Die Wände sollten ursprünglich zwei berühmte Bilder schmücken: Michelangelos Darstellung der Schlacht bei Cascina und Leonardos Schlacht von Anghiari. Die heutigen Wandmalereien von Giorgio Vasari zeigen die Kriege gegen Pisa (Wand des Zugangs) und gegen Siena (Wand gegenüber). Die geschnitzte Saaldecke trägt 39 Felder mit allegorischen Darstellungen und Szenen aus der Geschichte von Florenz und der Medici. Auf der linken Seite des Salone liegt die **Tribuna dell'Udienza** (Audienz-Tribüne), die für Empfänge und Zeremonien bestimmt war. Hier stehen in den Nischen **Statuen der Medici:** Cosimo I., Papst Leo X., Giovanni delle Bande Nere, Alessandro, Papst Klemens VII., der Kaiser Karl V. krönt, Francesco I., Werke von Bandinelli, De' Rossi und Caccini. Gegenüber sehen Sie die berühmte Marmorstatue **»Genio della Vittoria«** (»Genius des Sieges«, ca. 1532–1534 ) von Michelangelo, dessen Gesichtszüge einigen Forschern zufolge den jungen römischen Adligen Tommaso de' Cavalieri zeigen, an den Michelangelo ca. 30 Sonette schickte. Daneben stehen in den Seitennischen römische Statuen: Ganymed, Merkur, Apollo und Bacchus.
Das fensterlose **Studiolo von Francesco I. de' Medici** entwarf Vasari 1570 bis 1575; es ist reich mit Gemälden, Fresken und Statuen ausgestattet. In diesem »Schatzkästlein« des Florentiner Manierismus haben bedeutende Maler (Allori, Naldini) und Bildhauer (Giambologna) gearbeitet. Vom Salone dei Cinquecento geht das **Quartiere di Leone X** (»Gemächer Leos X.«) ab. Diese Repräsentationssäle sind dem Bürgermeister vorbehalten, nur drei kann man besichtigen: den Cosimo il Vecchio gewidmeten Saal, den Saal Lorenzos des Prächtigen und den von Medici-Papst Leo X. Viele Malereien stammen von **Vasari** und seiner Werkstatt und zeigen Szenen aus dem Leben der Medici.

### Feuer, Wasser, Luft und Erde

Zweiter Stock

Das **Quartiere degli Elementi**, die Privatgemächer Cosimos I., besteht aus fünf Sälen, zwei Terrassen und zwei kleinen Schreibzimmern. Es wurde 1556 bis 1566 von Vasari und seinen Schülern ausgemalt. Absoluter Höhepunkt ist der **Saal der Elemente**, den Fresken und allegorische Darstellungen von Feuer, Wasser, Erde und Luft schmücken. Großartig sind auch die Säle der Ops, Gattin des Saturn und Göttin des Überflusses, der Ceres, Göttin der Fruchtbarkeit, und Jupiters. Kurios im Saal des Herkules ist das **Rundbild der Madonna dell'UFO** (UFO-Madonna): Ein graues UFO scheint rechts oberhalb ihres Nackens auf der Leinwand zu schwirren.
Das **Quartiere di Eleonora di Toledo** ist nach der früh verstorbenen ersten Gattin Cosimos I. benannt. Die **Cappella di Eleonora** schmückte Agnolo Bronzino 1564 mit Fresken. Im Deckengemälde der **Sala delle Sabine** schlichten die Sabinerinnen den Streit zwi-

# PALAZZO VECCHIO

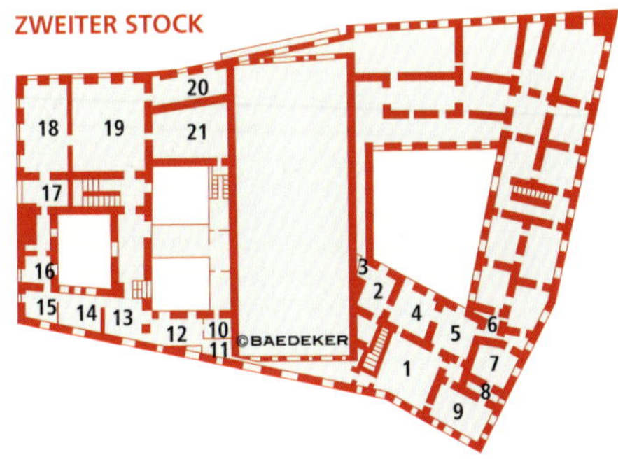


ZWEITER STOCK
1 Sala degli Elementi
2 Sala di Cerere
3 Scrittoio di Calliope
4 Sala di Opi
5 Sala di Giove
6 Terrazzo di Giunone
7 Sala di Ercole
8 Scrittoio di Minerva
9 Terrazzo di Saturno
10 Cappella della duchesso Eleonora
11 Scrittoio della duchessa Eleonora
12 Camera Verde
13 Sala delle Sabine
14 Sala di Ester
15 Sala di Penelope
16 Sala di Gualdrada
17 Cappella die Priori
18 Sala delle Udienze
19 Sala dei Gigli
20 Sala della Cancelleria
21 Sala delle Carte Geografiche

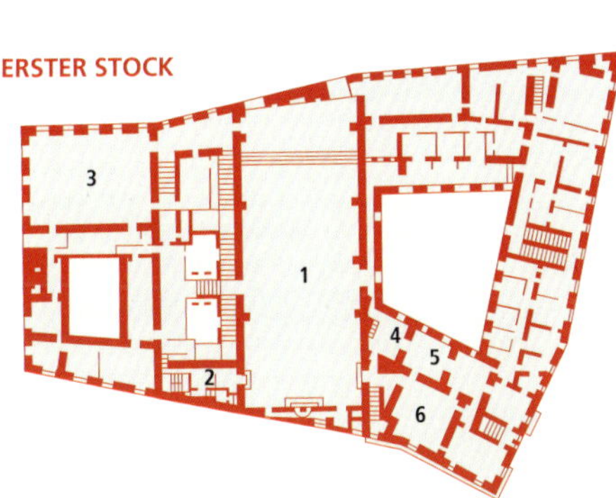


ERSTER STOCK
1 Salone dei Cinquecento
2 Studiolo di Francesco I
3 Sala dei Duecento

Quartiere di Leone X
4 Sala di Cosimo il Vecchio
5 Sala di Lorenzo il Magnifico
6 Sala di Leone X

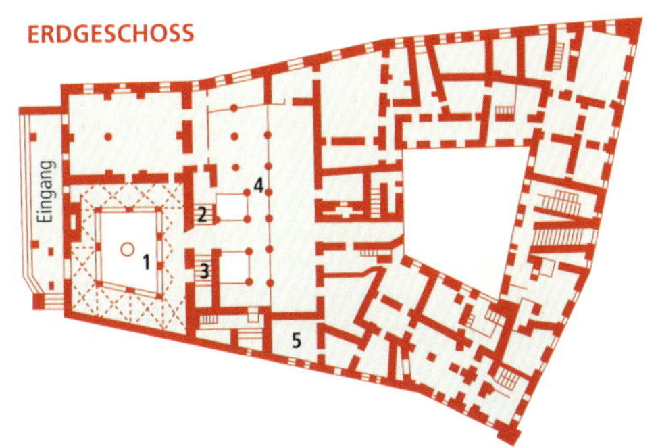


ERDGESCHOSS
1 Cortile di Michelozzo (Innenhof)
2 Aufgang zum Turm
3 Aufgang zum Museum (Vasari-Treppe)
4 Cortile della Dogana (zur Kasse, Garderobe etc.)
5 Rundgang »Spuren von Florenz« (Tracce di Firenze)

schen ihren römischen Männern und den sabinischen Verwandten. In der **Sala di Ester** wird die Geschichte der tugendhaften Esther aus der Bibel und in der **Sala di Penelope** der Odysseus-Mythos erzählt. Die **Sala della Gualdrada** ist der schönen Florentinerin gewidmet, die sich weigerte, Kaiser Otto IV. den Willkommenskuss zu geben, weil das nur ihrem Mann vorbehalten sei - das zeigt das Deckenfresko des Schlafzimmers. Die **Cappella dei Priori** (1511–1514) verfügt über ein großes Fresko von Ridolfo del Ghirlandaio. Die prachtvolle **Sala dell' Udienza** (»Audienzsaal«) punktet mit einer reichgeschnitzten Decke (1470–1476) von Giuliano da Maiano und Fresken (1543–1545) von Francesco Salviati, die **Sala dei Gigli** (»Liliensaal«) hat ein Fresko (1482) mit dem bischöflichen Stadtpatron hl. Zenobius von Ghirlandaio. In diesem Saal können Sie auch die berühmte Bronzegruppe »Judith und Holofernes« (1453–1457) von Donatello besichtigen. In der **Cancelleria** (»Kanzlei«) des Sekretärs der Republik steht eine farbige Terrakotta-Büste des Niccolò Machiavelli, der dort tätig war, und das Original des »Genius mit Delphin« von Verrocchio (Kopie im Hof). Bis heute interessant sind in der **Sala delle Carte Geografiche** die 53 Karten von allen bekannten Kontinenten, die der Dominikaner Ignazio Danti 1563 bis 1575 schuf. Der ausgestellte Globus von 1581 war der größte jener Zeit.

**Toskanische Künstler**

Zwischengeschoss

Den Rundgang durch den Palast schließt eine Besichtigung des Quartiere del Mezzanino ab. Das Halbgeschoss, das Michelozzo 1453 durch Tieferlegen von Decken gewann, zeigt Werke der **Collezione Loeser,** die der amerikanische Sammler Alexander Loeser bei seinem Tod 1928 der Stadt vermacht hat. Es handelt sich um Bilder und Skulpturen von toskanischen Künstlern des 14. und 16. Jh.s.

# PIAZZA DEL DUOMO

**Lage:** Zentrum | **Bus:** C 1, C 2, 14, 23

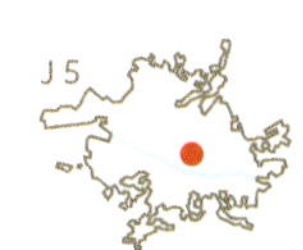


*Wie ein Magnetfeld wirkt der Domplatz mit Kathedrale und Baptisterium. Von hier kann man ungehindert auf Kampanile und Kuppel blicken! Die Strahlkraft ist enorm im geistlichen Herzen der Stadt. Doch dass es nicht nur um hohe Kunst ging, sondern auch um Barmherzigkeit und Fürsorge, zeigt ein Palazzo am Platz, in dem bis heute eine karitative Bruderschaften tätig ist.*

Vor dem Palazzo Vecchio auf der Piazza della Signoria kann man den Abend im Herzen der Stadt ausklingen lassen

### Soziales Engagement und Dantes Gedächtnis

Arciconfraternità Misericordia

Das **Museo della Misericordia** liegt im 4. Stock des Palasts der »Ehrwürdigen Erzbruderschaft der Barmherzigkeit« (Fr., Sa. und Mo. 11–16 Uhr, 5€). In 14 Sälen führen Kunstwerke durch die Geschichte der 1244 gegründeten **ältesten Vereinigung der Florentiner Bürger für soziale wie karitative Zwecke**. Auch Michelangelo gehörte zu dieser Erzbruderschaft.

Auf der gleichen Domseite gelangt man vorbei an der Loggia des Palazzo dei Canonici mit Statuen von Brunelleschi und Arnolfo di Cambio zum **»wahren Stein Dantes«** (»i' vero Sasso di Dante«). Der Legende nach wurde der schweigsame Dante hier einst von einem Passanten nach seinem Lieblingsessen gefragt: »Ein Ei.« Ein Jahr später kam der Bürger wieder vorbei. Seine Frage »Und womit?« beantwortete der gedächtnisstarke Dante trocken: »Mit Salz!«

### Mysteriöses Aufblühen einer Ulme

Piazza San Giovanni

Von der Piazza del Duomo geht es übergangslos auf die Piazza San Giovanni, im Mittelpunkt das ▶ Battistero San Giovanni. Diese Piazza erreichte ihre **heutige Ausdehnung** erst 1895, als der Erzbischöfliche Palast dem Verkehr zuliebe um 50 m nach hinten versetzt wurde. Die hier bis 1384 errichtete Säule des hl. Zenobius erinnert an eine

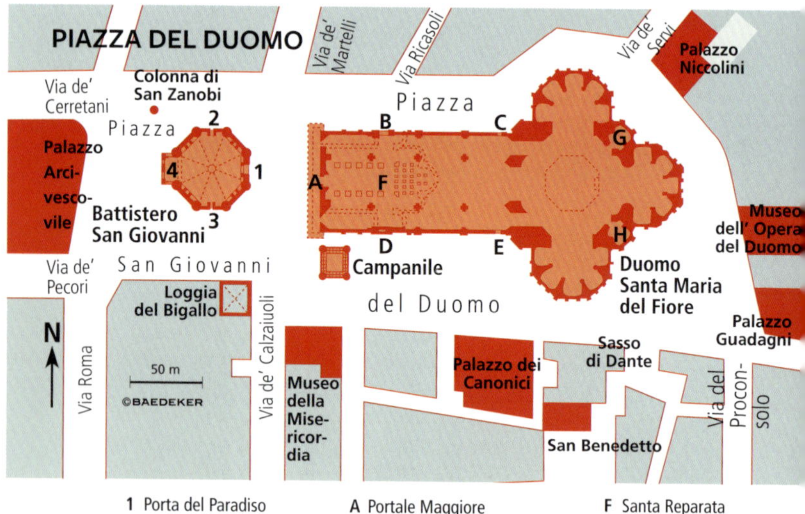


1 Porta del Paradiso
2 Nordportal (Eingang)
3 Südportal
4 Hauptaltar

A Portale Maggiore
B Porta dei Cornacchini
C Porta della Mandorla
D Porta del Campanile
E Porta dei Canonici

F Santa Reparata (Krypta)
G Alte Sakristei
H Neue Sakristei

Überlieferung: Im Jahr 429 begann angeblich eine verdorrte Ulme wieder zu grünen, als man die Reliquien des Heiligen von San Lorenzo in die Santa Reparata, die Vorgängerkirche des Doms, überführte.
Im Süden des Platzes ist die **Loggia del Bigallo** ein typisches Bauwerk der Spätgotik, beauftragt von der Erzbruderschaft der Barmherzigkeit, um ausgesetzte Kinder zur Adoption »auszustellen«. Die marmorne Loggia und der dazugehörige Palast wurden bis 1360 erbaut. 1444 malten Ventura di Moro und Rossello di Jacopo Franchi den Streifen unterhalb der Doppelbögen mit Fresken aus, Szenen aus dem Leben des Märtyrers Petrus (heute Kopien). Die Originale werden u. a. im **Museum** im Innern des Palasts aufbewahrt, zusammen mit Werken von Florentiner Künstlern aus dem 14./15. Jh. Ein bemerkenswertes Bild ist die »Madonna della Misericordia« (1342) von Bernardo Daddi: Auf ihr kann man die älteste Stadtansicht von Florenz mit Baptisterium und im Bau befindlichem Dom bewundern.
Für Kardinal Alessandro Medici, den späteren Papst Leo XI., errichtete Giovanni Antonio Dosio bis 1584 den **Palazzo Arcivescovile,** den »Erzbischöflichen Palast« (Piazza San Giovanni 3–4), auf den Resten des abgebrannten Vorgängerbaus. Vollendet wurde der Palazzo jedoch erst 1738, u.a. von Bernardo Ciurini. In dieser langen Zeit entstand ein Gemisch von Bauelementen.

**Loggia del Bigallo**: Piazza San Giovanni 1 | zu Redaktionsschluss geschl. wg. Renovierung

# PIAZZA DELLA SANTISSIMA ANNUNZIATA

**Lage:** Zentrum | **Bus:** C 1, 6, 11

*Wenn die Arkaden längs der weiten harmonischen Piazza am Abend ausgeleuchtet werden, kann man sich kaum einen stimmungsvolleren Festsaal für die Freilicht-Konzerte vorstellen, die hier im Juli (MusArt Festival) abgehalten werden. Dann erstrahlt die Piazza als einzigartiges Beispiel für die Architekturideale einer Stadt der Renaissance.*

Die Kirche Santissima Annunziata an der Stirnseite des Platzes prunkt mit einer Säulenvorhalle, die in der Anlage des Ospedale degli Innocenti von Brunelleschi fortgesetzt wird und zum Abschluss kommt in den entsprechenden Kolonnaden der Confraternità dei Servi di Maria, die Antonio da Sangallo und Baccio d' Agnolo schufen. Auch der **Palazzo Riccardi-Manelli** von Ammanati wird in das Ensemble miteinbezogen. Gleich links neben dem Säulengang des Ospedale geht es ins Museo Archeologico (▶ S. 103) im Palazzo della Crocetta (17. Jh.). Die Platzmitte nimmt das **Reiterstandbild des Großherzogs Ferdinand I.** von Giambologna ein, das 1607 von seinem Schüler Pietro Tacca vollendet und 1608 zur Hochzeit von Cosimo II. mit Maria Magdalena von Österreich aufgestellt wurde. Auch die zwei bronzenen Brunnen mit Meeresungeheuern (1626/27) stammen von Tacca, der Bildhauer, Metallgießer und Architekt zugleich war.

### Bauliches Geschick

Palazzo Budini Gattai

Der repräsentative dreigeschossige Palazzo Budini Gattai (vormals Grifoni, Hausnummer 1 Ecke Via dei Servi 51) beherrscht mit seiner würdigen Fassade gegenüber der Kirche Santissima Annunziata den Platz. Der reiche Beamte Ugolino Grifoni beauftragte den **Architekten Bartolomeo Ammanati,** über alten Häusern einen Palazzo zu errichten, was der von 1563 bis 1574 mit Geschick tat. Besonders wirkungsvoll ist die Kombination von roten Ziegeln und dem vorherrschenden hellgrauen Stein. Nach wie vor in Familienbesitz, war der Palast bis Ende des 20. Jh.s Sitz der Regionalregierung der Toskana, heute finden hier Kongresse und Veranstaltungen statt.

Wenn der Abend hereinbricht, wird es auf der Piazza della Santissima Annunziata allmählich ruhig

# ★★ PIAZZA DELLA SIGNORIA

**Lage:** Zentrum | **Bus:** C 1, C 2

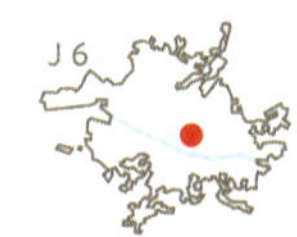


*Am ersten Sonntagmorgen im Monat marschiert der Corteo Storico della Repubblica in seinen historischen Gewändern zum Wachwechsel vor dem Palazzo Vecchio auf. Und am 1. Mai zeigen die geschmeidigen Fahnenschwenker ihre Kunst beim Trofeo Marzocco im Namen des steinernen Löwen, der seine Pranke halb schützend, halb drohend über das Florentiner Wappen mit der Lilie hält. Diese Piazza symbolisiert seit Jahrhunderten das politische Geschick der Stadt, seit 1504 unter dem kühnen Blick des marmornen David.*

Sie hatte schon viele Namen: Piazza dei Priori, Piazza dei Signori, Piazza del Granduca. Doch eines ist seit langer Zeit gleich geblieben: Die heutige Piazza della Signoria bildet das politische wie soziale Zentrum der Stadt (▶ Baedeker Wissen, S. 148). Bei Probegrabungen ab 1974 stießen die Archäologen unter dem Pflaster auf **ungeahnte Kulturschätze:** Funde aus dem Neolithikum, der Etrusker- und Römerzeit und dem Mittelalter kamen ans Tageslicht. So befanden sich hier Thermen unter Kaiser Hadrian, auch eine antike Textilwalkerei war hier angesiedelt. Anschließend entstand eine große frühchristliche Kirche, die im 8. Jh. in der kleineren Kirche Santa Ceclia aufging. Auch die Reste einer zweiten Kirche, San Romolo, wurden samt ihrer Friedhöfe entdeckt. Seine heutige L-Form und Fläche bekam der Platz ab 1268, als die hier wohnenden Ghibellinen verjagt und ihre Häuser abgerissen wurden. Florenz war übrigens die erste mittelalterliche Stadt Europas, die ab 1339 die Straßenpflasterung einführte. Die Piazza della Signoria erhielt ihres aber erst 1385.

### Reiterstandbild und Granitscheibe

Denkmäler

Zwei besondere Denkmäler befinden sich hier: Eine Granitscheibe im Pflaster unweit des Neptun-Brunnens erinnert an die Verbrennung **Savonarolas** 1498 auf Geheiß Papst Alexanders VI., nachdem der Gottesstaat, den der Dominikanerpriors durchsetzten wollte, in Florenz gescheitert war. Das Reiterstandbild **Cosimos I. de' Medici** (1594) – erstmalig in Europa auf einem öffentlichen Platz – wurde von Giambologna gefertigt in Erinnerung daran, dass 1569 Cosimo von Papst Pius V. zum Großherzog der Toskana erhoben wurde.

### Unter den wachsamen Augen des Gottes des Meeres

Fontana del Nettuno

Für die Hochzeit von Francesco de' Medici mit Prinzessin Johanna von Österreich (1565) sollte die Piazza della Signoria mit einem

# HERZSTÜCK DER STADT

*Die beeindruckende Piazza della Signoira, auf der früher die Volksversammlungen stattfanden, wird vom wuchtigen Turm des Palazzo Vecchio beherrscht. Sie ist mit den weiteren bedeutenden Sehenswürdigkeiten der Loggia dei Lanzi und vor allem den Uffizien das touristische Herz von Florenz.*

**1 Palazzo Vecchio**
Mit dem Bau des wuchtigen und wehrhaften Palazzo Vecchio, einst Sitz der Regierung der Stadtrepublik Florenz, der Signoria, wurde um 1300 begonnen. Der Palast ist ein Symbol für die politische und kulturelle Glanzzeit der Stadt.

**2 Loggia dei Lanzi**
In der offenen dreijochigen Halle, der »Landsknechtshalle«, sind berühmte Skulpturen aufgestellt wie »Perseus mit dem Haupt der Medusa« von Benvenuto Cellini. Unter der rechten Arkade steht die Marmorgruppe »Raub der Sabinerinnen« von Giambologna .

**3 David**
Vor dem Palazzo Vecchio steht die Kopie des »David« von Michelangelo, eine der berühmtesten Skulpturen der Welt. Wer das Original dieses einmaligen Kunstwerkes sehen möchte, muss in die ► Galleria dell' Accademia gehen.

**4 Fontana del Nettuno**
Der »Neptun-Brunnen« wurde für die Hochzeit von Francesco de' Medici mit Prinzessin Johanna von Österreich 1565 von Ammanati geschaffen. Vielleicht ging der Bau zu schnell voran, denn das Ergebnis war nicht befriedigend. Die Florentiner spotteten: »Ammanato, che bel marmo hai rovinato!« (»Ammanato, welch schönen Marmorblock hast du verhauen!«).

**5 Palazzo degli Uffizi**
In dem an die Piazza della Signoria angrenzenden Palazzo ist die Galleria degli Uffizi untergebracht, eine der berühmtesten Gemäldegalerien der Welt, die über zahlreiche Meisterwerke, vor allem der italienischen Malerei, verfügt.

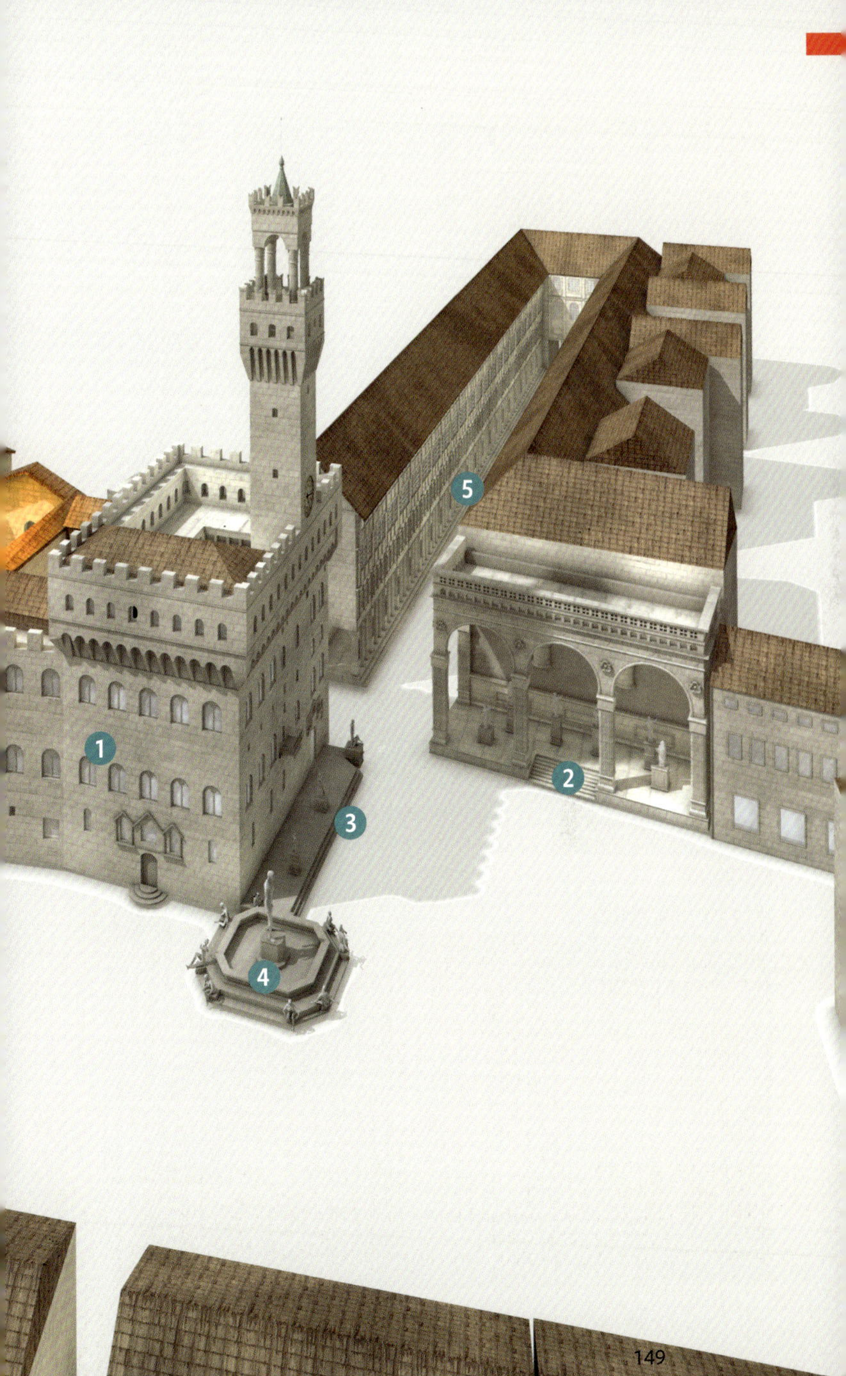
1
2
3
4
5

großartigen Werk geschmückt werden – immerhin stiegen die Medici durch diese Heirat in die großen Herrscherhäuser Europas auf. So musste ein schon begonnener Brunnen links neben dem Eingang zum Palazzo Vecchio eilig fertiggestellt werden. Bartolomeo Ammanati schuf dafür von 1563 bis 1575 die größte Brunnenanlage von Florenz mit dem kolossalen Neptun, vier Meerespferden samt Nymphen, Satyrn und Faunen und drei Tritonen. Der **Neptunbrunnen** wurde ibn seiner Geschichte schon mehrfach beschädigt, zuletzt 2005, als die rechte Hand des Neptuns zerstört wurde. Die Restaurierung des Brunnens endete 2020. Im Karneval 1830 wurde die Statue eines Satyrs entwendet und im Jahr darauf durch eine Kopie ersetzt.

Cosimo I. de' Medici und Neptun schauen aufmerksam dem

### Repräsentaive Funktion

Die Loggia dei Lanzi neben dem Palazzo Vecchio, eines der schönsten Beispiele der Florentiner Gotik, erhielt ihren Namen nach den »Lanzichenecchi« – den deutschen Landsknechten, die Teil der hier postierten Palastgarde von Großherzog Cosimo I. waren. Sie wurde von 1376 bis 1381 unter der Bauleitung von **Benci di Cione Dami** und **Simone di Francesco Talenti** errichtet. Ihre Maße sind genau auf die Abmessungen des Palazzo Vecchio abgestimmt. Die Arkadenhalle diente der Republik für offizielle Zeremonien: Hier wurden Botschafter und Fürsten empfangen, die Prioren und der Gonfaloniere eingesetzt.

Treiben auf der Piazza della Signoria zu

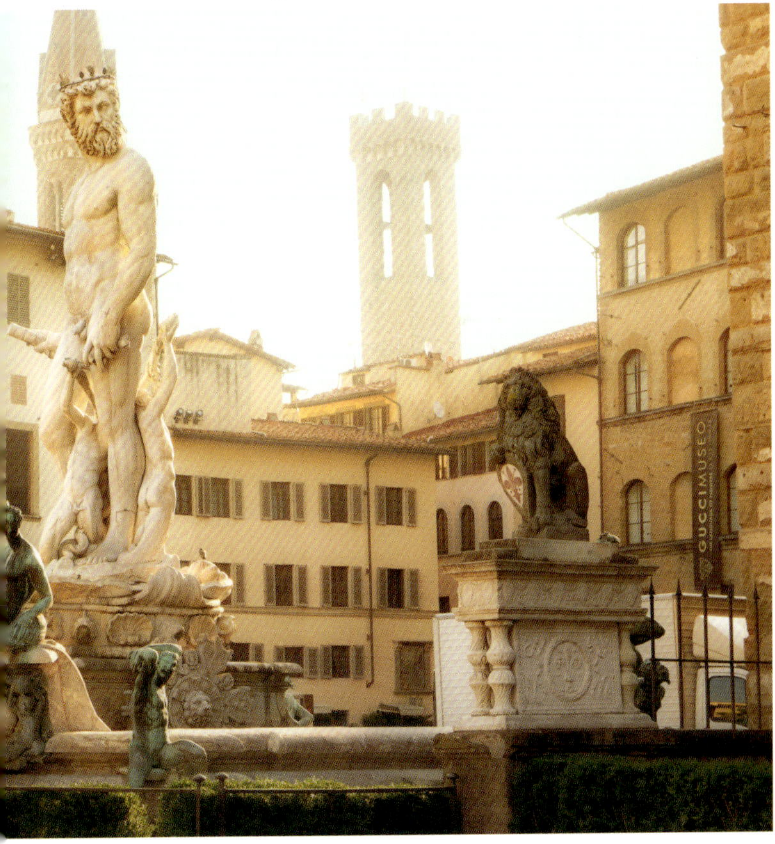

Außen über den Rundbögen zeigen Tafeln von verschiedenen Künstlern (1383–1386) allegorische Figuren der Kardinal- und theologischen Tugenden. In der Halle versammeln sich bedeutende Werke der Bildhauerkunst: Rechts und links bewachen **zwei Löwen** den Zugang. Der rechte stammt aus antiker römischer Zeit, den anderen schuf Flaminio Vacca 1600. Blickt man durch die Halle, so fällt zunächst die Bronzestatue des **»Perseus mit dem Haupt der Medusa«** (1545–1554) ins Auge. Das Meisterwerk des Manieristen Benvenuto Cellini beeindruckt durch die Grausamkeit des Themas, die Feinheit der Ausführung und die Sicherheit der Komposition. In der Mitte der Querseite folgen dann der **»Raub der Polyxena«**, eine Marmorgruppe von Pio Fedi (1855–1865), und antike weibliche Statuen an der Längswand (stark restauriert). Die Mitte der nächsten Querseite nimmt wiederum die Marmorgruppe **»Herkules kämpft mit dem Kentauren Nessos«** ein, die Giambologna

## IM IRISGARTEN

Ein Blütentraum in Weiß, Blau, Rosa, Gelb oder Violett – nicht nur ein wahrer Farbenrausch, sondern auch eine Duftexplosion, wenn im Mai über 2000 Irissorten im Giardino dell' Iris am Piazzale Michelangelo blühen. Schließen Sie die Augen, heben Sie die Nase und tauchen Sie ein in das Meer der Düfte. Eine fantastische Aussicht über die Weiten der Stadt gibt es kostenlos dazu.

1598 schuf. Eine außergewöhnliche Plastik ist an der anderen Längsseite der **»Der Raub der Sabinerin«** (1574–1580), auch von Giambologna. Diese erste »figura sepentinata« zwingt einen wegen ihrer spiralförmigen Bewegung, sie beim Betrachten zu umrunden.

**Koffer, Schuhe, Taschen und Dreisterneküche**

Gucci Garden

Im Palazzo della Mercatanzia von 1359 tagte einst das Handelsgericht – seit 2011 residiert darin die Florentiner Weltmarke Gucci. **Guccio Gucci** arbeitete als Lift-Boy, eher er 1921 eine Sattlerei für Taschen und Reitzubehör gründete: Das Firmenlogo, zwei verschachtelte »G«, symbolisiert Steigbügel. Die skandalumwitterte Familiengeschichte des **»House of Gucci«**, kürzlich mit Lady Gaga verfilmt, ist auch Thema der hypermodernen Ausstellung im 1. und 2. Stock. Dann locken Edelboutique, Buchladen sowie Dreisternekoch Massimo Bottura und Chefin Karime Lopez in die oft ausgebuchte **Gucci Osteria** (www.gucciosteria.com). Günstiger ist **Gucci Gardino 25** (Piazza della Signoria 37 r, tgl. 10–24 Uhr). Ebenfalls empfehlenwert ist das **Ristorante Frescobaldi** (www.frescobaldifirenze.it) mit Topweinen, darunter der rare Frescobaldi-Weißwein von der Gefängnisinsel Gorgona.

# PIAZZALE MICHELANGELO

**Lage:** südöstlich des Zentrums | **Bus:** 12, 13

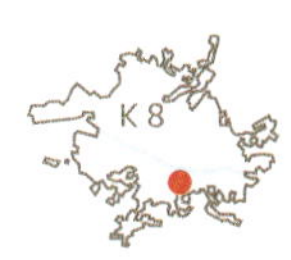


*Der Balkon über Florenz: Hier halten die Touristenbusse, hier sitzen Hobbymaler und versuchen sich in Stadtansichten und hier entstehen wohl die meisten Panoramafotos von Florenz. Natürlich ist der Platz nach Michelangelo benannt, dem Künstlergenie schlechthin. Unterhalb des Piazzale blüht von Ende April bis Ende Mai die Schwertlilie, die Wappenblume von Florenz, im zauberhaften Giardino dell' Iris.*

Der 104 m hoch gelegene Piazzale wurde von Giuseppe Poggi geplant und von 1865 bis 1869 gestaltet. In der Mitte des Platzes erinnern Statuen an Michelangelo: Die **Bronzekopie des »David«** (Original in der ▶ Galleria dell' Accademia) wurde 1873 mit neun Ochsengespannen hier herauf gezogen! Um sie herum finden sich die Liegefiguren der Medicigräber aus der Neuen Sakristei von San Lorenzo. Die wichtigsten Sehenswürdigkeiten sind von hier leicht zu identifizieren. Man erkennt den Palazzo Vecchio, das höchste Gebäude der Stadt, an seinem zinnen-

# 6x

## EINFACH UNBEZAHLBAR

*Erlebnisse, die für Geld nicht zu bekommen sind*

### 1. ENGAGIERTE STADTFÜHRER

organisieren **unentgeltlich tägliche Stadtspaziergänge** auf Englisch zum Thema Renaissance und auf den Spuren der Medici. Ein Trinkgeld als Dankeschön erfreut natürlich. (▶ **S. 309**)

### 2. PANORAMA-BLICK

Es gibt viele Orte, von denen aus man einen tollen Blick auf die Stadtsilhouette von Florenz hat. Der berühmteste Ausblick ist gratis: der vom **Piazzale Michelangelo,** hoch über dem linken Arnoufer. (▶ **S. 153**)

### 3. DURCH DEN ROSENGARTEN

Ein zauberhafter Spaziergang hinauf zum Piazzale Michelangelo oder zurück in die Stadt führt durch den romantischen **Giardino delle Rose** voller Rosen und mittendrin eleganten Skulpturen. (▶ **S. 155**)

### 4. LUSTWANDELN

Manchmal will man der Stadt kurz entfliehen und die Medicee-Villen bieten dazu den perfekten Anlass. Vom Park der **Villa la Petraia** hat man eine gute Sicht bis nach Florenz und kann nach dem Staunen in den Innenräumen ein wenig lustwandeln und sich royal fühlen. (▶ **S. 199**)

### 5. FREIER MUSEUMS-SONNTAG

Sollten Sie an einem **ersten Sonntag im Monat** in Florenz sein, dürfen Sie in viele staatliche Museen umsonst hinein: Dazu gehören die großen Museen wie die Uffizien, die Accademia, der Bargello und Palazzo Pitti wie auch der Giardino di Boboli und das Archäologische Museum.

### 6. TRIBUNA DEL DAVID

Die Schlange ist zu lange an der Galleria dell' Accademia? Auf der **Piazza della Signoria** können Sie eine orginalgetreue Kopie der Statue sehen. (▶ **S. 147**)

bekrönten Turmaufbau. Ganz in der Nähe ragt der Wehrturm des Bargello auf. Nahebei vor der Domkulisse erhebt sich der schlanke Turm der Badia Fiorentina. In Flussnähe erbauten die Franziskaner ihre Kirche Santa Croce, deren breitgelagertes Schiff das Arnoufer überragt. Nahe dem Hauptbahnhof wird der Glockenturm von Santa Maria Novella sichtbar. Beherrscht wird das Stadtbild jedoch vom **Dom** mit seiner imposanten Kuppel und dem Campanile. Unterhalb des Piazzale erstreckt sich über Terrassen der zauberhafte **Giardino delle Rose**, durch den man an den Arno beziehungsweise ins Zentrum hinunter spazieren kann. Seit 2011 schmücken ihn nicht nur 350 Rosenarten, sondern auch zehn Bronzeskulpturen des belgischen Künstlers Jean-Michael Folon.

**Giardino delle Rose:** tgl. Juni–Aug. 9–20, April, Mai, Sept. bis 19, März, Okt., Nov. bis 17 und Dez./Jan bis 16.30 Uhr

#  PONTE VECCHIO

**Lage:** Zentrum | **Bus:** C 3, D

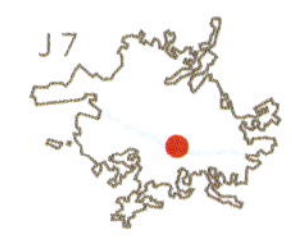


***Die Londoner haben ihre Tower Bridge, die Pariser ihre Pont Neuf und die Florentiner den Ponte Vecchio: Diese Arnobrücke ist als Wahrzeichen von Florenz so beliebt wie die Domkuppel. Mit ihren alten Häuschen dicht an dicht gedrängt hat sie etwas geradezu Anheimelndes. In den Häuschen glitzern die Auslagen der Juweliere. Kanupaddler gleiten übers träge Flusswasser unter der Brücke. Und am Abend wird sie zum romantischen Hotspot.***

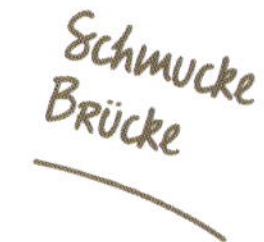


Die »Alte Brücke« meint ihren Namen ernst: Schon kurz nach der römischen Stadtgründung von Florentia im 1. Jh. v. Chr. wurde eine erste Flussüberquerung gebaut, nur einige Meter vom heutigen Brückenverlauf entfernt. Im Laufe der Zeit gab es hier dann so einige Bauten und Einstürze, ehe 1339 bis 1345 dieser damals hochmoderne Bau entstand. 100 Jahre später überließ man die Brücke den Gemüsehändlern und Metzgern. Die Fleischer etwa konnten ihre Abfälle – sehr praktisch – gleich in den Fluss werfen, zur Freude der Fische und derjenigen Florentiner, die für Sauberkeit zu sorgen hatten. Die Geruche nahmen jedoch so überhand, dass Großherzog Ferdinando I. »zu Gunsten der Fremden« anordnete, nur **Goldschmiede** dürften auf der Brücke Läden unterhalten, eine Regelung, die bis auf den heutigen Tag eingehalten wird. In der Mitte der Brücke steht eine Büste des berühmtesten Florentiner Goldschmiedes, **Benvenuto Cellini** (1900). Über den Dächern der Brückenhäuser verläuft der **Corridoio Vasariano** (▶ S. 92), der Verbindungsgang vom Palazzo Vecchio zum Palazzo Pitti.

## Rund um den Ponte Vecchio

**Kirche mit einer Treppe aus Marmor**

Santo Stefano al Ponte

Auf der rechten Arnoseite birgt an der Piazza Santo Stefano al Ponte 5 die Kirche »Sankt Stefan an der Brücke« Bauelemente verschiedenster Jahrhunderte.: Fassade des 13., Altäre des 16. und Umbauten zu einem Hauptschiff des 17. Jh.s. **Ferdinando Tocca,** ein Baumeister der schon 1116 urkundlich erwähnten Kirche, schuf auch das Bronzerelief »Die Steinigung des hl. Stephanus« (1656). Die eindrucksvolle Marmortreppe (1574) zum Presbyterium stammt von Buontalenti, der Hochaltar (1594) von Giambologna. Dank ihrer herausragenden Akustik finden im **Auditorium Santo Stefano al Ponte** wunderbare Kammerkonzerte statt. Zudem öffnet das Multimedia-Museum **Cattedrale dell'Immagine**, 2023 mit einer Ausstellung zu Streetart-Künstler Banksy (www.cattedraledellimmagine.it).

**Vermutlich älteste Kirche von Florenz**

Grablegung Christi, Verkündigung

Die **Kirche Santa Felicita** – auf der gegenüber liegenden Brückenseite an der gleichnamigen Piazza – ist wohl die älteste Kirche von Florenz. Sie wurde über einem frühchristlichen Friedhof errichtet, im 11. und 14. Jh. erneuert und im 18. Jh. gänzlich umgestaltet. Dabei bewahrte man jedoch die Vorhalle und den Korridor des Vasari als Laufgang zwischen dem Palazzo degli Uffizi und dem Palazzo Pit-

Florentiner Wahrzeichen mit Geheimgang: der Ponte Vecchio

ti. Im Innern der Kirche befindet sich über der Eingangstür die Loge der Großherzöge, in der diese am Gottesdienst teilnahmen. Rechts vom Eingang kommt man zur Cappella Barbadori-Capponi mit den bedeutendsten Kunstwerke der Kirche: zwei Meisterwerke (1525–1528) von **Pontormo,** Grablegung Christi und Verkündigung, die zu den besten Beispielen des florentinischen Manierismus gehören.

# SAN FREDIANO

**Lage:** Südwestliches Viertel | **Bus:** D, 6, 13

*Auf der linken Arnoseite, dem Oltrarno, gibt es ganz normale Geschäfte, Eisen- und Miederwaren. Auf der Piazza Torquato Tasso toben kleine Florentiner ausgelassen und unter Bäumen am Arno sitzen die Älteren auf Plastikstühlen und spielen Karten. Neben Werkstätten öffnen coole Kneipen und Vintageläden: San Frediano ist »in«, bei Einheimischen wie bei Besuchern, die das authentische Florenz suchen. Kunstliebhaber bewundern die Fresken des »großen Thomas« (Masaccio) und des »kleinen Thomas« (Masolino) in der Kirche ▸ Santa Maria del Carmine.*

Am volkstümlichen Arnoufer

Das Viertel beginnt westlich der Piazza Santo Spirito. Treffpunkte sind Plätze wie **Piazza de' Nerli** mit dem Lampredotto-Kiosk »Da Simone« oder die weitläufige begrünte **Piazza Torquato Tasso.** Weiter westlich ziehen sich Reste der Stadtmauern aus dem 14. Jh. mit dem Stadttor Porta San Frediano bis ans Arnoufer. Hier laden lauschige Gartenlokale zum Entspannen ein, etwa das hippe **Santarosa Bistro** am Lungarno Santa Rosa oder das Arbeitervereinslokal Circolo Rondinella direkt am Ufer. An der Piazza di Cestello erhebt sich die stattliche Kirche **San Frediano in Cestello**, eine Klosterkirche der Karmeliterinnen, dann Pfarrkirche und im 17. Jh. streng barockisiert. Im Innern wird in der dritten Kapelle links die **»Lächelnde Madonna«,** eine bunte Holzfigur (13./14. Jh.), volkstümlich verehrt.

**Im Süden die grünen Hügel**

Bellosguardo

Hinter den Mauern, die sich südlich der Piazza Torquato Tasso an der Via del Campuccio und bis zum Stadttor Porta Romana erstrecken, verbirgt sich Italiens größter innerstädtischer Privatpark, der 7 ha große **Giardino Torrigiani.** Noch weiter südwestlich der Piazza Torquato Tasso kann man über die Piazza San Francesco di Paola den Hügel Bellosguardo durch schmale Sträßchen hinaufspazieren, mit viel Grün, Villen und fantastischen Ausblicken. Während das volkstümliche Viertel am Arnoufer zurückbleibt, wird es in den Hügeln großbürgerlich, übrigens im 19. Jh. eine unter den angelsächsischen Wahlflorentinern besonders beliebte Wohngegend.

**Giardino Torrigiani:** Via dei Serragli 144 | nur Führung nach Voranmeldung (Tel. 055 22 45 27) | Eintritt: 12 € | www.giardinotorrigiani.it

# ★★ SAN LORENZO

**Lage:** Piazza San Lorenzo | **Bus:** C 2, 4, 22, 36, 37 | Mo.–Sa. 10–17 Uhr
**https://sanlorenzofirenze.it** | **Kirche und Schatzmuseum:** Eintritt 9 €, Monumentalbereich der Bibliothek 2023 nur zu Events geöffnet

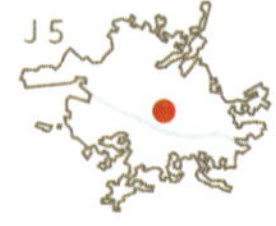


*Außen aus grobem unverputztem Mauerwerk, innen von klarer ebenmäßiger Großartigkeit – der Kontrast könnte kaum stärker sein! Aber nicht nur die Kirche ist großartig: Da sind die Kunstwerke, die Sakristeien, die Medici-Gräber, der Kirchenschatz, die bedeutende Bibliothek und schließlich die Cappelle Medicee! Alle Aufträge vergaben die Medici an die besten Künstlern ihrer Zeit, z.B. an Brunelleschi, Donatello oder Michelangelo. So hat sich die mächtige Familie hier in fürstlicher Grandezza verewigt.*

## SAN LORENZO

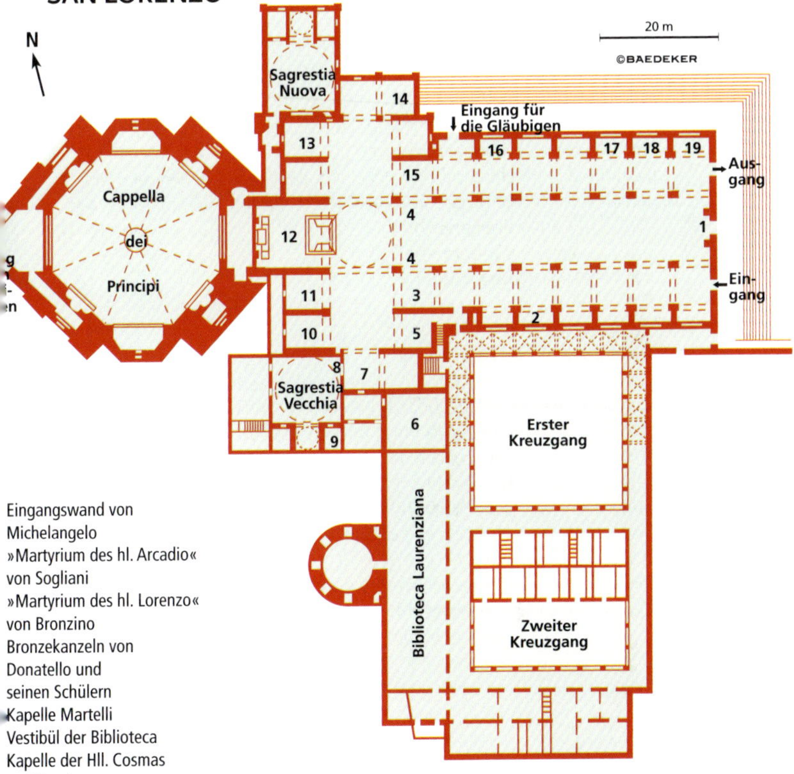

Eingangswand von Michelangelo
»Martyrium des hl. Arcadio« von Sogliani
»Martyrium des hl. Lorenzo« von Bronzino
Bronzekanzeln von Donatello und seinen Schülern
Kapelle Martelli
Vestibül der Biblioteca
Kapelle der Hll. Cosmas und Damian
Grabmal für Piero und Giovanni de' Medici, von del Verrocchio
Marmorbecken aus der Schule des Donatello
Altar aus der Schule des Ghirlandaio

11 Holzstatue »Madonna mit Kind« (14. Jh.)
12 Hauptchorkapelle
13 Denkmal des Pietro Benvenuti
14 Grab der Maria Anna Carolina
15 Marmortabernakel von D. da Settignano
16 »Anbetung der Könige« von Macchietti
17 »San Lorenzo« von N. Lapi
18 »Vermählung Mariä« von Fiorentino
19 »Martyrium des hl. Sebastian« von Empoli

Später sollten die **Medici** hier als großzügige Mäzene die Künstler ihrer Stadt zu immer großartigeren Leistungen anspornen. Doch dafür musste die Kirche San Lorenzo, die damals noch außerhalb der Stadtmauern lag, im Jahr 393 erst einmal vom hl. Ambrosius gegründet werden. Der Bau wurde im 11. Jh. in romanischer Form erneuert. Die heutige Gestalt gab ihm von 1421 an der bedeutende Architekt der

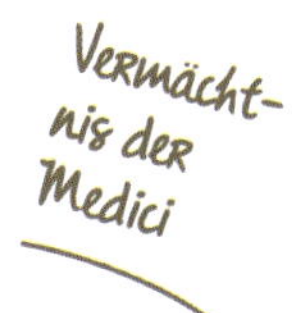

Florentiner Renaissance, **Brunelleschi.** Im Auftrag der Medici schuf er die Renaissancekirche schlechthin. Die Arbeiten wurden nach seinem Tod bis 1461 von seinem Schüler Antonio Manetti abgeschlossen, der sich an Brunelleschis Pläne hielt. Für die Fassade lieferte Michelangelo Entwürfe – die Zeichnungen und Modelle sind in der Casa Buonarroti ausgestellt. Allerdings wurde sie nie verwirklicht und die unverkleidete Backsteinfront blieb bestehen. Vor San Lorenzo steht auf der gleichnamigen Piazza das von Baccio Bandinelli ab 1540 geschaffene **Denkmal für Giovanni dalle Bande Nere** (1498–1526), den Vater von Herzog Cosimo I. und Stammvater der Medici-Fürsten.

Bronze kanzeln

**Im Innenraum der Basilika**

Das Innere der dreischiffigen Säulenbasilika zeigt die klare Gliederung von Brunelleschi: ein schöner Marmorfußboden, Säulen mit korinthischen Kapitellen, auf denen die weiten Bögen ruhen, und eine kunstvolle Kassettendecke mit feinen Rosetten. Die harmonischen Proportionen von Seitenkapellen, Seitenschiffen und Langhaus verleihen dem Raum eine **außergewöhnliche Harmonie** und erheben die Kirche in höchsten architektonischen Rang.

Hinten im **Mittelschiff** sieht man rechts und links zwei auf Säulen kastenförmige **Bronzekanzeln** – herausragend restaurierte Meisterwerke von **Donatello.** Diese letzten Werke schuf der alternde Künstler nach 1460. Vollendet wurden sie von seinen Schülern Bartolomeo Bellano und Bertoldo di Giovanni. Die linke Kanzel zeigt in bewegten Darstellungen Szenen der Passion Christi, wobei die meisten Reliefs zwar auf Entwürfe Donatellos zurückgehen, aber von seinen Schülern ausgeführt wurden. Die rechte Kanzel, deren Themen ebenfalls Szenen aus dem Leben Christi, außerdem das Martyrium des hl. Laurentius sind, verdeutlicht stärker in der Ausführung die Handschrift des Künstlers. Beide Kanzeln sind mit Friesen aus Vasen, Kentauren und Rossebändigern geschmückt. Als Donatello zwei Jahre nach Cosimo de' Medici, der die Kanzeln in Auftrag gegeben hatte, starb, wurde er an der Seite seines Förderers in der Krypta unter dem Hochaltar bestattet (in der Krypta zu besichtigen).

Sagrestia Vecchia

**Brunelleschis erste Neuschöpfung**

Gegenüber der linken Kanzel von Donatello sieht man das Fresko von **Agnolo Bronzino**: **»Martirio di San Lorenzo«** (»Martyrium des hl. Laurentius«, 1565–1569) zählt zu den Hauptwerken des manieristischen Künstlers. Beeindruckend ist die vielfigurige Gruppeninszenierung in changierenden Farben des Manierismus. In der Cappella Martelli dahinter befindet sich auf dem Altar das Diptychon **»Verkündigung«** (um 1440) von Filippo Lippi, eines seiner Hauptwerke. In seiner Komposition lässt es gut den Stil der Renaissance erkennen. Vom linken Querschiff aus tritt man in die Sagrestia Vecchia (»Alte Sakristei«). Von ihrem Stifter Giovanni Bicci de' Medici war sie zwar als Grabkapelle gedacht, erfüllt aber die Funktion einer Sakristei. Sie ist die erste vollständige Neuschöpfung von Architekt **Brunelleschi** (1421–1428) und wurde in Aufbau, Gliederung und Proportionen als erster Zentralraum der Renaissance beispielhaft für die europäische Baukunst. Die Ausstattung der Sakristei oblag weitgehend **Donatello**. Spannend ist die Kuppelbemalung über der kleinen rechteckigen Apsis: Sie zeigt das Firmament samt Sonne, Mond, Planeten und Sternzeichen **über Florenz am 4. Juli 1442 um exakt 10.40 Uhr**. Die Arbeit wird dem Maler Giuliano d'Arrigo, genannt Il Pesello, zugeschrieben. Die kosmografischen Daten soll der berühmte Astronom und Kometenentdecker Paolo dal Pozzo Toscanelli beigesteuert haben.

### Szenen aus dem Leben des Evangelisten Johannes

Unter der Kuppel

Unter der Kuppel zeigen vier Rundmedaillons Szenen aus dem Leben des Evangelisten Johannes und vier Stuckreliefs in den Bögen die vier sitzenden Evangelisten. Donatello hat bei diesen Werken mit atemberaubender Perspektive operiert. Von ihm stammen auch die **Bronzetüren** (1440–1443) der Apsis, die Märtyrer und Apostel darstellen. Links an der Wand steht das Grabmal für Piero und Giovanni de' Medici (1472), das Andrea del' Verrocchio schuf. Das bronzene Gitterwerk in Form von Seilen wurde bis heute zum Vorbild bei Florentiner Geschäften. Unter dem Marmortisch in der Mitte befindet sich der Sarkophag von Giovanni Bicci de' Medici und seiner Frau Piccarda Bueri. Er wird Donatello und Buggiano zugeschrieben (1433).
Die Seitenkapelle gegenüber der rechten Bronzekanzel von Donatello besitzt ein fein ausgearbeitetes und reich dekoriertes **Tabernakel** (1461) von Desiderio da Settignano. Die vorletzte Kapelle (zum Ausgang hin) ist mit einem Gemälde von Rosso Fiorentino, **»Die Vermählung Mariens«** (1523), geschmückt.

### Schatzausstellung

Tesoro di San Lorenzo

Vom ersten Kreuzgang (Zugang von außen an der Kasse) geht es hinab in die Säulenräume der Krypta unter der Alten Sakristei, in denen kostbare liturgische Geräte aus dem Schatz von San Lorenzo ausgestellt sind. Auch stößt man hier unten auf die Grabplatte von Donatello (gest. 1466), nur wenige Schritte vom Grab seines Gönners Cosimo des Älteren (gest. 1464) entfernt.

### Über den Kreuzgang in die Bibliothek

Biblioteca Medicea Laurenziana

Die Biblioteca Medicea Laurenziana ist an die Kirche San Lorenzo angebaut – man erreicht sie treppauf vom ersten Kreuzgang. Sie verdankt ihre kunstgeschichtliche Bedeutung ihren architektonischen Formen und ihrer Handschriften- und Buchkollektion der Medici. Der Bau gilt als **wichtigstes Zeugnis der Architektur des Manierismus in Florenz.** Gegründet hatte die Bibliothek Cosimo der Ältere, Lorenzo der Prächtige hatte sie erweitert. Zwischenzeitlich wurde sie nach Rom

gebracht – ein Teil der Sammlung kehrte jedoch unter Medici-Papst Klemens VII. nach Florenz zurück. Er gab auch den Auftrag für den Neubau, in dem die Sammlung öffentlich zugänglich sein sollte.
Den Anfang machte **Michelangelo** 1524, aber erst nach seinem Tod wurde die Bibliothek 1571 ihrer Bestimmung übergeben. Der Künstler, der sich nach seinem Weggang aus Florenz 1534 brieflich und mit Modellen am Weiterbau beteiligte, zeigt sich in der plastischen Gestaltung von Fassade, Vorhalle und Lesesaal wie bei den Treppenaufgängen als Vertreter des Manierismus.

Vestibül

### Monumentale Vorhalle zum Eingang

Das Vestibül gehört zu den eigenwilligsten Raumschöpfungen Michelangelos. Die hohe und enge, zudem monumental gegliederte Vorhalle steht als triumphaler Aufgang zur Bibliothek in der Architekturgeschichte einmalig da. Der Raum wird durch Doppelsäulen in einzelne Abschnitte geteilt, und die Wandfelder sind durch Vertiefungen, halb Fenster, halb Nischen, gegliedert. Überall scheinen hier die architektonischen Vorschriften ins Gegenteil verkehrt zu sein: Die Nischen sind zu flach, um Figurenschmuck zu tragen, ihre seitlichen Pilaster werden nach unten zu enger statt breiter, und die zarten Voluten des untersten Geschosses sind viel zu schwach, um die Säulen zu tragen. Die Säulen wiederum werden nur zur dekorativen Wandgestaltung verwendet.

Neben der Kuppel des Doms prägt auch die Kuppel von San Lorenzo das Stadtbild

Eigenartig wirkt auch die Treppenanlage, die auf kürzestem Raum einen großen Höhenunterschied überwinden muss. Beim Besteigen der geländerlosen Seitentreppen macht sich ein Gefühl von Unsicherheit breit. Dieses Hervorrufen von Unsicherheit durch die Umkehrung architektonischer Kräfte ist typisch für den Manierismus. Die **Handschriftensammlung** der Bibliothek (11044 Manuskripte!) umfasst bedeutende Dokumente aus dem alten Ägypten ebenso wie wertvolle Handschriften der Renaissancezeit bis zu Autografen von Napoleon.

## Museo delle Cappelle Medicee

Lage: Piazza Madonna degli Aldrobrandini 6 | Öffnungszeiten: Mo., Mi.-Sa. 8.15-18.50, So. 8.15-13.50 Uhr, Di. geschl. | Eintritt: 9 € oder Kombiticket | Kartenreservierung: Tel. 055 29 48 83

### Grablege der Medici

Eigenständiges Museum

Die Medici-Kapellen schließen an die westliche Chorseite von San Lorenzo an, werden aber als eigenständiges Museum geführt und sind somit von der Kirche getrennt. Sie umfassen das Fürstenmausoleum, Cappella dei Principi genannt, sowie die Neue Sakristei. Der **Zugang** führt durch die Krypta mit den Gräbern der Eltern des ersten Medici-Fürsten Cosimo I., als da Giovanni dalle Bande Nere und Maria Salviati, sowie der letzten, 1743 verstorbenen Medici, Anna Maria Luisa de' Medici, Kurfürstin von Pfalz-Neuburg. Zudem sind zahlreiche Reliquiare aus dem Schatz von San Lorenzo ausgestellt.

### Unglaublich pompös

Cappella dei Principi

Großherzog Ferdinando I. wollte 1602 für das Medici-Geschlecht eine besonders prächtige Fürstengruft schaffen. So kostbar war der Entwurf geplant, dass das Gerücht entstand, man wolle das Grab Jesu Christi von Jerusalem nach Florenz überführen, denn ein so wertvoller Bau sei nicht für Sterbliche bestimmt, nicht einmal für Fürsten. Der endgültige Bauplan stammt von Giovanni de' Medici, einem unehelichen Sohn Cosimos I., die Ausführung leitete der **Architekt Matteo Nigetti** ab 1604 bis zu seinem Tod 1648. Buontalenti kam hinzu und modifizierte einen Teil der Arbeiten. Trotz großer Anstrengung wurde die Kapelle nicht bis zum Tod des letzten Medici-Herrschers in Florenz (1737) fertiggestellt. Die mächtige, 59 m hohe, schwer wirkende Kuppel vollendete man erst im 19. Jh.

Die pompöse Ausstattung repräsentiert die Macht des Medici-Geschlechtes: Deckengemälde, die Szenen aus dem Alten und Neuen Testament darstellen, kostbare Mosaiken an den Wänden, 16 Wappen der toskanischen Städte mit Halbedelsteinen und die großen Wappen der Medici in der Höhe, teilweise aus Holz oder sogar Karton. Sechs **Medici-Fürsten** fanden in der Kapelle ihr Grab (von links): Cosimo I. († 1574), Francesco I. († 1587), Cosimo III. († 1723),

Ferdinando I. († 1609), Cosimo II. († 1620), Ferdinando II. († 1670). Doch ihre handwerklich perfekt gearbeiteten Wandgräber und Sarkophage sind leer. Ihre tatsächlichen Grabstätten befinden sich wie die von ca. 50 weiteren Medici-Angehörigen in der Krypta darunter.

Sagrestia Nuova

**Grabkapelle für die Medici**

Diese »Neue Sakristei« wurde mit Unterbrechungen von 1520 bis 1534 von **Michelangelo** gebaut und ausgeschmückt als Gegenstück zur Sagrestia Vecchia von Brunelleschi. Die Bezeichnung »Sakristei« ist irreführend, denn es handelt sich um eine Grabkapelle für die Medici.

Die Kapelle war das erste architektonische Werk Michelangelos, in das er zugleich seine malerischen und bildhauerischen Fähigkeiten einbrachte, wie die Wandgliederung im Innern, die plastische Behandlung der architektonischen Elemente, die Nischen und Giebel sowie vor- und zurückgesetzte Bögen und Dreiecke beweisen. Das Innere, in dem als Farben dunkles Grau und Weiß vorherrschen, wird durch die Fenster der Kuppel erhellt. Der Auftrag an den Baumeister wurde ergänzt durch einen zweiten an den Bildhauer: Für Mitglieder der Medici-Familie sollte Michelangelo auch die Gräber meißeln. Es kam jedoch nur zur Ausführung zweier **Gräber, für Giuliano, Herzog von Nemours** und **Lorenzo, Herzog von Urbino**. Zwar ruhen auch Lorenzo der Prächtige, sein ermordeter Bruder Giuliano und der ebenfalls ermordete Herzog Alessandro in der Kapelle, jedoch ohne Grabmonumente. Weder Giuliano mit dem Feldherrnstab noch Lorenzo mit dem Fratzenhelm auf dem Kopf – vielleicht als Zeichen seiner geistigen Schwäche – sind als unverwechselbare Persönlichkeiten gestaltet. Den Vorwurf der mangelnden Ähnlichkeit mit den beiden Verstorbenen parierte Michelangelo mit der Antwort, nach tausend Jahren würde es niemanden mehr berühren, wie die beiden Männer ausgesehen hätten. Er wollte absichtlich über reine Porträts hinausgehen, zeitlose Gestalten schaffen, und so nennt man die beiden Figuren auch einfach »la vigilanza« (»die Wachsamkeit«) und »il pensiero« (»der Gedanke«). In sitzender Haltung, gekleidet in eine römische Feldherrenrüstung mit einem Kommandostab in der Hand, schaut Giuliano aufmerksam mit seitlich gedrehtem Kopf auf die Madonna und die Heiligen Cosmas und Damian, die Schutzpatrone der Medici über dem Grab Lorenzos des Prächtigen.

Unter ihm liegen auf dem schrägen Sarkophagdeckel die **Figur der Nacht** mit Halbmond und Stern im Haar, mit Mohn, Eule und Maske sowie die **Figur des Tags,** deren Blick unergründlich aus dem roh belassenen Stein ins Nichts geht. Beide Sarkophagfiguren sind nach antiken Vorbildern gearbeitet worden. Die Nacht erinnert an eine Leda-Figur eines römischen Sarkophags, und der Tag orientiert sich am Torso von Belvedere.

Auf der gegenüberliegenden Wand ist, ebenfalls als sitzende Nischenfigur, Lorenzo de' Medici dargestellt. Sein geneigter Kopf ist auf die linke Hand gestützt – eine nachdenkliche Haltung. Auf dem Sarkophagdeckel unter der Figur liegen die zwei allegorischen **Figuren des Abends und des Morgens**. Die männliche Figur des Abends verkörpert die geistige Ermattung, die träge Masse des einschlafenden Körpers, wohingegen die weibliche Figur das Erwachen und die sich langsam entfaltende Kraft des Körpers und Geistes versinnbildlicht. Dieses Gegensatzpaar verdeutlicht darüber hinaus den inneren Kampf von Lorenzo, der in geistiger Umnachtung starb. Auch Lorenzo hat sich wie sein Gegenüber der Madonna mit dem Kind zugewandt in der Hoffnung auf Erlösung. Die Madonna wiederum schaut auf die ihr gegenüberliegende Altarwand und verweist somit auf den Opfertod Christi, der Auferstehung und ewiges Leben verheißt.
1975 wurde in der Neuen Sakristei eine Falltür entdeckt, die in einen 2 x 7 m großen Kohlenkeller führte. Die Wände waren über und über mit Graffiti, Skizzen und Zeichnungen gefüllt, die Michelangelo zugeschrieben werden. Hier soll sich das Genie von Mitte August 1530 bis zu seiner Flucht Ende September vor der Rache der Medici versteckt haben, die nach Florenz zurückgekehrt waren. Skizzen etwa zum »David« oder zu Details der Sixtinischen Kapelle konnten in **Michelangelos Geheimzimmer** (stanza segreta) identifiziert werden. Bisher kann man den Raum nur virtuell entdecken.

# ★★ SAN MARCO

**Lage:** Piazza San Marco 3 | **Bus:** C 1, 1, 6, 10, 11, 17, 23, 25, 31, 32
**Öffnungszeiten:** Di.–Sa., außerdem 2./4. So. im Monat und 1./3. Mo. im Monat 8.15–13.50 Uhr | **Eintritt:** 8 €
**www.polomusealetoscana.beniculturali.it**

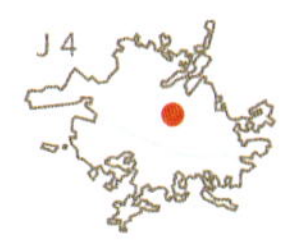


*Die Piazza San Marco ist ein Verkehrsknotenpunkt für Stadtbusse und bald auch die Tram. An ihrer Ostseite geht es in den repräsentativen Sitz der Universität und in die traditionsreiche Kunstakademie. An ihrer Nordseite zeigt sich die mit neoklassizistischen Schnörkeln dekorierte Fassade der Kirche San Marco – und nichts lässt erahnen, was sich hinter den Mauern des dazugehörigen Dominikanerklosters verbirgt: die wunderbaren Malereien des Mönchs Fra Angelico. Seine Fresken in den Zellen sind wie stille Gebete, und seine Tafelbilder sollten zeigen, wie in der Schönheit das Göttliche zum Ausdruck kommt.*

Hausklos-
ter der
Medici

**Die Medici – immer und überall in Florenz**

Wieder haben die Medici ihre Finger im Spiel: Finanziert durch Cosimo den Alten wurde die 1299 erbaute Kirche 1439 bis 1443 in das Bauprojekt des Dominikanerklosters eingebunden. Cosimo hatte hier seine Rückzugszelle, Lorenzo der Prächtige stellte seine Sammlung antiker Skulpturen im Klostergarten auf, die einflussreiche Dreikönigsbruderschaft versammelte sich hier unter Vorsitz von Cosimo. Girolamo Savonarola, der spätere Widersacher der Medici, war ab 1489 Prior im Kloster.

Kirchen-
innenraum

**Geschmückt mit herrlichem byzantischem Mosaik**

Die Kirche erhielt im 18. Jh. ihr heutiges Aussehen. Im einschiffigen Innern finden sich auf der linken Seite am dritten Altar die Denkmäler der hier bestatteten Humanisten Pico della Mirandola und Poliziano, zudem das Grab des Florentiner Bürgermeisters Giorgio La Pira und daran anschließend die Statue Savonarolas. Die **Grabkapelle des hl. Antonino Pierozzi** (Prior des Klosters und Erzbischof von Florenz) ist ein Hauptwerk **Giambolognas** (gefertigt 1580–1588). Auch zur Ausstattung trug Giambologna bei: sechs lebensgroße **Nischenstatuen** und **sechs Bronzereliefs** mit Szenen aus dem Leben des hl. Antoninus. Auf der rechten Seite fallen drei Kostbarkeiten ins Auge: eine **barocke Marmortür,** von Cigoli entworfen, die zur Sakristei führt, das **byzantinische Mosaik »Madonna della Misericordia«** (705–707) und das Gemälde **»Madonna mit Kind«,** das Fra Bartolomeo schuf (1509).

## Museo di San Marco

»Künstler-
kloster«

**Malerei von Fra Angelico**

Das Kloster San Marco (Eingang: rechts neben der Kirche), von Michelozzo im Renaissancestil errichtet, vermittelt mit seiner herrlichen Sammlung von frisch restaurierten Gemälden und Fresken einen Eindruck vom geistlichen Leben der Dominikaner. Am Ende des Mittelalters gingen von ihm starke religiös-geistige Impulse aus, vor allem durch **Girolamo Savonarola**. Dieser etablierte nach der Vertreibung der Medici 1494 eine Republik nach asketisch-christlichen Grundsätzen und wurde schließlich 1498 als Ketzer auf dem Scheiterhaufen verbrannt. Seinen Ruhm verdankt das Kloster aber dem Dominikanermönch **Fra Angelico** (▶ Interessante Menschen), der die Räume des Konvents von 1438 bis 1445 ausmalte. Dadurch ist – insbesondere nach der grandiosen Restaurierung bis 2021 – ein »natürlich« entstandenes Museum zu bewundern. **Fra Bartolomeo,** ein begnadeter Maler des frühen 16. Jh.s, ist hier ebenfalls mit Bildern vertreten. Das Gleiche gilt für Ghirlandaio, Paolo Uccello, Giovanni Antonio Sogliani und die Florentiner **Nonne Sor Plautilla Nelli** (1524–1588).

## BESEELTE STILLE

Man glaubt es kaum, aber man spürt es: Im 15. Jh. malte Fra Angelico das Kloster aus, doch auch nach so vielen Jahrhunderten berührt seine Malerei wie eine Offenbarung. Die beseelte Stille und die absolute Schönheit, die von seinen Gemälden ausgehen, machen aus dem Kloster San Marco einen faszinierenden Ort.

### Engelhafter Maler

Erdgeschoss

In der Sala del Beato Angelico, einst Saal des Pilgerhospizes, hängen nun **16 Meisterwerke Fra Angelicos,** die aus verschiedenen florentinischen Einrichtungen stammen. Fra Giovanni, so der Name des Malers, wurde schon von seinen Zeitgenossen »angelico« (»engelhaft«) genannt. Zu den größten Kostbarkeiten zählen: »Tabernacolo dei Linaioli« (1433–1434), die der Maler im Auftrag der Leinweberzunft schuf, Miniaturbilder aus dem Leben Jesu (1450), »Kreuzabnahme« (1432) und »Jüngstes Gericht« (1430).

Im stimmungsvollen **Kreuzgang des hl. Antoninus** sieht man direkt gegenüber dem Eingang auf der anderen Seite das Fresko »Hl. Dominikus zu Füßen des Kreuzes«, diagonal gegenüber dem Eingang in der Lünette das Fresko »Ecce Homo«, beide ca. 1442 von Fra Angelico. Im **Ex-Kapitelsaal** bedeckt sein restauriertes Fresko »Kreuzigung« eine ganze Wand. Auf ihm sind bedeutende Heilige, darunter Kirchenväter, Bischöfe und Ordensgründer, dargestellt.

Die Dominikanermönche von San Marco waren vom **»Letzten Abendmahl«,** das **Domenico Ghirlandaio** 1480 für das Kloster Ognissanti gemalt hatte, so beeindruckt, dass sie ihn um dieselbe Szene (1486) für ihr **kleines Refektorium** baten. In den Sälen, die an den Kreuzgang anschließen, sind drei Gemälde von Sor Plautilla Nelli ausgestellt. Werke von Fra Bartolomeo folgen.

### Fresken des Fra Angelico

1. Stockwerk

Der erste Stock weist 44 Zellen auf, die **Fra Angelico** eigenhändig und zusammen mit seinen Schülern mit Fresken verziert hat. Das Strenge, Starre und Steife der mittelalterlichen Heiligen verwandelt er ins Zarte, Sanfte und Liebliche. Unschuld und Frömmigkeit zeichnen seine Heiligen aus, die jedoch keine überirdischen, sondern menschliche Züge tragen. Der Mensch erscheint dadurch verklärt, das Irdische trägt die Spuren des Himmlischen. Es gibt kaum eine innigere Darstellung der **»Verkündigung«** (1442) als die von Fra Angelico gegenüber dem

Treppenaufgang. In der »Wohnung des Priors« – am Ende des hinteren Quergangs – wird das Andenken an **Savonarola** und in einer anderen Zelle das an Erzbischof Antoninus gepflegt. In Savonarolas Zelle beeindrucken sein **originaler Umhang**, sein Porträtgemälde von Fra Bartolomeo sowie die **farbige Terrakottabüste Savonarolas**, die Marco della Robbia zugeschrieben wird. Als Fra Mattia war er hier Dominikanermönch und soll sich am 8. April 1498 mit anderen Mönchen entschieden gegen die Verhaftung Savonarolas gestellt haben. Zwei Zellen zur Kirche hin (vorderer Quergang, die beiden letzten Zellen rechts) erinnern an Cosimo den Älteren, der öfter hierher zu Meditation und Gebet kam. Seine Zelle ist von Fra Angelico mit einem Dreiköngszug ausgemalt, in dessen Gefolgschaft natürlich auch Cosimo dabei ist, als Magier mit astronomischen Geräten.

Der große Saal der **Bibliothek** mit kostbaren Manuskripten, Mess- und Gesangsbüchern sowie Bibeln beeindruckt durch seine strenge und zugleich schöne Renaissance-Architektur. Die Bibliothek geht auf eine Privatsammlung zurück, die **Cosimo de' Medici** kaufte. Er gründete damit die **erste öffentliche Bibliothek Europas**. Im 19. Jh. wurde sie in die Biblioteca Medicea Laurenziana eingegliedert. Erst in jüngerer Zeit wurden einige Manuskripte von dort wieder hierhergebracht.

## Rund um San Marco

### Wissenschaft und Kunst

Casino Mediceo

Das Casino Mediceo an der Via Cavour 57 wurde von Bernardo Buontalenti von 1568 bis 1574 für Großherzog Francesco I. de' Medici als **Laboratorium für wissenschaftliche Experimente** errichtet. Das Gebäude wird als Casino (»kleines Haus«) bezeichnet, weil es damals in ländlichem Gebiet auf dem ehemaligen Gelände der Mediceischen Gärten lag. Hier unterhielt der Großherzog zudem **Künstlerstudios,** in denen junge Künstler arbeiteten. Heute ist das Casino Mediceo Sitz des Berufungsgerichts (Corte d' Appello). Der Innenhof ist mit einer Statue der Göttin Diana geschmückt.

### Barfüßige Kreuzträger

Chiostro dello Scalzo

Den benachbarten Chiostro dello Scalzo (»Kreuzgang des Barfüßigen«), einen eleganten Kreuzgang mit schlanken Säulen, malte **Andrea del Sarto** von 1509 bis 1526 für die »Bruderschaft des heiligen Johannes des Täufers« aus, deren Kreuzträger in den Prozessionen barfuß gingen. Die berühmten Fresken, die Szenen aus dem Leben des Täufers darstellen, wurden mehrfach restauriert. Die wichtigsten Fresken – alle in Grisaillemalerei – sind: die Geburt Johannes des Täufers (1526), die Predigt des hl. Johannes (1515) und der Tanz der Salome (1522).

V. Cavour 69 | Bus 1, 17 (San Marco) | Di.–Sa. sowie 2./4. So. im Monat und 1./3. Mo. im Monat 8.15–14 Uhr | Eintritt frei

### Eine Kirche mit vielen Namen

San Giovannino dei Cavalieri

Bei der sich an den Kreuzgang anschließenden Kirche San Giovannino dei Cavalieri (der Johanniter-Ritter) wechselten die Namen so häufig wie die Baumeister: Zuerst »Oratorium der Maria Magdalena« bei einem Heim für »gefallene« Mädchen (1326), dann »San Pier Celestino«, »San Niccolò« (1553), schließlich »San Giovanni dei Cavalieri«, der Patron der Nonnen aus Jerusalem war, die bei der Kirche ein Kloster hatten. Bemerkenswert im Kircheninnern sind eine »Geburt Christi« (1435) von **Bicci di Lorenzo** und eine »Marienkrönung« (um 1450) von Neri di Bicci.

### Halbfertiger Bau

Palazzo Pandolfini

Der berühmte Maler **Raffael** zeichnete 1513 oder 1514 für den Bischof von Troia, Giannozzo Pandolfini, den Entwurf eines Palasts, den Giovanni Francesco da Sangallo und nach dessen Tod 1530 sein Neffe Bastiano da Sangallo verwirklichte. Der Palast (Via San Gallo 74) besticht durch Eleganz und Harmonie, in der Elemente der Renaissance auf vollendete Weise zum Ausdruck kommen. Wahrscheinlich sollte der Palast auch rechts hochgeführt werden, sodass das vorbildlich in den Baukörper eingefügte Portal in die Mitte gekommen wäre. Unter dem Medici-Papst Klemens VII. entschloss man sich jedoch dazu, den halbfertigen Bau in dem jetzt sichtbaren Stadium abzuschließen.

### Früher Kloster, jetzt Museum

Sant' Appolonia

Das ehemalige Benedikterinnenkloster Sant' Apollonia, das heute als Museum eingerichtet ist, lohnt einen Besuch wegen seiner sehenswerten Kirche (15. Jh.) und des schönen Kreuzgangs mit eleganten Säulen, aber vor allem wegen der Abendmahlsdarstellung von Andrea del Castagno. Das Kloster wurde 1808 profanisiert, diente dann als Militärmagazin und beherbergt heute Universitätsinstitute. Das **Museo Cenacolo di Sant' Apollonia** zeigt im Refektorium das **»Letztes Abendmahl«** (um 1457) von Castagno. Dieses Fresko nimmt einen wichtigen Platz in der Renaissancemalerei ein: Die genaue perspektivische Darstellung und die realistische »körperliche« Zeichnung der Personen – vor allem bei Jesus und dem allein sitzenden Judas – geben dem Bild eine intensive Dramatik. Ebenso beachtenswert sind (darüber) »Kreuzigung«, »Grablegung« und »Auferstehung« sowie in zwei Lünetten »Pietà« und »Gekreuzigter mit der Jungfrau, dem hl. Johannes und Heiliger«, ebenfalls von Castagno.

Via XXVII Aprile 1 | Bus 1, 17 (Piazza San Marco) | Mo.–Fr. sowie 2. und 4. Sa. und So. im Monat 8.15–13.50 Uhr | Eintritt frei

### Kräuterkunde

Giardino dei Semplici, Museo Botanico

Der Giardino dei Semplici (»Garten der Heilkräuter«) nördlich von San Marco wurde von Cosimo I. 1545 für die Erforschung exotischer Pflanzen gegründet. Dieser **zweitälteste Botanische Garten der**

**Welt** gehört zur Universität. Der Baumbestand stammt überwiegend aus dem 18. Jh. Das angeschlossene Museo Botanico, das größte Botanische Museum Italiens, ist nur für wissenschaftliche Studien geöffnet. Die geologische und paläontologische Sammlung ist hingegen offen.

**Giardino dei Semplici:** Via Pier Antonio Micheli 3 | April–Okt. tgl. 10–19, Nov.–März Sa./So. 10–16 Uhr | Eintritt: 6 € oder Kombiticket www.sma.unifi.it | **Geologische/Paläontolog. Samml.:** Via La Pira 4 | Di.–So. 9–17 Uhr | Eintritt: 6 € oder Kombiticket | www.sma.unifi.it

# ★ SAN MINIATO AL MONTE

**Lage:** Via del Monte alle Croci | **Bus:** 12 | **Öffnungszeiten:** Mo.–Sa. 9.30–13, 15–19, So. 8.15–13, 15–19 Uhr | **Messen:** So. 8.30, 10, 11.30, 17.30, Mo.–Sa. 18 Uhr | **Klosterladen (Farmacia Monastica):** Kerzen, Likör, Honig; tgl. 10–12.15, 16–18 Uhr | **www.sanminiatoalmonte.it**

*Kommen Sie an einem klaren Tag oder gegen Abend – die Aussicht vom Vorplatz der Kirche hoch über dem linken Arnoufer ist grandios! Man muss sie sich zwar über den recht steilen Treppenaufgang verdienen, aber man wird überreich belohnt mit dem wohl schönsten Architekturbeispiel der Florentiner Romanik. Außerdem: kein Rummel, keine Schlangen, keine Kasse. Stattdessen ein vollkommenes sakrales Kleinod im toskanischen Inkrustationsstil. Kommen Sie zur Abendmesse, die die Mönche in Latein abhalten und mit gregorianischem Gesang begleiten.*

Den Namen erhielt das Kloster in Erinnerung an den heiligen Minias, der um 250 in Florenz als Märtyrer starb. Über seinem Grab erhebt sich die Klosterkirche, mit deren Bau vermutlich 1018 begonnen wurde. Im Wesentlichen fertiggestellt war die Kirche zu Beginn des 13. Jh.s. Zunächst gehörte das Kloster Benediktinern und Cluniazensern, seit 1373 bis 1552 und ab 1924 bis heute ist der Komplex Olivetaner-Mönchen anvertraut.

**Vergoldeter Adler**

Außenansicht

Die strahlende, weiß-grün inkrustierte Fassade mit Dreiecksgiebel wurde ab 1090 errichtet. Bedeckt ist sie mit dünnen Marmorplatten, die als geometrische Muster zusammen mit den großen romanisch-römischen Rundbögen die Fassade gliedern. Im Obergeschoss leuchtet ein **Mosaik** (ca. 1260), das Christus zwischen Maria und San Miniato darstellt. Den Giebel bekrönt ein vergoldeter Adler mit Wollbündel in den Krallen: Er ist das Wappentier der reichen Tuchhändlerzunft, die lange Zeit die Bauhütte von San Miniato finanzierte.

**Geschützt von Wollmatratzen**

Campanile

Nachdem der alte Campanile 1499 eingestürzt war, begann man 1518 mit dem Bau eines neuen – der zwar 1535 fertiggestellt wurde, aber dennoch unvollendet wirkt. Er diente den Florentinern in den bewegten Zeiten des frühen 16. Jh.s zur Verteidigung gegen die kaiserlichen Truppen. In seiner Mission als Verteidigungsstratege rüstete Michelangelo den Turm mit zwei Geschossen auf. Um ihn gleichzeitig zu schützen, soll er ihn in Wollmatratzen eingepackt haben.

## Kircheninnenraum

**Mit Schwibbögen und Hallenkrypta**

Basilika

Der Innenraum der Klosterkirche macht Eindruck: mit dekorativer Wandinkrustation, **Fußboden mit Tierkreiszeichen** samt wiederentdeckter astronomischer Funktion von 1207 und herrlichen Fresken eines unbekannten Meisters (15. Jh.). Zudem verkörpert er die typische Bauform der spätantiken, frühchristlichen **Säulenbasilika** als dreischiffige Langhausanlage ohne Querschiff mit offenem Dachstuhl. Die eingestellten Schwibbögen und der damit verbundene Stützenwechsel verleihen dem Hauptschiff eine ungewöhnliche Rhythmisie-

### DIE MÖNCHE VON SAN MINIATO AL MONTE

Milchig rosa verfärbt sich der Abendhimmel hinter den dunklen Höhenzügen im Südwesten, davor die Stadt in kräftigen Farben. Das Licht reflektiert auf der Marmorfassade der mittelalterlichen Kirche über der Stadt. Vielleicht sind Sie durch den Rosengarten unterhalb des Piazzale Michelangelo hinaufgestiegen? Gleich erheben die Mönche in der Kirche ihre Stimme zum gregorianischen Gesang – ein einmaliger Moment, etwas näher zur Vollkommenheit.

rung. Durch den traditionell über einem Märtyrergrab erhöhten Chor hatten eintretende Pilger einst einen freien Blick in die Hallenkrypta (11. Jh.) und auf die Gebeine des hl. Minias – heute ist die Sicht durch ein Renaissancetabernakel im Mittelschiff versperrt. San Miniato ist zwar ein mittelalterlicher romanischer Kirchenbau, doch seine Ausstattung enthält zwei herausragende Beispiele der Renaissancekunst: das Marmorziborium von Michelozzo und die Kapelle des Kardinals von Portugal.

Marmorziborium

**Ungeschliffener Diamant und Straußenfedern**

**Michelozzos** tonnengewölbtes Marmorziborium im Langhaus wurde 1448 im Auftrag Piero de' Medicis geschaffen. Als Rückwand verwendete man ein Altarbild von **Agnolo Gaddi** (um 1396), das Szenen aus dem Martyrium des hl. Minias zeigt. Das kleine Bauwerk ist mit Hinweisen auf den selbstbewussten Stifter übersät: Die Zeichen Pieros bestehen aus einem Ring mit ungeschliffenen Diamanten und aus Straußenfedern. Nicht nur in der Frieszone, sondern auch im bronzenen Schutzgitter des Tempelchens gehen die Embleme völlig in der Ornamentik auf. Die Rückseite ist mit einem Adler – als Abzeichen der Tuchhändlerzunft – geschmückt, ein Hinweis darauf, dass die Zunft Bauherrin war und Piero de' Medici nur ungern diese Bekundung seines Stifterstolzes gestattet wurde. Die Tonnendecke des Tabernakels ist aus glasierten Terrakottakassetten gefertigt, die in

Der herrliche Ausblick belohnt für den steilen Aufstieg zur San Miniato al Monte

ihrer weiß-hellblauen Farbgebung bezeichnend für den Renaissancekünstler Luca della Robbia sind.

Cappella del Cardinale del Portogallo

**Die Kapelle des Kardinals von Portugal**

... wurde im Auftrag des portugiesischen Königs Alfons V. von **Antonio Manetti, Antonio und Bernardo Rossellino** von 1459 bis 1466 ans linke Seitenschiff gebaut. Als Zentralraum orientiert sie sich sehr an Brunelleschis Alter Sakristei in San Lorenzo. Die Innendekoration verbindet christliches und antikes Gedankengut: So erinnert Antonio Rossellinos Sarkophaggestaltung an ein römisches Vorbild; ein Mithrasopfer, Putti und Engel dekorieren die Grabmalsnische. Die Liegefigur des Toten ist auf den leeren Richterstuhl gegenüber ausgerichtet, als Mahnung ans Jüngste Gericht. Insgesamt ist dieses Grabmal eine Vorstufe zu den Sarkophagen Michelangelos in der Neuen Sakristei von San Lorenzo. Den Marmorfußboden schuf Stefano di Bartolomeo 1465/1466, die mit ihm korrespondierende Decke – Hl. Geist und die vier Kardinaltugenden – stammt von Luca della Robbia.

Krypta, Apsis, Sakristei

**Hinunter in die Krypta, hinauf zur Apsis**

Hinter dem Marmorziborium führen Treppen hinunter zur Krypta mit Kreuzgewölben und Fresken (1341) von Taddeo Gaddi. Die dekorativ skulptierten **Marmorschranken** und die fein gearbeitete **Marmorkanzel** (2. Hälfte de 12. Jh.s) gehören zu den wertvollsten spätromanischen Ausstattungsstücken der Kirche. Die **Apsis** ziert das Mosaik »Christus mit Maria und San Miniato«. Es lässt byzantinischen Einfluss erkennen, wurde ursprünglich 1297 geschaffen und in der zweiten Hälfte des 19. Jh.s fast völlig erneuert. Von der Apsis aus gelangt man rechts in die **Sakristei**, in der **Spinello Aretino** (nach 1387) mit den »Legenden des hl. Benedikt« sein malerisches Meisterwerk hinterließ. Von der Sakristei öffnet sich eine Tür zum **Kreuzgang** mit Fresken (um 1455) von Paolo Uccello.

## Rund um San Miniato al Monte

Palazzo dei Vescovi

**Ehemalige Sommerresidenz der Bischöfe**

Der Palazzo dei Vescovi (»Bischofspalast«), den Bischof Andrea dei Mozzi 1295 neben der Kirche San Miniato begann und der 1320 vollendet wurde, diente den Bischöfen von Florenz lange Zeit als Sommerresidenz, bis er 1553 zur Festung umgebaut wurde. Heute ist er im Besitz der Olivetaner-Mönche.

Cimitero delle Porte Sante

**Grab des Schöpfers von Pinocchio**

Der Friedhof enstand bis 1858 nach Plänen von Santa-Croce-Architekt Nicola Matas. Zu den hier begrabenen Persönlichkeiten des 19./20 Jh.s gehört Pinocchio-Vater **Carlo Collodi** (▶ Interessante Menschen).

**Das schöne Landmädchen**

San Salvatore al Monte

Oft wird die etwas unterhalb der San Miniato stehende Kirche San Salvatore al Monte übersehen. Dabei lohnt der Besuch des Sakralbaus, den Michelangelo **»la bella villanella«** (»das schöne Landmädchen«) nannte, wegen seiner hervorstechend klaren äußeren und inneren Gestaltung. Für den Bau von 1499 bis 1504 war hauptsächlich **Cronaca** verantwortlich, der mit der Statik zu kämpfen hatte: 1500 stürzte der Chor wegen des abschüssigen Geländes ein, erst Stützmauern lösten das Problem (https://monteallecroci.it/).

# ★★ SANTA CROCE

**Lage:** Piazza Santa Croce | **Bus:** C 1, C 2, C 3, 13 | **Kasse und Eingang an der linken Kirchenflanke am Largo Bargellini** | **Öffnungszeiten:** Kirche und Museum Mo.–Sa. 9.30–17.30, So. 12.30–17.45 Uhr
**Eintritt:** 8 €, mit Audioguide 12 € | **www.santacroceopera.it**

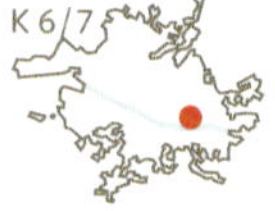


*»Santa Croce ist ein Pantheon der würdigsten Art. Die Kirche ist von einer ernsten und düsteren Feierlichkeit, wahrlich eine große Totenhalle, die kein denkender Mensch ohne Ehrfurcht betreten wird«, schrieb Ferdinand Gregorovius, der deutsche Italien-Reisende des 19. Jahrhunderts.*

Würdiges Pantheon

Damit beschreibt Gregorovius ein einmaliges Gefühl, das wohl jeder erlebt, der die Kirche zum ersten Mal besucht. Den Grundstein legte laut Legende der hl. Franz von Assisi höchstpersönlich.

**Steinbänke zum Füße hochlegen**

Piazza Santa Croce

Auf der Piazza, die sich vor der hellen Marmorfassade der Kirche überraschend weit öffnet, stehen viele Steinbänke, die zur Pause laden. Bis auf wenige Palazzi – etwa der **Palazzo Cocchi-Serristori** der Kirche gegenüber (Hausnr. 1; 15. Jh.) oder der **Palazzo dell' Antella** an der Südseite (Nr. 20; 16. Jh.) – säumen den Platz kleinere Bauten, was ihm etwas Volkstümliches verleiht. Rau, laut und lebhaft geht es auf dem Platz zu, wenn am 24. Juni die Mannschaften des legendären »Calcio Storico« (▶ S. 14) in ihren Kostümen aus dem 16. Jh. zum wilden Ballspiel gegeneinander antreten. Überhaupt ist die Piazza schon im Mittelalter ein Ort für Volksfeste sowie für die Predigten der Franziskaner aus Santa Croce gewesen. Dante wird auf der Piazza mit einer Marmorstatue (1865) und im Kircheninnern mit einem Monument bedacht, begraben ist er hier aber nicht (sondern im Exil in Ravenna).

## SANTA CROCE

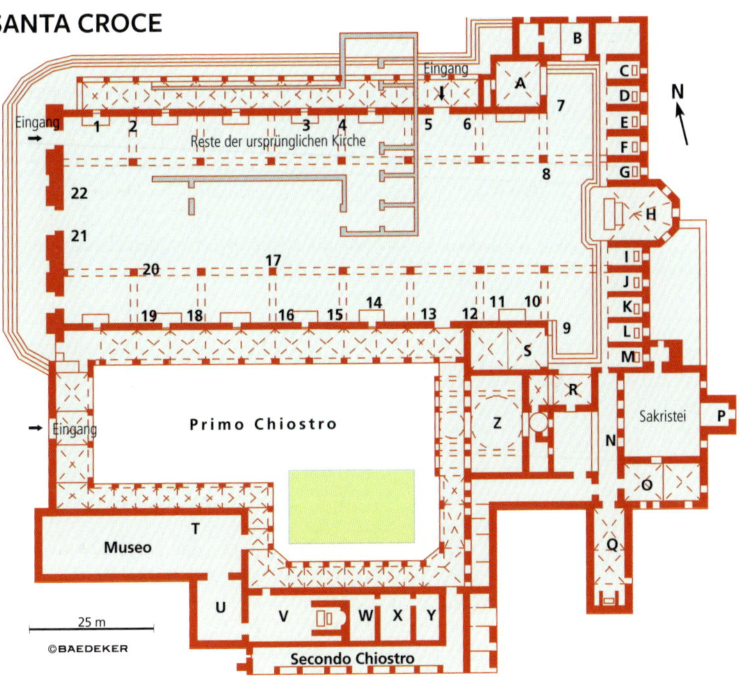


1 Heiligenfresken
2 Grabmal des Galileo Galilei von G. Foggini
3 Grab von Lorenzo und Vittorio Ghiberti
4 »Pietà« von Bronzino
5 Grabmal des Vittorio Fossombroni von Bartolini
6 Grabmal des Carlo Marsuppini von D. da Settignano
7 Grabmal des Luigi Cherubini von Fantacchiotti
8 Grabmal des Leon Battista Alberti von Bartolini
9 Grab des Prinzen Corsini
10 Grab des Ugo Foscolo
11 Grabmal des Gioacchino Rossini von Cassioli
12 Grab des Leonardo Bruni
13 Nische des Donatello mit Tabernakel »Verkündigung«
14 »Ölberg» von A. del Minga
15 Grabmal des Niccoló Machiavelli von Spinazzi
16 Grabmal des Vittorio Alfieri von Canova
17 Marmorkanzel von B. da Maiano
18 Kenotaph des Dante Alighieri von Stefano Ricci
19 Grabmal des Michelangelo von Vasari
20 »Madonna mit Kind« Relief von Rossellino
21 Grabmal des G. B. Niccolini von Fedi
22 Grabmal von Gino Capponi von A. Bortone

A Cappella Salviati
B Cappella Bardi mit Kruzifix des Donatello
C Cappella Bardi di Vernio
D Cappella Pulci e Beraldi
E Cappella Ricasoli
F Cappella Capponi
G Cappella Tosinghi/Spinelli
H Cappella Maggiore
I Cappella Bardi mit Fresken des Giotto
J Cappella Peruzzi mit Fresken des Giotto
K Cappella Giugni
L Cappella Calderini
M Cappella Velluti
N Corridoio della Sagrestia
O Durchgang zur Scuola del Cuoio
P Cappella Rinuccini
Q Cappella del Noviziato von Michelozzo
R Cappella Baroncelli mit Fresken des T. Gaddi
S Cappella Castellani
T-Y Museo dell'Opera di Santa Croce
Z Cappelle de' Pazzi des Brunelleschi

Ruhmeshalle der Florentiner

**Die größte Franziskanerkirche**

Mit ihren vielen Grab- und Denkmälern sowie bedeutenden Kunstwerken ist Santa Croce einer der eindrucksvollsten Sakralbauten Italiens. Mit stattlichen Maßen von 115 m Länge und 38 m Breite ist sie die größte Franziskanerkirche überhaupt. Das Gotteshaus wurde 1294 begonnen – vermutlich unter Leitung von Arnolfo di Cambio – und 1443 in Anwesenheit von Papst Eugen IV. geweiht. Die Fassade mit Gliederung durch verschiedenfarbigen Marmor (1853–1863) verdanken wir Nicola Matas, den Campanile (1842–1845) Gaetano Baccani.

**Typisch für eine Bettelordenskirche**

Innenraum

... ist das Innere geformt: als dreischiffige Pfeilerbasilika mit offenem Holzdachstuhl und geradem Chorabschluss. Die hallenartige Kirchenanlage war geeignet für die Bußpredigten der Bettelmönche (hier: Franziskaner), die in diesem traditionellen Wollarbeiterviertel von Florenz großen Zulauf hatten.

Im ersten Bereich des linken Seitenschiffes sieht man das Grab des berühmten Naturwissenschaftlers **Galileo Galilei** von Giulio Foggini. Das Monument für den Humanisten und Staatskanzler **Carlo Marsuppini** von Desiderio da Settignano, eines der schönsten Grabmäler des 15. Jh.s, steht neben der Seitentür. In den Boden eingelassen ist die Grabplatte für **Lorenzo Ghiberti**, den Schöpfer der Bronzetüren des Baptisteriums, und seinen Sohn Vittorio.

Das Grabmal für den Florentiner Komponisten **Luigi Cherubini** († 1842) ist ebenfalls sehenswert (linke Querschiffecke). Den krönenden Querhaushauptschluss bildet eine Reihe von Kapellen. In der **Cappella Bardi di Vernio** hängt der »Gekreuzigte« von Donatello (1406–1408), an dem Brunelleschi kritisierte, dass Donatello einen Bauern ans Kreuz gehängt habe. Brunelleschi selbst schuf für Santa Maria Novella ein – wie er annahm – schöneres Kruzifix. In der gleichen Kapelle im linken Querschiff sind die Wände mit Fresken geschmückt, die Szenen aus dem Leben des hl. Sylvester darstellen (Maso di Banco, 1336/1337). Die Fresken in den Grabnischen führte er gemeinsam mit Taddeo Gaddi aus. Glasfenster aus der Schule Giottos sind in der **Cappella Tosinghi-Spinelli** bemerkenswert.

Die **Hauptchorkapelle** ist ganz mit Fresken ausgestattet. Die Gewölbemalereien (1380) stammen von **Agnolo Gaddi** und zeigen den »Auferstandenen Christus, die Evangelisten und den hl. Franziskus«. Den Wandfresken, ebenfalls von Gaddi und seinen Gehilfen, liegt die Legende des hl. Kreuzes zugrunde.

Wie das linke ist auch das rechte Querschiff in fünf Kapellen gegliedert. In der **Cappella Bardi** beeindrucken Fresken von Giotto, die »Geschichten aus dem Leben des hl. Franziskus« erzählen (um 1325, werden 2023 renoviert). Sie gehören zu seinen reifsten und bedeutendsten Werken. Auch die **Cappella Peruzzi** daneben zieren bemerkenswerte Fresken von Giotto mit Szenen aus dem Leben Johannes des Evangelisten und Johannes des Täufers (1318–1322). Sie wurden von den Malern der Renaissance – Masaccio und Michelangelo – bewundert und gründlich studiert. In der letzten Kapelle, der **Cappella Velluti**, sind die beschädigten Fresken (»Erzengel Michael«) eines unbekannten Giotto-Schülers bedeutend. Die Wandmalereien der Propheten (außen) und des Marienlebens (im Inneren) an der Stirnwand des Querschiffs in der **Cappella Baroncelli** stammen von Taddeo Gaddi, einem Schüler Giottos – sie sind seine Meisterwerke. In der anschließenden **Cappella Castellani** sollte man die Fresken (Heiligenleben, 1385) von Agnolo Gaddi und seinen Schülern sowie einen schönen Tabernakel von Mino da Fiesole beachten.

### Kostbare Schätze

Sakristei

Durch die Tür von Michelozzo geht man in einen ebenfalls von Michelozzo angelegten Gang, den Corridoio della Sagrestia, zur Sakristei. Sie enthält kostbare Schränke der Renaissance und eine »Kreuzigung« von Taddeo Gaddi. Vor allem aber steht man hier vor dem berühmten **»Kruzifix von Cimabue«** (vor 1288), dessen farbige Oberfläche durch das verheerende Hochwasser von 1966 unwieder-

Bereit zum Anpfiff? Auf dem Piazza Santa Croce findet alljährlich am 24. Juni das »Calcio Storico« statt. (▶ S. 14)

bringlich beschädigt wurde. Das epochal Neue in dieser Christusdarstellung zeigt sich in den menschlichen Zügen und einer starken Körperlichkeit. Hinter der Sakristei befindet sich die **Cappella Rinuccini** (14. Jh.) mit Fresken von Giovanni da Milano und am Ende des Sakristei-Korridors die **Cappella del Noviziato**, die Michelozzo im Auftrag von Cosimo dem Älteren für die Noviziaten des Klosters 1445 erbaute. Die »Madonna« (1480) in glasierter Terrakotta über dem Altar stammt von Andrea della Robbia.

Im rechten Seitenschiff stößt man auf das Grabmal für den Komponisten **Gioacchino Rossini** († 1868) sowie das Grab des Florentiner Politikers **Leonardo Bruni** († 1444), mit dem Bernardo Rossellino den Prototyp des Florentiner Renaissancegrabmals schuf. Eine Nische umfängt das graziöse **Verkündigungsrelief** von Donatello (1435). Ungefähr in der Mitte der Längsseite steht das Grabmal für **Niccolò Machiavelli** († 1527), den großen Historiker und Politiker, ein Werk (1787) von Spinazzi.

Die berühmte achteckige **Marmorkanzel von Benedetto da Maiano** (ca. 1481) schmücken Szenen aus dem Leben des hl. Franziskus und allegorischen Figuren. Im letzten Drittel des Seitenschiffs fällt der monumentale Kenotaph für **Dante** (1829) ins Auge mit den Allegorien Italiens und der trauernden Poesie. Das von Vasari entworfene **Grabmal Michelangelos** zieren die Personifikationen der Architektur, Skulptur und Malerei. Am ersten Pfeiler ist ein Relief »Madonna col Bambino« (1478) von Antonio Rossellino angebracht.

## Museo dell' Opera di Santa Croce

### Parcourlaufen im Museum

Besichtigung

Die Kirche, die Pazzi-Kapelle, die Kreuzgänge sowie das Museum im Refektorium und in weiteren Klosterräumen bilden einen einzigen ineinander übergehenden Besichtigungsparcours. Im Refektorium zeigt eine Messlatte, wie hoch das Wasser bei der Überschwemmung von 1966 in den Santa Croce-Komplex eingedrungen war.

### Von Brunelleschi und Luca della Robbia

Cappella dei Pazzi

Die Pazzi-Kapelle im ersten Kreuzgang verdankt ihren Ruhm dem architektonischen Genie von **Brunelleschi.** Er errichtete diesen frühen und reinen Bau der Renaissance von 1441/42 bis zu seinem Tod 1446 im Auftrag von Andrea de' Pazzi (Kuppel und Dekoration wurden erst 20 bzw. 30 Jahre später fertig). Der Bau sollte als Grabkapelle der Pazzi und zugleich als Kapitelsaal der Franziskanermönche von Santa Croce dienen. Die von Säulen getragene Vorhalle ist im Gebälk mit einem Fries aus kleinen Medaillons mit Engelköpfen von **Desiderio da Settignano** geschmückt, in der Halbkuppel des Portikus mit schönen Rosetten von **Luca della Robbia**. Von ihm stammt auch das

»Andreas-Relief« (1445) über den Holztüren; die wiederum schuf **Giuliano da Sangallo** von 1470 bis 1478. Das eher nüchterne Innere wirkt als harmonische Einheit mit klaren Gliederungen durch Pilaster, angedeutete Nischen, Rundungen und Tonnengewölbe, obwohl die rechteckige Form der Kapelle durch den Altarraum aufgehoben ist. Die vier Terrakottamedaillons in den Zwickeln mit Evangelisten sind Schöpfungen Luca della Robbias, ebenso die zwölf Apostel-Tondi.
Der erste Kreuzgang wartet mit einer Statue des sitzenden Gottvaters von Bacio Bandinelli (1556) und dem »Krieger mit Schild« von Henry Moore (1972) auf. Von hier führt ein Durchgang zum zweigeschossigen Secondo Chiostro (»Zweiter Kreuzgang«), der um 1452 von **Bernardo Rossellino** errichtet wurde. Er lehnte sich eng an Brunelleschis Stil an.

**Ausdrucksvolle Freskenfragmente**

Museo dell' Opera di Santa Croce

Das Santa-Croce-Museum ist im Refektorium und den angrenzenden Räumen des Klosters Santa Croce untergebracht. Zu den bedeutendsten Kunstwerken gehören das 120 m² große **»Letzte Abendmahl«** (um 1355) von **Taddeo Gaddi** und »Die Grablegung« von demselben Künstler. Hier findet man ausdrucksvolle Freskenfragmente, die zur Darstellung »Triumph des Todes« (um 1360) von **Andrea Orcagna** gehören; das vergoldete Bronzestandbild »Der heilige Ludwig von Toulouse« (1423–1425) von **Donatello**; ein Fresko von **Domenico Veneziano**, »Die Heiligen Johannes der Täufer und Franziskus« (1454); »Krönung Mariens« von **Maso di Banco** sowie »Stigmata«, eine Terrakottagruppe von **Andrea della Robbia.**

## Rund um Santa Croce

**Abschrift der »Göttlichen Komödie«**

Biblioteca Nazionale Centrale

Das riesige Gebäude der Nationalbibliothek – erbaut von 1911 bis 1935 – neben Santa Croce enthält 25296 Manuskripte, mehr als 1 Mio. Briefe und Dokumente, 4089 Inkunabeln, über 8 Mio. Bücher und Broschüren, etwa 4000 Blätter von Musikwerken, mehr als 600 Atlanten und ca. 1500 geografische und topografische Karten. Besonders wertvoll sind die wohl älteste bekannte Abschrift der »Göttlichen Komödie« Dantes aus der ersten Hälfte des 14. Jh.s, Handschriften von Galilei sowie Messbücher und Bibelausgaben vor der Erfindung des Buchdrucks. Die Bibliothek geht bis ins 13. Jh. zurück und **verwahrt Handschriften aller berühmten Florentiner.**
Piazza dei Cavalleggeri 1 | Mo.–Fr. 8.15–19, Sa. 8.15–13.30 Uhr

**Schöner Wohnen in der Renaissance**

Museo Horne

Wie mag das gehobene Bürgertum der Renaissance gelebt haben, in was für Möbeln? Wie sah das Geschirr aus, wie die Küche? Und

natürlich die Kunst. In diesem charmanten, wohl proportionierten **Renaissancepalais** nahe am Arnoufer taucht man ein in die kultivierte Bürgerlichkeit von vor 500 Jahren. Der Lebenstraum des englischen Kunst- und Antiquitätensammlers **Herbert Percy Horne** ging in Erfüllung, als er 1911 den Palazzo erwarb, nahezu auf Sichtachse zum Palazzo seines Konkurrenten Stefano Bardini auf der anderen Arnoseite jenseits der Brücke Ponte delle Grazie. Denn wie in der Renaissance wollte Horne leben. Die Familie Corsi hatte Ende des 15. Jh.s einen mittelalterlichen Vorgängerbau zu diesem edlen Palais umbauen lassen.
Über einen eleganten Innenhof mit für die Renaissance typischem Portikus und Loggien geht es hinein in diese Schatzkammer mit Hornes kostbarer Sammlung von Gemälden und Skulpturen aus Mittelalter, Renaissance und Manierismus – darunter Werken von Giotto, Simone Martini, Masaccio, Filippino Lippi, Giambologna. Ein Highlight sind die stilechten Möbel, wunderschöne, mit Intarsien verzierte Truhen, Bänke, Tische, Schränke, die zeigen, wie hoch die handwerkliche Qualität in der Renaissance war. Als er 1916 verstarb, hinterließ er den Palazzo mit über 6 000 Kunstwerken der Stadt Florenz, und damit uns Besuchern ein wunderschönes Wohnbeispiel im Renaissancestil.
Via dei Benci 6 | Busse 23, C1, C3 | tgl. außer Mi. 10–14 Uhr
Eintritt: 7 Euro | www.museohorne.it

# ★ SANTA MARIA DEL CARMINE

**Lage:** Piazza del Carmine 14 | **Bus:** 11, 36, 37, D | **Öffnungszeiten:** Fr., Sa., Mo. 10–17, So. 13–17 Uhr | **Eintritt:** 10 €, Reservierung obligatorisch: Tel. 055 2768224 oder cappellabrancacci@musefirenze.it, pro Zeitfenster nur 10 Besucher

*Restaurierung bedeutet auch, Bilder in ihren ursprünglichen Zustand zurückzuversetzen: Seit 1988 sind Adam und Eva wieder vom Feigenblatt befreit und in ihrer ganzen verzweifelten Blöße in dem schockierenden Moment zu sehen, als sie aus dem Paradies vertrieben wurden. Frührenaissancemaler Masaccio zeigt die beiden in ihrer Not mit einer einzigartigen psychologischen Einfühlung. Seit 2020 finden weitere Restaurierungen statt, die Sie live miterleben und so die Fresken aus nächster Nähe bestaunen können.*

BAEDEKER ÜBERRASCHENDES

# 6X TYPISCH

*Dafür fährt man nach Florenz*

## 1.

### SPAZIERGANG DURCH DEN OLTRARNO

Während sich auf der rechten Arnoseite die prachtvollen Kirchen und Palazzi ballen, finden sich auf der **linken Arnoseite** die für Florenz immer schon typischen Handwerks- und Restaurierungswerkstätten.

## 2.

### FAHNEN-SCHWENKER

Sie stehen auf der Piazza Santa Croce oder auf der Piazza della Signoria, bewundern die virtuosen Fahnenschwenker in ihren historischen Kostümen und spüren die **alte elegante Seele von Florenz.** (▶ **S. 14**)

## 3.

### EINKAUFEN

In **Sant' Ambrogio** stehen Sie Seite an Seite mit der Florentiner Hausfrau, die fachkundig kleine Artischocken oder superfrische Zucchini-Blüten kauft, die sie zu Hause in Pastella, in Mehl und Ei geschwenkt fein kross frittieren wird. (▶ **S. 301**)

## 4.

### IN DER ATELIER-GALERIE ROMANELLI ...

... fühlt man sich mitten **im Furor des Kunstschaffens:** Überall der Antike und der Renaissance nachempfundene Statuen, Büsten und Reliefs aus Gips, Marmor, Bronze, und Kunsthandwerker, die eifrig an ihnen werkeln. (▶ **S. 304**)

## 5.

### KUNST- UND ANTIQUITÄTEN-HÄNDLER-MUSEEN

Florenz war im 19.Jh. das Zentrum für den Handel mit alter italienischer Kunst und Antiquitäten. Fachkundige Florentiner und angelsächsische Händler und Sammler hinterließen wunderbare Museen, so das **Museo Bardini** und das **Museo Horne.** (▶ **S. 117, 179**)

## 6.

### BISTECCA FIORENTINA

Eine alteingesessene gestandene Trattoria, in der man das Paradestück der Toskana, die bistecca fiorentina, verspeisen sollte, ist die **Trattoria I Latini.** (▶ **S. 286**)

Zwei berühmte Kapellen

Die ursprünglich mittelalterliche Kirche wurde nach einem Brand 1771 im Barockstil wiederaufgebaut. Neben der Brancacci-Kapelle ist die Kirche vor allem berühmt wegen der barocken **Cappella Corsini** (1675–1683) von Pierfrancesco Silvani im linken Querschiff; das Kuppelfresko »Apotheose des heiligen Andrea Corsini« (1682) stammt von Luca Giordano. Die Kapelle enthält die Gräber von Neri und Piero Corsini aus dem bekannten Florentiner Adelsgeschlecht mit drei Marmorhochreliefs von Giovanni Battista Foggini.

Cappella Brancacci

**Bedeutend für die europäische Malerei**

Über den stimmungsvollen Klosterhof und den Kassenraum gelangt man zur Kapelle, die der Kaufmann Felice Brancacci 1424 bis 1427 mit **Fresken** ausmalen ließ, hauptsächlich von den Künstlern **Masaccio** und **Masolino**. Masaccio führte die Malkunst dank der Wiederentdeckung der Perspektive in seinen Fresken über die Formen- und Farbenpracht des mittelalterlich-gotischen Stils hinaus und entwickelte die Ansätze des Malers Giotto fort. Der Tradition von Masaccio und Masolino folgend, vollendete **Filippino Lippi** die fünf Wandbilder in der unteren Zone, nachdem die Brancacci aus dem Exil zurückgekehrt waren – dorthin hatte sie Cosimo I. 1436 bis 1480 geschickt.

## VOGELGEZWITSCHER MIT GROSSER KUNST

Diese Stille! Eben noch knatterten Motorroller vorbei, nun aber umfängt Sie eine tiefe, beinahe meditative Stille. Wer gleich morgens kommt, hat nicht nur die berühmtesten Fresken der Frührenaissance in der Capella Brancacci beinahe für sich – stimmig wie stimmungsvoll ist auch das Vogelgezwitscher über dem Klosterhof

Bedeutende Künstler der Renaissance studierten die Werke der Brancacci-Kapelle wegen ihrer perspektivischen Raumerschließung, des strengen Realismus der dargestellten Personen, der feinen Charakterisierung der Gesichter, der malerischen Freiheit und der Konzentration des Ausdrucks. Interessant ist das Fresko **Erweckung des Sohnes des Theophilus und Petrus auf dem Thron** in der unteren Reihe von Masaccio und Lippi. Ganz rechts außen befinden sich vier Personen: Masaccio im Selbstporträt, der den Betrachter als Einziger anschaut, dazu seine Porträts von Masolino, Alberti und Brunelleschi. Kurios ist die Darstellung der fünf Florentiner Herren ganz links: Lippi malte sie mit fünf Köpfen, aber nur vier Paar Beinen.
Im Einzelnen sind dargestellt (von links nach rechts, oben): Vertreibung Adams und Evas aus dem Paradies, der Tribut (Zahlung durch Petrus an den Kaiser) – beides Meisterwerke von Masaccio –, Predigt von Petrus, Petrus tauft neue Gläubige, Petrus mit Johannes hilft den Lahmen und erweckt Tabita sowie die Versuchung von Adam und Eva. Unten: Paulus besucht Petrus im Gefängnis, Erweckung des Sohns von Theophilus und Petrus auf dem Thron, Petrus heilt mit Schatten und Tod des Hananias, Kreuzigung von Petrus, Petrus und Paulus disputieren mit Simon dem Magier vor Nero, und der Engel befreit Petrus aus dem Gefängnis. Man erzählt sich, Michelangelo sei bei einer Diskussion vor diesen Bildern so sehr in Rage geraten, dass er bei dem sich daraus entwickelnden handfesten Streit im Gesicht verletzt wurde – seine Nase soll danach entstellt gewesen sein.

# ★★ SANTA MARIA NOVELLA

**Lage:** Piazza di Santa Maria Novella, weiterer Eingang: Piazza della Stazione 4 (hier Abholung reservierter Online-Tickets) | **Bus:** C 2, 12, 13, 14, 17, 22, 23, 36, 37 | **Öffnungszeiten:** Mo.–Do. u. Sa. 9.30–17.30, Fr. ab 11, So ab 13 Uhr | **Eintritt:** 7,50 € | **www.smn.it.**

*Kaum am Bahnhof angekommen, geht es schon in ein Highlight: Links neben der Touristeninfo (Nr. 4) am Bahnhofsvorplatz gelangen Sie über mehrere Kreuzgänge in eine grandiose Dominikanerkirche. Oder Sie rollen den Besuch von der Schmuckseite auf, vom Eingang rechts neben der zauberhaften Fassade. Übrigens waren die Dominikaner zeitweise als »Wachhunde des Herrn« bekannt. Das Wortspiel »domini canes« verdankten sie ihrer fragwürdigen Rolle während der Inquisition.*

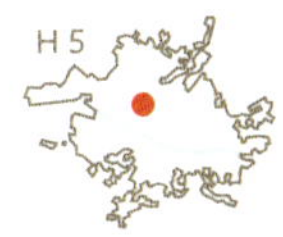

**Die Schmuckseite im wahrsten Sinne des Wortes**

Piazza Santa Maria Novella

Vor der grandiosen Hauptfassade der Kirche weitet sich die autofreie, hell strahlende Piazza mit dem edlen Grand Hotel Minerva (Nr. 16) und dem 1208/1211 gebauten **Spital San Paolo**, das 1780 bis 1976 als Mädchenschule diente. Hier öffnet nun das **Museo Novecento** für Kunst des 20./21. Jh.s (Nr. 10). Zwei Marmorobelisken, auf je vier Bronze-Schildkröten gestützt, schmücken seit 1608 den Platz. Unbedingt sehenswert ist die 1221 gegründete **älteste Apotheke Europas**, die Officina Profumo-Farmaceutica di Santa Maria Novella in der nahen Via della Scala 16 (tgl. 10–19 Uhr, Eintritt frei). Neben herrlichen Schauräumen und dem Museum sind die restaurierten Fresken (1385–1405) von Mariotto di Nardo in der Ex-Sakristei ein Muss. Links vom Museo Novecento öffnet nur Schritte entfernt im einstigen Kino Ariston, Piazza Degli Ottaviani 2, das neue **Modelleisenbahnmuseum HZERO** (Mi.–Mo. 10–19 Uhr, 12 €).

**Die Perfektion der Fassade**

Marmorfassade

Santa Maria Novella wurde 1246 als erste große Dominikanerkirche in Florenz angelegt. Neben dem Konvent und den Kreuzgängen kamen im Laufe der Zeit die Kapellen wohlhabender Florentiner hinzu, die mit

## SANTA MARIA NOVELLA

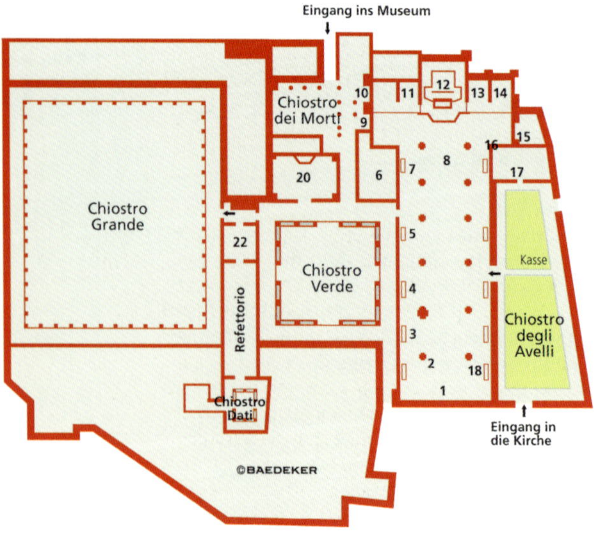


1 »Geburt Christi« von Bottic
2 Marmorkanzel
3 »Dreifaltigkeit« von Masac
4 »Auferstehung« von Vasari
5 »Santa Caterina von Siena« von Poccetti
6 Sakristei
7 »Hl. Giacinto« von Allori
8 Kreuz von Giotto
9 Cappella Strozzi di Mantov
10 Cappella Gaddi
11 Cappella Gondi
12 Hauptchorkapelle
13 Cappella di Filippo Strozzi
14 Cappella Bardi
15 Cappella Rucellai
16 Grabmal des Joseph von Konstantinopel
17 Cappella della Pura
18 Grabmal der Beata Villana
19 »Martyrium des hl. Laurenti von Macchietti
20 Cappella degli Spagnoli
22 Cappella degli Ubriachi

Fresken geschmückt sind. Die Händlerfamilie Rucellai brachte die Mittel für die hinreißende Marmorfassade auf. Sie beauftragte damit 1458 Leon Battista Alberti, der schon den Palazzo Rucellai (▶ S. 106) für die Familie entworfen hatte. Ihr Wappen – ein geblähtes Segel, Sinnbild für den Orienthandel der Familie – ziert als mittiges Friesband die Fassade. Alberti verschmolz den romanisch-gotischen mit dem Renaissance-Stil, filigranen Schmuckdekor mit klassischen Geometrieformen.

## Fresken im Kirchenraum

### Ein Höhepunkt nach dem anderen

Marmorkanzel, Bardi-Kapelle

Das dreischiffige Innere zeigt ein harmonisches Gleichgewicht zwischen aufsteigenden gotischen Formen und dem weit ausgedehnten einheitlichen Raum, dessen Länge von 99 m durch die enger werdenden Wölbungen der Pfeiler perspektivisch noch gesteigert wird. In der Lünette über dem Portal sieht man das **Fresko »Geburt Christi«** von Botticelli (1476–1478). Das nächste Highlight: die Marmorkanzel am zweiten Pfeiler des linken Seitenschiffs von Filippo Brunelleschi (1443). Wenige Schritte später steht man vor dem **Wandfresko »Dreifaltigkeit«** von Masaccio (1425–1428), der hier ein bahnbrechendes Meisterwerk der Perspektive vorlegte. Auf damalige Betrachter muss es wie eine 3D-Vision gewirkt haben! Masaccios Fresko gehört zu den Wandaltären des 15. Jh.s., die im 16. Jh. mit Gemälden überhängt, zum Glück aber nicht zerstört wurden. Über Masaccio hing die »Madonna del Rosario« (1568) von Giorgio Vasari, heute in der **Bardi-Kapelle** rechts vom Hauptaltar. Wo einst ein Lettner die Kirche in zwei Bereiche trennte, den Chorbereich für die Klosterbrüder und das vordere Mittelschiff für die Laien, hängt das gemalte Kruzifix (um 1290) von Giotto. Er stellte den leidenen Christus mit menschlichen Zügen dar – was sich viele Maler im 14. Jh. **zum Vorbild nahmen**.

### Drei Schwangere unter sich

Kapellen im Chor

Im Querschiff und im Chor öffnen sich die Stifterkapellen, alle mit bedeutenden Kunstwerken. So das berühmte **Kruzifix** (1410–1415) von Brunelleschi in der Cappella Gondi, die erste Christus-Darstellung ohne Lendentuch. Den Höhepunkt bildet die **Hauptchorkapelle**, die 1485 bis 1490 von Domenico Ghirlandaio und Gehilfen vollständig ausgemalt wurde. Stifter war der reiche Bankier Giovanni Tornabuoni, der sich und seine Frau auf der Chorwand verewigen ließ. Die religiösen Themen um Johannes den Täufer scheinen eine untergeordnete Rolle zu spielen. Vielmehr geht es um die Darstellung von Florentiner Edelmännern, Philosophen und Familienmitgliedern: So ist beim Treffen zwischen Elisabeth, schwanger mit Johannes dem Täufer, und der schwangeren Maria auch die schwangere Lucrezia Tornabuoni dabei – Mutter von Lorenzo dem Prächtigen.

In der rechten Cappella di Filippo Strozzi (1487–1502) war Filippino Lippi viele Jahre für die Strozzi-Familie am Werk, mit fantasievollem, nahezu märchenhaftem Stil. Eine Tür im rechten Seitenschiff führt in die **Cappella della Pura** mit dem wundertätigen Bild »Madonna mit Kind und hl. Katharina«: Maria soll 1472 aus dem Bild heraus zwei schmutzigen Kindern zugerufen haben, sie sollen sich waschen – eine gern angewandte Erziehungshilfe florentinischer Mütter.

**Zu den Kreuzgängen**

Museo di Santa Maria Novella

Die Besichtigung von Santa Maria Novella sollte auch das Refektorium, die Kreuzgänge und die Kapellen des früheren Klosters, heute das Museo di Santa Maria Novella, miteinschließen. Besonders beeindruckend ist der mit seinen 56 Bögen riesige **Chiostro Grande** aus dem 14. Jh., der im 16. Jh. von Florentiner Meistern mit Fresken geschmückt wurde.
Der Name **Chiostro Verde** (»Grüner Kreuzgang«, 14. Jh.), ein sehr schöner, stimmungsvoller Kreuzgang, geht auf den grünen Farbton der von Paolo Uccello geschaffenen, nahezu geisterhaften **Fresken** zurück. Die Erzählung der Malereien beginnt mit der Schöpfung der Tiere und dem Sündenfall (1425–1430), die Darstellung der Sintflut entstand rund 10 Jahre später.
Zu den großartigsten Bildern des 14. Jh.s in Italien gehören die Fresken im **Cappellone degli Spagnoli** (»Spanischen Kapelle«), der bis 1355 von Jacopo Talenti als Kapitelsaal des Klosters erbaut wurde. Eleonora von Toledo, die Gemahlin Cosimos I., wies ihn 1566 ihrem spanischen Gefolge für Gottesdienste zu – daher der Name. Andrea da Firenze schuf die **Wandmalereien** mit der Darstellung des Dominikanerordens. Der Künstler verband dafür Szenen aus der Bibel, aus Heiligenlegenden und Allegorien der mittelalterlichen Wissenschaft.

## Rund um Santa Maria Novella

**Italienische Kunst des 20. und 21. Jahrhunderts**

Museo Novecento

Hochklassige Sonderausstellungen (2022/23 zu Henry Moore) und die permanente Sammlung zu illustren italienischen Künstlern des 20. und 21. Jh.s locken hierher, z. B. Werke von Giorgio De Chirico, Filippo De Pisis, Gino Severini, Giorgio Morandi, Mario Mafai, Renato Guttuso, Felice Casorati sowie Ottone Rosai. Sie alle weilen in den 15 Sälen eines schönen Portikus-Baus an der Piazza S. M. Novella 10, der bis 1976 die Mädchenschule Scuola Leopoldina beherbergte und daher auch Loggiato delle Leopoldine genannt wird. Im Bereich »Florenz im Film« sind Ausschnitte aus Werken wie »Tee mit Mussolini« (1999) von Franco Zeffirelli zu sehen.
Tram: T1, T2, Bus: 1, 6, 11, 12, 17, 36, 37, C4 | tgl. außer Do. 11–20 Uhr
Eintritt: 9,50 € | www.museonovecento.it

**Von Modeschauen über Kongresse bis zu Kunstausstellungen**

Fortezza da Basso

Die ausgedehnte ehemalige Fortezza da Basso erreicht man auf der Via Valfonda. Heute befinden sich in der Festung die Restaurierungswerkstätten des Opificio delle Pietre Dure, außerdem wird sie für die Schauen von Pitti Moda benutzt sowie für Messen, Kongresse und Ausstellungen. In den Giardini della Fortezza und an der Piazza Oriana Fallaci öffnet im Dezember und Januar die **Florence Ice Village** mit 400 m langer Eisbahn und Street-Food-Ständen. Zudem dreht sich hier das **Panorama-Riesenrad**.
Herzog Alessandro de' Medici ließ die Festung 1534 von **Antonio Sangallo d. J.** entwerfen, den Bau leiteten Pier Francesco da Viterbo und Alessandro Vitelli bis 1537. Kaiser Karl V. machte den Bau dieser Bastion zur Bedingung für die Heirat des Bastards Alessandro mit seiner Tochter Margarete von Österreich-Parma.

**Picknick in Wald und Wiesen**

Cascine

Auf 3,5 km Länge und bis zu 640 m Breite erstreckt sich der auch »Le Cascine« genannte Park entlang des Arno. Hier befanden sich einst die landwirtschaftlichen Güter der Medici. Heute ist das ausgedehnte Wald- und Wiesenareal am Fluss für viele Florentiner ein beliebtes Picknickziel. Neben Sportmöglichkeiten wie Schwimmbad, Tennis und Tontaubenschießen bietet der Park auch eine Pferderennbahn, eine Radrennbahn (Velodromo), eine Kinderkirmes, eine Freilichtbühne, eine Tourismusinformation und den Parco della musica e della cultura mit hochmodernen Konzertsälen. Und 2024 beginnt hier das Mega-Spektakel der **Tour de France**!

**Musikpark:** Viale Fratelli Rosselli 1 | www.maggiofiorentino.com

# ★ SANTA TRINITÀ

**Lage:** Piazza di Santa Trinità | **Bus:** C 3, D, 6, 36, 37 | **Öffnungszeiten:** tgl. 7–12, 16–19 Uhr; Messen: tgl. 7.30 und 18.30, So. auch 11 Uhr | **Eintritt:** frei

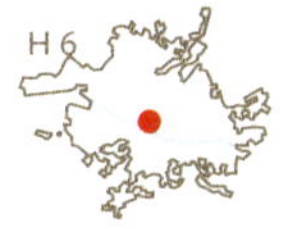


*Das hier ist eine noble Gegend, gestern wie heute – das zeigen schon die edlen Luxusboutiquen und stattlichen Palazzi an den umliegenden Straßen Via Tornabuoni, Via Porta Rossa, Via Vigna Nuova und den Arnoufern. Die altehrwürdige Kirche der Dreifaltigkeit wurde zur Hauskapelle der Familien, die hier im Viertel residierten, allen voran die Sassetti, die Davanzati und die Strozzi. Ganz in der Nähe locken heute Weltstars der Kunst wie Andy Warhol, Robert Rauschenberg oder Mario Merz.*

Kunstreiche Kirche

Sie war einst eine der bedeutendsten Kirchen der Stadt und verdankt ihre heutige Form mehreren Transformationen: Schon im 11. Jh. stand hier ein Gotteshaus, das im 13. Jh. als zweite gotische Kirche von Florenz erneuert wurde, wohl von Niccolò Pisano. Im 14. Jh. gestaltete Neri di Fioravante die Kirche noch mal um; die neue Fassade entwarf Buontalenti im ausgehenden 16. Jh. Der **Kircheninnenraum** präsentiert sich im Stil der Florentiner Gotik des 14. Jh.s mit einem dreischiffigen Langbau mit Querschiff. Ans Langhaus angefügt sind erhöhte Seitenkapellen, in denen viel Kunst zu entdecken ist.

**Meisterwerk von Lucca della Robbia**

Linkes Seiten- und Querschiff

In der dritten Kapelle sieht man links Fresken zur Geschichte der hl. Katharina von einem Schüler Maso di Biancos (1340–1350) und das Grab von Giuliano Davanzati († 1444), einen frühchristlichen Sarkophag mit Hochrelief. Die fünfte Kapelle links schmückt eine Holzstatue der Magdalena von Desiderio da Settignano (ca. 1455). Im linken Querschiff befindet sich in der zweiten Kapelle (Cappella Scali) das Grabmal des Bischofs von Fiesole, Benozzo Federighi († 1450). Es ist ein Hauptwerk von **Luca della Robbia** (ca. 1454).

**Fresken von Domenico Ghirlandaio**

Seiten- und Querschiff

Im rechten Querschiff zieren die Cappella Sassetti die berühmten Fresken von Domenico Ghirlandaio (1483–1486): **»Legenden des hl. Franz von Assisi«,** darunter das bekannte Werk »Bestätigung der Ordensregel«. Hierin nahm der Künstler Personen und Bauwerke seiner Zeit auf, so Lorenzo de' Medici den Prächtigen und sich selbst mit Hand auf der Hüfte sowie die Piazza della Signoria und Piazza della Trinità. Auch das Altarbild »Anbetung der Hirten« (1485) stammt von Ghirlandaio. Die Cappella Bartolini Salimbeni schmückt ein Freskenzyklus von **Lorenzo Monaco** (1420–1425), in der ersten Kapelle am Eingang hängt ein wundertätiges Holzkruzifix (14. Jh.).

## Rund um Santa Trinità

**Einer der zwei größten mittelalterlichen Palazzi in Florenz**

Palazzo Spini-Feroni

Gegenüber der Kirche fällt zum Arno hin der mächtige, zinnenbekranzte Palazzo Spini-Feroni ins Auge: Stararchitekt Arnolfo di Cambio soll um 1289 an dieser Residenz für die Familie Spini mitgebaut haben – neben dem Palazzo Vecchio damals wie heute der größte mittelalterliche Palazzo in Florenz. Im 19. Jh. war er das Hotel d' Europe: Metternich, Franz Liszt und alle europäischen Grand-Tour-Reisenden stiegen hier ab. Seit 1938 gehört der Palazzo Salvatore Ferragamo. Im EG erstreckt sich die elegante **Ferragamo-Boutique,** im Souterrain das **Ferragamo-Museum** über den »Schuhmacher der Stars« (▶ S 22).

tgl. 10.30–19.30 Uhr | Eintritt: 8 € | https://museo.ferragamo.com

### Nur nicht schlafen – sonst verpasst man Warhol und Picasso

Palazzo Bartolini-Salimbeni

Der Palazzo Bartolini-Salimbeni wurde von Baccio d'Agnolo 1520 bis 1523 erbaut. Die Florentiner warfen dem Architekten vor, er habe zu viele römische Bauelemente (klassische Formen von Bramante und Raffael) aufgenommen, die mehr zu einer Kirche als zu einem Stadthaus passten. Mit einer Inschrift über dem Portal »Carpere promptius quam imitari« (»Kritisieren ist leichter als selbst machen«) wehrte sich der Architekt dagegen. Eine andere Inschrift über den Fenstern verrät das Erfolgsgeheimnis der damaligen Besitzer: »Per non dormire« (»Nur nicht schlafen«). Im ersten Stock wird seit einigen Jahren die exquisite **Collezione Roberto Casamonti** ausgestellt. Neben Werken bis in die 1960er-Jahre, u.a. von Max Ernst, **Paul Klee, Pablo Picasso**, Georges Braque, Piero Manzoni, **Andy Warhol oder Robert Rauschenberg** beeindrucken Werke bis ins 21. Jh., u.a. von **Mario Merz, Joan Mirò,** Keith Haring, Marina Abramović oder den unvermeidlichen Selbstdarstellern Gilbert & George.

**Collezione Casamonti:** Piazza Santa Trinità 1 | Mi.–So. 11.15–19 Uhr
Eintritt: 10 € | https://collezionerobertocasamonti.com

### Säulen aus grünem Marmor

Chiesa dei Santi Apostoli

Eine lateinische Inschrift links auf der Fassade besagt, die »Kirche der hl. Apostel« sei bereits im Jahr 800 von Karl dem Großen gegründet und von Erzbischof Turpinus geweiht worden (Piazza del Limbo Limbo 1; Di.–Sa. 9.30–12, 16–19, So. 16–19 Uhr). Gesichert ist jedoch nur, dass die Kirche Ende des 11. Jh.s entstand sowie im 15. und 16. Jh. erneuert wurde. In die romanische Fassade baute Benedetto da Rovezzano Anfang des 16. Jh.s ein schönes Portal ein.

In der dreischiffigen Basilika fallen die Säulen von grünem Marmor aus Prato mit Kompositkapitellen – die ersten beiden aus den nahegelegenen römischen Thermen – auf. Die Überschwemmung von 1966 hat der Kirche und ihren Kunstwerken schwere Schäden zugefügt. Hervorzuheben sind: ein großer Majolika-Tabernakel (um 1512) von **Giovanni della Robbia** und das Grabmal des Oddo Altaviti von **Benedetto da Rovezzano** (1507), beide im linken Seitenschiff, sowie ein Tafelgemälde von Vasari, die »Unbefleckte Empfängnis« (1541), in der dritten Kapelle des rechten Seitenschiffs.

### Pfortenöffnung zur Antiquitätenmesse

Palazzo Corsini

An der Uferstraße Lungarno Corsini thront der große Palazzo der Adelsfamilie Corsini, heute noch im Familienbesitz und eine der herausragenden Florentiner Wohnresidenzen des 17. Jh.s. Er wurde nie ganz zu Ende gebaut, sein linker, symmetrisch zum rechten passender Teil fehlt. Die Familie verfügt über die bedeutendste private Kunstsammlung von Florenz. Alle zwei Jahre Ende September öffnet sie die Palastpforten für die renommierteste Antiquitätenmesse Italiens: die Biennale Internazionale dell'Antiquariato (www.biaf.it).

### Mehrfach in den Fluten des Arnos versunken

Ponte alla Carraia

Der Ponte alla Carraia (unweit westlich des Palazzo Corsini), der älteste Arno-Übergang nach dem Ponte Vecchio, stürzte mehrfach ein und musste neu erbaut werden: z. B. 1304, nachdem zuviele Schaulustige von der Brücke aus ein Wasserspektakel auf dem Arno verfolgen wollten, oder infolge von Überschwemmungen. Der Baumeister **Bartolomeo Ammanati** gab ihr 1557 die heutige Form mit fünf Bögen. Der Ponte alla Carraia wurde während des Zweiten Weltkrieges von den deutschen Truppen gesprengt, doch gelang es, die Brücke in Anlehnung an ihre ursprüngliche Form wiederzuerrichten.

### Weg über den Arno

Ponte Santa Trínità

Die damals aufsteigende Familie Frescobaldi finanzierte die Arnobrücke Ponte Santa Trinità, um die Stadt mit ihrem Palazzo auf der linken Arnoseite zu verbinden. Aber schon kurz nach ihrem Bau 1252 stürzte die Holzbrücke bei einem Massenspektakel ein. Auch ihr robusterer Stein-Nachfolger wurde zerstört, diesmal bei einer Überschwemmung des Arno. In der heutigen Form erbaute sie **Ammanati** von 1567 bis 1571, angeblich nach Ideen von Michelangelo. Als sie 1944 von deutschen Truppen in die Luft gesprengt wurde, suchte die Florentiner Bevölkerung die Trümmer zusammen. Dadurch konnte die Brücke bis 1958 in ihrer ursprünglichen Form wiederaufgebaut werden. Selbst der fehlende Kopf einer der vier Brückenfiguren, des »Frühlings«, fand sich 1961 nach intensiver medialer Suche unter dem Titel »Wer hat diese Frau gesehen?« tatsächlich wieder ein.

### Faszinierender Bau

Palazzo Frescobaldi

An der Piazza Frescobaldi, am Ende des Ponte Santa Trinità auf der linken Arnoseite, erhebt sich der Palast der Frescobaldi (auch Palazzo della Missione). Im 13. Jh. erbaut, diente er **Karl von Valois**, dem Bruder des französischen Königs, als Wohnung, als ihn 1301 seine Friedenskommission im Auftrag Papst Bonifaz' VIII. nach Florenz führte (eine Folge seiner Vermittlungsbemühungen war die Verbannung Dantes aus der Stadt). Nebenan, an der Ecke zum Borgo San Jacopo, erwarb die heute im Weingeschäft erfolgreiche Markgrafendynastie wenig später den Palazzo Frescobaldi di San Jacopo.

### Kirche der griechisch-orthodoxen Gemeinde

San Jacopo sopr' Arno

Vom Ponte Trinità hat man einen schönen Blick auf die kleine romanische Kirche San Jacopo **»über dem Arno«** am Borgo San Jacopo 34. Sie wurde im 12. Jh. errichtet, später jedoch mehrfach umgebaut. Den schönen Campanile konstruierte 1660 Gherardo Silvani. Die Kirche besitzt eine Vorhalle aus der Zeit um 1000, der einzigen aus dieser Epoche in Florenz. Die Kirche wurde 2006 an die griechisch-orthodoxe Gemeinde der Erzdiözese Italiens und Maltas übertragen (www.chiesaortodossa-firenze.org).

# ★ SANTISSIMA ANNUNZIATA

**Lage:** Piazza della Santissima Annunziata | **Bus:** C 6, 31, 32
**Öffnungszeiten:** tgl. 7.30–12.30, 16–18.30 | **https://annunziata.xoom.it**

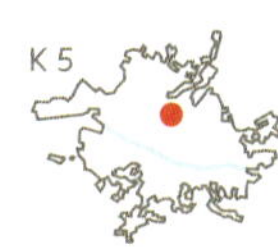


***Den 25. März – den Tag, an dem ein Engel Maria verkündete, dass sie neun Monate später Jesus gebären würde – feierte man einst wie eine Art Neujahrsbeginn. Mit einer mittelalterlichen Votivkapelle der Marienverehrung unter Obhut des Servitenordens fing diese Kirchengründung an. Bald brachten die Gläubigen immer mehr Votivgaben und die Kirche wurde im 15. Jh. erweitert und im 17. Jh. barock ausgeschmückt. Im Tabernakel mit dem Gnadenbild der Verkündigung im Kircheninnern zünden Gläubige Votivkerzen auch zum Wohl Italiens an.***

## SANTISSIMA ANNUNZIATA

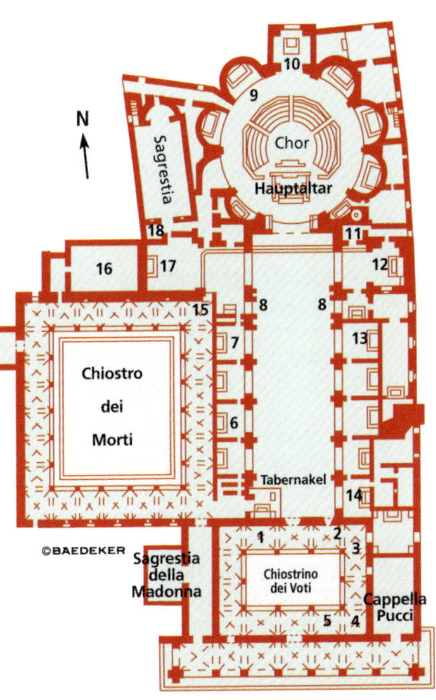


1 »Geburt« von Baldovinetti
2 »Zug der Hll. Drei Könige« von A. del Sarto
3 »Geburt Mariä« von A. del Sarto
4 »Heimsuchung« von Pontormo
5 »Himmelfahrt« von Fiorentino
6 »Hl. Dreifaltigkeit«, Fresko von del Castagno
7 »Himmelfahrt Mariä« von Perugino
8 Orgeln
9 »Auferstehung« von Bronzino, Statue »Hl. Rochus« von Veit Stoß
10 Cappella della Madonna del Soccorso
11 Pietà von Bandinelli
12 Cappella del Sacramento
13 Denkmal des Orlando de' Medici von Rosselino
14 »Madonna in der Glorie« von Empoli
15 »Madonna mit dem Sack« von del Sarto
16 Cappella della Confraternità di San Luca
17 Cappella del Crocifisso
18 Cappellina delle Reliquie

Die heutige Gestalt der Verkündigungskirche geht auf einen Entwurf von Michelozzo von 1444 zurück, der Portikus mit den sieben Bögen folgte erst 1601. Die Harmonie der Piazza mit dem Portikus des Findelhauses von **Brunelleschi** zur Rechten und dem des Loggiato dei Servi zur Linken war damit perfekt. Welche große Rolle die Marienverehrung in Florenz gespielt hat, drückt sich auch in den vielen namhaften Künstlern aus, die in der Kirche zum Zuge kamen – Andrea del Sarto, Pontormo u.v.m. –, und ebenso in den vielen Familienkapellen.

**Kopflose Maria**

★ Chiostrino dei Voti

Die Kirche betritt man durch die 1447 erbaute Vorhalle, den Chiostrino dei Voti – so benannt nach den Votivgaben, die hier früher aufbewahrt wurden. Sie ist mit verblichenen **Fresken berühmter Künstler** ausgemalt. Man sieht von links aus den Zyklus über den 1285 verstorbenen hl. Filippo Benizzi, Hauptvertreter der Serviten (gemalt 1476 von Cosimo Rosselli). Es folgen Meisterwerke des Manierismus von Andrea del Sarto: »Ankunft der Drei Könige« (1511) und »Geburt Mariä« (1514), eine seiner besten Arbeiten. Beim »Verlöbnis Mariens« (1513) zerstörte der Künstler Franciabigio selbst den Kopf Marias, weil die Mönche sich das Bild vor seiner Vollendung ansahen. Niemand wollte den Schaden beheben. Es folgen manieristische Glanzleistungen von Pontormo (»Heimsuchung Mariens«, 1516) und Rosso Fiorentino (»Himmelfahrt Mariens«, 1517).

**Blumen von der Braut**

Kircheninnenraum

Der saalartige Kircheninnenraum wird beiderseits von Seitenkapellen flankiert, der Chor ist als Rotunde gestaltet. Im 17. und 18. Jh. wurde Santissima Annunziata innen mit Marmor verkleidet und völlig neu im Barockstil ausgeschmückt. Links vom Eingang steht die **Cappella della Santissima Annunziata**, die mit ihren meterhohen Marmorsäulen einem offenen Tempel gleicht. Sie wurde 1448 im Auftrag Piero de' Medicis nach Entwürfen Michelozzos für das oft kopierte Gnadenbild der Verkündigung errichtet: Der Legende nach wollte ein Mönch im 13. Jh das Bild einer wunderschönen Madonna malen, schlief aber irgendwann in Verzweiflung über sein Unvermögen ein – da kam ein Engel, um das Gesicht Marias zu vollenden. Noch heute kommen Jungvermählte aus Florenz hierher, und die Braut lässt ihren Blumenstrauß bei der Madonna zurück. Das Langhaus ist auf beiden Seiten mit zwei schönen alten Orgeln aus dem 16. bzw. 17. Jh. (links) versehen. An der linken Seite des Langhauses befindet sich die Cappella Feroni, die **Andrea del Castagno** 1455 mit dem Fresko »Erlöser und hl. Julian« verzierte. Auch in der zweiten Kapelle ist ein Fresko des Künstlers zu sehen: »Dreifaltigkeit« (1454), ein sehr realistisches Werk. Die vierte **Cappella dell'Assunta** punktet mit »Mariä Himmelfahrt« (1504–1507) von Perugino. Die **Rotunde**, die sich in neun Kapellen gliedert, wurde von **Michelozzo** begonnen (1444)

und von **Leon Battista Alberti** in veränderter Ausführung beendet. Beeindruckend ist in der vierten Kapelle (von links) ein Gemälde von Agnolo Bronzino »Resurrezione« (»Auferstehung«, 1552).
Die Cappella della Madonna del Soccorso (»Kapelle der Muttergottes der Zuflucht«; 1594–1598) von Giambologna, der sie als seine eigene Grabstätte entwarf, ist reich mit Fresken, Statuen und Reliefs ausgestattet. Die Kuppel der Rotunde schmückt ein Fresko, das die Krönung Mariens (1681–1683) zum Inhalt hat und von **Volterrano** stammt. Gleich in der ersten Kapelle des rechten Kreuzarms, die das Grab Baccio Bandinellis und seiner Gemahlin beherbergt, findet man eine sehenswerte **»Pietà«** des Künstlers.

**Chiostro dei Morti, Cappella del Crocifisso**

Vom Portikus führt das linke Tor zum Chiostro dei Morti (»Kreuzgang der Toten«), vorbei an der Sagrestia della Madonna. Im Kreuzgang ist das Fresko »Madonna del Sacco« – benannt nach dem Sack, auf den sich der hl. Joseph stützt – zu sehen, das **Andrea del Sarto** 1525 ausführte und als eines seiner Hauptwerke gilt. In der Cappella del Crocifisso (»Kapelle des Gekreuzigten«) sollte man die Tonfigur von Johannes dem Täufer (1452–1454) von **Michelozzo** beachten.

# ★ SANTO SPIRITO

**Lage:** Piazza di Santo Spirito 30 | **Bus:** C 3, 6, 36, 37 | **Öffnungszeiten:** Mo., Di., Do.–Sa. 10–13, 15–18, So. 11.30–13.30, 15–18 Uhr
**Eintritt:** Kirche frei, Percorso 2 € | **www.basiclicasantospirito.it**

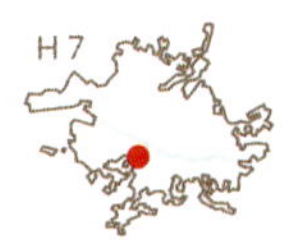


*Im Innern dominiert perfekte Renaissance, weshalb der große Barockkünstler Bernini sie für die schönste Kirche der Welt befand. Die schmucklose Außenfassade ist indes die ideale Projektionsfläche für heutige Videokünstler und ihre sommerlichen Bildfantasien. Ja, die linke Arnoseite besticht einmal mehr mit besonderem Flair: Die lockeren Kneipenbistros unter den Bäumen, die Biogemüsestände und die Straßenkünstler kreieren auf der Piazza vor der Kirche charmante Boheme-Atmosphäre, die sich in den Seitengassen mit Kunsthandwerklichem fortsetzt.*

Mehrere reiche Florentiner Familien schlossen sich zu Beginn des 15. Jh.s zusammen, um anstelle einer durch Brand zerstörten Kirche eine neue errichten zu lassen. Als Architekten gewannen sie den berühmten Baumeister der Stadt, **Brunelleschi.** Bei dessen Tod 1446 war der Bau aber nicht weit über die Fundamentierung hinaus. Plangetreu konnte Brunelleschis Erbe **Antonio Manetti** den Bau erst mit der Einwölbung der Vierungskuppel 1481 und der Innenfassade bis 1487 zum Abschluss bringen. **Giuliano da Sangallo** fügte 1489 die Sakristei an. Der 70 m hohe Kampanile wurde erst 1570 vollendet.

### Im Inneren der Renaissance

Innenraum

An das dreischiffige Innere – auf dem Grundriss eines lateinischen Kreuzes mit 97 m Länge, 32 m Breite im Langhaus und 58 m Breite im Querschiff – wurden vierzig halbrunde Seitenkapellen angebaut. Außen sind sie jedoch durch eine gerade Mauer abgeschlossen. Zahlreiche Kunstwerke, Grab- und Denkmäler machen Santo Spirito zum eindrucksvollen Museum. Gemälde und Statuen, Reliefs und sakrale Gegenstände schmücken die Nebenaltäre. Die Fensterrose der Innenfassade wurde nach einem Entwurf **Peruginos** gefertigt. Der frühbarocke, unter reicher Verwendung von Pietra dura geschaffene Baldachinaltar (1599–1607) in der Vierung stammt von Caccini. In der ersten Kapelle des **linken Querschiffs** verdienen das Gemälde »Andata al Calvario« (»Aufstieg auf den Kalvarienberg«) von Antonio del Ceraiolo und die Glasfenster Beachtung. In der Kapelle daneben beeindruckt die Tafel »Madonna col Bambino in trono e Santi« (»Thronende Madonna mit Kind und Heiligen«, 1501–1505) von Raffaellino del Garbo. Am Kopfende (links) hängt eine weitere Tafel, »La Santissima Trinità adorata dalle Sante Caterina e Maddalena« (»Dreifaltigkeit, angebetet von den Heiligen Katharina und Magdalena«). Sie wird **Agnolo di Domenico di Donnino**, genannt il Mazziere, zugeschrieben. Daneben befindet sich die mit erlesenem Geschmack gestaltete Cappella Corbinelli (1492), ein Werk von **Andrea Sansovino,** der auch die Skulpturen geschaffen hat.
Im rechten Querschiff beeindruckt in der Cappella Nerli das Altarbild **»Madonna col Bambino e Santi Giovannino, Martino e Caterina d'Alessandria«** (»Madonna mit Kind, Johannesknaben, Heiligem Martin und Katharina von Alexandria«, 1485–1488). Es ist das bedeutendste Werk der Kirche und stammt von Filippino Lippi. In der Apsis sieht man links eine »Verkündigung« aus dem 15. Jh. und eine Krippendarstellung (»Presepio«) aus der Schule des Ghirlandaio, rechts ein Polyptychon von Maso di Banco (um 1340).

### Frühwerk von Michelangelo

Rundgang »Percorso Agostiniano«

Ein kleiner Museumsparcours führt links der Kirche durch die schönen Kreuzgänge: Der Kreuzgang der Toten mit über 800 Grabplatten stammt von Giulio und Alfonso Parigi (ca. 1620), der zweite von Ammanati (1564–1569). Man endet im sogenannten neuen Refektorium mit drei Tafelszenen (1597) von Bernardino Poccetti, einem der Florentiner Künstler der Gegenreformation: Die Hochzeit zu Kana, Das Letzte Abendmahl, Das Emmaus-Mahl. Weiter geht es in die architektonisch eindrucksvolle **Sakristei,** die sich über einem achteckigen

## SANTO SPIRITO

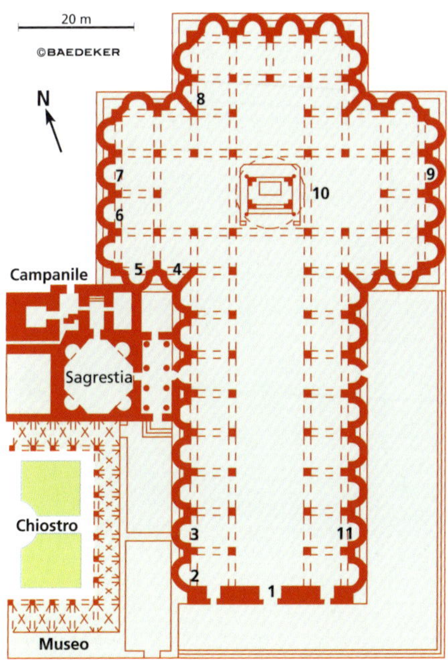


1 Fenster »Ausgießung des hl. Geistes«
2 »Auferstehung« von di Jacopo
3 »Christus« von Landini, Kopie nach Michelangelo
4 »Kalvarienberg« von Antonio del Ceraiolo
5 »Sacra Conversazione« von del Garbo
6 »Hl. Dreifaltigkeit« von Il Mazziere
7 Cappella Corbinelli
8 »Presepio« aus der Schule des Ghirlandaio
9 »Sacra Conversazione« von Lippi
10 Hauptaltar von Caccini
11 Kopie der Pietà des Michelangelo in Rom von di Baccio Bigio

Grundriss erhebt. Hier zieht alle Aufmerksamkeit der Christus am Kreuz auf sich, ein junger schutzloser Knabenkörper, ein berührendes Werk in Holz von 1493 des erst siebzehnjährigen Michelangelo.

**Mittelalterliches Augustinerkloster**

Refektorium

Noch eine Tür weiter links der Kirche, und man gelangt in das alte Refektorium, den Rest des mittelalterlichen Augustinerkonvents. In diesem Speisesaal ist das große Fresko »Das Abendmahl« (um 1360) zu sehen, das Andrea Orcagna zugeschrieben wird. Das schwer beschädigte Fresko, von dem sich vornehmlich eine Kreuzigungsszene erhalten hat, ist eines der großartigsten Werke des 14. Jh.s in Florenz. Außerdem sind in dem Museum **Skulpturen** der »Fondazione Salvatore Romano« (»Stiftung des Salvatore Romano«) zu sehen, darunter zwei Seemonster (13. Jh.).

Piazza di Santo Spirito 29 | Fr./Sa./Mo. 10–17, So. 13–17 Uhr | Eintritt: 10 € inkl. Cappella Brancacci | Tickets an der Kasse von Santa Maria del Carmine, Reservierung obligatorisch: Tel. 055 2768224 oder cappellabrancacci@musefirenze.it

**AM ABEND AUF DER PIAZZA SANTO SPIRITO**

Im schummrigen Licht der Straßenlaternen und unterm dunklen Grün der Bäume sitzt man an einem lauen Sommerabend draußen auf der »Piazza des Heiligen Geistes« in Cafés und Restaurants, auf den Stufen vor der Kirche oder um den Brunnen. Manchmal spielen Straßenmusiker auf. Die Stimmung ist locker, entspannt und glücklich.

## Rund um Santo Spirito

**Herrliche Dachterrasse**

Palazzo Guadagni

Von klassischer Strenge und Schönheit ist der Palazzo Guadagni an der Piazza di Santo Spirito 9. **Cronaca** erbaute ihn vermutlich von 1503 bis 1506 für Riniero Dei. Die drei verschieden gearbeiteten Geschosse werden von einer offenen Loggia abgeschlossen. Der Palast kam 1684 in den Besitz des Marchese Guadagni, danach übernahm ihn die Familie Dufour-Berte. Im obersten Geschoss befindet sich heute ein Hotel mit herrlicher **Dachterrassen-Bar** (Mo.–Fr. 15–22, Sa./So. 13–22 Uhr, www.palazzoguadagni.com).

**Fledermäuse unter den Fenstern**

Palazzo Bianca Cappello

Der Palast der venezianischen Patriziertochter Bianca Cappello, der Geliebten und späteren Gemahlin des Großherzogs Francesco I., ist ein schönes Beispiel für ein herrschaftliches Haus der damaligen Zeit (Via Maggio 26, nun Hotel). 1570 bis 1574 wurde es von Bernardo Buontalenti gänzlich neu gestaltet. Ungewöhnlich ist die Darstellung grotesker Fledermäuse unterhalb der Fenster.

# SETTIGNANO

**Lage:** 8 km östlich von Florenz | **Bus:** 10 | **www.settignano.com**

*Dem Namen der kleinen Ortschaft in den Hügeln nordöstlich von Florenz sind Sie vielleicht schon begegnet: Von hier stammt der Renaissancekünstler Desiderio da Settignano (1430–1464), bekannt für seine zartfühlenden Porträts, die unter anderem im Bargello-Museum hängen. Man kommt hierher, um den traumhaften Renaissancegarten der Villa Gamberaia zu besuchen. In 30 Minuten sind Sie hier mit dem Bus Nr. 10 (Piazza San Marco).*

Villa Gamberaia

Wie schon in Fiesole und überhaupt in den Hügeln um Florenz finden sich auch um Settignano schöne Villen mit Parkanlagen, ursprünglich aus dem 14.Jh., ausgebaut, verschönert, verfallen und im 19.Jh. neu belebt, wie die **Villa I Tatti,** 1906 vom amerikanischen Kunsthistoriker Bernard Berenson erworben und heute das Renaissance-Studienzentrum der Harvard University. In der **Villa Viviani** (13./19. Jh.), heute Location für Hochzeiten, verbrachte Mark Twain ab 1892 sein Florentiner Jahr. Eine der schönsten Villen-Anlagen des 16. Jh.s. ist die Villa Gamberaia, im Zweiten Weltkrieg stark beschädigt und meisterhaft restauriert. Viele Räumlichkeiten der Anlage sind heute Gästeapartments, die man mieten kann. Auch der wunderbare Renaissancegarten wurde von ihren heutigen Besitzern, einer Florentiner Industriellenfamilie, rekonstruiert. Von der Piazza von Settignano sind Sie in 10 Fußminuten an der Villa. Park und Panorama sind ein echtes Highlight.

**Villa I Tatti:** Via di Vincigliata 26 | https://itatti.harvard.edu
**Villa Viviani:** Via Gabriele d'Annunzio 218, www.villaviviani.it
**Villa Gamberaia:** Via del Rossellino 72 | Gärten Mo.–Sa. 9–19, So. 9–18, Villa nur nach Voranmeldung Di.–Sa. 9–12 Uhr | Eintritt: Park 20 €, Villa 25 € | Manchmal finden hier Veranstaltungen statt – kontrollieren Sie die Öffnungszeit unbedingt vor Ihrem Besuch auf der Website bzw. über Tel. 055 69 72 05 | www.villagamberaia.com

# SINAGOGA E MUSEO EBRAICO

**Lage:** Via Luigi Carlo Farini 6 | **Bus:** 6, 14, 23, 31 | **Öffnungszeiten:** Juni-Sept. So.-Do. 10-18.30, Fr. 10-17, Okt.-Mai So.-Do. 10-17.30, Fr. 10-15 Uhr | **Synagoge mit Führung** | **Eintritt:** 6,50 €
**www.jewishflorence.it, www.firenzebraica.it**

K/L 6

***Über alle anderen Gebäude der Umgebung hinaus ragt die monumentale Synagoge und prägt das Stadtbild mit ihrer beeindruckenden grünlichen Kuppel weithin. Sie zählt zu den prächtigsten Beispielen des europäischen Synagogenbaus des 19. Jh.s.***

Die Synagoge wurde 1874 bis 1882 unter Verwendung byzantinischer, maurischer und romanischer Stilelemnete als überkuppelter Zentralbau errichtet. Einige Ausstattungselemente im Innern zeigen maurischen Stil. Im Innenraum sind vor allem die ornamentale Ausmalung und die Glasfenster hervorzuheben. Angeschlossen ist das **Museo Ebraico** (»Jüdisches Museum«): Hier erhält man anhand von Kultgeräten und Dokumenten Einblick in die Geschichte der Florentiner Juden, die seit 1437 dokumentiert ist. Das **Ristorante Ruth's** bietet koschere vegetarische Küche (Via Farina 2a). Das **Auschwitz Memorial** an der Via Donato Giannotti 75 kann nur nach Voranmeldung auf Führungen besichtigt werden (Tel. 0552768224).

## Umgebung der Synagoga

### Wein wurde zu Blut

Sant' Ambrogio

Die Kirche südlich der Synagoge gibt diesem volkstümlichen Viertel mit dem großen Lebensmittelmarkt Mercato Sant' Ambrogio den Namen. Sie gehört zu den ältesten Kirchen von Florenz. Ende des 13. Jh.s umgestaltet, wurde sie in den folgenden Jahrhunderten mehrfach restauriert. Die neugotische Fassade kam erst 1887 hinzu. Im Innern befinden sich die **Gräber berühmter Renaissance-Künstler,** so von Cronaca († 1580), Mino da Fiesole († 1484) und Verrocchio († 1488). Beachtenswert sind die Gemälde und Fresken wie die »Madonna del latte« von Nardo di Cione, ein Triptychon von Lorenzo di Bicci und das Fresko »Prozession« von Cosimo Rosselli. Ein marmorner Tabernakel (1481–1483) von Mino da Fiesole in der Cappella del Miracolo (»Kapelle des Wunders«) stellt das Ereignis dar, nach dem die Kapelle ihren Namen erhielt: Im Jahr 1230 passierte es, dass ein Priester den Messkelch nicht gut getrocknet hatte; am Morgen war der Wein in Blut verwandelt.
Via Giosuè Carducci 1 | tgl. 8–19 Uhr | Eintritt frei

# ★ VILLE MEDICEE

**Lage:** Umgebung von Florenz

***War erst das große Stadtpalais fertig, kam die Landvilla an die Reihe! Wie so oft in der Renaissance nahm man sich die Patrizier der Antike zum Vorbild mit ihren prachtvollen Landvillen, in der sie der Muße frönten und botanischen Studien nachgingen.***

Allein für die Medici und ihre immer verzweigteren Familienbande entstanden auf den Anhöhen um Florenz und bis nach Lucca vom 15. bis 17. Jh. über 20 Villen mit schönen Parkanlagen. Ganz wichtig: Eine fantastische Aussicht mussten sie haben und von Künstlern meisterlich dekoriert sein. 14 dieser Villen stehen seit 2013 auf der Weltkulturerbeliste der UNESCO, so auch die drei hier aufgeführten.

### Park mit Ausblick

★ Villa la Petraia

6 km nördlich von Florenz in Castello liegt die Villa la Petraia. Cosimo I. erwarb das Anwesen 1544, der dritte Großherzog Ferdinando de' Medici ließ es ab 1588 durch **Buontalenti** umgestalten, erhalten blieb jedoch der alte Verteidigungsturm. Im 19. Jh. diente die Villa den italienischen Königen als Sommersitz, auch heute befindet ist sie in Staatsbesitz und kann besichtigt werden. Reizvoll ist der schön angelegte **Park,** von dem aus man eine gute Sicht bis nach Florenz hat.
Via della Petraia 40 | Bus 2, 28 | Gärten/Park April–Sept. Di.–So. 8.30–18.30, März/Okt. bis 17.30, Nov.–Feb. bis 16.30 Uhr, Villa nur Führungen, s. Webseite | Eintritt frei | https://villegiardinimedicei.it

### Gemütlicher Parkspaziergang

Villa di Castello

Nur wenige 100 Meter westlich der Villa la Petraia erreicht man die Villa Medicea di Castello, die in ihrer heutigen Anlage auf das 16. Jh. zurückgeht. Diese Villa ist **Sitz der Accademia della Crusca** und daher für Einzelbesucher nur nach Voranmeldung (Tel. 055452691) am letzten So. im Monat um 11 Uhr zugänglich. Leichter zu besuchen ist der ausgedehnte Park mit prächtigen Wasserspielen, Grotten und Statuen. Die Figurengruppe des zentralen Brunnens zeigt Herkules im Kampf mit dem Riesen Antäus.
Via Castello 47 | Bus 2, 28 | Infos zu Öffnung unter Tel. 055452691; meist 8.30–17.30 Uhr, im Winter nur Sa.–Mo. | Eintritt frei
https://villegiardinimedicei.it

### Die volle Pracht der Medici

★ Villa di Poggio a Caiano

Eine der prunkvollsten Medici-Villen überhaupt, die Villa di Poggio, steht am Rand der Ortschaft Poggio a Caiano, etwa 18 km nordwestlich von Florenz. Die Villa ließ sich Lorenzo il Magnifico ab 1485 von

OBEN: Vom Garten der Villa di Poggio a Caiano genießt heute jedermann die herrliche Aussicht.

UNTEN: Ein Hauch von Royal: Die staatliche Villa la Petraia war einst königlicher Sommersitz.

**Giuliano da Sangallo** als Sommerresidenz erbauen. Der Bauherr erlebte die Fertigstellung der Villa nicht mehr; aber Leo X., der erste Medici-Papst, genoss den ländlichen Luxus in vollen Zügen. Die Größe des Wohnbereichs war beachtlich: Ein Arkadengang schmückte das Erdgeschoss, weitläufige Terrassen umgaben das erste Stockwerk, und eine stattliche Loggia mit Säulen und Architrav zitierte die antike Tempel- und Palastarchitektur.

Mit der Ausmalung der Innenräume waren die namhaftesten Freskomaler des 16. Jh.s beauftragt, u. a. **Andrea del Sarto**, **Pontormo** und **Alessandro Allori.** Der noble Medici-Landsitz weist heute einige architektonische Veränderungen auf – z. B. die Freitreppen –, nachdem er in der zweiten Hälfte des 19. Jh.s zur Königsresidenz von Viktor Emanuel II. umfunktioniert worden war. Er ist umgeben von einer herrlichen Parkanlage mit Gewächshäusern und exotischen Ziergärten. Die Innenausstattung ist leider nur noch fragmentarisch erhalten. Im Originalzustand befindet sich allerdings der Hauptsaal (Salone di Leone X.) mit der Freskendekoration (1580) von Allori. Im zweiten Stock der Villa ist das **Museo della natura morta** untergebracht untergebracht, eine beeindruckende Sammlung von 200 Stillleben.

Piazza dei Medici 14, Poggio a Caiano | Bus: AT-Buslinie PF ab Tram-1-Haltestelle Porta al Prato-Leopolda | Öffnungszeiten: Park Di.–So. 8.15–17 Uhr, Appartamenti Monumentali und Museum Di.–So. nur Führungen 9.30, 10.30, 11.30, 12.30, 14.30, 15.30 Uhr | Eintritt: frei | https://villegiardinimedicei.it

# H

# HINTER-GRUND

*Direkt, erstaunlich, fundiert*

Unsere Hintergrundinformationen beantworten (fast) alle Ihre Fragen zu Florenz.

Wie Ameisen wirken die Besucher im riesigen Duomo Santa Maria del Fiore ▶

# DIE STADT UND IHRE MENSCHEN

*Florentia, Firenze, Florenz – welch blumiger Dreiklang für die Stadt mit der Lilie im Wappen, wo erstmalig in Europa nach dem düsteren Mittelalter die Wiedergeburt der Antike in Kunst und Wissenschaft gefeiert wurde.*

## Von Dichtern und Denkern

Wiege der Renaissance

Zu den mit Blumen übersäten Wiesen am Arnoufer, die der Stadt in Römerzeiten zu ihrem Namen verhalfen, schauten die wenigsten Menschen hinüber. Der Fluss war Wirtschafts- und nicht Freizeitfaktor – das bemerkten bereits der **Dichter Dante Alighieri** und der Dombaumeister **Giotto**, als Anfang des 14. Jh.s schon über 100 000 Menschen in Florenz wohnten. Wie es sich für eine Stadt mit dem asketischen Schutzpatron Johannes dem Täufer gehört, war das Leben von harter Arbeit geprägt, bevor etliche Bürger durch Tuchherstellung, Handel und Bankwesen wohlhabend wurden. Trotz des Banken-Bankrotts 1342, der verheerenden Pest 1348 und weiterer fünf Pestwellen, die die Einwohnerzahl bis 1428 auf unter 30 000 dezimierte, gelang den Florentinern der Aufbruch aus dem entbehrungsreichen Mittelalter und die Wiederbelebung der Geisteswelt der Antike. Diese Renaissance, die Wiedergeburt der Antike im 15. Jh., allerdings durchdrungen von christlicher Humanität, ist das eigentliche Faszinosum der kunstsinnigen, reichen Metropole am Arno. Nirgendwo sonst wurde in so kurzer Zeit und in solcher Vielfalt die **Neuentdeckung der Welt und des Menschen** so revolutionär umgesetzt wie im bürgerlich-republikanischen Stadtstaat Florenz.

Kunstsinn der Bürger

Während andernorts der Adel regierte und den Kunstgeschmack diktierte, setzten sich am Arno Kommissionen von Bürgern mit Kunstaufträgen auseinander. Sie ermöglichten so unterschiedlichen Bildhauern wie Donatello oder Michelangelo, Großbronzegießern wie Ghiberti oder Verrocchio, kühnen Baumeistern wie Brunelleschi, Michelozzo oder Alberti und dem als Wiederentdecker der Perspektive gefeierten Maler Masaccio sowie seinen Nachfolgern Ghirlandaio und Botticelli bis hin zum genialen Leonardo aus dem kleinen Ort Vinci, ihren Werken eine zuvor unbekannte, an der Natur geschulte Ausdruckssteigerung zu verleihen. Diese künstlerische Basis verfeinerten die »jungen Wilden« der Renaissance, die **Florentiner Manieristen**, ab 1518 mit Wirkung in ganz Europa, ganz abgesehen von den epochalen Leistungen des Literaten Niccolò Machiavelli und des

Die mit Abstand bekannteste der Arnobrücken ist der Ponte Vecchio

Naturwissenschaftlers Galileo Galilei. Die Blütezeit des **Florentiner Bürgerhumanismus** im 15. und 16. Jh. war getragen von solider Handwerkstradition und kaufmännischer Weltoffenheit, gepaart mit Kunstverstand und Freigebigkeit bei den Eliten. Magistrat, Zünfte und reiches Patriziat, darunter die bekannte Herrscherfamilie der **Medici** (▶ S. 18), wetteiferten miteinander um die Verschönerung der Stadt durch die Künste, nicht ohne Hintergedanken an den eigenen Ruhm. Eile war geboten, denn Rom und Venedig verdrängten die Arno-Metropole vom ersten Rang.

## Faszinierendes Kulturerbe

Kunstgenuss

Das großartige kulturelle Erbe der Renaissance konnte glücklicherweise bewahrt werden und zieht bis heute Menschen aus der ganzen Welt an. Allem Schlangestehen zum Trotz begeistern sie sich am überwältigenden Bilderreigen in den **Uffizien,** bewundern sie den David und die Pietà von Michelangelo, bestaunen sie die Größe der Domkuppel und die wundervolle Paradiestür des Baptisteriums. Erleben auch Sie die klare Raumgestaltung von San Lorenzo und Santo Spirito, genießen Sie die zeitweilige Ruhe im Klosterhof und in den freskengeschmückten Zellen von San Marco, spazieren Sie auf den belebten Hauptplätzen oder im erholsamen Grün der Boboli-Gärten.

▶ Italienische Schreibweise:

# Firenze

Lage:
Toskana

Fläche:
**102 km²**
**Höchster Punkt: 70 m ü. d. M.**
**Tiefster Punkt: 49 m ü. d. M.**

Einwohner: **362 000**
(Metropolitanstadt: 985 000)
Im Vergleich: Rom: 2,8 Mio.
Mailand: 1,4 Mio.

Bevölkerungsdichte:
**3748 Einwohner/km²**

11° 15′ östlicher Länge

Mailand

250 km

**Florenz**

231 km

Rom

43° 47′ nördliche Breite

## ▶ Verwaltung

Hauptstadt der Region Toskana
Administratives Zentrum der Metropolitanstadt Florenz
**Heutige Gliederung mit 5 Bezirken:**

A: Centro Storico
B: Campo di Marte
C: Gaviana-Galluzzo
D: Isolotto-Legnaia
E: Rifredi

**Traditionelle Stadtviertel**

1: Santa Maria Novella
2: San Giovanni
3: Santo Spirito
4: Santa Croce

## ▶ Wappen

Das Wappen von Florenz zeigt eine Lilie. Sie ist als »Florentiner Lilie« in der Kunst und in der Heraldik weit verbreitet und unterscheidet sich von klassischen Liliendarstellungen v.a. durch die beiden Staubfäden (ital. daher »Giglio bottonato: geknospete Lilie«).

## Partnerstädte

- Kassel und Dresden
- Reims
- Sydney
- Kyōto
- Budapest
- Philadelphia
- Edinburgh

## Wirtschaft

Dienstleistungen, Bekleidungsindustrie (Firmensitz von Gucci), chemische und pharmazeutische Industrie, Feinmechanik, Tourismus

mehr als 10 Mio. Übernachtungen jährlich

## ▶ Klimastation Florenz

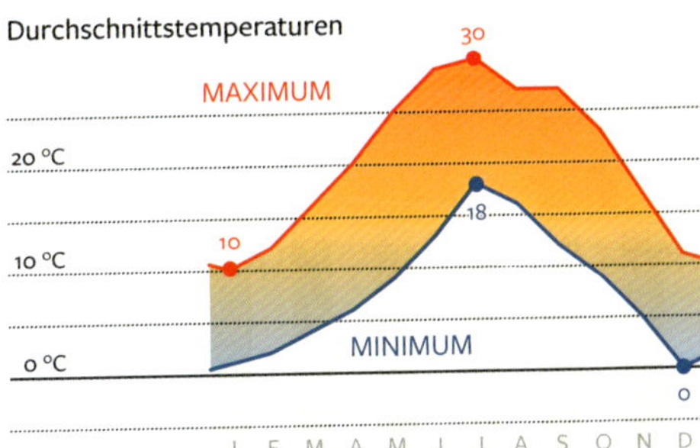


Niederschlag

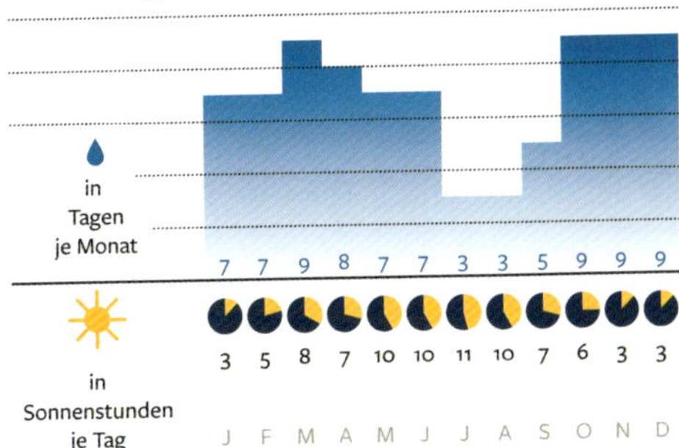


## Museen in Florenz

In Florenz gibt es fast 100 Museen, mit Umland sogar 189. Zum Vergleich: Paris hat 140 Museen. Die vier bekanntesten mit Ihren berühmtesten Kunstwerken:

**Uffizien**

SANDRO BOTTICELLI: »PRIMAVERA (DIE GEBURT DER VENUS)«
FILIPPINO LIPPI: »MADONNA MIT KIND«
CIMABUE & GIOTTO
FRA ANGELICO
MASACCIO REMBRANDT
LEONARDO DA VINCI
PIERO DELLA FRANCESCA
MICHELANGELO
RAFFAEL TIZIAN

**Galleria dell'Accademia**

MICHELANGELO: »DAVID«, »DIE SKLAVEN«,
PERUGINO
FILIPPINO LIPPI
FRA BARTOLOMEO DELLA PORTA
GIOVANNI MASACCIO
ALESSANDRO ALLORI
SANTI DI TITO
LORENZO BARTOLINI
LUIGI PAMPALONI
TADDEO GADDI

**Museo Nazionale del Bargello**

DONATELLO: »MARZOCCO«
LUCA DELLA ROBBIA
MICHELANGELO: »BRUTUS«, »APOLLINO«, »TRUNKENER BACCHUS«
DONATELLO
VERROCCHIO
GIAMBOLOGNA
BACCIO BANDINELLI
FRANCESCO MOSCHINO
BENEDETTO DA MAIANO

**Palazzo Pitti**

TIZIAN: »BILDNIS DES TOMMASO MOTSI«
RAFFAEL: »MADONNA DELL' IMPANNATA«
CARAVAGGIO: »SCHLAFENDER AMOR«
PIETRO DA CORTONA
CIRO FERRI
ANDREA DEL SARTO
FRA BARTOLOMEO
RUBENS TINTORETTO
ANTONIO CANOVA

Und wenn die Beine und Augen nach so viel Kunstgenuss müde geworden sind, gönnen Sie sich einen **Caffè** auf einer Piazza, ein Glas Chianti in einer Bar, einen rustikalen Imbiss im urigen Gewölbekeller oder einen Prosecco mit leckeren Antipasti im edlen Renaissancepalazzo. Das bringt den nötigen Schwung zum Besuch des Piazzale Michelangelo oder der noch etwas höher gelegenen Kirche San Miniato al Monte. Von dort gleitet der Blick talwärts auf das silbergraue Band des Arno mit seinen Brücken, auf die hohen Türme der Kirchen sowie auf die schmucken Paläste. In der Ferne, umrahmt von Zypressen und Pinien, erblickt man zahlreiche **Villen** und Fiesole an den Hängen des Apennin. Kurzum: Florenz ist durchaus ein Fest für die Sinne, jedoch ohne Überschwänglichkeit, wie es sich für eine stolze und vernunftgebietende Kaufmannsstadt gehört.

Universitäten, Bibliotheken

Neben der seit 1924 bestehenden Staatlichen Universität – als Hochschule 1321 gegründet und 1349 eingeweiht – gibt es folgende **Hochschulen:** Università di Parigi, Università Europea (Sitz in Fiesole), Università Internazionale dell'Arte, Università Libera per Attori. Neun öffentliche Bibliotheken stehen dem Publikum zur Verfügung.

Akademien, wissenschaftliche Institute

Florenz bietet mit seinen Kirchen, Palästen und Museen einzigartige Möglichkeiten für künstlerische und historische Studien. Deshalb kümmern sich zahlreiche Akademien und Institute um die Pflege von Wissenschaft und Kultur, wie etwa die Accademia della Crusca per la Lingua Italiana um die **Förderung der italienischen Sprache.** Daneben unterhalten auch ausländische Nationen wissenschaftliche Institute, so Deutschland das 1897 gegründete Istituto di Storia dell'Arte di Firenze (Kunsthistorisches Institut in Florenz).

Theater, Musik

Elf Theater, allen voran das 2014 eröffnete grandiose Opernhaus Teatro del Maggio Musicale Fiorentino, erfüllen höchste Ansprüche. Besonders attraktiv sind die **Opernaufführungen und Konzerte** während des Maggio Musicale Fiorentino: Der »Musikalische Mai von Florenz« dauert bis Ende Juni und findet seit 1933 statt (Piazza Vittorio Gui 1, Kasse: Tel. 055 2 77 93 09, www.maggiofiorentino.com).

Museen

In Florenz selbst sind knapp 100, in der Metropolitanstadt Florenz sogar 189 von derzeit 207 Museen öffentlich zugänglich. Weltberühmt sind die Uffizien. Aber auch die Galleria dell'Accademia, das Museo Nazionale del Bargello, der Palazzo Pitti sowie zahlreiche kleinere Museen bewahren Kunstwerke von unermesslichem Wert.
Auch die moderne bzw. **zeitgenössische Kunst** hat mittlerweile Fuß gefasst. Großartig sind die temporären Ausstellungen im Palazzo Strozzi, die Internationale Biennale zeitgenössischer Kunst in der Fortezza da Basso (im Okt.; www.florencebiennale.org), das 1988 eröffnete Museum des berühmten toskanischen Bildhauers Marino

Marini und vor allem die Kunstwerke der Privatsammlung Collezione Roberto Casamonti an der Piazza Santa Trinità 1.

Original oder Kopie?

Ein Großteil der Kunstwerke von Florenz befindet sich jedoch nicht in Museen, sondern ist bzw. war ursprünglich im Freien aufgestellt. Um Skulpturen und bauplastischen Schmuck vor Umweltschäden durch die Luftverschmutzung zu retten, wurden in der Vergangenheit zahlreiche Kunstwerke nach umfassender **Restaurierung** in Museen untergebracht und an ihrem eigentlichen Standort durch Kopien ersetzt. Einige von ihnen fertigte man aus Kunststoff an. Dass dieser Weg auch in der Zukunft bei zahlreichen Kunstschätzen gegangen werden muss, ist unbestritten. Diskutiert wird in Florenz allerdings die Frage, ob für die Imitationen statt Kunststoff das Originalmaterial verwendet werden soll. Man unternimmt große Anstrengungen, um die unschätzbar wertvollen Kunstwerke zu erhalten. Überall wird restauriert, nicht nur die Gemälde in den Uffizien, sondern auch Kirchen und deren Kunstwerke sowie andere Gebäude. Diese **Restaurierungsarbeiten** werden durch städtische, staatliche und EU-Mittel sowie durch Sponsoren finanziert.

## Bevölkerung

Bevölkerungsentwicklung

Der Aufstieg der Stadt von der Colonia Florentia, der **römischen Veteranenkolonie,** zum blühenden Florenz der Renaissance vollzog sich langsam. Bis in die 1340er-Jahre stieg die Einwohnerzahl auf ca. 100000. Doch das furchtbare Pestjahr 1348 überlebte nur die Hälfte der Bevölkerung, nach weiteren Pestwellen gab es 1428 weniger als 30000 Menschen in Florenz. Erst in der Mitte des 19. Jh.s stieg die Zahl auf 150000 an und wuchs dann kontinuierlich. Heute leben 362000 Menschen hier. Dank der Verwaltungsreform bilden Florenz und 41 Gemeinden der einstigen Provinz Florenz seit 2015 die sog. Metropolitanstadt Florenz. 2022 zählte sie 985800 Einwohner.

Religion

Die Florentiner sind zu 90 % **römisch-katholisch.** Die Stadt ist Sitz eines Erzbischofs, der traditionell vom Papst in den Kardinalsrang erhoben wird. Glaubenseinrichtungen anderer Religionen existieren primär in der Ausländergemeinde der Metropolitanstadt (Anteil 2021: 10,7 %), die vor allem aus China, Albanien, Peru, Marokko, den Philippinen, Sri Lanka und dem Senegal kommt.

## Verwaltung

Stadtbezirke

Im Mittelalter war Florenz in vier **Quartieri** (Viertel) eingeteilt, die man nach den vier Stadttoren San Piero, Duomo oder Vescovo, San

Vom Giardino delle Rose hat man einen fantastischen Blick auf die Stadt – und einen herrlichen Duft in der Nase

Pancrazio und Santa Maria nannte. Später wurden es sechs, sodass man von Sestieri sprach (San Piero, Duomo, San Pancrazio, San Piero a Scheraggio, Borgo, Oltrarno). Heute gliedert sich Florenz in Quartieri, die zumeist den Namen der dort liegenden Kirchen tragen, wie Santa Maria Novella, San Giovanni, Santa Croce, San Domenico und Santo Spirito. Hinzu kommen die Vororte links und rechts der großen Ausfallstraßen sowie auf den Hügeln San Miniato, Belvedere und Bellosguardo im Süden, zudem Careggi, Montughi, Fiesole und Settignano im Norden.

Verwaltung

Die **Comune di Firenze** wird vom Palazzo Vecchio aus verwaltet – für diesen Namen statt »della Signoria« oder »Ducale« hat sich die Stadtbehörde entschieden. Wichtigstes kommunalpolitisches Organ ist der Stadtrat (consiglio comunale), der bei den alle fünf Jahre stattfindenden Kommunalwahlen gewählt wird. Er bestimmt den Bürgermeister (sindaco) und die für einzelne Ressorts wie Verkehr, Gesundheit und Schulen zuständigen Beigeordneten (assessori), die zusammen die Stadtregierung (giunta comunale) bilden. 1990 wurde Florenz in fünf Verwaltungsbezirke unterteilt: Centro Storico, Campo di Marte, Gaviana-Galluzzo, Isolotto-Legnaia und Rifredi.

## Wirtschaft

Keine internationale Stellung

Die Florentiner haben seit dem Mittelalter als tüchtige Handwerker, geschickte Kaufleute und ordentliche Verwalter ihrer Stadt stets den Wohlstand gesichert. Zeitweise beherrschten Florentiner Banken den Geldmarkt Europas und damit auch die europäische Politik. Die Herrscherfamilie von Florenz, die Medici, verdankte ihren Aufstieg ab 1397 ihren **Handels- und Bankgeschäften.** Da es Florenz nicht gelang, den anderen italienischen Staaten, der Republik Venedig, dem Herzogtum Mailand, dem Kirchenstaat des Papstes und dem Königreich Neapel-Sizilien, an politischer Macht ebenbürtig zu werden, verlor es seinen wirtschaftlichen Rang, sodass es heute weder als Handels- noch als Bankenzentrum international hervorragt.

Traditionelle Wirtschaftszweige

Reichtum erwarben sich die Florentiner im ausgehenden Mittelalter durch die **Textilindustrie** (Webereien, Färbereien, Schneidereien, Seidenhandel), die noch heute als Bekleidungsindustrie ein wichtiger Einkommenszweig ist. Das hoch entwickelte Handwerk (Keramik, Porzellan, Stickereien, Lederbearbeitung, Korbwaren) hat seine besonderen Traditionen bewahrt. Chemische und pharmazeutische Fabriken, feinmechanische Betriebe, der Antiquitätenhandel, Druckereien und Verlage stellen die meisten Arbeitsplätze. Auch die landwirtschaftlichen Erzeugnisse der Toskana werden vielfach in Florenz weiterverarbeitet.

Dienstleistungssektor

Von größter Bedeutung ist für Florenz heute der Dienstleistungssektor, in dem mehr als zwei Drittel der Beschäftigten arbeiten. Zahlreiche Banken haben in der Stadt ihren Sitz. Ihre **Modemessen** (z. B. Pitti Immagine) sind weltberühmt, und ihre Antiquitäten-, Medizin- und Handwerksmessen bilden Anziehungspunkte für in- und ausländische Besucher. Da in Florenz – als Hauptstadt der Region Toskana und Hauptort der Metropolitanstadt Florenz – auch die Verwaltungen der Region, der Metropolitanstadt und der Kommune ihren Sitz haben, ist die Verwaltung ein wichtiger Arbeitgeber für die Stadt. Die Arbeitslosenquote betrug 2022 nur 6,2 %.
Hauptwirtschaftszweig ist der **Tourismus**. Nach der Corona-Pandemie wurden 2022 wieder ca. 10 Mio. Übernachtungen gezählt, hinzu kommen zig Tagesgäste. Bei den jährlichen Besucherzahlen

Der Tourismus ist die wichtigste Einnahmequelle der Florentiner. An Besuchern mangelt es der Stadt nicht.

liegen die Deutschen mit ca. 300000 Gästen an zweiter Stelle nach den USA. Zwar kommen viele nur für einen Tagesausflug nach Florenz, doch droht der Stadt der Besucherkollaps. In der Hauptreisezeit im Sommer sowie zu den hohen kirchlichen Feiertagen ist Florenz restlos ausgebucht, man muss dann mit langen Wartezeiten vor Museen und anderen Sehenswürdigkeiten rechnen.
Die italienische Wirtschaftslage der letzten Jahre hat dazu geführt, dass die Immobilienpreise auch in Florenz merklich gestiegen sind. Für Einheimische wird es immer schwerer, bezahlbare Mietwohnungen zu finden. Denn wie in vielen anderen Touristenstädten wird Wohnraum immer häufiger als B & B genutzt. Des einen Leid, des anderen Freud: Andererseits haben die Konkurrenz durch die Buchungsportale sowie das wachsende Angebot an B & B-Unterkünften die Hotelpreise stark diversifiziert, was Touristen zugute kommt, die die hohen Preise der vielen Luxushotels nicht bezahlen möchten.

# STADTGESCHICHTE

*Aus der römischen Veteranenkolonie am Arno entwickelt sich im Lauf der Zeit eine der geschäftigsten und wohlhabendsten Bank- und Tuchhandelsstädte des Mittelalters. Im 15./16. Jh. strahlen die bahnbrechenden Neuerungen auf allen Gebieten der Kunst sowie Ruhm und Glanz der Familie Medici nach ganz Europa aus, wovon Florenz bis heute zehrt.*

## Anfänge der Arnostadt

59 v. Chr.: Stadtgründung

Die Hügellandschaft um Florenz ist altes Siedlungs- und Kulturgebiet. Florenz selbst ist allerdings erst unter Caesar um 59 v. Chr. in der Nachfolge des zerstörten Fiesole als **römische Veteranenkolonie** im zunächst noch sumpfigen, aber fruchtbaren Arnotal mit dem Namen »ager florentinus« gegründet worden. Der »aufblühende Ort« liegt im Schnittpunkt dreier wichtiger Verkehrsachsen: der Via Cassia von Rom nach Fiesole, der Via Pisana von Pisa nach Spina und der Volterrana von Volterra nach Fiesole.
Die archäologischen Funde aus römischer Zeit, meist aus dem 3. Jh. n. Chr., geben ein ungefähres Bild von **Florentia:** Auf dem ummauerten Grundriss eines Rechtecks befinden sich etwa mittig das Forum – auf dem Gelände der heutigen Piazza della Repubblica – mit Tempel und Thermenanlagen sowie ein Theater in der Nähe des heutigen Palazzo Vecchio. Die rechtwinklig verlaufenden Straßen-

# STADTGESCHICHTE

## ANFÄNGE DER ARNOSTADT

| | |
|---|---|
| **59 v. Chr.** | Gründung als römische Veteranenkolonie |
| **4. Jh.** | Kirche San Lorenzo wird erster Bischofssitz. |
| **ab 568** | Langobardenherzöge regieren die Toskana. |

## MITTELALTERLICHE ADELSHERRSCHAFT

| | |
|---|---|
| **ab 774** | Florenz ist Teil der fränkischen Markgrafschaft Tuscia. |
| **1055** | Verleihung autonomer Stadtrechte |
| **1250** | Patrizierregierung löst endgültig die Adelsherrschaft ab. |

## STADTREGIMENT IN BÜRGERHAND

| | |
|---|---|
| **1293** | Die neunköpfige Signoria regiert fortan die Stadtrepublik. |
| **1348** | Die große Pestepidemie halbiert die Einwohnerschaft. |
| **1378** | Soziale Unzufriedenheit führt zum Ciompi-Aufstand. |

## STADTREPUBLIK UNTER DEN MEDICI

| | |
|---|---|
| **ab 1434** | Beginn der politischen Vorherrschaft der Medici |
| **1436** | Domweihe durch Papst Eugen IV. |
| **1494** | Vertreibung der Medici und vierjähriger Gottesstaat unter dem Dominikaner Savonarola |
| **1512** | Rückkehr der Medici als Stadtherren |

## RESIDENZ DER GROSSHERZÖGE

| | |
|---|---|
| **1569** | Ernennung Cosimos I. zum Großherzog von Toskana |
| **1737** | Mit dem Tod Gian Gastones erlischt die Medicidynastie. |

## VON HABSBURG-LOTHRINGEN ZUM KÖNIGREICH ITALIEN

| | |
|---|---|
| **1737** | Das Großherzogtum Toskana fällt an Habsburg-Lothringen. |
| **1796–1814** | Französische Herrschaft in der Toskana |
| **1860** | Per Volksabstimmung kommt Florenz zum Königreich Italien. |
| **1913** | Sozialistisches Stadtregiment |
| **1944** | Kriegszerstörungen am kulturellen Erbe |

## KOMMUNALER NEUBEGINN

| | |
|---|---|
| **seit 1946** | Häufige links-liberale Stadtregierungen |
| **1966** | Verheerende Arnoüberflutung |
| **1993** | Bombenattentat im Zentrum |
| **2014–heute** | Nuovi Uffizi: Neugestaltung der Galerien |

züge, die die Insulae, die Wohnblocks, markiert haben, sind im Zentrum heute noch zu erkennen. Wollhandel, Flößerei und Militärdienst bilden die Haupteinkunftsquellen der Bewohner. Unter den Kaisern Aurelian und Diokletian ist Florentia Sitz des Gouverneurs der Toskana und Umbriens.

**2.–4. Jh. n. Chr.** Ab dem 2. Jh. wird das Christentum von Händlern aus dem östlichen Mittelmeerraum, vor allem von Syrern, nach Florentia gebracht. Um 250 erleidet der hl. Minias (San Miniato) auf einem Hügel außerhalb der Stadt das Martyrium. Über seinem Grab wird später die Kirche San Miniato al Monte errichtet. Im 4. Jh. avanciert die Stadt zum **Bischofssitz,** die Kirche San Lorenzo wird 393 vom hl. Ambrosius zur Kathedrale geweiht. Im Jahr 422 ist der hl. Zenobius, ein späterer Stadtpatron, als Bischof bezeugt.

**5./6. Jh.: Völkerwanderungszeit** In der Völkerwanderungszeit erlebt Florentia eine Periode des Niedergangs. Es ist durch seine ungeschützte Lage im Tal feindlichen Angriffen stärker ausgesetzt als die Höhenorte. Florentia wird vor allem von Goten und Byzantinern geplündert und zerstört, wodurch das Stadtgebiet im 6. Jh. nur noch etwa ein Drittel der römischen Siedlung umfasst und lediglich rund 1 000 Einwohner hier leben.
Mit der Herrschaft der **Langobarden,** die das Herzogtum Tuscia gründen, bricht ab 568 eine friedvollere Zeit an. Im 570 von den Langobarden übernommenen Florenz werden angeblich 10 neue Kirchen gebaut, allerdings verliert es seine führende Stellung zunächst an Lucca und Pisa als neue Residenzen des Langobardenherzogs.

## Mittelalterliche Adelsherrschaft

**Ab 774: Frankenherrschaft** Karl der Große unterwirft 774 den Langobardenkönig Desiderius und macht die Tuscia zur fränkischen Markgrafschaft. Florenz erhält einen neuen Mauerring bis zum Arno. Durch den allmählichen **Wirtschaftsaufschwung** steigt die Einwohnerzahl auf 15 000. Unter Kaiser Lothar I. werden 854 die Grafschaften Florenz und Fiesole vereinigt, was der Arnostadt größere wirtschaftliche Macht bringt.

**Um 1000** Um 1000 verlegt Markgraf Hugo seine Residenz von Lucca nach Florenz. Seine Wappenfarben Weiß und Rot werden die Stadtfarben. Zur Zeit Kaiser Heinrichs III. erlangt 1055 Florenz die Reichsunmittelbarkeit und kann sich als **autonome Kommune** ab 1115 ein eigenes Territorium schaffen, indem umliegende Castelli und die Nachbarstadt Prato gewaltsam einverleibt werden. 1125 wird zudem die Konkurrentin Fiesole zerstört. Nachdem 1177 die Patrizier an der Stadtregierung stärker beteiligt werden, beginnt der Aufstieg zur wichtigsten Handels- und Bankenmetropole Mittelitaliens. Konflikte zwischen den einflussreichen Geschlechtern führen ab 1215 zur innenpolitischen Destabilisierung und Teilung der Einwohnerschaft in zwei Lager, die unter dem Deckmantel vermeintlich übergeordneter Interessen als kaisertreue Ghibellinen und papsttreue Guelfen um die Führungsrolle in der Stadtregierung kämpfen.

1250: Erste Verfassung

Schließlich kommt es nach einem Volksaufstand 1250 zur ersten bürgerlichen Regierung ohne Guelfen und Ghibellinen, sodass fortan ein **Capitano del Popolo** (»Stadthauptmann«) die Regierungsgeschäfte mit den Räten führt. Der Adel muss sogar die Türme seiner wehrhaften Paläste auf eine bestimmte Höhe abtragen. Wirtschaftlich gestärkt, beginnt die Kommune 1252 mit der Prägung eines Golddukatens, dem bald in ganz Europa verbreiteten Florenus (Florentiner) – daher die Abkürzung fl. für Gulden. Außerdem werden die schon länger bestehenden Zünfte ab 1266 neu organisiert.

## Stadtregiment in Bürgerhand

1282–1293: Konsolidierung der bürgerlich-republikanischen Regierung

Wiederaufflammende Kämpfe zwischen Ghibellinen und Guelfen führen schließlich 1282 zu einer geänderten Stadtverfassung, die erstmals den Vorstehern (Priori) der sieben wichtigsten Zünfte, die durch Bank- und Handelsgeschäfte zu Reichtum gekommen waren, in der Stadtregierung (Priorat) entscheidenden politischen Einfluss verleiht. Einige Jahre später wird die bäuerliche Leibeigenschaft aufgehoben, um mehr billige Arbeitskräfte für die Tuchherstellung anzuwerben. Seit 1293 sind die **Ordinamenti di Giustizia,** kommunale Rechtsgrundsätze, die Basis für eine von den Zünften getragene kaufmännisch-bürgerliche Stadtregierung. Diese besteht aus einem durch Los- und Wahlverfahren mit Rotation bestimmten Kollegium, der **Signoria,** von acht Prioren und dem Gonfaloniere della Giustizia, dem Bannerträger der Gerechtigkeit, die bis zum Beginn der Feudalherrschaft der Medici 1532 Bestand hat.
Das Amt des Capitano del Popolo, auch Podestà genannt, bleibt als oberste Polizeibehörde erhalten in einem später als »Bargello« bezeichneten Palast, was soviel wie »Amtsbüttel« bedeutet. Ab 1284 erweitert Arnolfo di Cambio die Stadtmauer mit nun 63 Türmen und 12 Toren. Die Stadtfläche beträgt nun 430 ha statt der 75 ha im Jahr 1175, die Einwohnerzahl liegt etwa bei 80 000. Der Palazzo dei Priori, später **Palazzo Vecchio** genannt, wird errichtet und der große Dombau in Angriff genommen.
Im 14. Jh. erlebt die Stadt eine Reihe von politischen Niederlagen, Katastrophen und wirtschaftlichen Einbußen: Schlachten gegen Pisa und Lucca gehen verloren, eine Arno-Überschwemmung 1333 zerstört viele Brücken und Bauwerke, Hungersnöte brechen aus, mehrere Pestepidemien dezimieren die Bevölkerung, und ab 1342

gehen einige Großbanken bankrott (ital. »banca rotta« = zerstörter Tisch der Geldwechsler).
Wirtschaftliche Schwierigkeiten, eine Schwächung des Großbürgertums und Unzufriedenheit über das fehlende politische Mitspracherecht führen zum **Aufstand der Ciompi** (Juni bis August 1378), wie die Wollschläger wegen ihrer Drecksarbeit genannt werden. Daraus ergibt sich eine kurze Regierungszeit des einfachen Volks, des **Popolo Minuto**. Die wohlhabenden Kaufleute und Zünfte, der **Popolo Grasso**, setzen sich jedoch erfolgreich zur Wehr und legen in der neuen Verfassung von 1380 die politische Vormachtstellung der oberen Zünfte ein für allemal fest. Wenige reiche Familien wie die Albizzi, Peruzzi, Capponi, Soderini, Rucellai und Strozzi lenken fortan die Geschicke der Stadt.
Während des Krieges gegen das ebenfalls mächtige Mailand kommt es zwischen 1389 und 1402 wiederholt zu Alleinherrschaften einzelner Familien. Die Eroberung von Florenz wird gerade noch so durch den plötzlichen Pesttod des Mailänder Herzogs Gian Galeazzo Visconti verhindert. Erst danach kann sich die ganze Kraft des Florentiner Bürgerhumanismus in der Epoche der Frührenaissance entfalten. Außerdem baut Florenz durch die Unterwerfung Pisas (1406) und den Erwerb der Häfen Livorno und Portopisano seine Vormachtstellung in der Toskana aus und verschafft sich so direkten Zugang zu den internationalen Märkten.

## Stadtrepublik unter den Medici

Aufstieg der Medici

In Zeiten politischen Wandels haben auch Aufsteigerfamilien ihre Chancen – wie die Medici, die vermutlich dem Apotheker- und Ärztestand entstammen. Ende des 14. Jh.s sind die Medici zunehmend in **Bankgeschäften** erfolgreich. Daher verlegt Giovanni d' Averardo de' Medici, genannt Giovanni di Bicci, 1397 den Hauptsitz der Bank seines Onkels nach Florenz, gründet weitere Niederlassungen und wird als Krönung seiner Laufbahn zum Bankier der Päpste ernannt, die 1417 endgültig das Exil in Avignon beenden.

1434–1464: Cosimo der Ältere

Sein Sohn Cosimo de' Medici, später »il Vecchio« (»der Alte«) genannt, erbt 1429 den väterlichen Besitz und sichert geschickt sein Vermögen, was Neider auf den Plan ruft. In der Schlacht von San Romano besiegen zwar 1432 Florentiner Truppen ein sienesisch-mailändisches Heer, aber nach dem verlorenen Krieg gegen Lucca lässt die Albizzi-hörige Oligarchie Cosimo den Älteren 1433 gefangennehmen und für zehn Jahre aus der Stadt verbannen. Nachdem aber Rinaldo degli Albizzi als Gonfaloniere nicht wiedergewählt wird, rufen die Oligarchen bereits 1434 den vom Papst protegierten Cosimo zurück. Äußerlich achtet er zwar die republikanischen

Institutionen, de facto regiert er jedoch als **Alleinherrscher.** Seine Widersacher lässt er verbannen und bringt seine Anhänger in Regierungsämter. Der von den Albizzi angestachelte Krieg Mailands gegen die Stadt endet 1440 in der Schlacht von Anghiari mit dem Sieg der Florentiner. In der Folgezeit wird Venedig in politischer und wirtschaftlicher Hinsicht zur neuen Konkurrentin, während es gegenüber Mailand zum Ausgleich kommt, als der Söldnerführer Francesco Sforza nach dem Frieden von Lodi 1454 dort die Herrschaft übernimmt. Cosimo der Ältere zeigt sich in seiner Heimatstadt Florenz äußerst **spendabel,** fördert die Künste und Wissenschaften, finanziert Kirchenbauten und lässt einen imposanten Familienpalast errichten. Er gründet 1462 die Platonische Akademie unter Leitung des Philosophen Marsilio Ficino als Ausbildungsstätte und schon 1441 die berühmte Medici-Bibliothek (heute: Biblioteca Medicea Laurenziana). Dadurch wird er bei seinem Tod als »Pater Patriae« (»Vater des Vaterlandes«) verehrt.

1464–1469: Piero de' Medici

Cosimos Sohn hat zu kämpfen: Gegen den schwachen Piero de' Medici – genannt »il Gottoso« (»der Gichtige«) – verbünden sich einige Patrizier aus Revanche für ihre Entmachtung in der Poggio-Partei um den ebenfalls Superreichen Luca Pitti. Mithilfe seines Sohns Lorenzo und der Mailänder Sforza kann Piero die Verbündeten 1466 besiegen. Nach der erneuten Erhebung der Poggio mit Unterstützung Venedigs kommt es ein Jahr später zur Schlacht von Riccardina, die ergebnislos und mit dem Friedensschluss 1468 endet.

1469–1492: Lorenzo de' Medici, der Prächtige

Unter der Regierung Lorenzos des Prächtigen (Il Magnifico), der die republikanische Regierungsform trotz seiner Rolle als Stadtherr weiter pflegt, erlebt Florenz seine **höchste wirtschaftliche und kulturelle Blüte.** Als Unternehmer ist Lorenzo allerdings weniger erfolgreich. Mangelnde Koordination und Misswirtschaft schwächen die Medici-Bank. Zwei Angehörige der Bankiersfamilie de' Pazzi verüben 1478 mit Billigung des Papstes im Dom ein Attentat auf Giuliano und Lorenzo de' Medici. Nur Lorenzo kann leicht verletzt entkommen. Nachdem die Verschwörer gehängt worden sind, nimmt die Stellung Lorenzos fast monarchische Züge an. Der Ruhm seiner Familie ist ihm genauso wichtig wie die Präsenz von Florenz auf der europäischen politischen Bühne. Es gelingt ihm unter internationaler Anerkennung, einige Konflikte zwischen konkurrierenden italienischen Staaten auf diplomatischem Weg zu lösen.

1492–1498: Piero II. de' Medici, Savonarola

Nach dem Tod Lorenzos übt sein Sohn Piero II. de' Medici sehr selbstherrlich die Macht in der Stadt aus. Seine eigenmächtigen Verhandlungen mit dem 1494 in Italien eingefallenen Gegner Karl VIII. von Frankreich führen zu seinem Sturz und letzlich zur Vertreibung der Medici. Erschwert wird die Lage zudem durch das Auftreten des **Do-**

**minikaners Fra Girolamo Savonarola,** der ein asketisches Leben in Buße predigt sowie religiöse und politische Reformen fordert. Bis 1498 errichtet der Mönch einen Gottesstaat und lässt Kleider, Schmuck, Spiegel, Musikinstrumente, Möbel und Gemälde konfiszieren, die auf zwei lodernden Scheiterhaufen (»Fegefeuern der Eitelkeiten«) verbrennen. Als er sich gegen den Papst stellt, wird Savonarola verhaftet und auf der Piazza della Signoria hingerichtet.

1502–1512: Republik unter Soderini

Das nachfolgende republikanische Stadtregiment unter Piero Soderini ist so erfolgreich, dass eine Verfassungsänderung (1502) ihn zum Stadtherrn (gonfaloniere) auf Lebenszeit macht. Aber er kann die Rückkehr der Medici auf Dauer nicht verhindern. Deren europaweite Beziehungen und ihr Rückhalt in der heimatlichen Oligarchenopposition führen dazu, dass Giovanni de' Medici – der Sohn Lorenzos des Prächtigen – 1512 mithilfe von Papst Julius II. die **Stadtherrschaft** zurückgewinnt. Ab 1513 ist er als Leo X. gar selbst Papst.

1512: Rückkehr der Medici

Die republikanische Regierungsform wird abgeschafft. Der junge Lorenzo II. de' Medici, der unter der Vormundschaft seines Onkels Giulio de' Medici steht, übernimmt die Herrschaft. Der frühe Tod von Lorenzo 1519 und die anschließende Übernahme des Regiments durch Giulio verhindern einen Aufstand gegen die Herrscherfamilie. Auch nach seiner Wahl zum Papst 1523 als Clemens VII. behält Giulio die gemäßigte Herrschaft über Florenz bei, die von seinem Stellvertreter Kardinal Passerini ausgeübt wird. Nach einem Aufstand der Opposition 1527 muß Passerini jedoch die Stadt verlassen und nach Cortona flüchten.

1527–1530: Kurzlebige Republik

Die neu gebildete republikanische Regierung schließt eine Allianz mit Frankreich. Als König Franz I. im Konflikt mit Kaiser Karl V. seine italienischen Verbündeten aufgibt, **ist Florenz isoliert.** 1529/1530 wird die Stadt von kaiserlichen Truppen besetzt und verliert im folgenden Jahr ihren Status als Republik.

## Residenz der Großherzöge

1532–1537: Alessandro de' Medici

Fortan wird Florenz zur Festung und Residenz der Medici-Fürsten ausgebaut und von einem absolutistischen Regiment gelenkt, das keine erneute Wirtschafts- und Kunstblüte bewirken kann. Kaiser Karl V. ernennt Alessandro de' Medici, den wohl außerehelich geborenen letzten Sprössling der bürgerlichen Medici, zum Regenten und 1532 zum Herzog von Florenz. Er heiratet 1536 Margarethe von Parma, eine Tochter Kaiser Karls V. Allerdings macht sich Alessandro durch seine **tyrannische Herrschaft** äußerst unbeliebt, sodass er 1537 von seinem Berater Lorenzino de' Medici ermordet wird.

OBEN: 1630/31 wütete in Florenz erneut die Pest.
UNTEN: 1498 wurde Savonarola auf der Piazza della Signoria erst gehängt und dann verbrannt.

**1537–1587: Cosimo I. de' Medici** Nunmehr wird Cosimo de' Medici zum Regenten ernannt, der Nachkomme einer Seitenlinie als Sohn des Söldnerführers Giovanni delle Bande Nere. Er schlägt den gegen ihn gerichteten Aufstand der republikanischen Emigranten nieder und regiert vom Palazzo della Signoria aus seinen **absolutistischen Fürstenstaat.** Wie bei seinen Vorgängern sollen die Künste seiner Macht sichtbaren Ausdruck verleihen. So werden die Innenräume des Regierungspalastes neu dekoriert und man beginnt mit dem Bau der Uffizien als Behördensitz. Seine Gattin Eleonora von Toledo verwandelt den Palazzo Pitti in eine prächtige Residenz künftiger Medici-Fürsten.

Von 1554 bis 1555 erobert Cosimo Siena, dessen Bevölkerungszahl dabei von 40000 auf 6000 sinkt. Nach dem Tod seiner Tochter, zweier Söhne sowie seiner Gattin beteiligt er 1562 seinen Sohn Francesco an der Regentschaft. Es gelingt ihm, Francesco 1565 mit Johanna von Österreich zu verheiraten, der Tochter Kaiser Ferdinands. Dazu wird der Palazzo Vecchio ausgeschmückt und der Vasari-Korridor gebaut.

Cosimos größter Triumph ist die Ernennung zum **Großherzog** 1569 durch Papst Pius V., die im darauffolgenden Jahr in der Peterskirche in Rom erfolgt. Die Regierung (1574–1587) des an Kunst und Naturwissenschaft interessierten Großherzogs Francesco I. ist dagegen schwach. Nach dem Tod seiner Frau heiratet er seine Geliebte Bianca Cappello, nachdem er deren Mann umbringen ließ. Beider Tod 1587 nach einem gemeinsamen Abendessen ist bis heute ein ungelöster Krimi: War es die Malaria? Oder doch Arsen?

**1587–1609: Großherzog Ferdinando I. de' Medici** Vom Tod Francescos profitiert sein Bruder Ferdinando I., der nun an die Macht kommt. Als eine Überschwemmung (1589) und mehrere Hungersnöte über die Stadt hereinbrechen, meistert der Regent, der sich bis dahin als Gelehrter und Kunstmäzen profiliert hat, die Situation durch kluges Handeln und erlässt zudem **Religionsfreiheit.** Unter seiner Regierung werden die Festung Forte del Belvedere zur Machtsicherung der Medici und zu deren Ruhm die gewaltige Fürstenkapelle als Anbau von San Lorenzo errichtet.

**17./18. Jh.** Im 17. und 18. Jh. folgen eher durchschnittliche und schwache Herrscher aus dem Haus Medici: Cosimo II. (1609–1621), Ferdinando II. (1621–1670), Cosimo III. (1670–1723) und Gian Gastone (1723 bis 1737). Die wirtschaftliche Lage von Florenz verschlechtert sich zunehmend. Die Woll- und Seidenindustrie kommt zum Erliegen. Die Adligen leben von ihren Landgütern, und das Volk verarmt immer mehr. Mit dem Tod Gian Gastones erlischt die männliche Linie der Medici. **Anna Maria Luisa** (1667–1743), die letzte Medici als Gemahlin des Kurfürsten Johann Wilhelm von der Pfalz, verfügt, dass die Kunstschätze der Medici in der Stadt verbleiben. Seither bilden sie den Grundstock der hervorragenden Florentiner Museumssammlungen. Das Großherzogtum Toskana fällt im Rahmen einer internationalen Abmachung 1737 an Franz Stephan von Lothringen, ab 1745 Kaiser Franz I. des Heiligen Römischen Reiches und seit 1736 Gemahl der Erzherzogin Maria Theresia von Österreich.

## Von Habsburg-Lothringen zum Königreich Italien

1765–1790: Peter Leopold

Ist unter Franz Stephan von Lothringen als römisch-deutschem Kaiser das Großherzogtum Toskana nur ein Spielball im europäischen Mächtegleichgewicht, so werden unter der langjährigen Regierung des aufgeklärten Großherzogs Peter Leopold Reformen durchgeführt. Die Abschaffung der Zünfte und kirchlicher Privilegien, Beseitigung der Todesstrafe, Folter und Inquisition sowie die Neuverteilung großer Güter unter Kleingrundbesitzern führen zu einer ausgeglichenen Sozialstruktur. Bei **maßvoller Steuerpolitik** florieren Landwirtschaft und Freihandel. Das Mezzadria-System (»Halbpacht«) im Agrarwesen garantiert trotz gewisser Nachteile die Teilhabe auch kleinerer Landbesitzer am Ertrag. Der zum Kaiser Leopold II. gewählte Großherzog von Toskana verlässt Florenz 1790 und übergibt die Herrschaft an seinen Bruder Ferdinand, der als Großherzog Ferdinand III. nominell bis 1801 regiert. Er muss 1796/1797 vor den Truppen des französischen Revolutionsheeres fliehen, um 1803 als Kurfürst von Salzburg und ab 1805 als Großherzog von Würzburg zu regieren.

1804–1814: Napoleons Intermezzo

Nachdem die Toskana zwischen 1804 und 1814 integraler Teil des französischen Kaiserreichs unter Napoleon I. gewesen ist, kehrt nach dem Wiener Kongress Ferdinand III. erneut als Großherzog von Toskana nach Florenz zurück. Ab 1824 führt die Regierung unter Großherzog Leopold II. allmählich zur Umwandlung von Florenz in eine moderne Großstadt, die zugleich ein **Sammelbecken liberaler Geistesströmumgen** wird. Seit 1847 sind Liberale auch an der Regierung des Großherzogtums beteiligt. Nach den kriegerischen Auseinandersetzungen im Zug der 1848er-Revolution kehrt vorübergehend Ruhe ein, die genutzt wird, um das Eisenbahnnetz auszubauen und den Freihandel über den Hafen Livorno zu verbessern.

1860: Beitritt zum Königreich Italien

Nach dem kurzen Regiment von Großherzog Ferdinand IV. (1859/1860) treten Florenz und die Toskana, mitgerissen von den Ideen für den italienischen Nationalstaat, 1860 per Volksabstimmung dem **Königreich Sardinien-Piemont** bei, wo König Vittorio Emanuele, Graf Cavour und Giuseppe Garibaldi das Einigungswerk Italiens vorantreiben. Aufgrund des Gebietszuwachses wird die Hauptstadt des Königreichs von Turin nach Florenz verlegt, wo der König im Palazzo Pitti residiert, bis Rom 1871 diese Funktion übernimmt. Ein **Bauboom** setzt ein, der das Erscheinungsbild der Arnostadt nachhaltig verändert. Die Stadtmauer wird geschleift, an ihrer Stelle entstehen die großen Ringstraßen, und als Aussichtspunkt auf die Stadt wird der Piazzale Michelangelo angelegt.

1871–1922: Soziale Spannungen

Seit der Konzentration der Politik auf Rom im Windschatten der politischen und wirtschaftlichen Weiterentwicklung Italiens gelegen, reicht die Bewahrung des großartigen kulturellen Erbes der Stadt allein nicht aus, sodass sich in Florenz bis zum Ende des 19. Jh.s die wirtschaftliche Lage enorm verschlechtert. Liberale, demokratische und sozialistische Ideen streiten miteinander um gesellschaftliche Veränderungen. Zwischenzeitlich wird Florenz zu einem **innovativen geistigen Zentrum,** wo sich zahlreiche Literaten und Landschaftsmaler zu Hause fühlen. Bei den Kommunalwahlen 1913 erreichen die Sozialisten die absolute Mehrheit. Durch den Ersten Weltkrieg werden die sozialen Spannungen noch verschärft. Danach ereignen sich Straßenschlachten zwischen Linken und Faschisten.

1922–1939: Faschismus

Als 1922 die Faschisten an die Macht gelangen, gehen viele politische Gegner in den Untergrund und werden später Partisanen. Am 5. Mai 1938 ist Adolf Hitler auf Staatsbesuch in Florenz.

1943–1944: Im Zweiten Weltkrieg

Mussolini wird im Juli 1943 abgesetzt, die neue Regierung Badoglio schließt am 8. September 1943 Waffenstillstand mit den Alliierten. Am 11. September 1943 besetzen deutsche Truppen Florenz, das daraufhin von der US-Luftwaffe bombardiert wird. Am 3. Juli 1944 bringen deutsche Soldaten über 200 Gemälde aus den Uffizien nach Taufers (Südtirol). Der **skandalöse Kunstraub** setzt sich vom 25. Juli bis zum 11. August 1944 fort mit Skulpturen aus den Uffizien, dem Dombaumuseum und weiteren Florentiner Museen. Dank des Florentiner Geheimagenten und Historikers **Rodolfo Siviero** (1911–1983), der zuvor schon Werke von De Chirico und Fra Angelico rettete, gelangt ein Großteil dieser Werke 1945 zurück nach Florenz. Ab 1946 folgen dank Siviero, Spitzname »007 der Kunst« und nun Minister in der Regierung De Gaspari, weitere Rückgaben aus Deutschland.

## Kommunaler Neubeginn

Rasanter Wandel

In der Nachkriegszeit vollzieht sich ein rasanter sozialer und wirtschaftlicher Wandel. Durch den Wirtschaftsaufschwung gelangen breite Bevölkerungsschichten zu Wohlstand. Von 1946 bis 1951 regiert eine Koalition aus Kommunisten und Sozialisten die Stadt. Die Jahre bis 1965 prägt der populäre christlich-soziale Bürgermeister Giorgio La Pira (1904–1977), der sich für soziale Randgruppen einsetzt. Anschließend folgen Mitte-Links- und ab 1975 meistens wieder

kommunistisch-sozialistische Stadtregierungen. Eine schwere **Flutkatastrophe** trifft die Stadt, als der Arno am 4. November 1966 über die Ufer tritt. Bis zu 6 m hoch steht das Wasser in Straßen, Wohnungen, Museen und Bibliotheken. 38 Tote und zig Obdachlose sowie erhebliche Schäden an der historischen Bausubstanz und an vielen Kunstwerken sind die Folge.
Seit dem **europaweiten Studentenaufstand** 1968 erlebt auch die Universitätsstadt Florenz wiederholt politische Unruhen. Die Emanzipation der Frauen im Rahmen des Feminismus spielt dabei eine wichtige Rolle. Die Achtzigerjahre stehen im Zeichen eines erneuten Wirtschaftsaufschwungs, nicht zuletzt auch durch den boomenden Tourismus. 1981 wird das historische Zentrum von Florenz in die **UNESCO-Weltkulturerbeliste** aufgenommen; Florenz wird zudem 1986 zur Europäische Kulturhauptstadt gekürt. Um die zunehmenden Lärm- und Abgasbelästigungen einzudämmen, wird der Autoverkehr im Zentrum erheblich eingeschränkt.

1993: Bombenanschlag

Durch eine 277 kg schwere Autobombe der **Mafia** in der Via dei Georgofili nahe der Uffizien kommen in der Nacht vom 26. auf den 27. Mai 1993 fünf Menschen ums Leben. Darunter ist ein 50 Tage altes Baby. Etwa 40 weitere werden verletzt. Seit dem 14. September 2021 erinnert am Anschlagsort die 4,4 m hohe Bronzeskulptur »Albero della Pace« (Friedensbaum) des toskanischen Bildhauers Andrea Roggi an die barbarische Tat.

Der Bombenanschlag von 1993 war eine Reakton der Mafia auf verschärfte Haftbedingungen für einige ihrer inhaftierten Anführer

Das neue Jahrtausend

Als Verwaltungs,-, Wirtschafts-, Kongress- und Touristenzentrum hat Florenz mit großen Verkehrs- und Parkproblemen zu kämpfen. Immerhin werden im Innenstadtkern viele Straßen und Plätze in Fußgängerzonen umgewandelt. Florenz baut das Fahrradwegenetz weiter aus: Ende 2023 soll es 160 km lang sein. Zu Recht stolz ist Florenz auch auf die zahlreichen Maßnahmen, das Stadtzentrum barrierefrei zugänglich und erlebbar zu machen. Die Abfalltrennung ist weit entwickelt und aufs Stadtgebiet verteilt gibt es **Trinkwasserspender,** an denen man sich kostenlos mit Mineralwasser versorgen kann. Die Lebensqualität ist hoch, das zeigt sich etwa an der guten Krankenversorgung und einem reichen Netz an öffentlichen Bibliotheken.

Es ist bestimmt nicht einfach, eine Stadt mit so **vielen Kunstschätzen** und so vielen Besuchern gut zu verwalten und darauf zu achten, dass sie für ihre Bewohner lebenswert bleibt. Nach Matteo Renzi, Bürgermeister von 2009 bis 2014 und von 2014 bis 2016 Italiens Ministerpräsident, folgte am 3. Juni 2014 der bis heute amtierende populäre Bürgermeister **Dario Nardella**. Er ist seit 2015 auch erster Bürgermeister der neu geschaffenen, knapp 1 Mio. Einwohner zählenden **Metropolitanstadt Florenz**. In seine Amtszeit fiel die Neueröffnung der **Straßenbahnlinie T2** (2019). Ab Sommer 2023 wird die Tram T3 gebaut. Nardella kümmert sich um den Ausbau der Grünanlagen, sorgt für mehr Sicherheit in den Straßen sowie wirtschaftlichen Aufschwung und geht auch gegen Touristen vor, die sich nicht an die Benimmregeln halten.

Zukunft

Neben dem weiteren Ausbau des Florentiner Flughafens in Peretola gilt der 2021 begonnene Bau des Bahnhofs für Hochgeschwindigkeitszüge in Florenz-Belfiore als größtes Zukunftsprojekt. Den Entwurf besorgte Stararchitekt **Norman Foster**, fertig werden soll er 2027. Die Tram T2 wird zudem bis zum neuen **Bahnhof Belfiore** verlängert. Ein neuer Eisenbahntunnel soll Florenz von Nord (Bhf Firenze Castello) nach Ost (Campo di Marte) unterqueren.

Uffizien

Große Fortschritte macht das Projekt **Nuovi Uffizi,** die Erweiterung und Neugestaltung der Uffizien: Mehrere neue Säle mit neuen Schätzen aus den Depots sind nun fürs Publikum zugänglich.

# KUNSTGESCHICHTE

*Florenz ist eine Kunst- und Kulturmetropole ersten Ranges. Die schöpferischen Leistungen der Künstler dieser Stadt haben in der Zeit vom 14. bis 16. Jh., besonders während der Epoche der Renaissance, die europäische Kunst- und Kulturgeschichte nachhaltig geprägt.*

## Frühzeit und Antike

Blüte in der römischen Kaiserzeit

Die Hügellandschaft um Florenz ist zwar altes Siedlungs- und Kulturgebiet, aber die Stadt selbst ist als römische Veteranenkolonie mit dem Namen Florentia erst 59 v. Chr. von Caesar gegründet worden. Die Kunst und Kultur der Etruskerzeit und der römischen Republik war in Faesulae, dem heutigen Fiesole, oberhalb des Arnotals konzentriert. Florenz gelangte erst im Verlauf der **römischen Kaiserzeit** im 1. und 2. Jh. n. Chr. zur kulturellen Blüte. In dieser Phase entstanden in der Nähe des Forums (Piazza della Repubblica) marmorverkleidete Tempel, Säulenkolonnaden, Thermenanlagen und außerhalb der Stadtmauern ein Theater auf dem Areal des heutigen Palazzo Vecchio. Im Zug von Stadtsanierungsmaßnahmen sind schon seit dem 19. Jh. von Archäologen viele römische Funde gemacht worden: Mosaike, Fragmente von Statuen, Bruchstücke von Tempeln und Häusern, Münzen, die heute im Archäologischen Museum von Florenz zu sehen sind. Die vielen antiken Statuen in den Uffizien, im Pitti-Palast und im Boboli-Garten stammen nicht aus Florenz, sondern gelangten über die **Sammeltätigkeit** der Medici-Fürsten von Rom und Süditalien in die Stadt.

## Frühmittelalter

Frühchristliche Sakralbauten

**Frühchristliche Sakralbauten** aus dem späten 4. und frühen 5. Jh. sind als Vorgängerbauten von Santa Felicità, San Lorenzo und Sant' Ambrogio nachweisbar. Bei Grabungen in der Kirche Santa Felicità stieß man in ihren Katakomben auf Grabplatten mit griechischen Inschriften zu frühchristlichen syrischen Kaufleuten, die um das Jahr 417 datieren. Viel wurde jedoch im 6. Jh. durch die Eroberungsfeldzüge der Langobarden zerstört. In der Folge entstanden zahlreiche kleinere Kirchen. Monastisches Leben kehrte 978 mit dem Bau der Badia Fiorentina an der Via del Proconsolo (nahe Bargello) zurück. Den großen Aufschwung läutete dann der Bau von der Basilika San Miniato al Monte ab 1013 auf einer Kapelle aus dem 8. Jh. ein.

## Romanik

Architektur

Um die Mitte des 11. Jh.s entwickelte sich Florenz zu einem Zentrum der kirchlichen Reformbewegung, als der in Burgund geborene Geistliche Gerhard 1045 Bischof von Florenz wurde und die **Reformideen** von Cluny mitbrachte, was sich auch im Kirchenbau äußerte. Als Papst Nikolaus II. legte er 1059 den Grunstein zum Bau des Baptisteriums San Giovanni. Gleichzeitig schritt der Ausbau der Basilika San Miniato al Monte durch die Benediktinermönche voran; sie wurde zu einer der schönsten Kirchen Italiens. Beide Bauwerke sind hervorragende Beispiele der romanischen, florentinisch-toskanisch geprägten Architektur des späten 11. und 12. Jh.s. Auffallend ist die enge Verbindung zur römischen Antike im Innenraum der Kirchenbauten.

San Miniato al Monte

Die Kirche San Miniato al Monte (ab 1090) beeindruckt durch ihre **strahlende, weiß-grün inkrustierte Fassade mit Mosaik von 1260.** Inkrustation nennt man die Verkleidung eines Ziegelbauwerks mit verschiedenfarbigen dünnen Marmorplatten – eine Technik, die aus der antiken römischen Baukunst bekannt ist und seit dem 11. Jh. wieder in Florenz verwendet wurde. Geometrische Muster, Dreiecke, Quadrate, Rechtecke, eingefügt in die großen romanischen Rundbögen, gestalten die dreifach gestufte Kirchenfassade. Das dreischiffige Innere ohne Querhaus, aber mit erhöhtem Chor und offenem Dachstuhl, vermittelt den Eindruck einer frühchristlichen **Säulenbasilika,** die durch eingestellte Schwibbögen und den damit verbundenen Stützenwechsel im Langhaus eine ungewöhnliche Rhythmisierung erfährt. Beachtenswerte spätromanische Arbeiten sind die prachtvoll dekorierten Chorschranken mit der Marmorkanzel (12. Jh.) und der Fußboden in Einlegearbeit (1207).

Battistero San Giovanni

Das Battistero San Giovanni ist seit 1128 und der Überführung des Taufbeckens aus Santa Reparata offizielles Taufhaus der Stadt. Noch im 18. Jh. hielt man es wegen seiner Proportionen für ein antikes Bauwerk, etwa einen Marstempel. Tatsächlich geht seine achteckige Form auf **frühchristliche Taufhäuser** zurück, übertrifft diese jedoch durch seine monumentalen Ausmaße. Seine drei Geschosse sind durch Marmorinkrustationen in Rechteck- und Bogenformen verschiedenartig gegliedert. In der Ausgeglichenheit und Regelmäßigkeit der Bauteile erinnert das Baptisterium dank **antiker römischer Vorbilder** bereits in vielem an die Renaissance, die erst 300 Jahre später begann. Deshalb spricht man hier von Protorenaissance, also der Vorwegnahme einzelner Stilmerkmale.
Auch im Innern sind die Wände mit verschiedenfarbigen geometrischen Marmorflächen gegliedert. Insgesamt herrscht jedoch ein düsterer, mittelalterlicher Raumeindruck vor. Durch schmale Fenster fällt nur wenig Licht in den Innenraum. Ihn gliedern kräftige Granitsäulen und Pilaster, überhöht von einem achtteiligen, ansatzweise doppelschaligen Gewölbe. Geschmückt ist der Raum mit bedeutenden Mosaiken (13. Jh.), die u. a. die Schöpfungsgeschichte, die Josephslegende, das Leben Christi und die Geschichte Johannes des Täufers darstellen. Die Mosaizierung geht auf venezianische Künstler zurück, die hier ab 1220/1225 arbeiteten. Sie vermittelten der Arnostadt die in Byzanz gepflegte Mosaikkunst, die in Ravenna und Venedig meisterhaft nachgeahmt wurde. Die Kuppelmosaiken entstanden zwischen 1270 und 1300.

Baptisterium, Dom und Campanile: ein einzigartiges Ensemble

Kirche Santi Apostoli

Etwa zur selben Zeit wie das Baptisterium entstand die Kirche Santi Apostoli, erstmals 1075 urkundlich erwähnt. Ihr Inneres vermittelt noch den Eindruck einer **frühchristlichen dreischiffigen Basilika** mit offenem Dachstuhl und schmalen Obergadenfenstern. Konstruktive und schmückende Teile wie Säulen mit Kompositkapitellen – zwei sind original antik – und abgestufte Arkadenbögen orientieren sich an antiker Formensprache. Die Piazza del Limbo (Platz der »Vorhölle«) an der Kirche war vormals ein Friedhof für ungetaufte Kinder.

## Gotik

Architektur

Erst Ende des 13. Jh.s hielt der gotische Stil der Baukunst in Florenz seinen Einzug. Nach vielen innenpolitischen Parteikämpfen wurde ab 1255 der wehrhafte Palazzo del Podestà gebaut. Später erhielt er den Beinamen **Bargello** nach dem italienischen Wort für Amtsbüttel, als Sitz des auswärtigen obersten Exekutivbeamten. Dieser sollte als neutrale Instanz, gebunden an strenge Gesetze, für Recht und Ordnung in der Stadt sorgen. Der imposante festungsartige Bau aus Hau- und Bruchstein mit hohem Turm hatte ursprünglich außen Holzgalerien. Im Innern gibt es einen eindrucksvollen Hof mit weitgespannten Arkaden sowie mehrere steingewölbte Versammlungssäle und eine freskengeschmückte Kapelle. Nachdem sich das Zunftregiment seit

1292 endgültig in Form eines neunköpfigen Regierungskollegiums, Signoria genannt, etabliert hatte, bedurfte es eines neuen Regierungssitzes. Von 1299 an errichtete man den Palazzo dei Priori – seit dem 16. Jh. als »**Palazzo Vecchio**« bezeichnet –, der im Kernbau 1314 vollendet war. Das Äußere dieses Rathauses entspricht noch stark den Vorstellungen eines mittelalterlichen Wehrbaus. Die massive Fassade ist lediglich mit Bossenquadern geschmückt, wobei in ihren oberen Geschossen gotische Zwillingsfenster eingelassen sind. Bekrönt wird der Kommunalpalast von einem Laufgang mit Zinnen. Dort befindet sich eine Reihe von Wappen, die die wechselvolle mittelalterliche Herrschaftsgeschichte des Stadtstaats Florenz widerspiegelt. Links vom Palazzo Vecchio befindet sich etwas zurückgesetzt das ehemalige Handelsgericht (heute Gucci Garden), erbaut um 1359. Seine gotische Fassade ist ebenfalls mit einer Wappenfolge der sieben großen und 14 kleinen Zünfte geschmückt.

In der Wohnarchitektur waren im 13. Jh. noch die Geschlechtertürme vorherrschend, die nach der Konsolidierung der Kommune geschleift wurden, denn der Turm des Palazzo Vecchio sollte sich als Ausdruck von kommunaler Macht und Bürgerstolz deutlich von allen anderen Gebäuden abheben. Von der **gotischen Palazzo-Architektur** haben sich noch der loggiabekrönte Palazzo Davanzati und der zinnenbekrönte Palazzo Spini-Ferroni aus dem 14. Jh. erhalten.

Im **Sakralbau** entstand wohl ab 1279 mit Santa Maria Novella die erste gotische, 1420 eingeweihte Dominikaner-Bettelordenskirche in Form einer dreischiffigen, weiträumigen Pfeilerbasilika mit Kreuzgratgewölben. Das gotische Monumentalbauwerk, der Dom Santa Maria del Fiore, wurde 1296 begonnen und mit langen Verzögerungen durch häufigen Planwechsel erst 1436 geweiht. Die Fassade wurde erst im 19. Jh. neogotisch vollendet. Bei allen gotischen Kirchen in Florenz ist von einem filigranen Glieder- oder Skelettbau, der traditionell dem Baustil der Gotik eigen ist, kaum etwas zu bemerken. Es fehlen weitgehend die üblichen Strebepfeiler, Maßwerkformen und bauplastisch durchgestalteten Fassaden. Auch die Innenräume weisen florentinische Eigenheiten auf. Das Dominnere bietet sich dem Eintretenden als dreischiffige Pfeilerbasilika auf lateinischem Kreuzgrundriss dar. Das breitgelagerte, nur durch vier Joche unterteilte Langhaus wirkt nüchtern und hallenartig. Die ohne Triforium unmittelbar auf den mächtigen Arkaden ruhenden Kreuzrippengewölbe verstärken diese kompakte Breitenwirkung noch.

Malerei

Im Bereich der Malerei zählt **Cimabue** (ca. 1240 bis 1302) zu den ersten Meistern, die sich langsam aus dem starren, über Jahrhunderte hindurch gültigen Formenkanon der byzantinischen Ikonenmalerei lösten und zu einer plastischeren und farblich differenzierten Gestaltung gelangten. Cimabues »Thronende Madonna« (1272–1274, Uffizien, ▶ S. 82) und der gemalte Kruzifixus (um 1287, Santa Croce)

legen davon Zeugnis ab. Vollends aber brach erst **Giotto di Bondone** (um 1267–1337) mit der unkörperlichen und unräumlichen Darstellungsweise der byzantinisch-mittelalterlichen Malerei. Mit seinen in den ersten drei Jahrzehnten des 14. Jh.s geschaffenen Fresken (Santa Croce) und Altartafeln (»Thronende Madonna«, Uffizien) gilt er als Begründer der neuzeitlichen europäischen Malerei, da er ein auf Beobachtung von Realität gegründetes Bild der Welt und des Menschen schafft.
Im Verlauf des 14. Jh.s arbeitete eine Reihe von Malern teils nach dem Vorbild Giottos, teils im Stil der internationalen Gotik. Zu den wichtigen Florentiner Werken zählen die Fresken des Jüngsten Gerichts, des Paradieses und der Hölle (ca. 1351–1357) von Nardo di Cione in Santa Maria Novella. Sein stilistisch konservatives Werk ist von mittelalterlicher Geistigkeit durchdrungen. Etwas heiterer in der Grundstimmung ist der bedeutende Freskenzyklus (1365–1367) von Andrea Bonaiuti († 1377) in der Spanischen Kapelle ebenfalls in Santa Maria Novella mit einem großartigen Bildprogramm, das den Weg des Menschen zum Heil aufzeigt. In der Franziskanerkirche Santa Croce, wo Giotto exemplarische Werke hinterließ, malte in direkter Nachfolge sein Schüler **Taddeo Gaddi** in der Cappella Baroncelli einen Freskenzyklus mit Szenen aus dem Leben Jesu und Marias (1332–1338). In der Hauptchorkapelle von Santa Croce entstand zwischen 1380 und 1386 der bedeutende Freskenzyklus von **Agnolo Gaddi** zur Legende des Heiligen Kreuzes. Beide Maler übernahmen weitgehend den monumentalen Figurenstil Giottos und seine ansatzweise tiefenräumliche Bildanlage, ohne zu neuen Kompositionslösungen zu gelangen.

Skulptur

Auf dem Gebiet der gotischen Skulptur zählen die plastischen Werke von Arnolfo di Cambio, die erste Bronzetür des Baptisteriums von Pisano und das Marmortabernakel von Orcagna in Orsanmichele zu den herausragenden Leistungen. **Arnolfo di Cambio** (um 1245 bis 1302) war seit 1296 als Dombaumeister in Florenz tätig. Die wenigen ihm zugeschriebenen Skulpturen (u. a. »Hl. Reparata«, »Madonna mit segnendem Christuskind«, »Papst Bonifaz VIII.«, Dommuseum) zeigen einen blockhaften Umriss der monumentalen Figur mit teilweise antikisierenden Tendenzen in Pose, Mimik und Gestik.
Mit **Andrea Pisano** (um 1290–1348) trat wieder ein epochemachender Bildhauer und Goldschmied auf. Sein bedeutendes und einzig sicheres Werk ist die älteste Bronzetür des Baptisteriums (1330 bis 1336) mit 28 Vierpassrelieffeldern. Die Reliefszenen aus dem Leben Johannes des Täufers sind räumlich klar aufgebaut und figürlich ausgewogen komponiert mit ruhig agierenden Gestalten in spannungsvoller Gebärde, teilweise körperlich vollrund modelliert oder in faltenreiche Gewänder gehüllt. Das Erbe Giottos und der römischen Sarkophagreliefs finden in diesem Figurenstil ihren Niederschlag.

**Andrea Orcagna** (ca. 1310; ab 1343 in Florenz aktiv; † 1368) war nicht nur als Bildhauer, sondern auch als Maler und Architekt tätig. Nur wenige Werke sind erhalten. Das Marmortabernakel mit Szenen aus dem Marienleben (1352–1359) in Orsanmichele zählt zu Orcagnas gelungensten Arbeiten.

## Frührenaissance (▶ Baedeker Wissen, S. 236)

Architektur

Die vordringlichste Aufgabe der Baukunst zu Beginn des 15. Jh.s in Florenz war die Fertigstellung des Doms, vor allem die Überkuppelung des Vierungsraumes. **Filippo Brunelleschi** (1377–1446) gelang dies mit Hilfe einer freitragenden, doppelschaligen, parabelförmigen Konstruktion zwischen 1420 und 1436, die für den Kuppelbau des Barock wegweisend war. Überhaupt ist er der eigentliche Schöpfer der Renaissancearchitektur auf der Basis eines gründlichen Studiums der antiken Baukunst und mit Hilfe der für die Bauzeichnung wichtigen linearperspektivischen Projektion, die von ihm zwischen 1410 und 1420 wiederentdeckt wurde. So entstanden exakt berechnete wohlproportionierte Profan- und Sakralbauten in Anlehnung an klassisch-antike und frühchristliche Baugedanken. (▶ Baedeker Wissen, S. 236)

Das Findelhaus (Ospedale degli Innocenti), 1419 bis 1445 nach Plänen von Brunelleschi errichtet, ist der erste neuzeitliche profane Bau mit epochemachender Säulenvorhalle wie bei einem antiken Tempel anstelle der mittelalterlichen Stützpfeiler. Das Gewölbe der Loggia besteht zudem aus einer Folge von Hängekuppeln, die die mittelalterlichen Kreuzgrat- und Kreuzrippengewölbe ersetzen. Neue Akzente in der Zentralraumarchitektur setzte Brunelleschi auch mit der Alten Sakristei von San Lorenzo (1421–1428), einem aus Kubus und Kugel entwickelten Kuppelbau. Wichtige Neuerungen erbrachte der Baumeister auch im Langhausbau. San Lorenzo (begonnen um 1420) und Santo Spirito (begonnen 1444) sind beispielhafte, aus spätantiken und frühchristlichen Baukonzepten entwickelte Basiliken auf lateinischem Kreuzgrundriss mit klar gegliederten, äußerst harmonischen Innenräumen. Neben Brunelleschi wirkte vor allem Michelozzo (1396–1472) als Architekt und Bildhauer in Florenz und war von 1446 bis 1452 dessen Nachfolger im Dombaumeisteramt. Mit dem **Palazzo Medici-Riccardi** (1444–1460) schuf er den Prototypen des florentinischen Stadtpalasts mit festungsartiger Schaufront in Rustikaquaderung, zweigeteilten Bogenfenstern, umlaufenden Kranzgesimsen und einem Arkadeninnenhof.

Im Auftrag der Medici errichtete er zwischen 1437 und 1444 die Konventsgebäude des Dominikanerklosters San Marco. Die ohne Dormitorium um einen Innenhof gruppierten kleinen tonnengewölbten Einzelzellen unter gemeinsamem offenem Dachstuhl sind Ausdruck des Individualismus, der auch im Klosterwesen im 15. Jh. Einzug hält. Mit der Kirche Santissima Annunziata – heute barockisiert – wurde zwischen 1444 und 1453 unter Federführung Michelozzos ursprünglich der erste einschiffige Saalbau geschaffen, mit einer Folge von Wandkapellen, ein Schema, das später bei vielen Barockkirchen angewendet wurde.

Malerei

Auf dem Gebiet der Malerei ist zu Beginn des Quattrocento (15. Jh.) noch der traditionelle Formenkanon des internationalen gotischen Stils vorherrschend. **Gentile da Fabriano** (um 1370–1427) war bei aller Meisterschaft im realistischen Detail ein die höfische Gesellschaft in prunkvoll festlicher Manier porträtierender Spätgotiker, wie sein Gemälde »Anbetung der Könige« (1423) in den Uffizien belegt. Als der Schöpfer der italienischen Renaissance-Malerei gilt **Masaccio** (1401–1428), der mit Hilfe der von Brunelleschi neu entdeckten Linearperspektive zu einer nie zuvor erreichten Plastizität und Wirklichkeitstreue der Figuren, Räume und Landschaften gelangte. Die Altartafel »Hl. Anna Selbdritt« (1424/1425, Uffizien), der Freskenzyklus aus der Lebensgeschichte des Apostels Petrus in der Brancacci-Kapelle von Santa Maria del Carmine und das Trinitätsfresko (1426/1427) in Santa Maria Novella, ein Meisterwerk perspektivischer Raumdarstellung, legen davon Zeugnis ab. **Paolo Uccello** (1397–1475) griff um 1435 die Vorgaben Masaccios auf und gelangte mit seinem Reiterbildnis des florentinischen Söldnerführers Giovanni

Ghirlandaio platzierte die biblische Thematik seiner Fresken in Santa Maria Novella in das gesellschaftliche Umfeld der Florentiner Patrizier

Acuto (John Hawkwood) von 1436 (Dom) zu einer großen imposanten dreidimensionalen Darstellung eines Reitermonuments. In dem Fresko der Sintflut (um 1448; Chiostro Verde, Santa Maria Novella) und in der Schlacht von San Romano (um 1438, Uffizien) zeigt er sich als leidenschaftlicher Perspektiviker, der zu ungewöhnlichen, teils antinaturalistisch-abstrakten Kompositionslösungen kam.
**Andrea del Castagno** (1421–1457) beschäftigte sich mit der malerischen Wiedergabe der plastischen Figur und zeigte sich dabei stark von der Skulptur der Frührenaissance beeinflusst. Zwischen 1445 und 1450 entstanden im Freskenzyklus von Sant' Apollonia Passionsszenen und ein Abendmahl mit lebensgroßen voluminösen Figuren, die durch allerlei Blicke und lebhafte Gebärden miteinander kommunizieren. Sparsam in der Raumgestaltung und wenig artikuliert in der Körpersprache malte der Dominikanermönch **Fra Angelico** (um 1395 bis 1455) seine Altartafeln und Fresken (San Marco und Uffizien) mit zarten Gestalten in farbenprächtigen, faltenreichen Gewändern auf ornamentiertem Goldgrund. Dabei gelangte er mit Hilfe der kreis- und halbkreisförmigen Figurenanordnung zu einer überzeugenden, die Bildfläche und den Bildraum vereinigenden Komposition. Der Malermönch **Fra Filippo Lippi** (1406–1469) orientierte sich dagegen stärker an den plastisch modellierten Gestalten von Masaccio. Er schuf eine Reihe von Marientafeln (Uffizien, Pitti-Palast) in gefälligem, schönlinigem Stil und in verhaltener Gebärdensprache.

Ghibertis Paradiespforte vom Bapisterium zeigt auch die biblische Szene »Joseph wird von seinen Brüdern verkauft«

**Sandro Botticelli** (1445–1510) war ein weiterer Maler, der im Dienst der Medici stand. In der »Anbetung der Könige« (1475) treten drei Generationen der Medici als Könige und ihre Begleiter auf, umgeben von Literaten, Humanisten und vom Maler selbst. Berühmter sind jedoch Botticellis allegorische Bilder »Der Frühling« und »Geburt der Venus« (beide Uffizien), die die Beschäftigung des Malers mit humanistischen Ideen in der Zeit ab 1480 offenbaren als kühne Synthese von neoplatonischem und christlichem Gedankengut. Trotz der Darstellungen einiger Aktfiguren ist seine Malerei in wesentlichen Zügen eher noch gotisch in der Betonung der S-förmig geschwungenen Körperlinie, der rauschenden Gewänder und verklärenden Blicke statt eines wirklichkeitsnahen, auf Anatomiestudien beruhenden Renaissance-Menschenbildes.
In **Domenico Ghirlandaio** (1448–1494) fand die Florentiner Oberschicht einen ihrer erzählfreudigsten Maler. Seine Fresken in der Hauptchorkapelle von Santa Maria Novella mit Szenen aus dem Leben Marias und Johannes des Täufers (1485–1490) sind eine Huldigung an das damalige großbürgerliche Florenz. Dargestellt sind eine Fülle berühmter Zeitgenossen, lokale Schauplätze, vornehme Bürgerstuben, panoramahafte Landschaftsausblicke sowie Festmähler und Tanzdarbietungen, die allesamt die sinnenfrohe Lebenswelt der zweiten Hälfte des Quattrocento, der Epoche Lorenzos des Prächtigen, widerspiegeln.

Skulptur

Wollte man ein Fixdatum für die von Florenz ausgehende Erneuerung der abendländischen Skulptur setzen, käme nur der öffentliche Wettbewerb der besten Bronzebildner um die zweite Baptisteriumstür von 1401 in Frage. Die Konkurrenzreliefs mit der Opferung Isaaks (1402) der führenden Meister Ghiberti und Brunelleschi sind erhalten (Bargello) und vergegenwärtigen am Beispiel des expressiven Realismus von Brunelleschi und des dekorativen Illusionismus Ghibertis die Leitlinien der Frührenaissanceskulptur.
Mit seiner zwischen 1403 und 1424 ausgeführten Bronzetür gelang **Lorenzo Ghiberti** (1378–1455) ein epochales Werk. Unmittelbar nach Vollendung der Pforte gab man ihm auch den Auftrag für die dritte, die Osttür des Baptisteriums, später **»Paradiestür«** (1425–1452) genannt. Wieder sollte Ghiberti über 20 Jahre an dieser Tür arbeiten. Die Fertigstellung verzögerte sich hauptsächlich aus technischen Gründen, da viele Experimente beim Bronzegießen und Vergolden vorgenommen wurden und dieses seit der Antike vernachlässigte Handwerk erst wieder neu erlernt werden musste. Ghibertis zehn vergoldete Bronzetafeln mit Szenen aus dem Alten Testament erzielen in Verbindung von Hoch- und Flachrelief eine nie zuvor erreichte malerisch-illusionistische Wirkung. Der Künstler war in der Hauptsache Goldschmied und Bronzebildner und schuf für die Kirche Orsanmichele die monumentalen Bronzefiguren »Johannes der Täufer« (1414), »Matthäus« (1419–

# »WIEDERGEBURT« DER ANTIKE

BAEDEKER WISSEN

*Zu Beginn des 15. Jahrhunderts begannen die großen italienischen Architekten, sich für die Formensprache der Antike zu interessieren, Bauten der Griechen und Römer wurden Vorbilder für ihre eigenen Werke. Als Schöpfer der Renaissancearchitektur gilt Filippo Brunelleschi, nach dessen Plänen die Kuppel des Florentiner Doms gebaut wurde und der sein Wissen aus dem Studium griechisch-römischer Bauwerke bezog. In der Malerei war die Wiederentdeckung der Zentralperspektive wichtig, sie ermöglichte die Darstellung des dreidimensionalen Raums auf der Leinwand.*

ITALIEN

▶ **Die wichtigsten Personen und Werke**

*Gemälde mit poliertem Himmel aus Silber*

*Spiegel mit Guckloch*

*Sichtlinie*

**Der vitruvianische Mensch** (ca. 14

**RAFFAEL** (1483–1520, Maler, Architekt)

**Perspektivkonstruktion** (1410)

**FILIPPO BRUNELLESCHI** (1377–1446, Architekt, Bildhauer)

**BRAMANTE** (1444–1514, Baumeiste

**David** (Bronze, 1430–1433?, 1444–1446?)

**DONATELLO** (1386–1466, Bildhauer)

DEUTSCHSPRACHIGER RAUM

**AGRIPPA VON NETTESHEIM** (1486–1535, Theologe, Jurist, Arzt)

**ALBRECHT DÜRER** (1471–1528, Maler, Grafiker)

**HANS HOLBEIN D. Ä.** (ca. 1465–ca. 1524, Maler)

**SEBASTIAN BRANT** (1457 o. 1458–1521, Jurist, Dichter)

1400 1450

»QUATTROCENTO« FRÜHRENAISSANCE IN ITALIEN

GOTIK

MITTELALTER

RENAISSANC

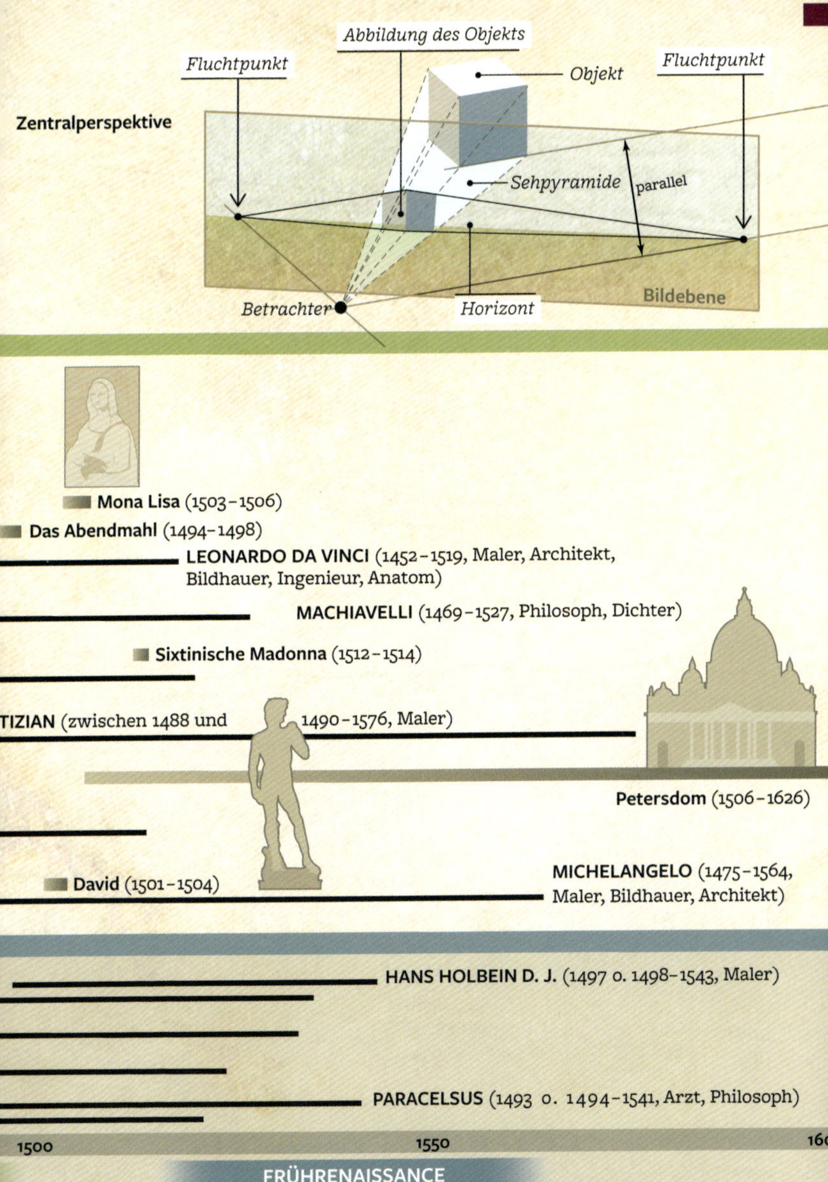


FRÜHRENAISSANCE IM DEUTSCHSPRACHIGEN RAUM

»CINQUECENTO« 
OCHRENAISSANCE IN ITALIEN

HOCHRENAISSANCE IM DEUTSCHSPRACHIGEN RAUM

SPÄTRENAISSANCE

BAROCK

1423) und »Stephanus« (1428). Ein anderes herausragendes Projekt für die Bildhauer in Florenz war die skulpturale Ausschmückung des Doms.

**Nanni di Banco** (ca. 1380–1421) arbeitete 1407/1408 an der Porta della Mandorla mit, dem am reichsten geschmückten Portal der Kathedrale. Dafür schuf er gegen 1414 das Giebelrelief der »Himmelfahrt Marias mit der Gürtelspende des hl. Thomas«. 1408 bis 1413 skulptierte er aus Marmor den Evangelisten Lukas für die Domfassade (heute im Dombaumuseum) – ein schulemachender Typus der Sitzfigur mit sicherer Beherrschung des Körperaufbaus und beredtem Gesichtsausdruck. Es folgte eine Reihe von Statuen für die Außennischen von Orsanmichele. Bei allen Skulpturen ist erstmalig die Rezeption der antiken Kontrapostfigur zu beobachten und eine an der römischen Porträtbüste orientierte Modellierung der Köpfe.

In anregender Auseinandersetzung mit dem plastischen Werk Nannis gelangte **Donatello** (um 1386–1466) zu herausragenden Leistungen, die ihn als den eigentlichen Schöpfer der neuzeitlichen Skulptur berechtigt erscheinen lassen. Der »Marmordavid« (1408/1409, Bargello) sowie die Standfigur und das Relief »Hl. Georg« (um 1415/1417, Bargello) bezeugen seine dramatische, von Gegensätzen bestimmte Figurenkonzeption. Diese beruht auf der Verwendung des Kontraposts aus Stand- und Spielbein sowie der daraus folgenden Verschiebung der Körperachsen in Verbindung mit sich in der Physiognomie widerspie-

Das Museo Nazionale del Bargello ist die erste Adresse für Freunde der Renaissanceskulptur mit Arbeiten von Donatello bis Michelangelo

gelnder innerer Erregung der Gestalten. Ähnliches zeigt sich auch bei seinen monumentalen Nischenfiguren für den Dom: Prophet mit Schriftrolle, Habakuk, Jeremias (1423–1435; alle im Dommuseum), bei denen er klassischen Körperaufbau mit gotischer Gewandfigur vereint und den Statuen Leidenschaft sowie prophetische Kraft verleiht.
Im Gegensatz dazu steht die weich modellierte knabenhafte Bronzefigur des David (um 1445, Bargello), die erste freistehende und nackte Figur seit der Antike. Mit seiner Sängerkanzel (1433–1439, Museo dell' Opera del Duomo) schuf Donatello ein furioses Tanzensemble ausgelassener Puttoknaben. Auf dem Gebiet der Holzplastik zeigt er sein großes Talent mit dem Kruzifix (ca. 1406–1408) von Santa Croce, das in seinem expressiven Naturalismus die Menschenähnlichkeit des Gottessohnes betont. Von erschütternder Tragik ist sein Spätwerk, die »Hl. Magdalena« (Museo dell' Opera del Duomo), eine Holzfigur, wohl zwischen 1453 und 1455 geschaffen, deren ausgezehrte, greisenhafte Gestalt im Vergleich zur makellosen Schönheit des »Bronzedavids« die künstlerische Wandlungsfähigkeit Donatellos deutlich macht.

Weitere Bildhauer

**Luca della Robbia** (1400–1482) gestaltete mit seiner Sängerkanzel (1431–1438; Dommuseum) – als Gegenstück zu der von Donatello – zwar ein qualitätvolles Marmorrelief mit musizierenden und tanzenden Kindern sowie mit der nördlichen Sakristeitür im Dom auch ein wichtiges Bronzewerk, sein Hauptaugenmerk galt aber der Keramik. Er war der Gründer einer bedeutenden Familienwerkstatt des 15. und 16. Jh.s, zu der auch sein Neffe Andrea (1435–1525) und dessen Söhne Giovanni und Giuliano della Robbia gehörten. Diese widmeten sich der Herstellung gebrannter, mit Email oder Bleiglasur überzogener zunächst blau-weißer, später farbiger Reliefs, die viele kirchliche (Dom) und öffentliche Bauten (Findelhaus) von Florenz schmücken.
Der überragende Bildhauer und Bronzegießer in der zweiten Hälfte des 15. Jh.s war jedoch **Andrea del Verrocchio** (1435–1488), der auch als Maler Talent bewies (u. a. »Taufe Christi«, Uffizien). Sein Grabmal für Piero und Giovanni de' Medici (1472 vollendet) besteht aus rein ornamentaler Ausschmückung in verschiedenfarbigem Marmor und Bronze. Der »Bronzedavid« (1472–1475, Bargello) ist die fein modellierte, naturalistische Figur eines Hirtenknaben, der selbstbewusst im Raum steht. Noch stärker auf Vielansichtigkeit angelegt ist die kraftvoll-realistische Figur des »Putto mit Delphin« (ca. 1470, Palazzo Vecchio). Die Marmorbüste einer »Dame mit Sträußchen« (ca. 1475, Bargello) zeigt eine ausgezeichnete Oberflächenbehandlung des Marmors, sodass nicht nur Kopf und Hände, sondern auch die verschiedenen Stoffschichten gut zur Geltung kommen. Zu seinen Meisterleistungen auf dem Gebiet der Großbronzen zählt die »Christus-Thomas-Gruppe« (1466–1483) von Orsanmichele, mit der er den Raum durchdringende Nischenfiguren schuf, die der barocken Skulptur wichtige Anregungen gaben.

## Hochrenaissance

Epochenbegriff

Innerhalb weniger Jahrzehnte setzte sich um 1500 der an der griechisch-römischen Antike orientierte Stil in Italien durch. Diese Phase bis zum Tod Raffaels (1520) bezeichnet man als Hochrenaissance.

Architektur

Als wegweisend für die Hochrenaissancebaukunst in Florenz gelten die Bauwerke von **Giuliano da Sangallo** (1445–1516), der die Baukonzepte Brunelleschis weiterführte und so der florentinischen Architektur zur Reife verhalf. In Poggio da Caiano wurde unter seiner Leitung die Villa Medicea (1480–1485) errichtet. In Florenz war er verantwortlich für die Sakristei (1489–1492) von Santo Spirito, ein achteckiger Zentralbau mit doppelschaliger Kuppel und einer tonnengewölbten Vorhalle mit antikisierendem Schmuck, vor allem reich verzierten Kapitellen. Von 1481 bis 1500 leitete Sangallo auch den Umbau von Santa Maria Maddalena dei Pazzi, wobei er im Langhaus Seitenkapellen einfügte, die den Eindruck eines einschiffigen Saalkirchenraums noch verstärken.

Der **Il Cronaca** genannte Architekt Simone del Pollaiolo (1457 bis 1508) verwendete dasselbe Prinzip beim Bau von San Salvatore al Monte (1499–1504), setzte aber mit der doppelgeschossigen, palastfassadenartigen Wandgliederung im Innern neue Akzente. Mit dem Palazzo Gondi (1490–1498) entwickelte Giuliano da Sangallo bereits Vorstellungen eines Stadtpalasts, der auf die römische Baukunst der Hochrenaissance vorauswies. Das Holzmodell für den Palazzo Strozzi schuf 1489 Giuliano da Sangallo, die Bauleitung übernahmen Benedetto da Maiano und 1497 bis 1504 Il Cronaca.

Im Gegensatz zum Palazzo Gondi, wo die Rustikaquaderung bei den drei Geschossen kontinuierlich abnimmt, zeigt der stilistisch konservativere Strozzi-Palast eine durchgängige Rustizierung der Fassade mit einer gleichmäßigen Reihung der Bogenfenster und sorgfältig gearbeiteten, die drei Geschosse trennenden Kranzgesimsen. Beide Palazzi haben sehr schöne Innenhöfe.

Malerei

An der Schwelle zur Hochrenaissance steht das malerische Werk von **Filippino Lippi** (1457–1504). Nach Ergänzungen der Fresken in der Brancacci-Kapelle (Santa Maria del Carmine) zwischen 1482 und 1485 ließ er mit dem Altarbild »Vision des hl. Bernhard« (1486, Badia Florentina) die Bildvorstellungen der Frührenaissance ein letztes Mal aufleben und integrierte Stifterbildnis, Landschaft, Architektur und Stilleben mit warmen tonalen Farben und ausgewogener Komposition zu einer Einheit. Die »Anbetung der Könige« (1496, Uffizien) präsentiert dagegen in unruhiger Bildanlage eine Fülle von Haltungs- und Bewegungsmotiven der Figuren, die auch in den Fresken der Cappella Strozzi von Santa Maria Novella mit Szenen aus dem Leben des Apostels Philippus und des Evangelisten Johannes erschei-

Der Palazzo Strozzi zeigt die klare Linienführung der Hochrenaissance

nen, die Lippi 1502 vollendete. Dort herrscht ein bewegter Linienstil vor, die Architektur wirkt monumental und dekorativ überladen, die Figuren zeigen heftige Gebärden – alles Aspekte, die bereits den Stil des Manierismus ankündigen.

**Leonardo da Vinci** (1452–1519), Maler, Bildhauer, Architekt, Techniker und Naturforscher, lernte die Malkunst in Florenz bei Andrea del Verrocchio und fiel mit zwei Jugendwerken als äußerst begabt auf: »Taufe Christi« und »Verkündigung« (1472–1475, beide Uffizien), die in Zusammenarbeit mit Verrocchio entstanden. Die »Anbetung der Weisen« (Uffizien) gilt als eigenhändiges Werk, blieb aber unvollendet, als er 1482 in den Dienst des Herzogs von Mailand trat. Die Weihnachtsgeschichte gewinnt in seiner unruhig-expressiven Version einer aus den Fugen geratenen Welt eine neue Dimension der Welterlösung. Da Vincis Beitrag zur Hochrenaissance liegt vornehmlich im Bereich der Helldunkeltechnik mit weichen Übergängen zwischen Licht- und Schattenzonen, die seinen Bildern große atmosphärische Qualität verleihen.

**Raffael**, eigentlich **Raffaello Santi** (1483–1520), stammte aus Urbino, ging bei Perugino in die Lehre und hinterließ seine großen Werke in Rom. In Florenz hielt er sich nur vier Jahre zwischen 1504 und 1508 auf. In dieser Zeit entstanden das Doppelporträt von Agnolo und Maddalena Doni, geb. Strozzi (1505/1506, Palazzo Pitti), ein Werk von scharfer Beobachtungsgabe, die »Madonna mit dem Stieglitz«

# GENIE AUS DER TOSKANA

*Das Universalgenie Michelangelo war als Bildhauer, Maler, Baumeister, Dichter und Forscher tätig. Sein unruhiger Geist zeigte sich auch im mehrmaligem Wohnortwechsel zwischen Florenz und Rom. In beiden Städten leistete er Bahnbrechendes auf verschiedenen Gebieten: in Florenz als Bildhauer mit der weltberühmten Statue des David in der Akademie und den Figuren in der Neuen Sakristei von San Lorenzo, in Rom als Maler mit der Sixtinischen Kapelle im Vatikan und als Architekt beim Neubau der Papstkirche St. Peter.*

▶ **Lebensstationen**
Zeit in

- Bologna
- Florenz
- Rom

Michelangelo wird am 6. März 1475 in Caprese geboren.

▶ **Michelangelo als Bildhauer**

Ⓐ **Kentaurenschlacht**
**Zeitraum:** um 1492
**Ort:** Casa Buonarroti, Florenz
**unter Aufsicht von:** Lorenzo de' Medici, der Prächtige

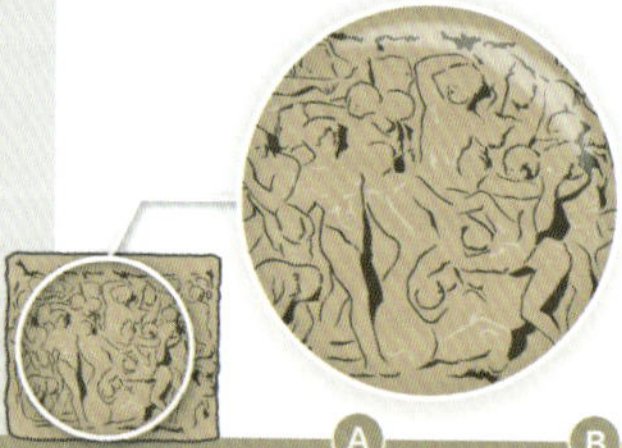

Ⓑ **Pietà**
**Zeitraum:** 1498 – 1499
**Ort:** Petersdom, Rom
**Auftraggeber:** Kardinal Jean Bilhères de Lagraulas, Abt von St-Denis und französischer Botschafter beim Heiligen Stuhl

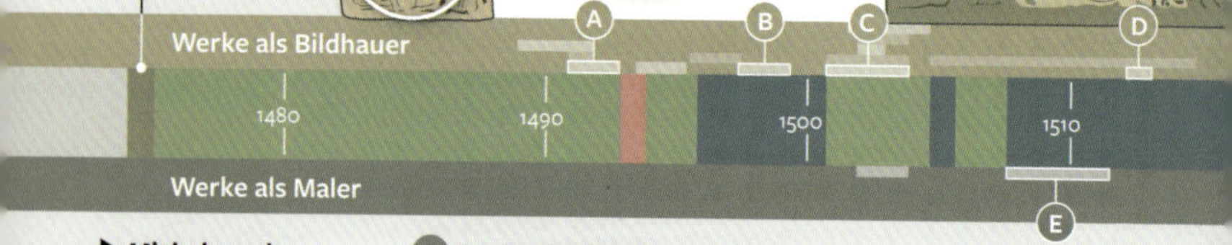

Werke als Bildhauer

A B C D

1480 1490 1500 1510

Werke als Maler

E

▶ **Michelangelo als Maler**

Ⓔ **Deckenfresko der Sixtinischen Kapelle**
**Zeitraum:** 1508 – 1512
**Ort:** Sixtinische Kapelle, Rom
**Auftraggeber:** Papst Julius II.

- Vorfahren Jesu
- Sibyllen
- Propheten
- Noah
- Adam und Eva
- Schöpfung
- Szenen aus dem Alten Testament

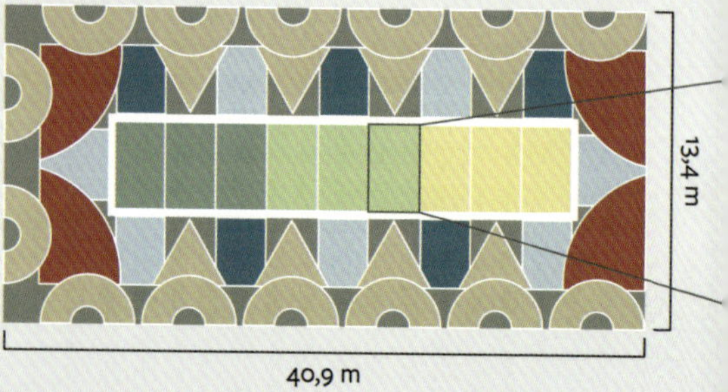

13,4 m

40,9 m

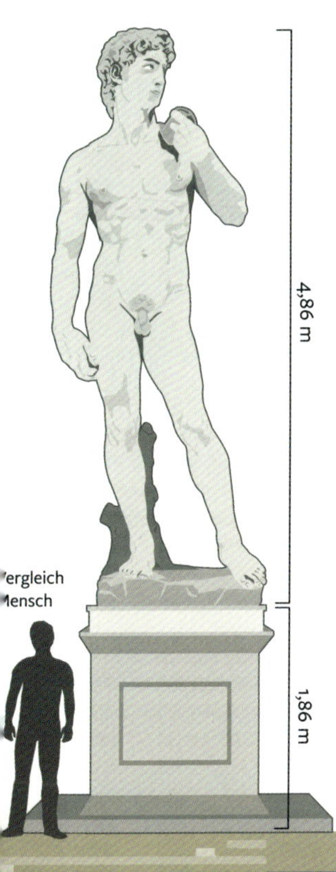


**C David**
**Zeitraum:** 1501–1504
**Ort:** vor dem Palazzo Vecchio und auf der Piazzale Michelangelo, Florenz (Kopien); Original seit 1873 in der Galleria dell' Accademia
**Auftraggeber:** Dombauhütte

**Ein Meisterwerk der Renaissance**

Die David-Statue entstand aus einem einzigen Mamorblock und gilt als Sinnbild von Kraft und der Macht des Geistes. Sie wurde von Michelangelo als Siegesdenkmal der Florentiner für die Stadtrepublik erschaffen.

**D Sterbender Sklave**
**Zeitraum:** 1513–1515
**Auftraggeber/Ort:** Papst Julius II. für sein Monumentalgrab im Petersdom in Rom
**Heute:** Louvre, Paris

**Die Erschaffung Adams**
Mit ausgestrecktem Zeigefinger erweckt Gott Adam zum Leben.

2,3 m

4,8 m

**F Das Jüngste Gericht**
**Zeitraum:** 1536–1541
**Ort:** Sixtinische Kapelle
**Auftraggeber:** Papst Paul III.

Im Zentrum des Freskos hat Michelangelo Jesus im Moment unmittelbar vor der Verkündung des Urteilsspruchs dargestellt.

Michelangelo stirbt am 18. Februar 1564 in Rom.

(um 1506, Uffizien) und die »Madonna del Granduca« (1505/1506, Palazzo Pitti), beides »liebenswürdige« Darstellungen von leicht melancholischer Stimmung, die jahrhundertelang das Raffaelbild recht einseitig geprägt haben. Die hohe Porträtkunst des Malers bezeugen die in Rom gemalten Bildnisse von Papst Leo X. (1517/1518, Uffizien), der »Donna Velata« (um 1516, Palazzo Pitti), einer Darstellung seines Lieblingsmodells Margherita Luti (geb. ca. 1490 in Siena), und des Kardinals Inghirami (um 1509, Palazzo Pitti).

**Andrea del Sarto** (1486–1530) war von Raffael, Leonardo und Michelangelo beeinflusst, arbeitete aber fast ausschließlich in Florenz. In der Kirche Santissima Annunziata sind eine Reihe seiner Fresken zu sehen, darunter die »Geburt Marias« (1514), ein streng geometrisch komponiertes Bild, aber mit schreitenden Figuren bewegungsreich ausgestaltet. Recht gut lässt sich der Stilwandel des Künstlers nachvollziehen in dem Zyklus aus Grisaillemalereien mit Szenen aus dem Leben Johannes des Täufers im Chiostro dello Scalzo, woran er mit Unterbrechungen von 1509 bis 1526 arbeitete. Im Palazzo Pitti beeindrucken die kraftvoll-heldenhafte Gestalt Johannes des Täufers sowie die »Himmelfahrt Marias« (um 1526), ein Werk von atmosphärischer Dichte durch wirkungsvolle Helldunkeltechnik und von tiefer religiöser Empfindung.

Skulptur

Es ist **Michelangelo Buonarroti** (1475–1564; ▶ Baedeker Wissen S. 76, 242), der mit seinem Frühwerk in Florenz dem Hochrenaissancestil in der Skulptur zum Durchbruch verhalf, bevor er 1496 bis 1501 nach Rom ging. Geschult an antiken Vorbildern und ausgebildet bei Ghirlandaio und Bertoldo, zeigen bereits Michelangelos erste Werke (alle in der Casa Buonarroti) »Madonna an der Treppe« (1489–1492), »Kentaurenschlacht« (1492) und das Holzkruzifix in der Florentiner Kirche Santo Spirito (1492/93) mit kühnen Verkürzungen und kontrastreichen Modellierungen seine starke Rezeption und zugleich bahnbrechende Erneuerung der antiken Kunst. Der »Trunkene Bacchus« (1496/97, Bargello) ist auf den ersten Blick lediglich eine Antikenrezeption, doch es verblüfft, dass die Schulter über dem rechten Spielbein nicht nach hinten, sondern nach vorn gewendet ist, wodurch die Figur ins Schwanken gerät. Das kannte die antike Plastik ebensowenig wie den expressiven Naturalismus der leicht dickbäuchig-vulgären Gestalt.

Das drückt sich auch in der weltbeühmten Kolossalstatue des »David« (1501–1504, Galleria dell' Accademia; ▶ Baedeker Wissen S. 76) aus, einer klassischen Kontrapostfigur mit starken Gegensätzen zwischen Ruhe und Bewegung, Gelöstheit und Anspannung. Die Skulptur – für die Außenfassade des Doms geplant, dann vor dem Palazzo Vecchio aufgestellt – bildet den Abschluss einer um 1400 begonnenen Serie von Darstellungen des alttestamentlichen Helden in Florenz.

## Manierismus

Für die **Spätrenaissance** (1520–1600) hat sich für den italienischen Raum der Begriff Manierismus eingebürgert. Er bezeichnet den antiklassischen Stil, der anstelle des ideal überhöhten Naturvorbilds alle Ausdrucksformen dynamisiert und dabei Verzerrungen der Wirklichkeit bis hin zur Darstellung des Abnormen und Irrealen erlaubt.

Epochenbegriff

Das wichtigste Zeugnis der Architektur des Manierismus in Florenz ist die **Biblioteca Laurenziana.** Mit dem Bau wurde nach Plänen Michelangelos 1524 begonnen, aber erst nach seinem Tod wurde die Bibliothek 1571 ihrer Bestimmung übergeben. Das Vestibül gehört zu den eigenwilligsten Raumschöpfungen Michelangelos und seiner Epoche. Die hohe und enge, monumental gegliederte Vorhalle ist als triumphaler Eingang und Aufgang zur Bibliothek einmalig in der Architekturgeschichte. Man weiß zunächst gar nicht recht, wo man sich aufhält – in einem Haupt- oder Zwischengeschoss, einem Innen- oder Außenraum. Das Raumgefüge wird durch Doppelsäulen in einzelne Abschnitte geteilt. Eigenartig wirkt auch die Treppenanlage, die auf kürzestem Raum einen großen Höhenunterschied überwindet. Breit und gerundet fließen die mittleren Stufen aus dem Portal, und beim Besteigen der geländerlosen Seitentreppen ist ein Gefühl von Instabilität spürbar. Dieses Hervorrufen von Unsicherheit durch die Umkehrung architektonischer Kräfte ist typisch für den Manierismus.

Architektur

**Giorgio Vasari** (1511–1574), Maler, Baumeister und Schriftsteller, orientierte sich an Michelangelos Formensprache und schuf mit dem Bau der Uffizien (1560–1580) ein Verwaltungsgebäude des toskanischen Großherzogtums. Der sich extrem verkürzende, hofartige Architekturprospekt sammelt die Bewegungsrichtung nicht in einem Mitteltrakt, sondern führt durch die offene Loggia in die Ferne. Mit dem sogenannten Studiolo (Studierzimmer) für Großherzog Francesco I. im Palazzo Vecchio lieferte Vasari 1570 bis 1572 sein Kabinettstück des Manierismus, eine philosophisch inspirierte Schöpfung mit einander durchdringenden Formen von Architektur, Malerei und Plastik, die die Grenze zwischen realem und Kunstraum vollends aufheben.

Der wohl vielseitigste Architekt des Manierismus in Florenz war **Bernardo Buontalenti** (1531–1608), gleichermaßen geschätzt als Innenausstatter, Festungsbaumeister, Gartenplaner, Theateringenieur und Kostümbildner. Die Tribuna (1584–1587), ein kunstvoll ausgestatteter, herrschaftlicher Achtecksaal in den Uffizien, die Grotten im Boboli-Garten (zwischen 1583 und 1593, Planung von Vasari), die Innenausstattung des Palazzo Vecchio (1588) sind Baumaßnahmen zum Zweck fürstlichen Müßigganges. Der Palazzo Nonfinito (ab 1593), die Festung Forte del Belvedere (1590–1595) und die Fassade von Santa Trínita (1593) sind weitere bedeutende Bauwerke Buontalentis.

Malerei

Zu den ersten Vertretern der Malerei des Manierismus in Florenz zählt **Giovanni Battista Rosso** (1495–1540), genannt Rosso Fiorentino. Das Fresko »Himmelfahrt Mariä« (1517, Santissima Annunziata) und das Tafelbild »Madonna mit vier Heiligen« (1518, Uffizien) sind die frühesten Werke, die sein vermutlich bei Andrea del Sarto erworbenes Können beweisen. Die Altartafeln »Madonna mit zehn Heiligen« (1522, Palazzo Pitti) und die »Verlobung Marias« (1523, San Lorenzo) zeichnen sich durch einen asymmetrischen Bildaufbau, changierende Farben und raffinierte Gestaltung der Gewandfiguren aus. Ungewöhnlich ist auch die aus starken Farb- und Richtungskontrasten aufgebaute Komposition von »Moses verteidigt die Töchter Jethros« (1523, Uffizien) mit puppenhaft wirkenden Körpern.

Die erste anerkannte Renaissance-Malerin aus Florenz ist die Nonne **Suor Plautilla Nelli** (1524–1588). Polissena de'Nelli stammte aus einer reichen Kaufmannsfamilie, ging mit nur 14 Jahren ins Kloster und nahm den Namen Suor (Schwester) Plautilla an. Autonom brachte sie sich die Malerei bei, die stark von Fra Bartolomeo, Agnolo Bronzino und Andrea del Sarto beeinflusst ist. 2017 widmeten ihr die Uffizien eine große Ausstellung. 2019 wurde das einzige von ihr signierte Werk, die von da Vincis Vorbild geprägte 7 x 2 m große **»L'Ultima Cena«** (Letztes Abendmahl, ca. 1550) nach vier Jahren Restaurierung im Museum Santa Maria Novella präsentiert, wo es nun ausgestellt ist. Im Großen Refektorium des Nationalmuseums San Marco befindet sich ihr Gemälde »Compianto sul Cristo morto« (ca. 1560). Ebenfalls dort zu sehen waren 2022 die ihr zugeschriebenen undatierten Gemälde **»Die Hl. Katharina von Siena empfängt die Stigmata«** sowie »Der Hl. Dominikus erhält den Rosenkranz von der Jungfrau«. Die Uffizien besitzen weitere sieben Zeichnungen von Plautilla, das ihr zugeschriebene Gemälde »Crocifissione« (Kreuzigung) ist in der Kartause von Galluzzo. Suor Plautilla bildete mindestens vier weitere Nonnen in der Malerei aus.

Skulptur

Charakteristische Beispiele für die Bildhauerei des Manierismus sind die Skulpturen für das Grabmal Papst Julius' II., die sog. Sklaven (um 1519, Galleria dell'Accademia) und die Medici-Gräber (1520–1534) in der Neuen Sakristei (San Lorenzo) von **Michelangelo.** Sie erreichen eine nie zuvor dagewesene Komplexität der Bewegung und machen seelische Spannungen und innere Leidenschaften sichtbar. Da alle Arbeiten unvollendet sind, geben sie nur Einblick in den Arbeitsprozess Michelangelos. Und dennoch wirken die unvollendeten Skulpturen geradezu überzeitlich modern als grundsätzliche Veranschaulichung eines existenziellen Kampfs zwischen Freiheit und Gebundenheit sowie Geist und Materie. Michelangelo setzte sich immer wieder in dem Thema der Pietà mit der christlichen Heilslehre auseinander. Die Dom-Pietà (Museo dell'Opera del Duomo) und die Pietà di Palestrina (Galleria dell'Accademia) sind unvollendete Werke von erschütternder Tragik.

Einen letzten Höhepunkt erreichte die Skulptur in Florenz Ende des 16. Jh.s mit den Werken von **Giambologna** (1529–1608), einem Flamen aus Boulogne sur Mer. Sein wesentlicher Beitrag zur Entwicklung der Plastik, gerade im Hinblick auf die Barockskulptur, war die »figura serpentinata«: Eine solche Figur ist auf Vielansichtigkeit ausgerichtet und zwingt den Betrachter durch ihre spiralförmige Bewegung zum Umschreiten. Hervorragende Beispiele sind die Marmorgruppen »Florenz siegt über Pisa« (1570, Bargello) und »Raub der Sabinerinnen« (1574–1580, Loggia dei Lanzi, Piazza della Signoria). Auf dem Gebiet der Bronzeplastik schuf der Bildhauer mit dem »Fliegenden Merkur« (um 1580, Bargello) ein virtuoses Standbild, das die Gesetze der Statik aufzuheben scheint und im Raum zu schweben beginnt. Das **Reiterdenkmal für Großherzog Cosimo I. de Medici** (1587–1594) auf der Piazza della Signoria gilt als das erste öffentliche im Absolutismus. Das Denkmal in Imperatorhaltung, hoch zu Ross über den Köpfen des Volks, ist die letzte Steigerung der Verherrlichung von Fürstenmacht und zeigt schlaglichtartig die politischen Verhältnisse in Florenz auf.

Das erste öffentliche Denkmal des Absolutismus:
Cosimo I. de Medici zu Pferd auf der Piazza della Signoria.

## Barock

Kein barockes Zentrum

Florenz war ein Nebenschauplatz der barocken Kunst. Wirtschaftlicher Niedergang und ein rigides politisches System hatten seit Beginn des 17. Jh.s zum Rückgang des Kunstschaffens in Florenz geführt. Man widmete sich fortan der Pflege und Bewahrung der Kulturgüter der vorangegangenen Jahrhunderte.

Architektur

Das größte Bauprojekt in der Arnostadt im 17. und 18. Jh. war die Errichtung der **Fürstenkapelle** (begonnen 1604/05) in San Lorenzo, ein riesiges überkuppeltes Oktogon als prunkvolles Mausoleum für die Medici-Großherzöge. Nach mehrfachen Planänderungen und Bauverzögerungen wurde sie 1650 fertiggestellt, die Innenausstattung wurde allerdings erst im 20. Jh. – Altar mit Einlegearbeiten von 1939 – vollendet. Weitere Baumaßnahmen waren die Erweiterungen des Palazzo Pitti als Fürstenresidenz mit der Verlängerung der Fassade (1618–1631) durch Giulio und Alfonso Parigi und der Ausbau der Seitenflügel zwischen 1765 und 1783, sodass sich ein Ehrenhof nach dem Vorbild französischer Barockresidenzen ergab. Der Palazzo Corsini (1648–1656), von Gherardo Silvani errichtet, bietet ein gutes Beispiel eines barocken Stadtpalasts mit einer monumentalen Treppenanlage im Innern. Auf dem Gebiet der Sakralbaukunst entstand 1677 bis 1685 mit der Neugestaltung der Choranlage von Santa Maria Maddalena dei Pazzi ein bedeutendes Werk in Zusammenarbeit von Pier Francesco Silvani (Architektur) und Ciro Ferri (Malerei).

Malerei

Um 1600 war die Malerei in Florenz noch von den Nachklängen des Manierismus bestimmt. **Alessandro Allori** (1535–1607) machte sich zunächst als Porträtmaler einen Namen und freskierte unter dem Einfluss Michelangelos ca. 1560 bis 1564 ein Jüngstes Gericht in Santissima Annunziata. Um 1570 neigte er zu ekstatischen gegenreformatorischen Bildideen und malte schließlich auch Themen aus der Mythologie und antiken Geschichte mit einer Reihe von Aktdarstellungen. Die »Opferung Isaaks« (1583/1601, Uffizien) ist eine episodenhafte Bilderzählung mit starkem Hang zur Landschaftsdarstellung. Seine »Maria mit dem Kind« (ca. 1592, Galleria Palatina im Palazzo Pitti) zeigt im Rückgriff auf die Malerei des Quattrocento einen ausgeprägten Realismus. Für die Ausmalung einiger Innenräume des Pitti-Palastes konnte **Pietro da Cortona** (1597–1669) von den Medici-Fürsten gewonnen werden. Seine illusionistische Wand- und Deckenmalerei mit sinnlichem Pathos lässt sich gut in den Sälen der Venus, des Mars, des Jupiter und des Apoll sowie in der Sala della Stufa (»Ofensaal«) sehen, die 1637 bis 1641 entstanden.

Pietra dura

Ein bedeutsames Kunsthandwerk im Florenz der Barockzeit war das **Florentiner Mosaik,** »pietra dura« genannt, Einlegearbeiten in

Stein (häufig Edelsteine), das besonders in der Fürstengruft von San Lorenzo zu bewundern ist. 1588 gründete Großherzog Francesco I. de' Medici die Werkstätten, die bald in ganz Europa berühmt waren und heute noch existieren (Opificio delle Pietre Dure).

## Moderne (19./20. Jahrhundert)

Architektur

Klassizismus und Historismus haben einige Spuren vornehmlich beim Wohnhaus- und Stadtpalastbau hinterlassen. Für die Anlage des großbürgerlichen Flanierplatzes **Piazza della Repubblica** wurde um 1890 das mittelalterliche Viertel mit dem Mercato Vecchio und dem Ghetto abgerissen und durch einen Triumphbogen, den sogenannten Arconte (1895) ersetzt, umgeben von einer Reihe von Verwaltungspalästen, die mit ihrer antikisierenden Formensprache an das römische Forum erinnern, das sich einst an dieser Stelle befand. Im Sakralbau wurde die Marmorfassade von Santa Croce (1853–1863) von Niccolò Matas vermutlich nach den Ideen Cronacas (15. Jh.) vollendet. Die Fassade des Doms Santa Maria del Fiore gestaltete man von 1871 bis 1887 nach Entwürfen von Emilio de Fabris und Guglielmo Calderini im Stil der Neogotik.
Erwähnenswert sind von den Bauten des 20. Jh.s die Stazione di Santa Maria Novella, der Hauptbahnhof – 1933 errichtet vom Architektenteam Baroni, Berardi, Gamberini, Guarnieri, Lusanna und Micheluzzi – und das Sparkassengebäude von G. Micheluzzi (1958). Ein Beispiel für ambitionierte zeitgenössische Architektur ist das 2014 eröffnete, ästhetisch und technisch hochmoderne Musiktheater Teatro del Maggio Musicale Fiorentino, genannt **Opera di Firenze**.

Malerei

Um die Mitte des 19. Jh.s machte eine toskanische Künstlergruppe mit dem Namen **»Macchiaioli«** (macchia = Fleck) von sich reden. Sie wandte sich bewusst vom Akademiestil ab und verfolgte die Freilichtmalerei nach dem französischen Beispiel der Schule von Barbizon und des Impressionismus: mit lockerer Pinselführung, natürlichen Farben und realistischen Themen. Die Werke u. a. von G. Boldini, G. Fattori, S. Lega sind in der Galleria d'Arte Moderna im Pitti-Palast ausgestellt. Zu Beginn des 20. Jh.s hatte der Futurismus auch in Florenz seine Anhänger. Während der Mussolini-Diktatur trafen sich oppositionelle Literaten wie der Literaturnobelpreisträger Eugenio Montale und junge Florentiner Maler wie Ottone Rosai, Primo Conti oder Ardengo Soffici im legendären Café Giubbe Rosse (»Rote Jacken«) an der Piazza della Repubblica 13–14 r.

Skulptur

Bekanntester klassizistischer Bildhauer des 19. Jh.s in Florenz war Pio Fedi (1816–1892), dessen »Raub der Polyxene« (1855–1865) unter den Statuen der Loggia dei Lanzi einen Ehrenplatz erhalten hat. Um die Jahrhundertwende gab es auch in Florenz eine Reihe von Epigonen, die sich für den Skulpturenstil von Rodin begeisterten. Während des Faschismus bestimmten hingegen Heroismus und Pathos die Skulptur. Eine in ganz Italien herausragende Stellung nimmt das Schaffen des toskanischen Bildhauers **Marino Marini** (1901–1980) ein: seinen Pferden, Reiter-Skulpturen und Muttergöttinnen haftet etwas zeitlos Volkstümliches an, ein »etruskischer Manierismus« (Gottfried Sello) und zugleich eine nachvollziehbare Suche nach Modernität. Das Florentiner Marino-Marini-Museum hat sich zusammen mit dem Zentrum für Zeitgenössisches Strozzina im Palazzo Strozzi sowie dem Museo Novecento zu einem interessanten Veranstaltungsforum für die zeitgenössische Kunst in Florenz entwickelt.

Freunde der Kunst des 21. Jh.s pilgern zu den Ausstellungen in der etwas außerhalb liegenden Galerie Fritelli Contemporanea (Via Val Di Marina 15, http://www.frittelliarte.it; Mo.–Fr. 9 –13, 15–18 Uhr; Tram 2 oder Bus bis Torre agli Agli, dann zu Fuß) und zu den Performances und Installationen im Murate Art District MAD (Piazza delle Murate; Programm: Tel. 055 2 47 68 73, www.murateartdistrict.it). Die Events finden dort auch in drei der ehemaligen Gefängniszellen statt.

# INTERESSANTE MENSCHEN

*Maler, Architekten, Schriftsteller – Florenz ist die Stadt der Renaissance und Zentrum von Kultur, Kunst und Wissenschaft. Sie brachte viele bedeutende Künstler hervor, die das Stadtbild heute noch prägen und weit über die Grenzen des Landes bekannt sind.*

## Schutzpatron der Künstler: Fra Angelico

ca. 1395–1455
Maler

Der Sohn eines wohlhabenden Landwirts aus dem Mugello-Tal, eigentlich Guido di Pietro mit Namen oder auch Giovanni da Fiesole genannt, trat mit zwanzig Jahren in das Dominikanerkloster von Fiesole ein. Dort verbrachte er viele Jahre als **malender Mönch** mit der Ausschmückung seines Heimatklosters durch Fresken. Sein Ruf als vorzüglicher Maler – weitgehend ein Naturtalent – verbreitete sich rasch, und als in Florenz 1436 das **Dominikanerkloster San Marco** neu gestaltet wurde, erhielt Fra Giovanni den Auftrag, die Klosterzellen mit Themen aus der Passion Christi auszugestalten.

Seine Malerei ist trotz starker Anlehnung an den gotisch-flächigen Stil von erstaunlicher Plastizität und Wirklichkeitsnähe. Sein Realismus ist teilweise so wirkungsvoll, dass die Mitbrüder beim Anblick der Kreuzigungsdarstellungen wegen des vielen Bluts in Ohnmacht fielen. Diese Art des Mitleidens war durchaus beabsichtigt und gab der Malerei neue emotionale Impulse. Darüber hinaus ist der Malermönch auch ein wichtiger Neuerer der Bildkomposition, der vor allem Halbkreis und Kreis als konstituierende Elemente des Bildaufbaus nutzte. Die glanzvolle Farbigkeit, der beseelte Ausdruck und die innige Frömmigkeitshaltung der Figuren, vor allem auf seinen Altartafeln, kennzeichnen seinen Malstil. Schon früh ehrte man ihn mit dem Beinamen »il Beato Angelico« (»Der selige Engelsgleiche«). Während eines Aufenthaltes in Rom starb er 1455 und wurde in Santa Maria sopra Minerva begraben. 1982 wurde er von Papst Johannes Paul II. offiziell **selig gesprochen** und zum Schutzpatron der Künstler erhoben. Sein Geburtsort Vicchio im Mugello ehrt ihn mit dem **Museo di Arte Sacra Beato Angelico** (Piazza Don Milani 6; Zug oder Bus 307 A ab Florenz nach Vicchio).

## Bewunderer Dantes: Giovanni Boccaccio

1313–1375
Dichter

Boccaccio wurde als unehelicher Sohn eines großbürgerlichen Kaufmanns aus Certaldo geboren, wuchs in Florenz auf und ging auf Geheiß seines Vaters 1331 zum Jurastudium nach Neapel, wo er mit höfischen Kreisen in Kontakt kam und die Liebe zu alten Sprachen entdeckte. Ab 1340 widmete er sich – zurück in Florenz – dem Schreiben. Sein psychologischer Liebesroman »Fiammetta« (1343) geht auf ein persönliches Liebeserlebnis am Hof von Neapel zurück. Offen ist, ob Boccaccio während der Pestepidemie 1348 direkt in Florenz weilte. Aber er verfasste unter dem Eindruck dieser Jahrhundertkatastrophe den berühmten Novellenzyklus **»Il Decameron«** (»Das Dekameron«, 1349–1353), der heute als Ursprung der italienischen Prosa überhaupt angesehen wird und die Weltliteratur entscheidend beeinflusst hat (Shakespeare, Rabelais, Lessing). In den 100 Erzählungen, von zehn Personen an zehn Tagen vorgetragen, geht es in praller realistischer Darstellung um Lebenslust, Daseinsfreude und Fragen der Liebesmoral.
1350 traf er den von ihm hochverehrten Petrarca erstmals für drei Tage in Florenz und wandelte sich fortan zu einem der frühen Humanisten. Seine fulminante neue Karriere als Politiker und Gesandter von Florenz endete jedoch 1360, als er kurzzeitig in Ungnade fiel. Daraufhin widmete er sich dem Studium des Altgriechischen, unter anderem in der familieneigenen Casa del Boccaccio im nahen Ort Certaldo (Via Boccaccio 18, www.enteboccaccio.it). Neben vielen weiteren Werken in italienischer und lateinischer Sprache

legte Boccaccio als Bewunderer Dantes mit dem »Trattatello in laude di Dante« (1357–1365), 1477 irreführend neu als »Vita di Dante« veröffentlicht, den Grundstein zu einer Dante-Biografie. 1373 sorgte er für eine erste öffentliche Lesung von Dantes »Göttlicher Komödie« in der Badia Fiorentina.

## Großer Künstler: Sandro Botticelli

1445–1510
Maler

Der in Florenz geborene Maler **Alessandro di Mariano Filipepi,** der den Spitznamen Botticelli (»Fässchen«) schon in seiner Jugend erhielt, erfuhr zunächst eine Ausbildung als Goldschmied und kam von dort in die Lehre zu Filippo Lippi. Sehr früh gewann er die Gunst der **Medici-Familie,** die ihn durch viele Aufträge förderte. Botticelli war humanistischen Ideen sehr aufgeschlossen, die er auch in seinen Gemälden verarbeitete, erhielt Anregungen durch die Platonische Akademie zu Florenz, neigte aber in seinen späteren Jahren zur Mystik und gehörte schließlich zu den Anhängern Savonarolas.

Seine Hauptwerke – darunter »Der Frühling« und »Geburt der Venus« – entstanden zwischen 1480 und 1485 und sind in den **Uffizien** perfekt präsentiert. In seinen Bildvorstellungen vereinen sich die glanzvolle Lebensart der Epoche Lorenzos des Prächtigen mit humanistischer Bildung, starker Empfindsamkeit und scharfem Geist. Trotz der Aktfiguren – im Fall der »Geburt der Venus« die Darstellung von Botticellis Muse und damals schönsten Frau von Florenz, der mit 23 Jahren verstorbenen Simonetta Vespucci (1453–1476) – ist Botticellis Malweise im Grunde »neogotisch«. Schließlich verzichtet er bewusst auf den plastischen Realismus der Renaissancekunst und verleiht seinen Bildern stattdessen einen verklärenden, geheimnisvollen Zauber. Nach Tod und Vertreibung der Medici-Mäzene 1494 geriet Botticelli in eine persönliche und künstlerische Krise, die zum Teil durch religiöse Bilder aufgefangen wurde. Es ist nicht verwunderlich, dass er gegen Ende seines Lebens über 90 Federzeichnungen zu Dantes »Göttlicher Komödie« fertigte und sich mystisch mit dem Erlösungsgedanken auseinandersetzte. Zum Kultort wurde Botticellis Grabplatte in der Kirche Ognissanti, wo auch seine ewig verehrte Simonetta Vespucci ihre letzte Ruhestätte fand.

## Architektonisches Genie: Filippo Brunelleschi

1377–1446
Baumeister,
Bildhauer

Der gebürtige Florentiner Baumeister und Bildhauer Filippo Brunelleschi ist der eigentliche Schöpfer der Renaissancearchitektur. Voraussetzung für die Erneuerung der Baukunst war seine intensive Beschäftigung mit antiker Architektur. Brunelleschi zog sogar mit seinem Freund, dem Bildhauer Donatello, nach Rom, um vor Ort die

OBEN: Am Palazzo dei Canonici (Piazza del Duomo 14–15) erinnert eine Statue an Botticelli, der sich mit der Kuppel des Doms selbst verwirklichte.

UNTEN: In Botticellis »Anbetung der Könige« haben sich einige Mitglieder der mächtigen Medici abbilden lassen. Er fertigte es als Altarbild für die Grabkapelle in Santa Maria Novella.

antiken Überreste zu studieren. Als Ergebnis der Messungen und Berechnungen entwickelte er **geometrische und stereometrische Formen, die die Grundlage für seine Bauten** bildeten. Aus der optischen Lehre von Euklid leitete er schließlich ab 1416 seine Entdeckung der zentralperspektivischen Projektion ab, d. h. die wissenschaftlich exakte Darstellung eines dreidimensionalen Raums auf einer Fläche – das eröffnete vor allem der Malerei ungeahnte Möglichkeiten.

Zu Brunelleschis großen Ingenieurs-Taten zählt zudem die gewaltige freitragende, doppelschalige **Konstruktion der Domkuppel** in Florenz (1420–1436, ▶ Baedeker Wissen, S. 60). Im Profanbau setzte er mit der Ospedale degli Innocenti, dem Findelhaus, neue Akzente durch die Verwendung von Hängekuppeln. In der Sakralarchitektur gelangen ihm mit San Lorenzo und Santo Spirito revolutionäre Langbauten, die die gotische Baukunst völlig überholt erschienen ließen. In einer kühnen Synthese aus frühchristlichen basilikalen Baugedanken und antikisierender Formensprache (Säule, Pilaster, Kapitell, Gebälk) schuf er ein lichtdurchflutetes, proportional gleichgewichtiges Raumgefüge, in dem das Raumganze in ständiger Wechselwirkung mit den Einzelformen steht. In San Lorenzo beispielsweise wiederholt sich der Halbkreisbogen der Langhausarkaden in verkleinertem Maßstab in den Obergadenfenstern, in den Bögen der Kapellenöffnungen und in den Schildbögen der Hängekuppeln in den Seitenschiffen. In Santo Spirito bildet das Vierungsquadrat (Schnittfläche von Langhaus und Querhaus) die Maßeinheit für den ganzen Bau. Auf dem Gebiet des Zentralbaus orientierte sich Brunelleschi an byzantinischen Kuppelbauvorbildern. Interessante Varianten des neuzeitlichen Zentralbaus bieten die Alte Sakristei von San Lorenzo und die Pazzi-Kapelle als Kapitelsaal der Franziskaner von Santa Croce, wo er einen überkuppelten Rechteck- mit einem Quadratgrundriss kombinierte.

Als Bildhauer nahm Brunelleschi 1401 am Wettbewerb um die Gestaltung der zweiten Bronzetür des Baptisteriums mit dem Relief »Die Opferung Isaaks« teil, das jedoch gegen den Entwurf Ghibertis unterlag; beide Reliefs befinden sich heute im **Bargello-Museum.** Im Dom zu Florenz fand der große Baumeister seine letzte Ruhestätte.

## Verstoßener Sohn der Stadt: Dante Alighieri

1265–1321
Dichter

Dante wurde 1265 als Sohn angesehener Patrizier in der Arnostadt geboren und wuchs zu einer Zeit auf, als in den Städten Norditaliens Kämpfe zwischen rivalisierenden Adelsfamilien stattfanden: Die Anhänger des Kaisers wurden Ghibellinen genannt, die des Papstes Guelfen. Vielfach ging es diesen Familien aber gar nicht um die Durchsetzung von Reichs- oder Papstinteressen, sondern um ihre Vormachtstellung in der jeweiligen Stadt. Dantes Familie gehörte zur

Ghibellinenpartei, die sich in Florenz »weiße Guelfen« nannte, und musste mehrfach ins **Exil** gehen, wenn die päpstlichen schwarzen Guelfen wieder einmal die Regierung stellten. Als Dante geboren wurde, war das der Fall, weshalb ein Teil seiner Familie in der Verbannung leben musste.

In Bologna studierte er Rechtswissenschaft und ging mit etwa 20 Jahren **in die Politik**. 1295 gehörte er zum Rat des Capitano del Popolo, 1296 zum Rat der Hundert und 1297 zu dem des Podestà, bis er schließlich 1300 als Prior zum Mitglied der Signoria gewählt wurde. In diesem Jahr brachen erneut blutige Kämpfe zwischen den Adelsgruppen in der Stadt aus. Die weißen Guelfen wurden der Verschwörung beschuldigt und ihre Anführer aus der Stadt verbannt. Auch Dante machte man den politischen Prozess: 1302 wurde er zu lebenslanger Verbannung verurteilt, die fünf Jahre später in seiner Abwesenheit in die Todesstrafe umgewandelt wurde. Dante lebte fortan verbittert und auf fremde Hilfe angewiesen. Er starb 1321.

Sein Grab befindet sich in Ravenna, die Monumentalstatue vor Santa Croce ehrt ihn in Florenz. Zudem wurde im Dantejahr 2021 der Rad- und Wanderweg **Cammino di Dante** zwischen Ravenna und der Casa di Dante in Florenz eröffnet (www.camminodante.com).

Während seiner Exiljahre schrieb Dante seine wichtigsten staatsphilosophischen und literarischen Werke. Dazu zählen u. a. die lateinisch verfassten Abhandlungen »Monarchia« und »De vulgari eloquentia« sowie die im toskanischen Dialekt, dem Vorläufer der italienischen Nationalsprache, geschriebene »Commedia Divina«, die **Göttliche Komödie**. Sie ist ein in Versform komponiertes allegorisch-lehrhaftes Gedicht aus 100 Gesängen, das die wichtigsten geistigen Auseinandersetzungen des Mittelalters über Theologie und Philosophie, Kirche und Staat sowie die politisch-soziale Situation Italiens zur Zeit Dantes zum Thema hat. Häufig taucht in seinem Werk seine Muse **Beatrice** auf, eine Jugendbekanntschaft aus Florenz. Seit Jahrhunderten berühmt ist der »vero Sasso di Dante« (»wahrer Stein Dantes«) an der winzigen Piazza delle Pallottole am Dom, auf dem der schweigsame Dante oft saß. Eine lokale Legende illustriert Dantes einzigartiges Gedächtnis. Gefragt, was er am liebsten esse, antwortete Dante: »Ein Ei!« Der gleiche Fragesteller kam ein Jahr später nochmals vorbei und Dante ergänzte unaufgefordert: »Mit Salz!«

## Wegweisender Künstler: Donatello

um 1386–1466
Bildhauer

Donatello – sein eigentlicher Name lautet **Donato di Niccolò di Betto Bardi** – ist der bedeutendste Bildhauer des 15. Jh.s, in seiner Zeit von keinem anderen Künstler an Ausdruckskraft, Themenvielfalt und Reichtum des Schaffens übertroffen. Als Lehrling arbeitete er in der Werkstatt Ghibertis und bei Nanni di Banco, als Meister fertigte er in seiner Heimatstadt Florenz Standbilder für die Fassade, die Außenseiten und den Campanile des Doms sowie für die Kirche Orsanmichele an. Er schuf die erste Aktdarstellung (Bronze-David, um 1440, im Bargello) und das erste freistehende Gruppenmonument der Neuzeit: »Judith tötet Holofernes« (1453–1457; Kopie vor dem Palazzo Vecchio, Original seit 1988 in der Sala dei Gigli im Palazzo Vecchio). Hervorzuheben sind weiter das Tabernakel mit der Verkündigung (Annunciazione Cavalcanti) in der Kirche Santa Croce (ca. 1435) und die Sängertribüne (Cantoria) mit tanzenden Kindern für den Dom (1433–1438). Seine realistische Bildhauerkunst ist Schönem wie Hässlichem gleich gewachsen und erweitert – beispielhaft für die nachfolgenden Künstler – die plastische Gestaltung der Figuren. Ebenfalls im Dommuseum zu finden ist Donatellos Holzskulptur »Maria Maddalena« (1453–1455). Sein Realismus zeigt hier für manche Bewunderer sogar den Grind unter den Fingernägeln der Maria Magdalena. 1972 wurde bei ihrer Restaurierung aber auch Goldblatt im Haar entdeckt. Die Medici ehrten Donatello mit einem Grab in der Krypta Cosimos des Älteren in San Lorenzo.

## Spät rehabilitiert: Galileo Galilei

1564–1642
Naturwissenschaftler

In Pisa geboren, wuchs Galilei in Florenz auf und studierte hier Literatur und Mathematik (▶ Baedeker Wissen, S. 264). Im Alter von 25 Jahren ging er als Dozent für Mathematik an die Universität von Pisa, doch die besten wissenschaftlichen Studien fanden damals in Padua statt, wo er 18 Jahre lang einen Lehrstuhl innehatte. 1610 kehrte er nach Florenz zurück – als Hofmathematiker im Schutz und Sold der Medici, was ihm ermöglichte, sich ganz seinen mathematischen, physikalischen und astronomischen Forschungen zu widmen. Er entwickelte wissenschaftliche Geräte weiter, so ein Fernrohr, mit dessen Hilfe er zu neuen Erkenntnissen über **Beschaffenheit und Bewegung der Himmelskörper** kam. In einem seiner Hauptwerke sprach er sich für die **Lehre des Kopernikus** aus, nach der die Sonne im Mittelpunkt des Planetensystems steht und nicht die Erde. Den »Dialogo« widmete er dem Medici-Fürsten Ferdinando II., das Traktat führte aber 1633 zu seiner Verurteilung durch die Inquisition. Die Kirche konnte damals unter dem bedrohlichen Druck der Reformation und dem Aufkommen der Aufklärung nicht von ihrem überkommenen Weltbild abweichen. Auf seinem Landgut Arcetri bei Florenz starb der Wissenschaftler 1642, hochbetagt und verehrt, in der Kirche Santa Croce liegt er begraben. Tatsächlich machten Galileo Galilei seine Studien zur Schwerkraft, zu den Bewegungsgesetzen, zur wissenschaftlichen Empirie zu einem der größten Physiker aller Zeiten. Erst 350 Jahre später, im Jahr 1992, hat ihn die römisch-katholische Kirche offiziell rehabilitiert.

## Vorbild für viele Generationen: Giotto di Bondone

1267–1337
Maler,
Baumeister

Giotto gilt als **Begründer der neuzeitlichen europäischen Malerei**, da er um 1300 wegweisende Werke schuf, die mit der unräumlichen und unkörperlichen Gestaltungsweise der byzantinisch-mittelalterlichen Malerei brachen. Legendär ist sein berühmtes **»O di Giotto«**: Zum Wettbewerb für das erste Heiligenjahr 1300 zeichnete das Genie für Papst Bonifaz VIII. freihändig einen perfekten Kreis – und gewann den Auftrag! Giottos realistischer, monumentaler Figurenstil wirkte in Verbindung mit klaren Kompositionsprinzipien (Dreieckskomposition) und leuchtenden Farben schulbildend und anregend für Generationen von Malern. Darüber hinaus war er **Baumeister** sowie **Bildhauer** und hatte in Florenz seit 1334 das Amt des Dombaumeisters inne, wo er in den wenigen Jahren bis zu seinem Tod hauptsächlich den Bau des Campanile vorantrieb.

Als sichere Werke gelten die sechs Fresken aus dem Leben des Franziskus (um 1325) in der **Bardi-Kapelle** und je drei Szenen aus der Vita Johannes des Evangelisten und des Täufers (1318–1322) in der Peruzzi-Kapelle, beide in Santa Croce. Außerdem zählen dazu die »Thronende Madonna« (um 1310) in den **Uffizien**, das Kruzifix in der Sakristei von **Santa Maria Novella** (ca. 1290–1295), die Madonna di San Giorgio alla Costa (ca. 1295, im Dommuseum) sowie das restaurierte Kruzifix in der Kirche Ognissanti (ca. 1315). 1985 wurde die Raumsonde »Giotto« zur Erforschung des Kometen Halley nach ihm benannt. Das Geburtshaus des Künstlers aus armen Verhältnissen kann man übrigens besichtigen: die Casa di Giotto in Vicchio (Loc. Vespignano 164; Zug o. Bus 307 A ab Florenz).

## Philosoph der Liebe: Marsilio Ficino

1433–1499
Philosoph,
Humanist

»Platonische Liebe« – der Begriff hat längst Einzug in die Umgangssprache gefunden (und nur entfernt mit der Ursprungsbedeutung zu tun). Aber wussten Sie, dass er von Marsilio Ficino geprägt wurde, dem wichtigsten Humanisten und Philosophen der Florentiner Renaissance? Er war ein Protegé von Cosimo de' Medici, der ihm eine Ausbildung ermöglichte; darüber hinaus schenkten die **Medici** ihm ein Landhaus bei Careggi, nahe ihrer eigenen Prachtvilla. Hier übertrug er alle Schriften Platons aus dem Griechischen ins Lateinische – so wurden sie für die Gebildeten seiner Zeit zugänglich. Die große Botschaft war der **Begriff der Liebe** als Streben der menschlichen Seele nach dem Schönen, das in Verbundenheit mit dem Christentum zum Guten führt. Das neue Menschenbild sah im Menschen die treibende gestalterische Kraft.

Zu jener Zeit waren Gesprächskreise groß in Mode – wie in der Antike traf man sich zum philosophisch-gesellschaftlichen Disput, Ficino

# UND SIE BEWEGT SICH DOCH!

*Dass Galileo Galilei diesen Satz sagte, nachdem er offiziell der kopernikanischen Theorie abgeschworen hatte, fällt in den Bereich der Legende. Tatsache ist aber, dass die Katholische Kirche erst 1992 Galileo rehabilitiert hat – 360 Jahre nachdem sie seine Lehre als ketzerisch verurteilt hat.*

**▶ Geozentrisches Weltbild (schematisch; nach Ptolemäus/Aristoteles)**
Das geozentrische Weltbild stellte die Erde und somit auch den Menschen in den Mittelpunkt des Universums. Es gehörte zu den Grundüberzeugungen der Katholischen Kirche.

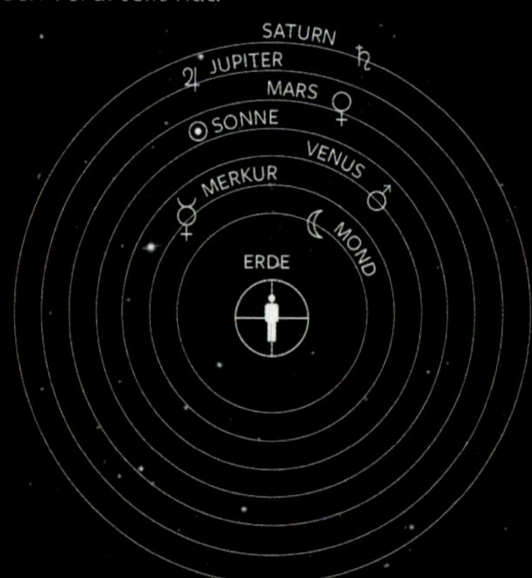


**▶ Stationen des Galileo Galilei**

In Padua ist Galileo Professor für Mathematik

PADUA

PISA

FLORENZ

Geburtsort und erste Lehrstätte von Galileo

ROM

Die Familie stammt aus Florenz; nach dem Prozess verbringt Galileo den größten Teil seines Arrests im nahen Arcetri

In Rom wird Galileo der Prozess gemacht

ERIS PLUTO

Zwergplaneten

**▶ Planeten und ihre Abstände zur Sonne in Mio. km (schematische Darstellung)**

NEPTUN 4496

URANUS 2896

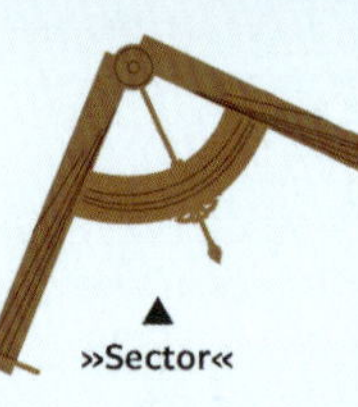

▲ **»Sector«**

**▶ Leben, Entdeckungen und Erfindungen des Galileo Galilei**

**1564** Galileo Galilei wird geboren

**1592–1610** Professor für **Mathematik** an der Universität von Padua

**1593** Galileo erfindet eine **Wasserpumpe,** die von Pferden angetrieben wird. 1594 bekommt er dafür das Patent vom Venezianischen Senat.

**1597** erfindet Galileo d **»Sector«**, ein Instrument zur Berechnung von Proportionen. Es wurde u eingesetzt in der Landvermessung und i der Navigation.

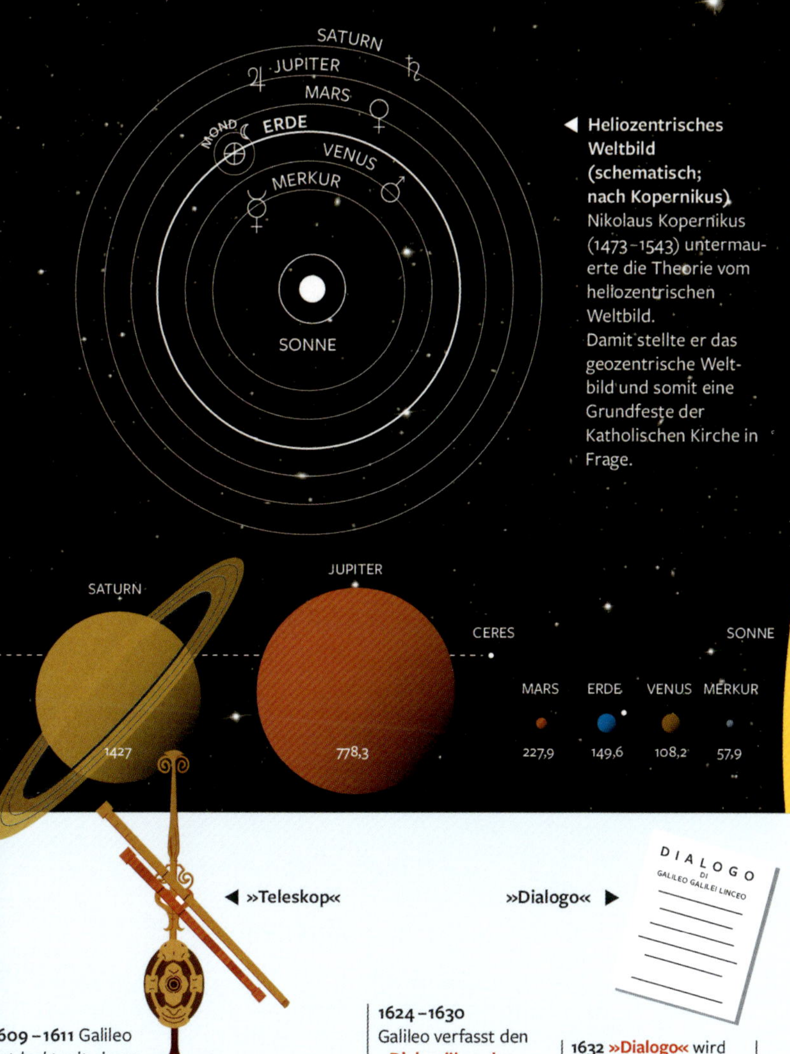


◀ **Heliozentrisches Weltbild (schematisch; nach Kopernikus)**
Nikolaus Kopernikus (1473–1543) untermauerte die Theorie vom heliozentrischen Weltbild.
Damit stellte er das geozentrische Weltbild und somit eine Grundfeste der Katholischen Kirche in Frage.

◀ »Teleskop«

»Dialogo« ▶

**1609–1611** Galileo entdeckt mit einem von ihm konstruierten **Teleskop** u.a. die bergige Gestalt des Mondes, vier Jupitermonde und die Ringe des Saturns.

**1613 »Lettere solari«,** Die Sonnenbriefe. Galileo schreibt über seine Theorien und Beobachtungen der Sonnenflecken.

**1624–1630**
Galileo verfasst den **»Dialog über das ptolemäische und das kopernikanische Weltsystem.«** Dabei wird das kopernikanische (heliozentrische) Weltbild als das richtige dargestellt.

**1632 »Dialogo«** wird veröffentlicht

**1633 Prozess** gegen Galilei. Er muss der kopernikanischen Theorie abschwören und bekommt lebenslänglichen Hausarrest.

war führend und Lorenzo de' Medici oft dabei. Einen Eindruck vermittelt das Fresko »Verkündigung an Zacharias« an der rechten Wand der Tornabuoni-Kapelle in der Kirche **Santa Maria Novella:** Da sieht man unten links eine Gruppe kluger Humanisten, ganz links steht Marsilio Ficino.

## Großer Chronist: Niccolò Machiavelli

1469–1527
Historiker, Schriftsteller

Als Historiker war Niccolò Machiavelli der große Chronist seiner Vaterstadt und hinterließ eine **achtbändige Geschichte von Florenz.** Als Kanzleisekretär der Republik Florenz von 1498 bis 1512 blieb er trotz der innenpolitischen Zerrissenheit ein überzeugter Anhänger des republikanischen Systems, in dem die Menschen am ehesten zur freien Selbstentfaltung gelangen könnten. Als Vorbild erschien ihm dabei die römische Republik, die den Gemeinnutz zum Wohl aller Bürger vor den Eigennutz gestellt hatte, wie Machiavelli in seinen »Gedanken über Politik und Staatsführung« (»Discorsi«) ausführte. In verschiedenen Werken analysierte er seine eigene Epoche und gelangte vor allem in seiner Schrift **»Der Fürst«** (»Il Principe«) zu scharfsinnigen, aber wenig positiven Erkenntnissen über die Regeln und Verhaltensweisen in der Politik.

Das Werk schrieb er 1513 im Exil in wenigen Wochen auf seinem Landgut L'Albergaccio. Es liegt 15 km von Florenz im Dorf Sant'Andrea in Percussina, heute ein Ortsteil von San Casciano in Val di Pesa. Als **Casa Machiavelli** ist es nun ein Museum (Busse 368 A oder 370 A ab Florenz). Ein Tunnel verband schon damals das Wohnhaus mit dem heutigen Ristorante »Albergaccio 1450«, einem der ältesten der Toskana. Dort becherte der Verfechter der Staatsräson gern und spielte Tric Trac, eine Art Backgammon. So wundert es nicht, dass der sinnenfrohe Machiavelli auch zahlreiche Novellen, Gedichte und originelle Lustspiele verfasste.

## Genie der Frührenaissance: Masaccio

1401–1428
Maler

Masaccio (Tommaso di Giovanni di Simone Cassai) gilt als der Schöpfer der italienischen Malerei der Renaissance. Auf der Grundlage und in Weiterentwicklung des Giotto-Stils gelangte er dank der exakt und konsequent angewandten Perspektivlehre von Brunelleschi zu einer nie zuvor erreichten **Plastizität und Wirklichkeitstreue** der Figuren, Räume und Landschaften. Masaccio war Schüler von **Masolino** und lebte seit 1418 in Florenz, wo er 1424 bis 1428 zusammen mit seinem Lehrer die Freskenfolge aus der Lebensgeschichte des Apostels Petrus in der Brancacci-Kapelle in Santa Maria del Carmine malte. Berühmt ist sein Fresko **»Erweckung des Sohnes des Theophi-**

Anna Maria Lusia de' Medici legte mit ihrer Sammlung den Grundstein für die heutigen Uffizien

**lus und Petrus auf dem Thron«** (1427), das Filippino Lippi vollendete (1482–1485). Es zeigt ganz rechts außen das Selbstporträt von Masaccio, zudem sein Porträts von Brunelleschi, Alberti und Masolino. Von Masaccio stammen auch die Fresken »Vertreibung Adams und Evas aus dem Paradies«, der erste lebensnahe Akt in der Malerei der Renaissance, und die bemerkenswerte Darstellung des »Zinsgroschen«. In **Santa Maria Novella** sieht man das Dreifaltigkeitsfresko (um 1425/1428) mit kniendem Stifterpaar, ein Meisterwerk perspektivischer Raumdarstellung in der Frührenaissance.

## Großzügige Mäzenin: Anna Maria Luisa de' Medici

1667–1743
Kunstsammlerin

Ohne Anna Maria Luisa de' Medici, die **letzte Vertreterin der berühmten Florentiner Familie,** sähe die Sammlung in den Uffizien und im Palazzo Pitti sehr viel ärmer aus. Als Ehefrau von Pfalzgraf Johann Wilhelm, dem rheinischen Jan Wellem, lebte sie von 1691 bis

1716 am kleinen Düsseldorfer Hof und steckte ihren Mann mit dem Kunstsammelfieber an. In jener Zeit war die **»Kunstjagd«** an allen europäischen Fürstenhöfen groß in Mode – fürstliche Agenten in Italien und Flandern sollten prestigereiche Sammlungen zusammentragen. Die Düsseldorfer Sammlung mit Meistern aus Italien, Frankreich, den Niederlanden, Flandern wurde zu einem Riesenerfolg, man nannte das Städtchen sogar »Klein-Florenz«. Nach dem Tod ihres Gatten zog es Anna Maria zurück nach Florenz – zusammen mit den Bildern, dem Porzellan und dem Schmuck, die sie mit ihrem eigenen Vermögen erworben hatte. Als sie im Jahr 1743 als letzte Vertreterin der Medici starb, landete sie mit ihrem Testament einen letzten großen Coup: Sie verfügte, dass die unermesslichen Schätze, die die Medici über die Jahrhunderte in den **Uffizien** und im **Palazzo Pitti** angesammelt hatten, für immer in der Stadt zu verbleiben hatten:

»zur Zierde des Staates, zum Nutzen des Publikums und um die Neugier der Fremden anzuziehen.«

## Förderer junger Talente: Lorenzo de' Medici, der Prächtige

1449–1492
Regent

Die Verkörperung des Renaissancezeitgeistes in Regierungsstil, Lebensführung, Weltanschauung, Bildung und Mäzenatentum – das war Lorenzo de' Medici, vom Volk »Il Magnifico« (»Der Prächtige«) genannt. Er verschaffte unter Ausnutzung der Mittel der Medici-Bank und seines Rückhalts in der florentiner Bevölkerung der Stadt eine **kulturelle und politische Sonderstellung** in Italien. Sein Bruder Giuliano fiel 1478 im Dom der Pazzi-Verschwörung zum Opfer, während Lorenzo sich verletzt in die Sakristei retten konnte. Er förderte die Platonische Akademie und war selbst literarisch tätig. In den Mediceischen Gärten bei San Marco sammelte er antike Skulpturen, zog die Bildhauer seiner Zeit zusammen und ließ junge Talente wie Michelangelo ausbilden. Andrea del Verrocchio, Ghirlandaio und Sandro Botticelli waren für ihn tätig. Als Lorenzo mit 43 Jahren an einer geheimnisvollen Krankheit starb, schrieb Niccolò Machiavelli:

»Nie starb in Italien ein Mensch mit dem Ruf so großer Klugheit, noch zu so großer Betrübnis seines Vaterlandes. Alle seine Mitbürger klagten über seinen Tod, keiner unterließ es, seine Trauer über dieses Ereignis zu bezeugen.«

Lorenzo wurde zuerst in der Alten Sakristei von **San Lorenzo,** später zusammen mit seinem Bruder in der von Michelangelo erbauten Neuen Sakristei beigesetzt.

## Universalgenie: Michelangelo Buonarroti

1475–1564
Maler, Bildhauer, Baumeister

Mit dem Universalgenie Michelangelo Buonarroti (▶ Baedeker Wissen S. 76, 242), Maler, Bildhauer, Baumeister, Dichter und Forscher, vollzieht sich der Übergang von der Hochrenaissance zum Manierismus mit wegweisendem Farb- und Formvokabular. Mit **13 Jahren** begann Michelangelo seine Lehre in der Werkstätte des Florentiner Malers Domenico Ghirlandaio. Neben der Neigung zur Malerei entwickelte sich mehr und mehr die Leidenschaft zur Bildhauerkunst. 1489 wurde der junge Michelangelo in die Bildhauerakademie der Mediceischen Gärten aufgenommen. Ab 1494 lebte er wechselnd in Florenz, Bologna und Rom und schuf in Florenz den **»David«** (▶ Galleria dell' Accademia), das Rundrelief »Madonna Pitti« (▶ Bargello) und das Gemälde »Die Heilige Familie« (▶ Uffizien).
Sein unruhiger Geist und viele Aufträge ließen ihn zwischen 1505 und 1534 erneut ein unstetes Wanderleben zwischen Florenz, Rom und Bologna führen. In diesen Jahren entstanden die **Grabkapelle der Medici** bei San Lorenzo, die »Sklaven« (▶ Galleria dell' Accademia), der »Apoll« (▶ Bargello) und die »Vittoria« (▶ Palazzo Vecchio), dazu viele Zeichnungen.
1975 wurde in der Neuen Sakristei der Medici-Kapelle unter einer Falltür ein kleiner Raum entdeckt, der als Kohlenlager genutzt worden war – seine Wände waren mit Graffiti überzogen. Auch diese 2013 gesicherten Wandzeichnungen soll Michelangelo geschaffen haben, der sich hier von August bis September 1530 vor der Rache der Medici versteckt haben soll. Die **»Stanza segreta di Michelangelo«** (»Geheimzimmer Michelangelos«) soll der Öffentlichkeit zugänglich gemacht werden. Papst Clemens VII. vergab Michelangelo indes rasch, wodurch dieser sich bis 1534 an die Verwirklichung der **Biblioteca Laurenziana** machte. Danach lebte er bis zu seinem Tod vorwiegend in Rom. Sein Alterswerk, u. a. die Marmorgruppe der »Pietà« im Dommuseum zu Florenz, stellt den christlichen Erlösungsgedanken in den Vordergrund. Der Leichnam Michelangelos wurde von Rom nach Florenz übergeführt und in der Kirche **Santa Croce** bestattet.

## Begleiter der Kindheit: Pinocchio

*1881,
Kinderbuchfigur

Die Holzpuppe mit der langen Nase ist in Florenz allgegenwärtig: in zig Souvenirläden, im **Pinocchio Store** am Ponte Vecchio (Via de'Guicciardini 6r, https://pinocchiostorefirenze.com), im Buchladen My Accademia (Via Ricasoli 49), schräg gegenüber im neuen **Selfie-Museum** als 360°-Animationsfilm (Via Ricasoli 44, https://selfiemuseumfirenze.it) und natürlich im neuen **Spielzeug- und Pinocchio-Museum** nahe dem Domplatz (Via dell'Oriuolo 47r, www.museodelgiocattolo.it). Erschaffen wurde die 1881 veröffentlichte

Eine lange Nase wie Pinocchio bekommt nur, wer es mit der Wahrheit nicht so genau nimmt

Figur vom Florentiner **Carlo Lorenzini.** Wenn man so will, spiegelt seine Geschichte der Verwandlung von der anarchischen kindischen Holzpuppe zu einem Schulbub aus Fleisch und Blut die damalige **Entwicklungsgeschichte Italiens** wider: Erst um 1860 hatte sich das einst zerrissene Land unter großen Mühen zu einem einzigen Staat zusammengerauft. Lorenzini fürchtete Anpassung und bürokratische Gängelei und fand in der Kinderwelt eine Gegenwelt. Er trat ein für eine freie Kindheit, dafür, eigene Erfahrungen und auch Dummheiten machen zu dürfen. Die Abenteuer Pinocchios wurden zum erfolgreichsten Kinderbuch aller Zeiten, in 240 Sprachen übersetzt und zigmal verfilmt, 2019 auch wieder in der Toskana mit Weltstar Roberto Benigni als Geppetto. Lorenzini nannte sich übrigens nach dem Geburtsdorf seiner Mutter Collodi – und heute zieht dort der Pinocchio-Park jährlich Zigtausende an. Begraben ist er auf dem schönen Monumentalfriedhof Porte Sante an der Kirche San Miniato al Monte.

## Bürgermeister mit Herz: Giorgio La Pira

1904–1977
Politiker

Vielleicht werden Sie den Namen Giorgio La Pira auf einem Straßenschild entdecken und sich fragen, wer er gewesen sein mag. Für die Florentiner ist er der **Sindaco Santo,** ihr »Heiliger Bürgermeister«. Und tatsächlich betreibt der Vatikan seit 1986 seine Seligsprechung,

2018 wurde La Pira vorerst als »venerabile« (»ehrwürdig«) erklärt, da er die »heroische Tugend« verkörperte.
Der gebürtige Sizilianer kam als junger Mann nach Florenz, wo er an der Universität Römisches Recht lehrte. Schon 1925 trat der spätere zweimalige Bürgermeister (1951–57, 1961–65) in den Dominikanerorden ein und lebte ab 1934 im Komplex von San Marco. Zunächst machte er von sich reden durch die regelmäßigen Begegnungen mit den Ärmsten der Stadt in der Abtei Badia Fiorentina. Als Bürgermeister ließ er die im Krieg zerstörten historischen Arnobrücken wieder aufbauen und betrieb eine radikale Politik des sozialen Wohnungs- und Schulbaus, von der Florenz noch heute profitiert. Was ihn, diesen schmächtigen kleinen sanften Mann, so einzigartig machte, war sein **weltweites Friedensengagement** im Kalten Krieg und in Nahost: In Begegnungen und Briefwechseln mit Ben Gurion, Nasser, Ho Chi Minh und Chruschtschow sowie in der Gründung von Friedensorganisationen machte er sich für den Frieden unter den Völkern stark. Noch heute beziehen sich andere Bewegungen auf ihn, ebenso wie die ihm nachfolgenden Bürgermeister der Stadt: In ihren Antrittsreden nennen ihn alle als ihr Ideal. Und seine Grabstätte in der Basilika San Marco ist stets mit einem Foto und Blumen geschmückt.

## Vollender der Hochrenaissance: Raffael

1483–1520
Maler

In Urbino geboren, trat Raffael (eigentlich Raffaello Santi/Sanzio) mit 11 Jahren in die Malerwerkstätte des Perugino in Perugia ein. 1504 zog er nach Florenz, wo er die Werke der alten und »modernen« Maler mit Hingabe studierte. Von 1508 an lebte er in Rom; dort wurde ihm nach dem Tod Bramantes die Leitung der Bauarbeiten in **St. Peter** übertragen. Während dieser zwölf römischen Jahre erreichte er seinen künstlerischen Höhepunkt in den Fresken der Stanzen im Vatikan. Raffael wurde als einzigem Künstler die Ehre zuteil, im **Pantheon in Rom** begraben zu werden. Von seinen vielen Gemälden in Florenz seien nur einige hervorgehoben: In den **Uffizien** »Papst Leo X. mit zwei Kardinälen«, »Papst Julius II.«, »Madonna mit dem Stieglitz« und »Bildnis des Perugino« und im **Palazzo Pitti** »La Donna Velata«, »La Donna Gravida« und »Madonna del Granduca«.

## Namensgeber Amerikas: Amerigo Vespucci

1451–1512
Kaufmann, Seefahrer

Falls Sie mit dem Flugzeug nach Florenz reisen, ist Ihnen der Name Amerigo Vespucci vertraut: Seit 1990 ist der Florentiner Flughafen nach ihm benannt. Denn Amerigo Vespucci steht für das Reisen. Er war ein **berühmter Seefahrer** des 15. Jh.s – und nach ihm wurde der Kontinent Amerika benannt. Der Sohn einer angesehenen Florentiner Familie studierte Astronomie und Navigation, vertiefte sich in Seekarten und in die Reiseberichte Marco Polos. Von 1497 bis 1504 nahm er selbst an Expeditionen teil. Von seinen Reisen schrieb er an Lorenzo di Pier Francesco de' Medici und berichtete von einer neuen Küste, die nicht zu Asien gehöre, sondern zu einer **»Neuen Welt«.** Das klang unglaublich aufregend! In einer Zeit, in der der Buchdruck die Verbreitung von Schriften unter immer mehr Menschen ermöglichte, wurden diese Briefe in einfachem Latein veröffentlicht und fanden unter dem Titel **Mundus Novus** reißenden Absatz in ganz Europa. Tatsächlich landete Kolumbus vor Vespucci an dieser neuen Küste, wähnte sie aber zu Ostasien gehörend – so war es tatsächlich Amerigo Vespucci, der das Land als in Europa noch unbekannten Kontinent erkannte. Als der deutsche Kartograf Martin Waldseemüller den Reisebericht Amerigo Vespuccis las, zeichnete er 1507 diesen Kontinent unter dem Namen »Amerika« neu in seine Weltkarte ein.

## Noch ein Universalgenie: Leonardo da Vinci

1452–1519
Maler, Bildhauer, Baumeister, Naturforscher, Ingenieur

Die italienische Renaissance hat zahlreiche vielseitige Persönlichkeiten hervorgebracht, doch nur das Genie Leonardo da Vincis vereint Fähigkeiten als Maler, Bildhauer, Baumeister, Naturforscher und Ingenieur. Allein Michelangelo ist ihm vergleichbar. Als Künstler führte er die Renaissance auf einen Gipfel, und seine Erkenntnisse und Erfindungen im technischen Bereich zeigen seinen **weltumfassenden Geist.** Leonardo war Schüler Verrocchios und wurde bereits mit 20 Jahren in die **Malergilde von Florenz** aufgenommen. Von 1482 bis 1499 wirkte er am Hof von Herzog Lodovico Sforza in Mailand. In Florenz lebte er wieder von 1500 bis 1506, danach in Mailand, schließlich von 1513 bis 1516 in Rom. 1517 folgte er einer Einladung von König Franz I. nach Frankreich.

Sein wohl berühmtestes Gemälde, die **»Mona Lisa«,** befindet sich im Pariser Louvre. Doch 1911 wurde es vom Italiener Vincenzo Peruggia gestohlen und tauchte Ende 1913 in Florenz im damaligen Hotel Tivoli auf. Peruggia, der das Werk an die Uffizien verkaufen wollte, wurde verhaftet, für »schwachsinnig« erklärt und zu einer milden Strafe (6 Monate und 15 Tage) verurteilt.

Leonardo war als Festungsbaumeister tätig, widmete sich intensiv wissenschaftlichen Aufgaben, sezierte Leichen, schrieb einen Aufsatz über die Anatomie des menschlichen Körpers und illustrierte ihn mit Zeichnungen. Außerdem führte er Flugexperimente durch, untersuchte die Strömungsgesetze in Luft und Wasser, betrieb botanische und geologische Studien. Seine zahlreichen Zeichnungen, die Bewegungsstudien des menschlichen Körpers, naturwissenschaftliche Untersuchungen, Entwürfe für Bauten und technische Projekte beweisen die Universalität dieses Renaissancegenies.

## Rebellin mit spitzer Feder: Oriana Fallaci

1929–2006
Journalistin, Schriftstellerin

Als Kind transportierte sie auf dem Fahrrad Waffen und Geheimbotschaften für die Resistenza, später sollten Politiker wie Henry Kissinger Angst vor ihren Fragen entwickeln: Oriana Fallaci tippte auf ihre Schreibmaschine ein, bis sie Schwielen an den Fingern hatte und eine der führenden Journalistinnen ihrer Zeit war. Die Tochter aus politisch aktivem Hause arbeitete sich von Lokalaufträgen hoch über Interviews mit Hollywood-Stars wie Sophia Loren und Orson Welles bis zur Stelle bei der New York Times. Als Kriegsberichterstatterin reiste sie nach Vietnam und in den Libanon, interviewte Diktatoren, erlitt Schussverletzungen bei Unruhen in Mexiko. Mit Büchern wie »Das unnütze Geschlecht« (1961) über die katastrophalen Lebensbedingungen asiatischer Frauen oder »Brief an ein nie geborenes Kind« (1975) wurde sie zu einer Ikone des Feminimus. In ihren späten Jahren zog sie sich zurück und spaltete nach den Terroranschlägen im September 2001 ihre Leserschaft durch harsche Kritik am Islam. Begraben wurde sie in der Stadt, in der sie auch geboren wurde: Florenz.

## Der Erfinder des Reiseführers: Karl Baedeker

1801–1859
Verleger

Als Buchhändler kam Karl Baedeker viel herum, und überall ärgerte er sich über die »Lohnbedienten«, die Neuankömmlinge gegen Trinkgeld in den erstbesten Gasthof schleppten. Nur: Wie sollte man sonst wissen, wo man übernachten könnte und was es anzuschauen gäbe? Im Buchladen hatte er zwar Fahrpläne, Reiseberichte und Abhandlungen über Kunstsammlungen. Aber wollte man das mit herumschleppen? Wie wäre es, wenn man all das zusammenfasste?

Gedacht, getan: Zwar hatte er sein erstes Reisebuch, die 1832 erschienene »Rheinreise«, noch nicht einmal selbst geschrieben. Aber er entwickelte es von Auflage zu Auflage weiter. Mit der Einteilung in »Allgemein Wissenswertes«, »Praktisches« und »Beschreibung der Merk-(Sehens-)würdigkeiten« fand er die klassische Gliederung des Reiseführers, die bis heute ihre Gültigkeit hat. Bald waren immer mehr Menschen unterwegs mit seinen **»Handbüchlein für Reisende, die sich selbst leicht und schnell zurechtfinden wollen«.** Die Reisenden hatten sich befreit, und sie verdanken es bis heute Karl Baedeker. Florenz beschreibt er erstmals in der 4. Auflage des 1868 erschienenen »Baedeker's Ober-Italien«.

»
Von hier ging sowohl die Schöpfung der italienischen Sprache und Literatur aus, als die Blüthe der bildenden Künste.
«

E

# ERLEBEN & GENIESSEN

*Überraschend, stimulierend, bereichernd*

Mit unseren Ideen erleben und genießen Sie Florenz.

Mercato Centrale, das Paradies der Schinken und Würste ►

Perini
E DI MONTEGEMOLI
TTO A LEGNA
Si organizzano cene a domicilio
Pecorino al tartufo
Pecorino del pastore
Prosciutto di Praga
Agli marinati
Scorze di arance e limoni

# AUSGEHEN

***Natürlich beeinflussen die vielen Touristen und ausländischen Studenten auch das abendliche Ausgehen sowie das Kulturprogramm der Stadt. Das Angebot reicht von Pubs über Lounge- und Cocktailbars bis hin zu anspruchsvollen Opern-und Konzertreihen.***

Ausgehmeilen

Abends verwandeln sich ganze Straßenzüge in eine einzige Feiermeile, so etwa im Viertel Santa Croce die Via de' Benci und Via Verdi oder die Gassen um die Piazza dei Ciompi, die bei jungen Leuten und ausländischen Studenten beliebt sind. Auf dem **linken Arnoufer** trifft sich ein eher alternatives Publikum in den Bars an der Piazza Santo Spirito, und die einheimischen Szenegänger zieht es ins Viertel San Niccolò zwischen den Brücken Ponte alle Grazie und Ponte San Niccolò. In den **Sommermonaten** wird zudem ein Strand am Flussufer (Lungarno Serristori) eingerichtet, auf dem man sich abends zu Musik und Cocktails trifft. Überhaupt sind die Arnoufer gerade im Sommer für Überraschungen gut, in jedem Jahr ab Mai öffnet hier und dort ein neuer Sommerkiosk mit Beachstimmung. In der Regel beginnt der Abend gegen 19 Uhr mit dem Aperitif, zu dem oft ganze Büffets mit Fingerfood aufgetischt werden, an denen man sich für 10 bis 15 Euro inkl. Drink beliebig bedienen kann, gerade bei jungen Leuten auch anstelle eines Abendessens beliebt. Zugleich haben in den letzten Jahren ein

### ARNO ON THE BEACH

In den Liegestuhl am Strand sinken, Sonnenbrille auf und mit den nackten Füße durch den Sand fahren. Das geht mitten in Florenz, denn Strandfeeling wird am Arnoufer gleich mitgeliefert. Dort lässt sich entspannt bei einem Glas Wein die Sonne beobachten, wie sie gemächlich im Fluss versinkt und die herrlichen Palazzi am anderen Ufer in ein romantisches Farbenmeer verwandelt. Im Sommer öffnen diverse Strände am Flussufer. Sehr schön ist der Spiaggia sull'Arno unterhalb des Lungarno Serristori zwischen Piazza Poggi und Ponte alle Grazie.

paar **anspruchsvolle Cocktailbars** ihr Publikum gefunden, gute Drinks zu guter Musik, nach dem Essen kann hier der Abend angenehm ausklingen. Oder man verbringt die Abendstunden auf den Dachterrassen der feinen Hotels: viele haben in den letzten Jahren ihre Roofbars auch für Gäste von außen geöffnet.
www.easylivingfirenze.it

Veranstaltungen

Im Sommer beleben sich auch andere Schauplätze mit Barbetrieb, Livemusik, Tanz-, Film- und Theateraufführungen, etwa die Limonaia der Villa Strozzi sowie der Innenhof des Museo Bargello. Locations für **Sommerveranstaltungen** sind u. a. auch die Piazza Santissima Annunziata, der Innenhof des Museo Novecento, die große Parkanlage Le Cascine am Arnoufer im Florentiner Westen (hier vor allem Rockkonzerte) sowie die Fortezza da Basso. Viele abendliche Events, Partys und Musiksessions begleiten die glamourösen Modetage von Pitti Uomo und Pitti Immagine Woman in der ersten Januarhälfte. Und nebenan öffnet für einige Wochen das **Florence Ice Village** mit 300 m langer Eisbahn und Italiens größtem Riesenrad, der 55 m hohen Ruota Panoramica (Piazza Oriana Fallaci; 2.12. bis 15.1. tgl. 10–24 Uhr; 12 €).
**Estate nella Limonaia:** Via Pisana 77 | https://estatefiorentina.it
**Estate al Bargello:** 1.8.–25.9. | www.bargellomusei.beniculturali.it
**Modetage:** www.pittimmagine.com

Klassisches

Für Fans von Theater, Oper, Konzerte und Tanzaufführungen hält die Stadt viel bereit. Das 2014 eingeweihte Operntheater **Opera di Firenze** am Park Le Cascine löste das bisherige Teatro Comunale als Schauplatz des renommierten Konzert- und Opernfestivals Maggio Musicale Fiorentino ab (▶ S. 290). Für die Sommerveranstaltungen dieses Festivals geht es unter freiem Himmel in den Hof Cortile dell' Ammanati des Palazzo Pitti. Das hochkarätige **Orchester der Region Toskana** (ORT) hat seinen Florentiner Sitz und Auftritt im Teatro Verdi (www.teatroverdifirenze.it) – in dem auch Musikrevuen und Operetten aufgeführt werden – und spielt im Sommer auf Plätzen und in Kirchen. Im aufgrund der Corona-Pandemie (nur vorübergehend?) geschlossenen **Auditorium FLOG** im Stadtteil Rifredi sowie im **Nelson Mandela Forum** treten italienische und internationale Popgruppen auf. Eine besondere Spielstätte ist das Teatro Romano in Fiesole, wo im Rahmen der **Estate Fiesolana** Theateraufführungen und Konzerte stattfinden. Das Programm gibt es z.B. online auch mit englischem Text (www.firenzespettacolo.it).

Kinos

Im Sommer finden **Filmvorführungen im Freien** an zahlreichen Orten statt, z. B. im Nelson Mandela Forum und in der Arena Estiva Poggetto des Flog.
**Mandela Forum:** P.za Enrico Berlinguer | www.mandelaforum.it
**Arena Esterna Notte Poggetto:** Via Michele Mercati 24/b

In Bars wie dieser im Oltrarno wird im Sommer auch die Straße zur Location

## KNEIPE, BAR, SZENE ETC.

▸ **Plan S. 274**

### 1 KITSCH

Der Name des Lokals sagt es deutlich: Hier tobt sich der Gestaltungsfuror der Betreiber aus, mit Boudoirskulpturen, Samt und Neon; eine Cocktailkneipe unweit von San Marco, in der sich junge Leute zum exzellenten Aperitifbuffet treffen.
Via San Gallo 22 r
Tel. 0328 9 03 92 89
tgl. 17.30–02 Uhr
www.facebook.com/kitschfirenze

### 2 B-GREEN TERRAZZA

Einige der Florentiner Edelhotels öffnen im Sommer ihre Dachterrassen auch Nicht-Hotelgästen zu gepflegten Aperitifs und Cocktails. Neben dem feinen Panoramarestaurant B-Roof sitzt man hier ab dem 12. Mai auf der begrünten Barterrasse B-Green unterm Sternenhimmel mit grandiosem Blick auf die Stadt, manchmal gibt es auch Livemusik.
Grand Hotel Baglioni
Piazza Unità Italiana 6
Tel. 055 23 58 88 15
www.hotelbaglioni.it

### 3 BITTER BAR

Die Bar hat dank der Barkeeper Mehran und Amir den Ruf, die vielleicht besten Cocktails der Stadt zu servieren – bei softer Musik, in entspannter Atmosphäre im Stil der 1920er-Jahre. Man muss die Adresse kennen im Santa-Croce-Viertel, zentral und dennoch etwas abseits gelegen. Man klingelt und die Tür geht auf. Wer auf Nummer sicher gehen möchte, sollte reservieren, denn die Bar ist längst kein Geheimtipp mehr.

Via di Mezzo 28r
Tel. 0380 6 46 10 20
Mo.-Sa. 20-02 Uhr, So geschl.
www.bitterbarfirenze.it

### 4 CAFFETTERIA DELLE OBLATE

Im Zentrum ganz nah beim Dom bleibt das schlichte studentische Café der Stadtbibliothek Biblioteca delle Oblate im oberen Arkadengang des Ex-Konvents auch abends geöffnet. Herrlich ist der Drink mit Blick auf die Domkuppel auf der Terrasse »Altana Marielle Franco«, benannt nach der 2018 in Rio de Janeiro ermordeten brasilianischen Aktivistin.
Via dell'Oriuolo 24, Mo. 14-19, Di. 9-19, Mi.-Sa. 9- 22.30 Uhr
www.facebook.com/caffetteria.delleoblate

### 5 ENOTECA SANDRO SOLTANI

Im Mercato Centrale lädt Sandro Santini zum Kauf und zur Verkostung edler toskanischer Weine, z. B. auch vom einstigen Weingut Michelangelos, Nittardi. Dazu werden Tapas und Käsehäppchen gereicht. Absolut in sind auch die Rosati (Rosé-Weine).
Piazza del Mercato Centrale
Tel. 055 2 39 97 98
So.-Do. 9-23, Fr./Sa. bis 24 Uhr
www.mercatocentrale.it/firenze/artigiani/sandro-soltani

### 6 ST. REGIS WINTER GARDEN BAR

In der opulenten Halle dieses edlen Hotels in Arnonähe finden Sie ein superbes Restaurant und die Wintergarten-Bar. Die Wände schmücken Trompe l'oil-Malereien von idyllischen Landschaften, zu softer Pianomusik werden Drinks vom Feinsten serviert. Die ideale Location für einen stimmungsvollen Ausklang des Abends!
Piazza Ognissanti 1
Tel. 055 27 16 37 70 (Bar)
Bar tgl. 11-01, Rest 12-22.30 Uhr
www.marriott.com

### 7 GILÒ

Viele Florentiner und Touristen haben die Eröffnung dieses Lokals unweit der Piazza Santa Maria Novella freudigst begrüßt, endlich ein Ort zum Ausgehen auch für reifere Nachtschwärmer: eine echte elegante Pianobar, ein wenig im Art Deco-Stil, mit guten Drinks und samtigen, melancholischen, beschwingten Evergreens, mit Jazz- und Soul-Musik, natürlich alles live. Man kann hier auch noch bis Mitternacht speisen.
Via dei Fossi 44 r, Di.-Sa. 18.30-02 Uhr, Tel. 055 28 33 93
www.gilopianobar.com

### 8 MANIFATTURA

Hier wird italienisch getrunken: Liköre, Bitter, Vermouth, Brandy, Craft-Biere und Soft Drinks sind italienische Klassiker oder neue Erfindungen. Hochprofessionelle Bartender in weißen Hemden mit schwarzer Krawatte mixen erstklassige Bellinis und Negronis, Dry Martini und Campari mit Seltz. Dazu singt Fred Buscaglione frech-melancholische Playboy-Songs. Cocktailbar und originelle Speiseadresse in einem, findet sich das stylishe Lokal – ein Mix aus Art Deco, Futurismus und urbaner lässiger Schummrigkeit – mitten im Zentrum ggü. dem Museum Marino Marini.
Piazza San Pancrazio 1
Tel. 055 2 39 63 67
So./Di./Mi. 18-24, Do.-Sa. 18-02 Uhr, Mo. geschl.

### 9 COLLE BERETO

Dieses elegante Lokal befindet sich gegenüber dem Palazzo Strozzi. Man kann hier frühstücken, tafeln, vor allem aber am Ritual des Aperitifs teilnehmen (dafür eine besonders angesagte Adresse) oder den Abend mit einem Cocktail krönen.
Piazza degli Strozzi 5
Tel. 055 28 66 01, Mo. geschl., Di.-Sa. 08-02, So. 09-02 Uhr
www.cafecollebereto.com

s. S. 284

1. Trattoria Marione
2. Pepò
3. Mercato Centrale
4. Il Magazzino
5. Trattoria dall'Oste
6. Il Sasso di Dante
7. Fishing Lab alle Murate
8. Cibreo
9. Cantinetta del Verrazzano
10. Canto del Ramerino
11. Pallottino
12. Pinchiorri
13. Il Latini
14. Antico Ristoro di Cambi
15. iO Osteria Personale
16. Il Santo Bevitore
17. Borgo San Jacopo
18. Trattoria 4 Leoni
19. Toscanella
20. Diladdarno

s. S. 311

1. Johanna & Johlea
2. Palazzo Castri 1874
3. Four Seasons
4. Room Mate Luca
5. Gogo'
6. Residenza del Borgo
7. Le Stanze del Duomo
8. B&B Cimabue 9
9. Orcagna
10. Palazzo dal Borgo
11. Al Palazzo del Marchese di Camigliano
12. Helvetia & Bristol
13. Milù
14. La Casa di Morfeo
15. Antica Torre di Via Tornabuoni
16. Alessandra
17. Gallery Hotel Art
18. B&B In Centro
19. Palazzo Guadagni
20. Soprarno Suites
21. Ad Astra Florence
22. Annalena
23. Torre di Bellosguardo

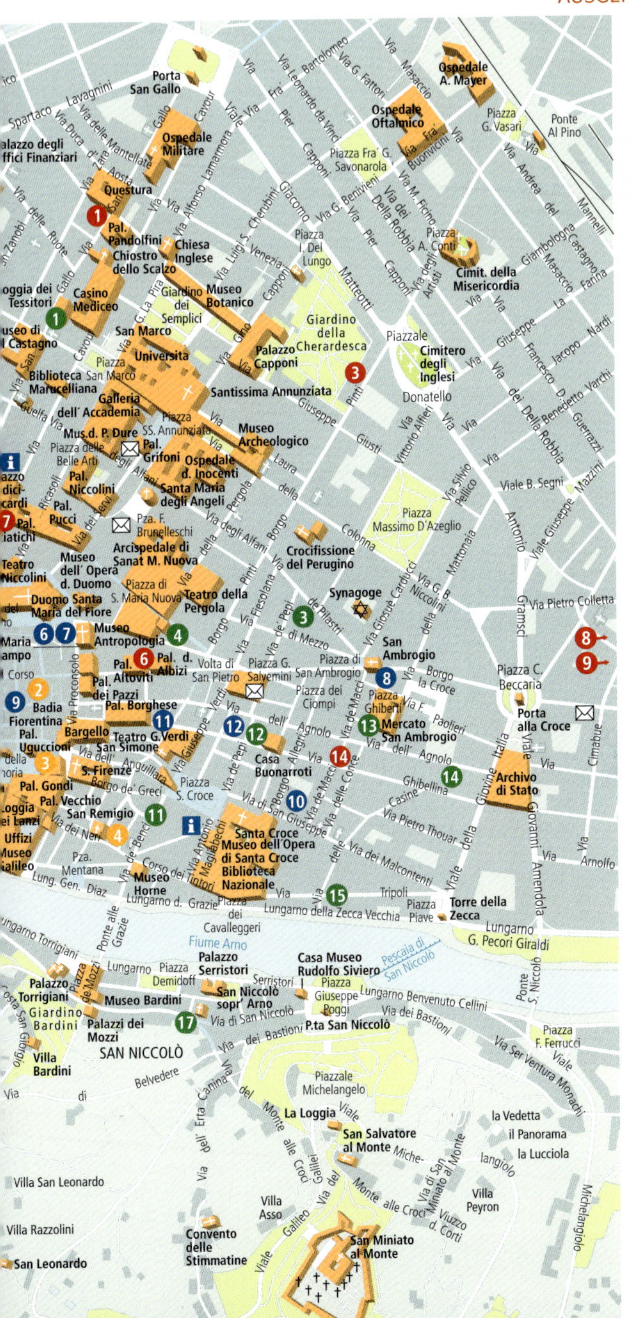


s. S. 272

1. Kitsch
2. B-Green Terrazza
3. Bitter Bar
4. Caffetteria delle Oblate
5. Enoteca Sandro Soltani
6. St. Regis Winter Garden Bar
7. Gilò
8. Manifattura
9. Colle Bereto
10. La Terrazza
11. Moyo
12. Inferno
13. The Book Pub
14. Le Murate
15. Empireo
16. Enoteca Obsequium
17. Il Rifrullo Firenze 1981

s. S. 290

1. Terrazza di la Rinascente
2. Amorino
3. Rivoire
4. Ditta Artigianale
5. Volume
6. Cantina del Gelato

### 10 LA TERRAZZA

Mit dem Aufzug gelangen Sie auf die Dachbar des Hotels Continentale – im eleganten Loungestil gehalten und direkt am Arno. Unterm Sternenhimmel mit fantastischem Blick auf die Stadt und auf den Ponte Vecchio wird es, je später der Abend, richtig romantisch. Zu den Drinks werden krosse Snacks serviert. Im Winter ist die Terrasse geschlossen.
Hotel Continentale
Lungarno degli Acciaiuoli 2 r
Tel. 055 27 26 59 87
www.lungarnocollection.com/it/la-terrazza-rooftop-bar

### 11 MOYO

Unter jungen Szenegängern beliebte Cocktailbar im Santa-Croce-Viertel, wo Hochstimmung zur Aperitif-Zeit zwischen 17 und 22.30 Uhr herrscht; Freitag- und Samstagabend mit DJ-Set. Die Bar öffnet schon nach wenigen Stunden wieder, sodass man hier mit Cappuccino und Cornetto den Tag neu beginnen kann.
Via dei Benci 23 r
Tel. 055 2 47 97 38, tgl. 08–02 Uhr
www.moyo.it

### 12 INFERNO

In der »Hölle«, nördlich der Piazza Santa Croce, speist man in vier Räumen oder genießt in der Lounge Bar auch zu später Stunde gute Cocktails zu guter Musik. Täglich im Angebot ist die »Ruota Infernale« (»Höllenrad«), ein Aperitif mit gemischtem Antipasto (15 €). Regelmäßig finden auch Kunstausstellungen statt.
Via Ghibellina 80 r, Restaurant (Eingang Via de' Pepi 9 r)
Tel. 055 24 49 75
Di. 19–0.30, Mi./Do. 18.30–1, Fr./Sa. 18.30–02 Uhr, So./Mo. geschl.
www.ristorante-inferno.it

### 13 THE BOOK PUB

Nahe beim Mercato Sant' Ambrogio ist das die Adresse für anspruchsvolle Biertrinker: grandiose Bierauswahl und gemütliche Kneipenatmosphäre.
Piazza Lorenzo Ghiberti 11/12 r
Tel. 0333 2 22 18 87
tgl. 18–02 Uhr

### 14 LE MURATE

Der beunruhigende Name – »die Eingemauerten« – verweist darauf, dass sich in diesen Mauern einst ein Frauengefängnis befand. Einige Zellentüren als Deko an den Wänden erinnern noch daran, ansonsten wurden die Gebäude aber in bezahlbare Wohnungen umgewandelt. Im weiten Innenhof hat dieses wunderbare Literaturcafé geöffnet mit Kleinkunstbühne, Musik (auch Live-Konzerte) und Kunstausstellungen. Hier finden Sie Restaurant, Bar und Lounge sowie höchst akzeptable Preise. Le Murate ist attraktiver Nachbarschaftstreff und urbanes Kulturzentrum zugleich. Ein Tipp!
Piazza delle Murate
Tel. 0333 1 86 35 21
Mo.–Fr. 10.30–02, Sa. 15–03, So. 15–01 Uhr, www.lemurate.it

### 15 EMPIREO

Schicker geht es kaum, vom grandiosen Panorama ganz zu schweigen: Neben dem Roofpool (nur für Hotelgäste) breitet sich die Loungelandschaft aus, ab 19.30 Uhr bis Mitternacht wird zu erstklassigen Cocktails ein reiches Buffet aufgebaut und DJs geben die Musik dazu. Die Reservierung ist obligatorisch.
Plaza Hotel Lucchesi
Lungarno della Zecca Vecchia 38
Tel. 055 2 62 36
www.hotelplazalucchesi.it

### 16 ENOTECA OBSEQUIUM

Exzellenter Weinladen mit Bistro. Hier kann man fantastische toskanische Weine von Frescobaldi bis Ricasoli verkosten sowie Olivenöl und Aceto Balsamico zu leckeren Häppchen genießen. Den Blick auf das Relief »Verkündigung« von Luca della

Robbia gibt es gratis dazu. Weindegustation mit Sommeliers ab 20€, inkl. Käse und Salami ab 33 €, Olivenöl-/Balsamico-Tasting 10 €. Ein Muss für Weinliebhaber!
Borgo San Jacopo 17
Tel. 055 21 68 49
Mo.-Do. 11-20, Fr./Sa. bis 21,
So. 12-20 Uhr
www.obsequium.it

### 17 IL RIFRULLO FIRENZE 1981

Mit Rifrullo ist in Florenz ein Ort gemeint, an dem ständig etwas los ist, Leute kommen und gehen. Das passt genau zu diesem Kneipenlokal, seit jeher der Mittelpunkt der Ausgehszene an der Porta San Niccolò auf der linken Arnoseite und eine echte Institution. Mit dem Frühstück beginnt der Tag im Rifrullo, aber richtig in Schwung kommt das Lokal zum Aperitif und später, dann brummt es auch auf dem Gehsteig. Im Sommer öffnet auch der lauschige, kürzlich renovierte Garten.
Via San Niccolò 55 r
Tel. 055 2 34 26 21
Mo.-Do. 7.30-01, Fr. 7.30-02,
Sa. 08-02, So. 08-01 Uhr
www.ilrifrullo.com

## KINO

### ODEON

Das besonders schöne Kino aus dem Jahr 1922 in der Innenstadt zeigt viele Filme in Originalversion, im Programm unter »Original Sound« gekennzeichnet.
Piazza degli Strozzi 2
Tel. 055 21 40 68
www.odeonfirenze.com

# KONZERTE, OPER, THEATER

## VORVERKAUFSSTELLEN

### BOX OFFICE

Via delle Vecchie Carceri 1
Tel. 055 21 08 04
www.boxofficetoscana.it
Mo.-Fr. 9.30-19, Sa. 9.30-14 Uhr

## KONZERTE, OPER

### TEATRO DEL MAGGIO MUSICALE FIORENTINO

Piazza Vittorio Gui 1
Tel. 055 2 77 93 09 (Theaterkasse: Di.-Fr. 11-13, 15-18, Sa. 11-14 Uhr u. 2 Std. vor Vorstellung)
www.maggiofiorentino.com

### AUDITORIUM FLOG

Via Michele Mercati 24 b
seit 2021 »vorübergehend« geschl.; 2022 nur Open-Air-Kino Arena Esterno Notte FLOG Poggetto)
Tel. +39 366 876 9021
https://it-it.facebook.com/PoggettoEsternoNotte/

### NELSON MANDELA FORUM

Sportevents, Konzerte
Piazza Enrico Berlinguer
Tel. 055 67 88 41
www.mandelaforum.it

### ORCHESTRA DELLA TOSCANA (ORT)

Via Verdi 5, Tel. 055 2 34 07 10
www.orchestradellatoscana.it
Karten im Teatro Verdi (▶ S. 278)

## THEATER

### TEATRO DELLA PERGOLA

Das Theater (1657) ist die älteste bespielte Bühne Italiens: Sprech-, Musik- u. Tanztheater, Opern; Sommerprogramm im Bargello-Museum

Via della Pergola 12/32
Tel. 055 0 76 33 33
Tickets Mo.- Sa. 10-20 Uhr
www.teatrodellapergola.comt

REVUETHEATER

TEATRO VERDI
Via Ghibellina 99, Tel. 055 21 23 20
www.teatroverdifirenze.it

TANZTHEATER

CANGO
Wirkungsstätte des Choreografen Virgilio Sieni für Tanz, Körpersprache und Performance mit öffentlichen Auftritten.
Via Santa Maria 23/25
Tel. 055 2 28 05 25
www.virgiliosieni.it

# ESSEN UND TRINKEN

*Der Sinn der Toskaner für Maß und Qualität prägt auch die Küche, sie ist einfach und schmeckt herzhaft. Es gibt kaum Unterschiede zwischen Land und Stadt.*

**Enge Verbindung**

In den Restaurants in Florenz isst man die gleichen rustikalen Speisen wie auf den Bauernhöfen und Trattorien in den Hügeln des Chianti. Das rührt daher, dass die Verbindung zwischen Stadt und Land in der Toskana von jeher sehr eng war. Früher hatten die meisten Familien der städtischen Oberschicht ein Gut auf dem Land: Man baute schöne **Landvillen,** auf die weithin sichtbare Zypressenalleen zuführten, und teilte das Land in Halbpacht unter Bauernfamilien auf. Deren harter Arbeit auf dem eher kargen Boden der hügeligen, teils wilden Landschaft ist letztlich die Schönheit der Toskana mit ihren gepflegten Olivenhainen und Weinbergen zu verdanken. Die zeitlich überholte Mezzadria (Halbpacht) wurde 1974 gesetzlich untersagt.

**Viehhaltung: Grundlage der Küche**

Auf den Höfen mit Gemüse- und Obstgärten halten die Bauernfamilien **Kleinvieh** wie Kaninchen und jede Art von Geflügel, meistens Hühner und vor allem Enten. Als Caterina de' Medici 1533 als Braut von Heinrich II. an den französischen Hof zog, brachte sie aus der Florentiner Renaissancekultur neben feinen Tischsitten auch ihre Köche mit, deren Rezept »Ente an Orange« zu einem Klassiker der französischen Küche werden sollte.
Auch **Schweine** gehörten damals zum Hofbestand, für Würste wie die Finocchiona, eine weiche, mit Fenchelsamen aromatisierte Salami, oder für den luftgetrockneten würzigen Schinken. Für Braten und Wurst verwendet man hingegen auch gern das dunkle Fleisch der Wildschweine, die im Dickicht der Waldflecken hausen. Von Wiesen und aus Wäldern finden sich auch Reh, Hase und Kaninchen sowie Kastanien und Pilze auf den Speisekarten der Toskana.

# BROT OHNE SALZ



*Das toskanische Brot – »pane sciocco«, wie es die Florentiner nennen – ist ungesalzen und wirkt beim ersten Biss ziemlich fad. Und dennoch, eine Mahlzeit ohne dieses augenscheinlich langweilige Brot wäre schier unvorstellbar.*

Der Brotlaib aus hellem Weizenmehl hat eine knusprige Außenkruste und im Innern eine weiche lockere Krume, manche Backstube backt ihn noch im Holzofen. Er hält sich viele Tage und wird in Scheiben aufgeschnitten.
Was macht dieses Brot nun so unverzichtbar? Und weshalb ist es ohne Salz? Man erzählt, das sei die Schuld von Pisa, der Erzfeindin von Florenz, die im Mittelalter als Hafenstadt am Meer das **Salzmonopol** innehatte und es auf dem Höhepunkt der Feindseligkeiten

im 12./13. Jh. ihrer Rivalin nur zu unbezahlbaren Preisen überließ. Das veranlasste die stolzen Florentiner, ihren **Salzkonsum** radikal zu drosseln. Im Brot blieb dieser Verzicht tradiert, vielleicht auch, weil man herausfand, dass der neutrale Geschmack des Brots bestens zur Küche passte.
Ein extrem schlichtes und zugleich überzeugendes Beispiel ist die **Fettunta,** bei der auf die geröstete und noch warme Scheibe Brot das frische fruchtige Olivenöl geträufelt wird. Die Bruschetta ist ebenfalls eine geröstete Scheibe Brot mit Öl, Knoblauch und kleinen frischen Tomatenstückchen.
Das **Pane sciocco** ist ideal zum aromatischen Schafskäse Pecorino, zum traditionell doppelt gesalzenen, 24 Monate gereiften toskanischen Schinken und zur Porchetta, dem Braten vom Jungschwein (bis 50 kg).
Ist das Brot einmal trocken und altbacken geworden, wird es keineswegs entsorgt, das ginge dem sparsamen Toskaner sehr gegen den Strich. Vielmehr hat seine Weiterverwertung eine ganze Reihe sehr schmackhafter **Suppenrezepte** inspiriert, allen voran die Ribollita aus altem Brot, toskanischem Schwarzkohl (cavolo nero) und weißen Bohnen. Oder die Pappa al Pomodoro, eine dicke Tomatensuppe aus frischen Tomaten, altem Brot und Basilikum.
Im Sommer weicht man das hart gewordene Brot ein wenig ein und gibt klein geschnittene Gurken, Tomaten, Staudensellerie, Basilikum und Olivenöl dazu, was die köstliche kalte **Panzanella** ergibt. Von wegen fad und langweilig – hier auf dem Speiseplan in der Toskana und in Florenz ist das salzlose Brot die Basis der Küche.

# TYPISCHE GERICHTE

*Wer Wert auf regionale Spezialitäten legt, sollte von den typischen florentinischen Gerichten probieren: von den leckeren Antipasti bis zum Traubenkuchen Schiacciata con l' uva.*

**Antipasti:** Die Mahlzeit kann mit Affettati tipici beginnen, wie dem würzigen toskanischen Schinken, der pfeffrigen Salami und der Finocchiona, einer weichen, mit Fenchelsamen gewürzten Wurst. Zu den Antipasti gehören auch die Crostini, kleine geröstete Brotscheiben, die mit Hühnerleberpastete bestrichen sind, gern auch mit Pasten aus pürierten Oliven und Artischocken. (▶ Abb. unten)

**Pappardelle alla lepre:** Natürlich gibt es auch in der Toskana ein paar Pastagerichte, vor allem die Pappardelle. Das sind breite Bandnudeln aus Eierteig, die gern mit einem leckeren Hasenragout kombiniert werden. Die Toskaner sind leidenschaftliche Jäger. Aber auch Soßen mit dem Fleisch von der Ente oder vom Kaninchen passen zu den Pappardelle.

**Trippa alla fiorentina**: Die vom Metzger schon gesäuberten und vorgekochten Kutteln aus dem Kalbsmagen werden in einem Sud aus Tomaten, Knoblauch, Staudensellerie, Karotten, Lorbeer und Weißwein weich geköchelt und am Ende vor dem Servieren mit viel geriebenem Parmesan bestreut. So will es die Florentiner Variante der Kutteizubereitung.

**Fritto misto:** Eine besonders beliebte Art, Gemüse zuzubereiten, ist das Frittieren. Dazu schneidet man Zucchini, Auberginen und Mangoldstiele in kurze Streifen, viertelt die kleinen Artischocken, zerpflückt den Blumenkohl in

Röschen, sucht nach Zucchini- und Kürbisblüten, tunkt die Stückchen in ein Gemisch aus Ei und Mehl und frittiert sie in heißem Öl. Auch kleine Hühner- und Kaninchenfleischstücke kann man frittieren.

**Ribollita:** Der Klassiker unter den toskanischen Brotsuppen aus altbackenem Brot, Schwarzkohl, Wirsing oder Mangold, dazu weißen kleinen Bohnen, nennt sich so, weil diese dicke Suppe einmal zubereitet vor dem Servieren erneut aufgekocht wird (»ribollita«). Die Aromen vermengen sich dann besser, und die Konsistenz wird geschmeidiger. Ein Schuss kaltes Olivenöl darf am Ende nicht fehlen. (▶ Abb. rechts)

**Castagnaccio:** Im Spätherbst, wenn das frische süße Esskastanienmehl auf den Markt kommt, erhält man in den Florentiner Bäckereien diesen flachen Blechkuchen aus Kastanienmehl – die Apenninwälder oberhalb von Lucca, Pistoia und dem Mugello sind voller Kastanienbäume –, der mit Rosinen, Pinienkernen und Rosmarin gewürzt wird.

**Schiacciata con l' uva:** Wenn die Weinberge abgeerntet werden, schlägt die Stunde dieses einfachen Blechkuchens aus Hefeteig, der mit der sehr süßen und wasserhaltigen Traubensorte Canaiolo angereichert bzw. durchtränkt wird. Eine simple Köstlichkeit, die im Spätsommer in den Bäckereien duftet.

**Fagioli all' uccelletto:** Die kleinen weißen Bohnen der Sorte Cannellini – es dürfen auch andere Bohnensorten sein – werden in Olivenöl und Knoblauch angedünstet und weiter mit ein wenig Tomaten und viel Salbei weich gekocht. In Florenz werden sie gern als Beilage zur Bistecca alla fiorentina gegessen. (▶ Abb. links)

**Rustikale Küche für alle**

Wo es an ausgedehntem fruchtbarem Ackerland fehlte, konnte sich ein Gefühl von Überfluss kaum einstellen. Deshalb machte man das Beste aus dem, was man hatte. Zudem musste man in der Halbpacht mit dem Grundbesitzer teilen. Somit aß die Oberschicht die gleichen Bohnen wie der Bauer. Hülsenfrüchte sind daher die Grundlage vieler Suppen, ebenso Kohl und Getreide wie Dinkel (»farro«) aus der Garfagnana. Und das für die Toskana typische salzlose Brot nimmt im Gegensatz zum Rest Italiens auch hier die Rolle der Pasta ein (▶ Baedeker Wissen, S. 279). Alles zu verwerten gilt nicht nur für altbackenes Brot, sondern auch für **Innereien:** Als Antipasto werden Crostini, geröstete Brotscheiben, mit einer Paste aus Hühnerleber belegt. Nur in Florenz finden sich Imbissstände, an denen man Brötchen mit marinierter trippa (Kutteln) oder lampredotto (Labmagen vom Rind) bekommt, und man staunt, wie gut das schmeckt (▶ S. 26).

**Gutes Fleisch**

Dass solche Gerichte nach wie vor fester Bestandteil der Küche sind, zeigt, wie stark die Toskaner an ihren Speisetraditionen festhalten. Warum sollte man sie auch verändern? Sie passen gut in die Moderne mit frischem, vitaminreichem Olivenöl, viel Gemüse und hochwertigem Fleisch: denn wenn Fleisch, dann am liebsten von lokalen Viehrassen fern jeder Massentierhaltung. Dazu wird um Siena und südlich von Florenz eine besondere Schweinesorte gezüchtet, die Cinta Senese: Dieses Sieneser Gürtelschwein lebt auch im Wald von Buch-

Hier präsentiert Agronom Paolo Parti die guten Tropfen im Weinkeller der »Abtei der guten Ernte« (Badia a Coltibuono) nahe Gaiole in Chianti

eckern und Eicheln. Im Chianatal und in der Maremma weiden große weiße **Rinder**. Sie liefern das Fleisch für die saftige Bistecca alla fiorentina, das berühmte toskanische T-Bone-Steak. Um die Nachfrage zu bedienen, kommt das Steakfleisch heute allerdings auch aus Argentinien. Das rohe Stück Fleisch am Knochen, mit Filet und Rumpsteak, wiegt bis zu einem Kilo – davon wird man gut zu zweit satt. Zur Fleischküche gehört auch **Lamm,** vor allem in der südlichen Toskana sieht man die Schafherden über die Hügel ziehen. Sie liefern zudem die Milch für den Schafskäse Pecorino, mal mild, mal schärfer gereift, zu dem karamellisierte Feigen und wilder Honig passen.

Wein

Zum Abschluss jeder Mahlzeit gehört ein Gläschen des süßen Dessertweins **Vin Santo,** in das hartes Mandelgebäck getunkt wird, die Cantuccini. Großartig ist z. B. der aus aus Sangiovese-Trauben hergestellte, acht Jahre reifende **Vin Santo »Occhio di Pernice«** (»Auge des Rebhuhns«) aus dem Weingut Torre a Cona (www.torreacona.com) in den Florentiner Hügeln. In diesen Colli Fiorentini entsteht nun dank des Klimawandels auch sehr guter Rotwein. Großartig sind zudem die Rotweine aus dem nahen Weinbaugebiet Chianti Rufina, unschlagbar direkt vor den Toren von Florenz aber die edlen Roten des **Chianti Classico DOCG**. Angesagt sind auch Rotweine aus dem neuen Wein-Mekka Bolgheri: der Morellino di Scansano aus der Maremma und der Vino Nobile aus Montepulciano. Und berühmt sind die teuren Edeltropfen, Supertuscans genannt, wie Sassicaia, Ornellaia, Solaia sowie der Klassiker Brunello di Montalcino. Zu den guten Weißweinen zählen der Vermentino oder der traditionsreiche Vernaccia di San Gimignano. Einige große **Weingüter** haben in Florenz Dependancen, z. B. das Ristorante Frescobaldi. Hier kann man auch den raren, aber herausragenden Frescobaldi-Weißwein »Gorgona« von der gleichnamigen toskanischen Insel verkosten (Piazza della Signoria 31; www.frescobaldifirenze.it).

Restaurants

Das Angebot an Restaurants in Florenz ist sehr vielfältig. In vielen Bars und Bistrotlokalen bekommt man neben dem Panino auch warme Speisen und Salate. Überall gibt es Osterien und Trattorien in rustikalem Stil mit klassischem Menüangebot, mittags oft zu einem günstigen Preis. Das bieten seit Neuem auch viele gehobene Restaurants an. Denken Sie daran, dass die Mittagsküche gegen 14.30 Uhr schließt, dass ein Gedeckpreis berechnet wird und dass man den Tisch vom Kellner zugewiesen bekommt. In Restaurants und Bars gilt das **Rauchverbot**.

Cafés

Die **Piazza della Repubblica** säumen traditionsreiche Cafés wie das Gilli (www.caffegilli.com), das 1733 eine Schweizer Familie gegründet hat, oder das Paszkowski (www.caffepaszkowski.com), das 1903 von einer polnischen Familie im Wiener Stil eröffnet wurde. Im Sommer verwandelt sich die Straße zu einem einzigen Straßencafé. Man sitzt sehr stilvoll zwischen Blumenkübeln in großen luftigen Glas- und

Markisenveranden. Viele Cafés sind bis spätabends geöffnet und daher auch nach einem Konzert- oder Theaterbesuch beliebte Treffpunkte. Einige **Museumscafés** beeindrucken durch ihre grandiosen Panoramaterrassen, wie die **Caffetteria degli Uffizi** mit Blick auf die Piazza della Signoria oder das **Caffè del Verone** auf dem Dach des Museo Ospedale degli Innocenti (Piazza Santissima Annunziata), offen auch für Gäste, die das Museum nicht besuchen. Gleich rechts vom Eingang ins Dommuseum wird man in der **Caffetteria Guido Guidi** verwöhnt (tgl. 9–19 Uhr). In den Innenhof des Ausstellungszentrums Palazzo Strozzi lockt das elegante **Strozzi Caffè**.

Trinkgeld

Hat der Service gut gefallen, gibt man ein Trinkgeld. Meist lässt man auf dem Tisch runde Beträge liegen, etwa um 5 %, aber auch mehr. Das gilt auch für Cafés, wenn man am Tisch bedient wurde. Manche Restaurants berechnen von vornherein einen Service von 10 %.

## AUSGESUCHTE RESTAURANTS

▶ **Plan S. 274**

Preiskategorien für ein Hauptgericht
**€€€€** = über 40 €
**€€€** = 25 – 40 €
**€€** = 15 – 25 €
**€** = bis 15 €

### ❶ TRATTORIA MARIONE €€

Hier und in der Filiale (Via delle Belle Donne 47/49 r, Tel. 055 28 70 89) ist man per Du mit den Gästen. Wer nicht reserviert, hinterlegt seinen Vornamen beim Wirt und reiht sich draußen in die Schlange ein. Das klappt vorzüglich! Großartig sind die Porchetta-Gerichte und weitere Klassiker der toskanischen Küche. Guter Service!

Via della Spada 27 r
Tel. 055 21 47 56
tgl. 12–15, 19–23 Uhr
www.trattoriamarione.it

### ❷ PEPÒ €€

Ganz nah bei der Piazza del Mercato Centrale sollte man in dieser besonders ansprechenden Osteria Spezialitäten probieren. Wie wäre es mit Fritto misto, frittiertem Fingerfood aus Gemüse-, Huhn- und Kaninchenstückchen? Oder mit einer Portion Peposo, eine Art Rindergulasch mit viel Pfeffer? Es gibt auch viel frisches Gemüse, leckere Suppen und freitags Stockfisch. Auch die Einheimischen schätzen diese Trattoria!

Via Rosina 4/6 r
Mi.–Mo. 12–15, 19–22 Uhr
Di. geschl.
Tel. 055 28 32 59, https://pepo.it

### ❸ MERCATO CENTRALE €–€€

Ein fantastisches Dach aus Gusseisen und Glas spannt sich über den quirligen Lebensmittelmarkt mitten in der Innenstadt nahe der Basilika von San Lorenzo. Die große Markthalle öffnete 1874 und seither versorgen sich die Florentiner hier mit frischem Gemüse, Obst, Fleisch, Käse, Fisch. In den letzten Jahren wurde die herrschaftliche Halle restauriert – die obere Etage ist nun eine Schlemmermeile. Trippa und Lampredotto gibt es bei der Familie Bambi (www.bambitrippaelampredotto.it), dazu locken Imbisstheken mit Snacks, ofenfrischen Focacce und gutem Wein.

Piazza del Mercato Centrale
So.–Do. 9–23, Fr./Sa. 9–24 Uhr
www.mercatocentrale.it/firenze

### 4 IL MAGAZZINO €€–€€€

Unbedingt reservieren muss man in dieser Institution an der Piazza della Passera: Die Osteria Tripperia hat zwar nur 28 Plätze, offeriert dafür aber auch die wahre Florentiner Küche – beispielsweise Trippa und natürlich Lampredotto, sogar als Sushi-Gericht!
Piazza della Passera 2/3
Tel. 055 21 59 69
tgl. 12–15, 19.30–23 Uhr

### 5 TRATTORIA DALL'OSTE €–€€

Die Tratorria ist fünfmal in Florenz vertreten – und bietet gleich zwölf berühmte Rindersteaksorten an, darunter Chianina, Angus, Simmenthal, Wagyu und Kobe-Fleisch. Natürlich lockt die sagenhafte Bistecca alla fiorentina, denn die Trattoria zählt zu den 101 besten Steakhäusern der Welt! Weniger kostspielig sind die Tagliata di Manzo (25,80€) oder Tortelli aus Kartoffeln aus dem Mugello mit Ragout (16,80€). Top sind auch die Weine, z.B. von Antinori oder Ricasoli.
Via degli Orti Oricellari 29
Tel. 055 2 12 99 2
tgl. 11–22.30 Uhr
https://trattoriadalloste.com

### 6 IL SASSO DI DANTE €–€€

Ganz nah beim Dom, wo gute Speiseadressen rar sind, empfiehlt sich dieses gemütliche einfache Restaurant mit schmackhafter Traditionsküche. Probieren Sie hier die dicken toskanischen Spaghetti, »pici« genannt, oder die Ricottaspinatbällchen Gnudi. Im Sommer sitzt man auf einem stillen Plätzchen.
Piazza delle Pallottole 6 r
Tel. 055 28 21 13
tgl. 12–15, 18–23 Uhr
www.facebook.com/ristorantesassodidante

### 7 FISHING LAB ALLE MURATE €€

Dieses schicke Lokal logiert im einstigen Palast der Zunft der Richter und Notare aus dem 13. Jh. – eine der Fresken zeigt gar das älteste Porträt von Dante! Auf den Tisch kommen Fisch und Meeresfrüchte in allen Variationen. Ein echtes Erlebnis!
Via del Proconsolo 16 r
Tel. 055 24 06 18
Mi.–Mo. 12–23 Uhr, Di. geschl.
www.fishinglab.it

### 8 CIBREO €€€–€€€€

Beim charismatischen Chef Fabio Picchi wird auch die Florentiner Spezialität »gebratene Taube« (pigione) serviert! Ein zweites Restaurant **Cibrèo** öffnete Picchi im Hotel Helvetia & Bristol (Via dei Vecchietti 5; mit Cocktailbar). Neben diesem Hort toskanischer Speisekultur öffnen an der Via dei Macci 122r das viel günstigere **Cibrèo Trattoria** und an der Via del Verrocchio 5 r das **Cibrèo Caffè**. Neuester Clou im Picchi-Imperium: das **Ciblèo Tuscan Oriental** (Via del Verrocchio 2 r), das sich in toskanisch-asiatischer Küche versucht.
Via del Verrocchio 8 r
Di.–Sa. 12.30–14.30, 19–22.30 Uhr
Tel. 055 2 34 11 00
www.cibreo.com

### 9 CANTINETTA DEL VERRAZZANO €–€€

Obwohl diese schöne Wein- und Imbissstube in der höchsten Touristendichte zwischen Piazza della Repubblica und Piazza della Signoria liegt, sind die Focacce, Crostini sowie Käse- und Schinkenplatten doch immer gut und frisch – eine reife Leistung und famos für einen schnellen Snack. Buon appetito!
Via dei Tavolini 18 r
Tel. 055 26 85 90
Mo.–Sa. 8–16, So. 9–17 Uhr
www.verrazzano.com

### ⑩ CANTO DEL RAMERINO €–€€

An der einstigen Ecke der Rosmarinhändler nahe Sant Croce ist der Service der Belegschaft drinnen wie draußen eine einzige Freude, das Essen sowieso: Ob nun die herrlich zubereiteten Artischocken (carciofi), Ossobuco, hausgemachte Pappardelle mit Wildschwein (Cinghiale) oder die Weine: alles top und zu fairem Preis!
Via di San Giuseppe 38 (18 r)
Tel. 055 4 93 15 61
Tgl. 11.30 - 22.30 Uhr
www.facebook.com/cantodel ramerino

### ⑪ PALLOTTINO €–€€

Seit über 100 Jahren im Familienbesitz: In dieser handfesten Trattoria im Gassengewirr zwischen Dom und Santa Croce sitzt man an einfachen Holztischen vor weiß gekachelten Wänden und lässt sich die Hausmannskost schmecken. Beliebt nicht nur bei Touristen, sondern auch bei Einheimischen! Im Sommer stehen auch ein paar kleinere Tische draußen auf dem Trottoir.
Via Isola delle Stinche 1 r
Tel. 055 260 88 87, Di.–So. 12.30–14.30, 19.30–22.30 Uhr
www.trattoriapallottino.com

### ⑫ PINCHIORRI €€€€

Annie Féolde und Giorgio Pinchiorri haben 2023 den 50. Geburtstag dieser kulinarischen Institution in Italien gefeiert. Im Stadtpalast aus dem 16. Jh. bereiten die Chefs Ricardo Monco und Alessandro della Tommasina und ihr Team Gerichte für alle Sinne – und Sommelier Alessandro Tomberli kennt die passenden Weine. Superb ist die »Pinchiorri Experience« (3 Gänge u. 3 Weine), allerdings auch der Preis (350 €).
Via Ghibellina 87
Tel. 055 2 63 11
Di.–Sa. 19.30–22 Uhr
www.enotecapinchiorri.it

### ⑬ IL LATINI €€

Der Klassiker unter den Trattorien auf der südlichen Arno-Seite und ein Touristenmagnet, der aber auch die Einheimischen überzeugt: der Himmel voller Schinken, unter den Füßen Terrakottakacheln und das saftige Florentiner Steak vom echten Holzkohlengrill auf dem Teller.
Via dei Palchetti 6 r
Di.–So. 19.30–22.30, Sa./So. auch 12.30–14.30 Uhr, Mo. geschl.
Tel. 055 21 09 16
http://latinifirenze.com

### ⑭ ANTICO RISTORO DI CAMBI €€

Kult in der 1950 eröffneten Trattoria ist bei Paola und Gianni Mura die klassiche Bistecca alla fiorentina vom Chianina-Rind (1 kg 50 €!). Man speist unter dem Deckengewölbe, von dem die Schinken hängen, oder im Sommer draußen auf der Piazzetta.
Via Sant'Onofrio 17 r
Tel. 055 21 71 34
tgl. 12–14.30, 18–22.30 Uhr
www.anticoristorodicambi.it

### ⑮ IO OSTERIA PERSONALE €€€

Matteo Fantini verwöhnt seine Gäste im modernen urbanen Ambiente. Probieren Sie Taube mit Barbecue-Sauce und Mais (28 €) und das Rosmarineis (9 €)! Oder Sie ordern gleich das Degustationsmenü (4 Gänge 45 €, 5 Gänge 54 €, 6 Gänge 63 €).
Borgo San Frediano 167 r
So. und mittags geschl.
Tel. 055 9 33 13 41
www.io-osteriapersonale.it

### ⑯ IL SANTO BEVITORE €€

Man isst hier gute italienische Küche, sitzt nett in rustikal-elegantem Ambiente, wird freundlich bedient, zahlt nicht zu viel und alle fühlen sich wohl, Touristen wie Florentiner: Il Santo Bevitore ist ein beliebter Dauerbrenner unweit der Piazza Santo Spirito. Reservieren Sie!

Via Santo Spirito 64–66 r
So.mittag geschl.
Tel. 055 21 12 64
http://ilsantobevitore.com

### ⑰ BORGO SAN JACOPO €€€€

Die richtige Adresse für die kulinarische Krönung des Florenzbesuchs! Das exzellente Restaurant am Arnoufer spiegelt den eleganten Stil von Ferragamo wider – denn zu der berühmten Florentiner Schuhmarke gehören auch edle Hotels. Chef Claudio Mengoni und Team kreieren hochwertige wie originelle Gerichte und präsentieren ihre Sterneküche mit Charme. Auch wenn es Ihnen nicht gelingt, einen der wenigen Tische direkt über dem Arno zu ergattern: Hier sitzt man bestens.
Borgo San Jacopo 62 r
tgl. 19–22 Uhr
Tel. 055 28 16 61
www.lungarnocollection.com

### ⑱ TRATTORIA 4 LEONI €€

Direkt an der Piazza della Passera in Oltrarno, die abends besonders lauschig ist, sitzt man drinnen wie draußen perfekt und ordert z. B. die Hausspezialität Kaninchen (coniglio; 16 €). Lecker sind auch die Pastagerichte, etwa Pici mit Würstchen (salsiccia; 14 €). Im Winter wird auch die klassische Ribollita serviert.
Via Vellutini 1 r
Tel. 055 21 85 62
tgl. 12–24 Uhr
www.4leoni.com

### ⑲ TOSCANELLA €€

Neu trifft alt: gelungener moderner Stil unter den hohen Gewölben eines alten Palasts nahe dem Palazzo Pitti. Auf den Teller kommen frische, schmackhafte Traditionsküche sowie vegetarische und vegane Gerichte.
Via Toscanella 38
tgl. 8–24 Uhr
Tel. 055 28 54 88
www.osteriatoscanella.com

### ⑳ DILADDARNO €–€€

Beim Bummel auf der linken Arnoseite stößt man zwischen der Piazza Santo Spirito und der Porta Romana auf diese besonders ansprechende freundliche Trattoria mit klassischer Regionalküche. Alles ist sorgfältig zubereitet wie die köstliche Ribollita, die typische Kohl- und Brotsuppe, hausgemachte Pasta, zum Beispiel Pici mit Wildschweinsoße, das gepfefferte Gulasch, Peposo genannt, oder die saftige Bistecca Fiorentina. Im Sommer sitzt man draußen in einem netten Innenhof.
Via dei Serragli 108 r
Mo. und Di.-Mittag geschl.
Tel. 055 22 49 17
www.trattoriadiladdarno.com

## CAFÉS, EISDIELEN

▶ **Plan S. 274**

### ① TERRAZZA DI LA RINASCENTE

Vom Dachcafé des feinen Kaufhauses Rinascente an der Piazza della Repubblica hat man einen fantastischen Nahblick auf die Domkuppel und die Dächer der Altstadt. Dazu gibt es Cappuccino, Cocktails und frische kleine Mahlzeiten.
Piazza della Repubblica 1
Tel. 055 4 93 34 68
tgl. 10–24 Uhr

### ② AMORINO

Die cremigen Eissorten werden wie Blumen dekoriert, aus frischem Bioobst gibt es köstlich erfrischendes Fruchteis. Warme Waffeln und bunte Macarons, heiße Schokolade und geschäumte Milchshakes – alles ist ungemein appetitlich zubereitet. Die schön gestylte Eisdiele befindet sich mitten im Zentrum nur ein paar Schritte vom Dom entfernt.
Via del Corso 44/46 r
tgl. 10.30–24 Uhr
www.amorino.com

# GELATO ARTIGIANALE

BAEDEKER WISSEN

*Was auf Deutsch profan »Speiseeis« heißt, ist für Italiener eine Kunst. Sie können zwar nicht unbedingt beanspruchen, »Handwerklich Gefrorenes« erfunden zu haben und auch nicht Europameister im Verbrauch zu sein. Ihre Meisterschaft ist aber unbestritten, was man auch in Florenz nachprüfen kann.*

▶ **Empfohlene Eisdielen in Florenz**

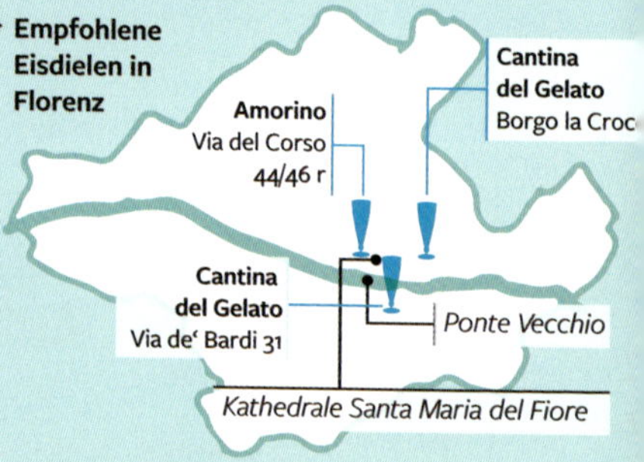

**Amorino**
Via del Corso 44/46 r

**Cantina del Gelato**
Borgo la Croc

**Cantina del Gelato**
Via de' Bardi 31

*Ponte Vecchio*

*Kathedrale Santa Maria del Fiore*

▶ **Beliebte Eiskreationen**

**Amarena-Kirsch**
Eingelegte Kirschen und versch. Eissorten

**Eiskaffee**

**Tartufo**
Vanilleeiskugel mit Schokosaucenfüllung und Kakao bestreut

▶ **Die 10 beliebtesten Eissorten der Deutschen**
nach: Union der italienischen Speiseeishersteller in Deutschland

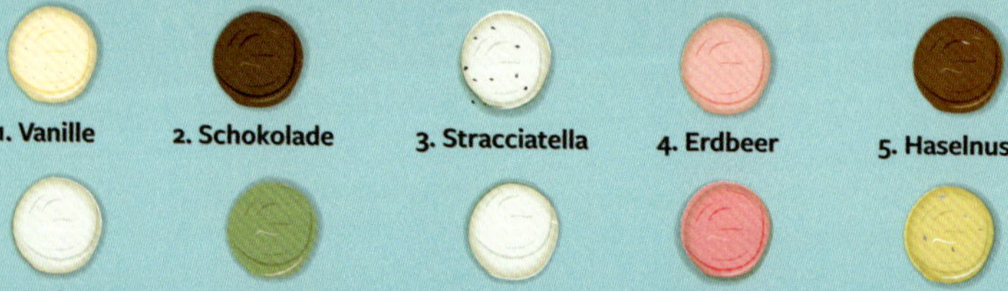

1. Vanille

2. Schokolade

3. Stracciatella

4. Erdbeer

5. Haselnuss

6. Joghurt

7. Pistazie

8. Zitrone

9. Amarena

10. Salz-Karamell

**Europas Top-5 Eisesser**
Pro-Kopf-Verbrauch 2018

**Spaghettieis**
Vanille-Eis über einem gefrorenen Sahnekern, mit Erdbeersoße übergossen. Erfunden 1969 in – Mannheim.

**Banana Split**
Der Klassiker mit der gespaltenen Banane

▶ **Geschichte der Eiscreme**

**Antike**
Bereits um 1000 v. Chr. soll man in China eine eiskalte »schneeweiße Köstlichkeit« (xuebaite) verspeist haben. In der griechischen Antike war mit Honig, Nektar, Früchten und Gewürzen verfeinertes Natureis bekannt. Mit dem Ende des römischen Reichs gingen diese Rezepte verloren.

**Mittelalter**
Marco Polo bringt aus China ein Rezept für ein Halbgefrorenes aus Wasser mit, das mit einer Salpeterlösung gekühlt wird.

**16. Jh.**
In Italien wird die Kunst perfektioniert, Flüssigkeiten mittels Salpeterlösung zu gefrieren. Italienische Eismacher arbeiten an europäischen Fürstenhöfen.

**Um 1790**
In Amerika wird die erste Speiseeismaschine erfunden. Heutige Maschinen arbeiten immer noch nach diesem Prinzip.

**Ab 1870**
Italienische Auswanderer führen den Straßenverkauf von Eis im übrigen Europa ein. Italo Marchioni (1868 – 1954) erfindet 1903 das hörnchen.

**Der richtige Eisbecher**

**Langes, schlankes Glas**
für Eiskaffee und Ähnliches sowie Früchtebecher

**Sundae-Becher**
der Klassiker für Eisbecher mit vielen Früchten, Sahne und Likör

**Langstieliges, breites Glas**
für handgemachtes Eis und Deko

**Schale**
für Banana Split und andere Spezialitäten

### 3 RIVOIRE

Ins Rivoire kann man von morgens bis abends einen Abstecher machen: Es ist Restaurant, Café und Cocktailbar in einem und trumpft mit langer Tradition und bester Lage. Lehnen Sie sich einfach zurück und genießen Sie Ihre Pause!

Piazza della Signoria 5 r
Tel. 055 21 44 12
tgl. 8–23.30 Uhr
www.rivoire.it

### 4 DITTA ARTIGIANALE

In dem lässigen Bistro-Café zwischen Santa Croce und dem Arnoufer fühlen sich alle wohl: Man sitzt hier sehr entspannt, es hängen Zeitungen aus, die Kaffeesorten sind exzellent und es gibt selbst frisch gebrühten Filterkaffee. Dazu trifft man sich hier zum Frühstück. Für jeden Hunger gibt es aber den Tag über leckere kleine Gerichte, frische Kuchen und gegen Abend Cocktails. Weitere Filialen öffnen an der Via dello Sprone 5 r, der Via dei Carducci 2 r und der Via Lungarno Soderini 7 r.

Via dei Neri 32 r
tgl. 8–24 Uhr
www.dittaartigianale.it

### 5 VOLUME

Das besonders reizvolle Café zeigt die Schönheit des Handwerks: Alte Werkzeuge und Holzmodelle zieren die Wände dieser ehemaligen Hutmacherwerkstatt. Heute erfährt sie ihren zweiten Frühling als beliebter Treff kreativer Menschen zu Musik, Lesungen, Wein und Häppchen.

Piazza Santo Spirito 5 r
Tel. 055 2 38 14 60
tgl. 17–02 Uhr
www.volume.fi.it

### 6 CANTINA DEL GELATO

In den letzten Jahren haben ein paar Eisdielen in Florenz aufgemacht, die sich besonders viel Mühe bei der Auswahl ihrer Zutaten geben. Und diese hier gehört ganz klar dazu! Alles schmeckt deutlich nach dem, aus was es gemacht ist – von den klassischen Eissorten bis zu den ausgefallenen Aromen. Wenn Sie gerade nicht in der Nähe sein sollten: Eine zweite Niederlassung gibt es in der Borgo la Croce 30 r (Di.–So. 12–24 Uhr). Lust auf ein Eis?

Via de' Bardi 31
Di.–So. 13–23 Uhr
https://cantinadelgelato.it

# FEIERN

***Wie feiern die Florentiner? Die urbane Eventkultur findet in dieser Stadt besonders schöne Schauplätze. Man denke nur an den Firenze Estate und den Estate Fiesolana in Fiesole mit seinen vielen Veranstaltungen unter freiem Himmel, mit Livekonzerten klassischer Musik und von Popgruppen sowie modernen Tanzaufführungen, die in den Innenhöfen der alten Palazzi, im römischen Theater von Fiesole, am Ufer des Arno, auf grandiosen Plätzen und vor Kirchenkulissen stattfinden.***

**Maggio Musicale Fiorentino**

Ein Highlight im Kulturkalender nicht nur der Stadt, sondern ganz Italiens ist der Maggio Musicale Fiorentino, ein Festival hochkarätiger Opern-, Konzert- und Tanzaufführungen, das im Mai beginnt. Im

Jahr 1933 hatten es der Politiker und Schriftsteller Carlo Delcroix, der Florentiner Adlige Luigi Ridolfi Vay da Verrazzano und der Orchesterdirigent Vittorio Gui ins Leben gerufen. Als Anlass diente der Frühlingsbeginn im Mai, der in der Toskana seit jeher mit dem Calendimaggio gefeiert und in Florenz auch »Maggiolata« genannt wird. Die Feste ziehen sich vom Aprilende an durch den gesamten Mai und bildeten die historische Basis des Maggio Musicale Fiorentino. 2014 wurde als neue Spielstätte das **Teatro del Maggio Musicale Fiorentino** eröffnet, auch Opera di Firenze genannt (▶ S. 277). Es ist eingebunden in den Musikpark von Florenz, den **Parco della Musica di Firenze**, der jede Menge Platz bietet: Zum Großen Saal, der Sala Grande mit 1890 Sitzplätzen, und der Cavea genannten Freilichtbühne mit 2000 Plätzen kam Ende 2021 als dritter Teil das Auditorium mit 1200 Sitzplätzen hinzu. Benannt ist es nach **Zubin Mehta**, der bis 2018 Musikdirektor des Maggio Musicale war und nun Ehrendirigent auf Lebenszeit ist. Weltberühmte Dirigenten, Musiker und Künstler treten im Teatro Maggio auf.

Traditonelle Feste

Auch die traditionelle, volkstümliche Seele von Florenz blitzt ein paar Mal im Jahr hervor. Zum Beispiel wenn man den Stadtpatron am 24. Juni, dem Johannistag, feiert und sich nachmittags auf der Piazza Santa Croce einfindet, um seine Mannschaft beim spektakulären historischen Fussballspiel **Calcio in Costume** anzufeuern (▶ S. 14). Fahnenschwenker, die »sbandieratori«, und Kostümumzüge erinnern an die glorreiche Zeit der mittelalterlichen Florentiner Republik. Darum kümmert sich sogar ein eigenes Ressort im Rathaus!

## DIE ALTE SEELE VON FLORENZ

Bewundernswert ist der virtuose Auftritt der Fahnenschwenker, die ein buntes Farbenmeer im festlichen Zug der Honoratioren der Florentiner Republik bilden. Nahtlos geht es weiter mit den wilden Raufereien beim Calcio Storico auf der Piazza Santa Croce. Der Abend endet mit einem fantastischen Feuerwerk über der Piazzale Michelangelo. Den besten Blick darauf hat man vom rechten Arnoufer – das Gespür für die alte elegante Seele von Florenz kommt von allein (▶ S. 14).

Am Fest Scoppio del Carro raucht und qualmt es zwischen den Fahnenschwenkern und den Zuschauern

**Fußball** Der AC Florenz spielt in der ersten italienischen Liga, der Serie A. Bislang wurde er zweimal italienischer Meister und gewann sechsmal den italienischen Pokal, zuletzt 2001. Heimspiele finden statt im 1931 eröffneten **Stadio Artemio Franchi**, erbaut von Stararchitekt Pier Luigi Nervi. Die heimischen Fans im berüchtigten Stadionbereich **Curva Fiesole** sind berühmt für ihre fantasievollen Choreografien.
Tickets/Informationen: Fiorentina Point, Via dei Sette Santi 28r
Tel. 055 57 12 59 | www.acffiorentina.com

## VERANSTALTUNGSKALENDER

### FEIERTAGE

1. Januar: Neujahr
6. Januar: Erscheinungsfest (Hll. Drei Könige)
März/April: Ostermontag
25. April: Tag der Befreiung (1945)
1. Mai: Tag der Arbeit
2. Juni: Fest der Republik Italien
15. August: Mariä Himmelfahrt
1. November: Allerheiligen
8. Dezember: Mariä Empfängnis
25./26. Dezember: Weihnachten

### EVENTS IM JANUAR

#### HLL. DREI KÖNIGE (6.) LA CAVALCATA DEI MAGI

Dieser Festumzug ist schon seit 1417 in Quellen nachgewiesen, aber natürlich hat sich seither einiges geändert.

Schließlich nahmen die Medici damals bisweilen noch als Heilige Drei Könige. Die spektakuläre Kostümparade beginnt am Palazzo Pitti und erreicht über den Ponte Vecchio und die Piazza Signoria schließlich ihr Ziel, den Dom mit der Weihnachtskrippe.

## MÄRZ/APRIL

### SCOPPIO DEL CARRO

Die »Explosion des Karrens« am Ostersonntag geht auf den ersten Kreuzzug und den Florentiner Pazzino de Pazzi zurück, der 1097 als Erster die Mauern Jerusalems erklomm und dafür drei Feuersteine aus der Grabeskirche erhielt. Mit diesen Steinen wird seither zu Ostern ein heiliges Feuer entzündet. Seit dem 15. Jh. ziehen Ochsen einen meterhohen Karren voller Feuerwerkskörper von der Porta al Prato zur Piazza del Duomo. Mit dem Osterfeuer zündet der Kardinal während der Messe eine mechanische Taube an, die durch einen Draht mit dem Karren verbunden ist, durch den Dom rast und draußen den Karren entzündet. Die Explosion soll auch zu einer guten Ernte führen.

### CAPODANNO FIORENTINO

Im Mittelalter feierten die Florentiner ihr Neujahr am Tag der Marienverkündigung, dem 25.März, heute eine folkloristische Reminiszenz. Am Nachmittag zieht der Kostümzug der Florentiner Republik durchs Stadtzentrum auf die Piazza della Santissima Annunziata. Neujahr am 1. Januar gibt es in Florenz erst seit 1750.

## MÄRZ –SEPTEMBER

### O FLOS COLENDE

Das ist der Titel einer anspruchsvollen Konzertreihe von Kirchenmusik, die von März bis September im Dom und im Baptisterium zu hören ist. Der Eintritt ist in der Regel frei. http://operaduomo.firenze.it.

## APRIL/MAI

### MOSTRA INTERNAZIONALE DELL' ARTIGIANATO

Diese Kunsthandwerkermesse in der Fortezza da Basso Ende April/Anfang Mai vereint einige der besten Kunsthandwerker aus Florenz, der Toskana, und auch internationales Handwerk. https://mostrartigianato.it

## MAI

### GIARDINO DELL' IRIS

Jedes Jahr vom 25. April bis 20. Mai öffnet der Giardino dell'Iris unterhalb der Piazzale Michelangelo und man wandelt durch ein zauberhaftes Blütenmeer aus Lilien und Iris, es ist die Blütezeit der Florentiner Wappenblume (http://societaitalianairis.com; Eintritt frei). Zur gleichen Zeit, Ende April/Anfang Mai, gibt es einen wunderbar mediterranen Blumen- und Pflanzenmarkt im Giardino dell' Orticoltura (Via Bolognese 17, Eingang Via Vittorio Emanuele II 4).

### TROFEO MARZOCCO

1. Mai: Im Namen des Marzocco genannten Florentiner Löwen treten am Nachmittag die besten Fahnenschwenker aus Florenz und anderen toskanischen Städten auf der Piazza della Signoria gegeneinander an, ein elegantes farbenfrohes Schauspiel. Eine Woche später, am 7. Mai, ist der Nachwuchs an der Reihe, auf der Piazza San Lorenzo.

### FESTA DEL GRILLO

An Christi Himmelfahrt schwärmten früher die Familien zum Grillenfang im Stadtpark Parco delle Cascine aus – ein Frühlingsfest! Heute gibt es die Grillen in kleinen Käfigen zu kaufen mit der Auflage, sie zu befreien. Ohne das Zirpen der Grillen ist ein italienischer Sommer kaum vorstellbar. Dazu gibt es einen großen Markt mit Krimskrams und Streetfood.

## MAI/JUNI/JULI

### MAGGIO MUSICALE FIORENTINO
Hauptspielort ist das neue Operntheater am Parco delle Cascine. Es gibt auch Sommertermine des Maggio Musicale, die gern unter freiem Himmel stattfinden.
www.maggiofiorentino.com

### ESTATE FIORENTINA
Jedes Jahr kommen neue Schauplätze für die vielfältigen Musik- und Unterhaltungsevents hinzu, die den Florentiner Sommer beleben: Rockkonzerte auf der Freilichtbühne im Park Cascine, Live- und DJ-Musik am Arno-Strand, Ethno-Musik im ehemaligen Gefängnis Le Murate, Kulturveranstaltungen im Innenhof des Bargello-Museums, in den Gärten des Stibbert-Museums oder der Villa Strozzi sowie Sommerkino auf der Piazza Santissima Annunziata.
https://estatefiorentina.it

### ESTATE FIESOLANA
Konzert-, Theater-, Ballett- und Filmaufführungen in Fiesole
www.bitconcerti.it/estate-fiesolana-2022.html

## JUNI

### CALCIO IN COSTUME
24. Juni
▶ S. 14

### FIRENZE ROCKS FESTIVAL
Vier Tage Mitte Juni gehören in der Visarno-Arena der Musik. 2023 mit den Bands The Who und Maroon 5.
Via del Visarno 14 (Hippodrom im Park Cascine)
www.visarnoarena.it

### FESTA DELL' UNITÀ
Die Florentiner nehmen seit jeher am politischen Leben aktiv teil. Parteifeste gehören dazu, und das größte ist das des Partito Democratico im Juni auf dem Festgelände in Galluzzo (Viale Tanini 28): mit engagierten Debatten, mit Konzerten und vor allem mit gutem Essen in den vielen Restaurantzelten lassen die Einheimischen hier ihren Sommer beginnen.
https://festadellunitafirenze.it

## SEPTEMBER

### LA RIFICOLONA
Am 7. September feiern Erwachsene und Kinder die Jungfrau Maria mit einem Papierlaternenzug, ähnlich wie in Deutschland die Martinsumzüge. Mittelpunkt dabei ist die Piazza Santissima Annunziata. Selbst über den Arno zieht eine Bootsprozession mit Laternen.

### FIRENZE JAZZ FESTIVAL
Das Jazz-Event schlechthin in Florenz in zwei Septemberwochen. 2022 spielten 120 Künstler 41 Events an zehn Veranstaltungsorten, z. B. in der Villa Strozzi, der Villa Bardini oder auf der Piazzale Michelangelo.
https://firenzejazzfestival.it

## SEPTEMBER/OKTOBER

### BIENNALE INTERNAZIONALE DELL' ANTIQUARIATO DI FIRENZE
Die renommierte Antiquitätenausstellung präsentiert Ende September/Anfang Oktober in den prächtigen Räumen des Palazzo Corsini sull' Arno herrliche Möbel mit Florentiner Intarsien und wertvolle Gemälde aus der Renaissancezeit, und zwar an allen ungeraden Jahreszahlen.
Eingang Via del Parione 110
www.biaf.it

## OKTOBER/NOVEMBER

### FLORENCE BIENNALE
Alle zwei Jahre dreht sich Mitte Oktober alles in Florenz um zeitgenössi-

sche Kunst: In den Messehallen der Fortezza da Basso zeigen Künstler und Galerien die neuen Trends. Auch ein Kunstpreis wird auf der Biennale verliehen – und wie sollte er anders heißen als »Premio Internazionale Lorenzo il Magnifico«?
www.florencebiennale.org

FESTIVAL INTERNAZIONALE DEL FILM DOCUMENTARIO
Im November zeigt das traditionsreiche Festival zum Dokumentarfilm herausragende Produktionen aus aller Welt, meist im neuen Kinotheater La Compagnia (Via Cavour 50r) .
www.festivaldeipopoli.org

# MUSEEN

***Florenz zählt knapp 100 Museen und Galerien, die Metropolitanstadt sogar über 200! Das hat Tradition: Schon die Medici förderten bewusst Orte, an denen man die Vielfalt der Kreativität in Kunst und Wissenschaft präsentiert und bewundern konnte.***

Museumslandschaft

Zu den großen Kunst- und Archäologiesammlungen kommen die interessanten wissenschaftlichen Universitätsmuseen, zudem zahlreiche Galerien privater Sammler und Kunsthistoriker, Museen, die einzelnen Genies gewidmet sind wie Michelangelo, Leonardo da Vinci und Dante. Dazu zählen Freskenzyklen und die für Florenz typischen Abendmahlsdarstellungen und vieles mehr – kaum ein Museum, dessen Besuch sich nicht lohnen würde!

Eintritte

Für einige Attraktionen muss man ein Ticket **vorbestellen** bzw. reservieren, z.B. für die Brancacci-Kapelle samt Museum der Fondazione Salvatore Romano oder die Domkuppel. Dringend ganzjährig zu empfehlen ist das Reservieren für die Uffizien, die Galleria dell'Accademia (Gebühr je 4€ p.P.) und Orsanmichele (je 3€ p.P.).
Tickets für die **staatlichen Museen** (musei statali) erhalten Sie online oder telefonisch bei Firenze Musei sowie an den drei Verkaufsschaltern von Firenze Musei (▶S. 296, »Weitere Verkaufsstellen«).
Tickets für die **städtischen Museen** (musei comunali/civici) gibt es unter https://bigliettimusei.comune.fi.it oder Tel. 0552768224.
Mit der drei Tage gültigen **Firenze Card** kann man für 85 € alle Museen an den Warteschlangen vorbei besuchen (www.firenzecard.it). Kinder und Jugendliche unter 18 Jahren kommen umsonst in staatliche und kommunale Museen. 18 bis 25 Jahre alte EU-Bürger und Schweizer zahlen in staatlichen Museen 2€ Eintritt, in städtischen Museen erhalten sie Rabatt. An jedem **1. Sonntag im Monat** sind die staatlichen und kommunalen Museen **gratis**, ebenso für alle Frauen am 8. März, dem Weltfrauentag. Ebenfalls kostenlos sind die städtischen Museen am 18. Februar, zum **Todestag der Mäzenin Anna Maria Luisa de' Medici** (▶ Interessante Menschen). Sonderausstellungen kosten allerdings mitunter zusätzlichen Eintritt.

# MUSEEN IN FLORENZ

## KARTENBESTELLUNG UND INFORMATION

### FIRENZE MUSEI
Sonderschalter direkt in den Uffizien und im Palazzo Pitti
Tel. 055 29 48 83
www.firenzemusei.it, webshop.b-ticket.com/webshop/webticket/eventlist

### STÄDTISCHE MUSEEN
Tel. 055 2 76 82 24
https://bigliettimusei.comune.fi.it

### MUS.E. FIRENZE
Spannende, auch thematische Führungen (mehrsprachig) in den städtischen Museen und im Murate Art District
Tel. 055 2 76 82 24
https://musefirenze.it

## WEITERE VERKAUFSSTELLEN:

### OPERA YOUR PREVIEW
tgl. 10–18 Uhr
Via Por Santa Maria 13 r
055 2 67 07 37
www.operayourpreview.com

### LIBRERIA MY ACCADEMIA
Di.–So. 8.45–17.30 Uhr
Via Ricasoli 105 r, Tel. 055 28 83 10

### »FIRENZE MUSEI«
Mo., Mi.–Fr. 9–15.30, Di. und Sa. 9–16.30 Uhr
Chiesa di Orsanmichele
Via de' Calzaiuoli

### ZU DOM, BAPTISTERIUM, KUPPEL, DOMMUSEUM:
Tickets: online oder Piazza del Duomo 14 (tgl. 8–19.15 Uhr) und Piazza S. Giovanni 7 (tgl. 8–19 Uhr)
Tel. 055 2 64 57 89
https://duomo.firenze.it

## GESCHICHTE

### MUSEO EBRAICO
▶ Synagoga e Museo Ebraico

### MUSEO FIORENTINO DI PREISTORIA
Museum für Urgeschichte mit Exponaten aus vorgeschichtlicher Zeit.
Via dell'Oriuolo 24
Mo. 14–18.30, Di.–Fr. 9.30–12.30, Di./Do. auch 15.30–18.30, Sa. 10–13 Uhr; Eintritt: 4,50 €
www.museofiorentinopreistoria.it

## KUNST, ARCHÄOLOGIE

### CASA BUONARROTI
▶ S. 46

### COLLEZIONE ROBERTO CASAMONTI
Santa Trinità

### GALLERIA DELL' ACCADEMIA
▶ S. 73

### MUSEO DELL' OSPEDALE DEGLI INNOCENTI
▶ Ospedale degli Innocenti

### MUSEO DELLE ICONE RUSSE
Palazzo Pitti

### GALLERIA DEGLI UFFIZI
▶ S. 80

### MUSEO ARCHEOLOGICO NAZIONALE (MAF)
▶ S.103

### MUSEO STEFANO BARDINI
▶ S. 117

### MUSEO DEL BIGALLO
▶ Piazza del Duomo, Loggia del Bigallo

### MUSEO DELLA FONDAZIONE HORNE
▶ Santa Croce

### MUSEO MARINO MARINI
▶ S. 105

### MUSEO NAZIONALE DEL BARGELLO
▶ S. 107

### MUSEO NOVECENTO
▶ Santa Maria Novella

### MUSEO DELL' OPERA DEL DUOMO
▶ S. 112

### MUSEO DELL' OPERA DI SANTA CROCE
▶ Santa Croce

### MUSEO DI PALAZZO DAVANZATI
▶ Loggia di Mercato Nuovo

### MUSEO DI SAN MARCO
▶ San Marco

### MUSEO DI SANTA MARIA NOVELLA
▶ Santa Maria Novella

## KUNSTHANDWERK

### GUCCI GARDEN
▶ Piazza della Signoria

### MUSEO ROBERTO CAPUCCI
▶ Giardino di Boboli

### MUSEO SALVATORE FERRAGAMO
▶ Santa Trinità, Palazzo Spini-Ferroni

### MUSEO STIBBERT
▶ S. 118

### MUSEO IL TESORO DEGLI GRANDUCHI
▶ Palazzo Pitti

### MUSEO DELLA MODA E DEL COSTUME
▶ Palazzo Pitti

### OPIFICIO E MUSEO DELLE PIETRE DURE
▶ Galleria dell' Accademia

## LITERATUR

### CASA DI DANTE
▶ Museo Nazionale del Bargello

### MUNDI
▶ S. 328

## TECHNIK

### HZERO
▶ Santa Maria Novella

## NATURKUNDE UND NATURWISSENSCHAFT

### MUSEO BOTANICO
▶ San Marco

### MUSEO DI PALEONTOLOGIA
Umfangreiche Sammlung von Fossilien, urzeitlichen Tieren und Pflanzen
Di. –So. 9–17 Uhr, Eintritt: 6 €
www.sma.unifi.it

### MUSEO GALILEO
▶ Galleria degli Uffizi

### MUSEO DI MINERALOGIA
... mit einer große Sammlung von Mineralien und einer Kollektion von Gegenständen aus Halbedelsteinen.
Via G. La Pira 4
Di. –So. 9–17 Uhr, Eintritt: 6 €

### MUSEO ZOOLOGICO LA SPECOLA
▶ Palazzo Pitti

VÖLKERKUNDE

**MUSEO DI STORIA NATURALE, ANTROPOLOGIA E ETNOLOGIA**
Das erste und größte Völkerkundemuseum Italiens gehört zur Florentiner Universität und stellt in 25 Sälen die Kulturen der Welt vor.
Via del Proconsolo 12
Di. –So. 9–17 Uhr
Eintritt: 6 €
www.sma.unifi.it

# SHOPPEN

*Lassen Sie Platz im Koffer für das ein oder andere Souvenir: Die Innenstadt von Florenz ist ein einziges Einkaufsparadies und der Vielfalt des Angebots sind keine Grenzen gesetzt! Natürlich findet man zahlreiche Nippesshops wie in jeder Touristenmetropole – aber daneben gibt es viel Lohnenswertes zu entdecken.*

Modezentrum

Beim Bummel durch die Gassen überraschen immer wieder Boutiquen und Läden mit Schönem, Ausgefallenem und Originellem. Dank zahlungskräftiger Touristen aus aller Welt begegnet man hier natürlich all den **großen italienischen und internationalen Mode- und Schmucklabels** – von Armani, Gucci, Prada und Bulgari bis zu französischen, amerikanischen und japanischen Marken. Sie haben ihre edlen Geschäfte mit Russisch, Japanisch, Chinesisch sprechenden Verkäuferinnen mitten in der Altstadt, in den Palazzi an der Via Tornabuoni, der Piazza della Trinità und der Via della Vigna Nuova. Das Herz des modebewussten Italiens schlägt ja nicht nur in Mailand oder Rom, sondern genauso heftig in Florenz.
Hier fand 1951 die erste Haute-Couture-Show zum Made in Italy statt, hier wurde 1952 im Palazzo Pitti der Laufsteg (Passerella, Catwalk) »erfunden«, von hier kommen Gucci, Ferragamo, Enrico Coveri, Roberto Cavalli, Emilio Pucci und Patrizia Pepe. Man spürt es auch alljährlich anlässlich der großen Modemessen Pitti Immagine im Januar und Juni, wenn die Schauen in der Fortezza da Basso oder in der Stazione Leopolda eröffnet werden und überall in der Stadt Mode-, Designevents und Partys steigen. Doch neben den großen Namen werden Sie kleine Boutiquen entdecken, in denen Modeschneider und Schmuckdesigner ihren persönlichen Stil vorstellen.

Lederwaren en Masse

Eine zentrale Einkaufsstraße ist die **Via de' Calzaiuoli,** sie verläuft zwischen Piazza Duomo und Piazza della Signoria. Ihr Name »Straße der Schuhmacher« verweist auf ein wichtiges Standbein der traditionellen Florentiner Warenwelt. Kaum anderswo haben sich so viele Geschäfte mit Schuhen, Taschen und Lederjacken wie in Florenz angesiedelt, das ballt sich hier, um den **Mercato di San Lorenzo** und um die Piazza Santa Croce.

BAEDEKER ÜBERRASCHENDES

# 6X GUTE LAUNE

*Das hebt die Stimmung*

## 1. MIT SEGWAY DURCH DIE STADT

Auf den Touren auf dem Segway gleitet man beschwingt über Plätze und durch Gassen der Stadt, als hätte man tatsächlich, **wie Hermes**, Flügel an den Füßen. (▶ **S. 307**)

## 2. STÖBERN AUF DEM TASCHENMARKT VON SAN LORENZO

Taschen aus Leder in allen Größen und Farben, Etuis, Portemonnaies, Jacken; hier findet jeder etwas, ein **Einkauf,** der alle zufrieden macht. (▶ **S. 298**)

## 3. IM MERCATO CENTRALE

Unterm hohen stilvollen Dach der Markthalle dreht sich alles ums leibliche Wohl: Man kann hier einkaufen, Olivenöl, Wein, Soßen aus Pilzen, Oliven, eingelegtem Gemüse, beste Pasta, und man kann hier an Gastrotheken in all diesen **Köstlichkeiten** schwelgen. (▶ **S. 47**)

## 4. BESUCH IN DEN PARFÜMLÄDEN

Auch wenn man kein exklusives Date mit dem großen Parfümeur Lorenzo Villoresi hat, so ist es dennoch ein Erlebnis, in einem der Parfümläden einzukehren und sich durch die **wunderbaren Düfte** durchzuschnuppern. (▶ **S. 300**)

## 5. TEATRO DEL SALE VON FABIO PICCHI

Im »Salztheater« des großen Liebhabers der Florentiner Gastrokultur kosten Sie sich anhand vieler schmackhafter Kleinigkeiten durch die **regionale Küche**. (www.teatrodelsale.com)

## 6. CAFFETTERIA DELLE OBLATE

Auf diese Adresse stößt man nicht zufällig, es gilt sie zu entdecken: Sie betreten die Stadtbücherei im ehemaligen Kloster, steigen neugierig die Treppe hinauf und geraten auf den Wandelgang der unkomplizierten Caffetteria mit **Nahblick auf die Domkuppel**. (▶ **S. 66**)

**Souvenirs** Klassische Souvenirs sind hübsche Papierprodukte wie Hefte, Alben, oder Schachteln mit Pfauenfeder- und Marmormuster. Wer etwas wirklich Besonderes mit nach Hause nehmen möchte, dem sei ein individuell gemischtes **Parfüm** empfohlen. Das bieten herausragende Parfümmeister wie **Paolo Vranjes** oder **Lorenzo Villoresi** an. Oder wie wäre es mit einem der reizenden **Strohhüte**, die schon im 18. Jh. die Damen in Leipzig und München verrückt machten? Aus dem Arno-Tal kam nämlich eine sehr geschmeidige und zugleich resistente Getreide- bzw. Strohsorte. Die Familie Grevi lässt ihre entzückenden Modelle bereits in der vierten Generation flechten.

**Vranjes:** Via San Gallo 63 r | Via della Vigna Nuova 30 r (beide So. geöffnet) | Via della Spada 9 r | Borgo la Croce 44 r (beide So. geschlossen) | https://drvranjes.com

**Lorenzo Villoresi Shop und Parfümmuseum:** Via de' Bardi 12 | Mo.–Sa. 10.30–16.30 Uhr nur nach tel. Voranmeldung: Tel. 055 2 34 07 15 | www.lorenzovilloresi.it, https://museovilloresi.it

**Grevi Brand Store:** Via dei Fossi 7 r | Tel. 055 9 36 06 18 | www.grevi.it

**Kunsthandwerk** Überhaupt zeigt sich der seit Jahrhunderten geschulte Sinn für Schönheit in einer reichen Tradition an Kunsthandwerk. Zugleich bilden die alteingesessenen Werkstätten aber auch den Humus für Neues, für moderne Schmuck- und Hutmacher, Keramikkünstler sowie Designer, auf die Sie bei Ihren Streifzügen durch die Gassen stoßen werden. Dazu gehören feine Schuhmacher (▶ S. 22), Weber, Mosaikleger, Glasbläser, Vergolder, Restauratoren und Kunstmaler. Ihnen allen begegnet man immer noch in Ladenwerkstätten in der Innenstadt, vielen am südlichen Arnoufer. Einen Gesamtüberblick verschafft die jährliche Kunsthandwerkermesse in der Fortezza da

## DUFTENDE VISIONEN

Den Duft von orientalischen Märkten, sonnigen Zitrusgärten, pudrigen Belle-Epoque-Boudoirs, blütensatten Rosenhainen in der Nase? Dann sind Sie im Reich des Parfümeurs Villoresi! Lassen Sie Ihre Sinne verzaubern, entdecken Sie auf einer Führung (ab 6 Pers.) im Parfümmuseum über 1000 Düfte sowie im Garten und auf der Terrasse 90 aromatische Pflanzen (s. o.).

Basso Ende April (https://mostrartigianato.it) oder die zauberhafte Ausstellung Mitte September in den Gärten des Palazzo Corsini al Prato. Den stadtgenetischen Schönheitssinn offenbaren auch die vielen Antiquitätenläden, die Sie am nördlichen Arno-Ufer und auf der südlichen Flussseite um die Piazza Pitti finden, z. B. in der Via Maggio.

**Palazzo Corsini al Prato:** Zugänge Via della Scala 115 und Via Il Prato 58 | www.artigianatoepalazzo.it

Märkte

Florenz ist zudem eine Stadt der Märkte, allen voran der üppige Kleider- und Ledermarkt **Mercato di San Lorenzo** (So./Mo. geschl.), heute nicht mehr um die Basilika, sondern in den Seitenstraßen. Für Souvenirs eignet sich der **Mercato Nuovo** unter der Loggia del Porcellino (tgl. 9–18.30 Uhr, www.mercatodelporcellino.it). Zwei große Markthallen sind Lebensmitteln vorbehalten: **Mercato Centrale und Mercato Sant' Ambrogio**. Jeden 3. Sonntag im Monat findet der Biomarkt **La Fierucola** auf der Piazza Santo Spirito statt. Themenmärkte (Textilien, Keramik etc.) veranstaltet La Fierucola jedes erste Wochenende von Sept. bis Dez. auf der Piazza della Santissima Annunziata. Ein kleiner **Flohmarkt** an der Piazza Annigoni bietet täglich 9–19.30 Uhr vor allem Bücher und Vinyl-Schallplatten an.

**La Fierucola:** http://lafierucola.org

Preiswertes

Preiswerte Kleidung, Haushaltswaren, Blumen und Lebensmittel offeriert dienstags 8–14 Uhr der **Mercato delle Cascine**. Dreimal täglich (9.30, 11.30, 14 Uhr) fährt ein Shuttlebus zu den 120 Läden, Cafés und Restaurants des **Barberino Designer Outlets** im 35 km entfernten Barberino di Mugello. Treffpunkt 20 Minuten vor Abfahrt ist das Sightseeing Visitor Centre in der Tickethalle des Bahnhofs Santa Maria Novella (Ticket: ab 13 €). Numero Uno ist aber das Einkaufszentrum **The Mall** mit 40 Topmarken von Armani bis Zegna in Leccio Reggello, 20 km südöstlich von Florenz. Shuttle-Busse fahren sechsmal tgl. (8.50, 9.10, 11, 12, 14, 16 Uhr) ab Busterminal Piazzale Montelungo am Bahnhof Santa Maria Novella (Ticket: 13 €).

**Barberini Designer Outlet:** www.mcarthurglen.com
**The Mall:** https://firenze.themall.it

## EINIGE ADRESSEN

### ACCESSOIRES

#### APROSIO & CO.

Im Atelier hinter dem Laden entwirft die Designerin Ornella Aprosio mit farbigen Perlen aus Muranoglas und böhmischem Kristall wunderschönen Modeschmuck.

Via del Moro 75/77 r
www.aprosio.it

# DIE LIEBE ZUM SCHÖNEN

*Für die kunstvolle Herstellung von Gebrauchsgegenständen war Florenz schon immer berühmt. Die Hochkultur der Renaissance hatte verschiedene Handwerkskünste zum Blühen gebracht, allen voran alles, was das Wohnambiente aufwertete und was Kirchenfassaden, Fußböden und Möbel verschönerte.*

Das herausragende Beispiel ist die Kunst der **Pietre Dure,** des Mosaiklegens aus Steinteilchen. Man schnitt aus farbigem Gestein, aus Marmor, Kristallen und Halbedelsteinen die Puzzlestückchen, aus denen man feinste Bilder legte: Blumengirlanden mit Vögelchen, geometrische und heraldische Muster, auch Stadtansichten – für Tischplatten, als Wand- und Bodendekorationen und für Altäre. Ausgefallene Gesteinsfarben konnten sich die Medici mittels ihrer Handelsbeziehungen aus fernen Teilen der Welt besorgen. Auf diese hochspezialisierte teure Technik ging die Gründung der Florentiner Werkstatt **Opificio delle Pietre Dure** zurück, heute Museum und Restaurierungszentrum dieser Kunst (▶ S. 78). Kaum zu glauben, aber es gibt Leute, die dieses Handwerk immer noch beherrschen, zu sehen beispielsweise in der Bottega I Mosaici di Lastrucci im Santa Croce-Viertel (Via dei Macci 9, www.imosaicidilastrucci.it) oder in der Ladenwerkstatt Scarpelli Mosaici (Via Ricasoli 59 r, www.scarpellimosaici.it) nahe der Galleria dell'Accademia.

## Fortführung der Kunst

Hier ist nunmehr die junge Generation an der Reihe. Wie bei Pietra di Luna, wo Sohn und Tochter in die Fußstapfen des Meisters Bianco Bianchi getreten sind: Sie halten an der nicht minder diffizilen Kunst der **Scagliola** fest, einer Stucktechnik, bei der Gips mit verschiedenen Pigmenten eingefärbt und kunstvoll zu zarten Mustern gelegt wird (Ausstellung: Borgo San Jacopo 70 r, nur n. V. Tel. 339 3 84 30 48; Werkstatt: Via Lisbona 4e in Pontassieve bei Florenz, www.biancobianchi.com). Stucktechnik und Marmorintarsien vereint Simone Fiordelisi in seinen Tischplatten (Arte Decorativa, Via de' Barbadori 41 r, www.tavolidimarmo.it).

## Fachleute

Außerdem brauchte man für die Innenausstattung der Palazzi, Kirchen und Konvente Handwerker, die sich auf die Herstellung von Beschlägen aus Bronze verstanden, die Bronzisti. Dazu noch Glasbläser, Juweliere, Silber-, Gold- und Metallschmiede, Vergolder, Kunstmaler, Seidenstoff- und Teppichweber, Tischler, Keramiker sowie natürlich Restauratoren. Früher wimmelte es im Viertel Oltrarno nur so an Werkstätten. Heute beleben 26 Kunsthandweker der Gruppe **Artex** in der neuen **Officina Creativa** im früheren Konvent Santa Teresa in Oltrarno (Via Giano della Bella 20, www.artex.firenze.it) diese alte Tradition wieder.

Einen regelrechten »Cluster« in Sachen Goldschmiedekunst bilden die **Juwelierläden am Ponte Vecchio.** Dieses pittoreske Sammelsurium von Anbauten längs der Brücke entstand im 15. Jh. für die Fleischer. Hier konnten sie ihre Abfälle direkt in den Fluss fallen lassen – für damalige Verhältnisse ein

Wundervoller Tisch in Pietre-Dure-Technik

hygienischer Fortschritt. Erst nach dem Bau des Vasari-Korridors lösten dann im 16. Jh. Goldschmiede die Metzger ab. Als ein herausragendes Beispiel für einen heutigen Schmuckkünstler kann man Alessandro Dari nennen mit seinem Ateliermuseum im Palazzo Nasi-Quaratesi.
Via di San Niccolò 115 r
www.alessandrodari.com

## Verkaufsstellen

Eine traditionsreiche Adresse ist das **Antico Setificio Fiorentino.** Es knüpft an die Seidenstoffproduktion des 14. und 15. Jh.s an, die den Reichtum einiger adliger Florentiner Familien begründete. Auch heute noch werden hier wunderbare Brokat- und Damaststoffe hergestellt – für die Innenausstattung von Luxushotels auf der ganzen Welt, aber auch für die Kostüme der großen toskanischen Feste, allen voran des Palio von Siena (Via L. Bartolini 4, https://anticosetificiofiorentino.com). Weitere Tipps gibt das Tourismusbüro (www.feelflorence.it, Stichwort Botteghe artigiane). Besichtigungstouren veranstaltet Autentica Firenze (https://autenticafirenze.com). Jährlich Ende April findet eine große Verkaufsausstellung in der Fortezza da Basso statt, die **Mostra Internazionale dell' Artigianato (MIDA).** Hier stellen Kunsthandwerker aus Florenz und von auswärts ihr Können vor (https://mostrartigianato.it).
Einen wunderbaren Rahmen für die besten Kunsthandwerker der Stadt bilden auch der Palazzo Corsini und sein italienischer Heckenpark mitten im Zentrum zur jährlichen Veranstaltung **Artigianato e Palazzo** im September.
Via della Scala 115
www.artigianatoepalazzo.it

### L'ALBERO CAPOVOLTO

Alles erstklassige Handwerksware und von federleichtem Charme: hinreißende Hüte aus Strohgeflecht und Papier, luftig flattrige Schals, Taschen und Halsketten aus feinstem Bast, große weiche Bags aus Wolle und Baumwolle in cremigen Farben.
Via della Condotta 44 r
www.lalberocapovolto.it

### MAZZONI CASA

Seit 1889 die Adresse für feinste Textilien: Hier gibt es Bettwäsche, Handtücher, Bezüge, Tischdekor, auch Blusen und Pyjamas im Liberty-Stil und aus Seide. Alles perfekt!
Viale Don Minzoni 13–15 r
www.mazzonicasa.it

## DELIKATESSEN

### EATALY

In bester Shoppinglage hat die feine Supermarktkette Eataly natürlich auch in Florenz eine Filiale: Delikatessen und Leckereien von ausgesuchten kleinen Betrieben füllen die Regale. Mit Restaurant, Café, Kochkursen und Gourmettouren vor Ort.
Via de' Martelli 22 r
Markt: tgl. 9.30–22 Uhr
www.eataly.net

### PEGNA

In diesem Gastronomieladen, den es seit 1860 nahe beim Dom gibt, decken sich die Florentiner für ihre Festessen ein. Neben erstklassigem Fleisch, Wurst, Schinken und ausgezeichnetem Käse, allem voran die besten Pecorino-Sorten, gibt es hier Olivenöl, und frischgemahlenen Kaffee von der Florentiner Rösterei Manaresi. Zudem sind im Angebot Kekse und Pralinen der besten Bäcker und Chocolatiers der Toskana, Cremes und Soßen sowie eine Riesenauswahl an toskanischen Weinen.
Via dello Studio 24 r
https://pegna.sangiustosrl.com

## KUNSTHANDWERK

### I MOSAICI DEI LASTRUCCI

Sehr außergewöhnlich und sehr typisch für Florenz ist das, was in dieser Traditionswerkstatt nahe Santa Croce nach wie vor in geduldiger Handwerksarbeit hergestellt wird: Stadtansichten und Stillleben, Porträts und Kopien von Meisterwerken aus aufs Feinste gelegten farbigen Steinen und Kristallen, als sei es gemalt. Hier konzentrieren sich Store, Werkstatt und Workshops.
Via dei Macci 9, Tel. 055 24 16 53
www.imosaicidilastrucci.it

### STUDIO GALLERIA ROMANELLI

Im Stadtviertel San Frediano stößt man auf diesen magischen Ort: Überall Skulpturen in Marmor, Terrakotta, Bronze, Stuck, der David Michelangelos in allen Größen, und überall in weißen Staub gehüllte Kunsthandwerker, die in ihren Atelierecken werkeln. Es werden Workshops und Kurse in Bildhauerei abgehalten.
Borgo San Frediano 70
Tel. 055 2 39 60 47
www.raffaelloromanelli.com

## GESCHIRR

### GINORI 1735

Schon 1735 wurde die Porzellanmanufaktur Richard Ginori gegründet! Heute ist sie in Sesto Fiorentino beheimatet und präsentiert nun unter neuem Namen in ihrem Flagshipstore neben edlem Tafelgeschirr auch moderne Designerkollektionen, etwa von Design-Wunderkind Luke Edward Hall. Neue Verkaufsschlager sind die Serien »Il Viaggio di Nettuno« (Neptuns Reise) und »Totem«.
Via dei Rondinelli 17
www.ginori1735.com

### MARIO LUCA GIUSTI

Geschirr mal anders: Die Teller, Schüsseln, Gläser und Krüge von

Giusti sind alle aus synthetischen Materialien gefertigt und leuchten in tollen Farben. Selbst die Tischdecken in weißer Spitze sind aus Plastik hergestellt.
Via della Vigna Nuova 88 r und Via della Spada 20 r
www.mariolucagiusti.com

## KAUFHAUS

### LA RINASCENTE

Das ist die beste italienische Kaufhauskette, mit umfangreichen Modeabteilungen, Kosmetik, Bademode, schicken Haushaltswaren und Gastronomiebereich. Versäumen Sie nicht die verdiente Shoppingpause oben im Dachcafé mit spektakulärer Aussicht.
Piazza della Repubblica 35 r
www.rinascente.it

## LEDERWAREN

### GRAZIELLA & BRACCIALINI

Die Firma aus Florenz hat die Welt mit ihren bunten, modernen und lustigen Taschen sowie Portemonnaies erobert. Wer für die Lederwaren nicht ganz so viel ausgeben möchte, dem sei der Factory Store im Vorort Scandicci (Via di Casellina 61 d) empfohlen.
Ponte Vecchio 33 r und Via dei Calzaiuoli 81 r
www.braccialini.it

### CELLERINI

Im Familienbetrieb – der sich tapfer und erfolgreich gegen die Taschenkonkurrenz aus Asien hält – wird noch alles per Hand gemacht, jeder Schnitt, jede Naht. Die feinen Leder kommen aus Italien und Frankreich. Die Modelle an Taschen, Gürtel und Geldbörsen sind von klassischer Eleganz und die handwerkliche Sorgfalt kaum zu überbieten.
Via del Sole 37 r
www.cellerini.it

## MODE

### BE GUILS

Neben den großen Luxusmarken überraschen kleine Schneiderateliers mit unkonventioneller individueller Mode, wie hier Giuliana Becattini an der Via Romana, überhaupt eine empfehlenswerte Bummelmeile mit Kunsthandwerkern und netten Läden.
Via Romana 62 r
www.labitochevorrei.it

### OTTOD' AME

Die weiche, auch romantische und sehr tragbare Mode der Toskanerin Silvia Mazzoli – in Italien geschneidert – ist in nur wenigen Jahren ein echter Tipp geworden.
Via della Spada 19 r
www.ottodame.com/de_de

## PARFÜM

### AQUAFLOR

Der Parfümeur Sileno Cheloni aus Lucca hat in Florenz einen wunderschönen Laden mit seinen edlen Parfüms, Essenzen, Badezusätzen und Ölen eröffnet. Wie seine Kollegen Vranjes und Villoresi kreiert er ganz persönliche Duftnoten, eine Einmaligkeit, die natürlich ihren Preis hat.
Borgo Santa Croce 6
www.aquaflor.it

### FARMACIA SANTISSIMA ANNUNZIATA DAL 1561

Eine ganze Reihe alter Apotheken hat die Jahrhunderte überdauert und steht für die Florentiner Tradition der Kräuterheilkunde, so auch die Farmacia Santissima Annunziata (16. Jh.) mit Regalen aus dem 17./18. Jh., in denen die Produkte angeboten werden: wunderbare Duftwasser, Hautcremes und Seifen.
Via dei Servi 80 r
https://farmaciassannunziata1561.it
www.ausliebezumduft.de/duefte/farmacia-ss-annunziata.html

## SCHMUCK

### GIUGGIÙ DI ANGELA CAPUTI

Die Designerin benutzt für ihren Modeschmuck Materialien wie Plastik und Kunstharz, ausgefallen und dennoch leicht und tragbar.
Via Santo Spirito 58 r
Borgo Santi Apostoli 44/46
www.angelacaputi.com

## SCHUHE

► S. 22

## SCHREIBWAREN

### ATELIERGK

Der Florentiner Buchbinder Lapo Giannini und die japanische Künstlerin Michiko Kuwata erschaffen schöne Papierschachteln, Tagebücher, Etuis und Ledereinbände und geben Kurse im Ladenatelier in Oltrarno.
Borgo San Frediano 133 r
https://ateliergk.wordpress.com

### PINEIDER

Schon Lord Byron und Stendhal deckten sich bei Pineider mit Schreibutensilien ein. Das Traditionsunternehmen produziert seit 1774 feinstes Schreibwerkzeug, handgeschöpftes Papier, edle Mappen und Etuis.
Lungarno degli Acciaiuoli 72 r–76 r
www.pineider.com

## WÄSCHE

### LORETTA CAPONI

Anspruchsvolle Florentiner Bürgerfamilien und internationale Prominente gaben Aussteuer, Taufkleider und Babywäsche bei Loretta Caponi in Auftrag, die mit neun Jahren ihre ersten Stickarbeiten verkaufte. Heute führt Tochter Lucia das Stickerei-Geschäft weiter. Der Besuch des Ladens mit Schneiderwerkstatt lohnt schon wegen der schönen Deckenmalerei!
Via degli Antinori 5 und Via delle Belle Donne 28 r
www.lorettacaponi.it

**Bei einer Stadtbesichtigung gibt es viele schöne Aussichtsplätze für eine verdiente Pause – zum Beispiel die Piazzale Michelangelo**

# STADTBESICHTIGUNG

*Wer zum ersten Mal nach Florenz kommt, kann sich mit einer Sightseeingtour im Doppeldeckerbus einen ersten Überblick über die Anlage der Stadt auf beiden Seiten des Flusses Arno verschaffen. Selbstverständlich wird noch weit mehr geboten als die typischen Hop-on-Hop-off-Touren. Es gibt Rad- oder Segway-Touren und viele Führungen mit spannenden Themenschwerpunkten.*

**Informationen**

Die Büros des offiziellen Fremdenverkehrsamtes, aber auch private Anbieter halten zig Angebote zu Stadtführungen, Ausflügen und geführten Museumsbesuchen bereit. Vorsicht indes beim Vasari-Korridor: Sollte er ab 2023 öffnen, ist er nur über die Uffizien zu buchen. Großartig sind die vom Fremdenverkehrsamt perfekt auch online und auf Deutsch zusammengestellten individuellen Spaziergänge durch Florenz (Stichwort: »Zu Fuß und mit dem Fahrrad«).
www.feelflorence.it | Tel. +39 055 000

**Sightseeingbusse**

Da die rote Linie B bis auf Weiteres suspendiert ist, fährt aktuell nur die blaue Linie A als Hop-on-Hop-off-Bus durch das Stadtzentrum bis zur Piazzale Michelangelo. An 15 Haltestellen kann man aus- bzw. wieder einsteigen, dank Audioguide bekommen Sie die Infos auch auf Deutsch. Die Linie A startet am Hauptbahnhof (Piazza Stazione 45 vor Café Joint), ein guter Start ist auch Haltestelle 14 (Santa Croce, Corso dei Tintori 40). Die **Bustickets** ab 23 € gelten 24, 48 oder 72 Stunden lang.
www.city-sightseeing.it | Busse tgl. 9.30–17.40 Uhr

**Bustouren**

Zahlreiche Agenturen organisieren Bustouren ins toskanische Umland: nach Pisa, Lucca, Siena und Weinausflüge ins Chianti. **Food-&-Wine-Touren** durch Florenz, über Märkte und zu kulinarischen Spezialitäten bieten z. B. Florence for Foodies (http://florenceforfoodies.com; 4 Std., 85 €) oder Secret Food Tours (https://www.secretfoodtours.com; 3,5 Std., 79 €). Viele Touren finden auf Englisch statt.

**Führungen mit Fahrrad und Segway**

Sehr beliebt sind geführte Sightseeingtouren mit dem Fahrrad oder auf dem Segway, wobei man mit meist sehr ordentlichen Rädern bzw. E-Bikes und Helmen versorgt wird. Etwa 160 km **Radwege** – z. B. am Arnoufer entlang und demnächst sogar bis Pisa – machen diese Ausflüge zum lohnenden Spaß. Meist kosten sie für 3 Stunden 39 € (www.florencetown.com/40-i-bike-florence-tour.html). Segway-Touren starten ab 50 € (2 Std.; www.italysegwaytours.com).

**Individuelle Führungen**

Für individuell geführte Spaziergänge und Museumsbesuche bieten sich die offiziellen Stadtführer an: ortskundige muttersprachliche

BAEDEKER ÜBERRASCHENDES

# 6X UNTERSCHÄTZT

*Genau hinsehen, nicht daran vorbeigehen, einfach probieren!*

## 1. EIN STILLER ORT?

Trotz brandenden Verkehrs bewahrt die **»Gräberinsel«** des Englischen Friedhofs im Mai, wenn die Schwertlilien blühen, etwas vom »Stillen Ort«, der den Schweizer Symbolisten Arnold Böcklin zu seinem Gemälde »Die Toteninsel« inspiriert haben soll. (▶ **S. 12**)

## 2. EINFACH BUMMELN

Spaziergang durch **San Frediano,** das lange unterschätzte Viertel auf der linken Arnoseite, mit authentischen Werkstätten, Alltagsgeschäften, beschaulichen Plätzen. (▶ **S. 157**)

## 3. TRAUEN SIE SICH!

Wenn so viele dafür schwärmen – denn das **Brötchen mit Labmagen** und scharfer grüner Soße ist ein Streetfood-Hit –, dann muss doch was dran sein. Probieren Sie es an einem der Imbissstände. (▶ **S. 26**)

## 4. FRÜHSTÜCK AUF DER PIAZZA DELLA REPUBBLICA

Donnerstagmorgen in den Glasveranden der eleganten Cafés an der Piazza kann man »amerikanisch« frühstücken. Am schönsten, wenn sich **unter den Arkaden** der wöchentliche farbenfrohe Blumenmarkt ausbreitet ... (▶ **S. 123**)

## 5. SIGHTSEEING AUF DEM RAD

Die Gassen eng, voller Menschen und Autos – kein wirkliches **Radlerparadies.** Aber auf einer kundig geführten Radtour oder am Arnoufer entlang geht es raus aus dem Gedrängel und zu einem neuen Blick auf die Stadt. (▶ **S. 307**)

## 6. BRANCACCI-KAPELLE

Im Abseits vom touristischen Zentrum geht es an der neu gestalteten Piazza im San Frediano-Viertel in diese Kapelle zu den vielleicht **ergreifendsten Fresken** in Florenz, der Vertreibung aus dem Paradies des großen frühen Renaissancemalers Masaccio. (▶ **S. 182**)

Kunsthistoriker, die in oder um Florenz leben. Dazu gehört auch Sabine Klein, die ursprünglich aus dem Schwarzwald stammt (www.stadtfuehrung-florenz.com).

## WICHTIGE ADRESSEN

### SIGHTSEEINGBUSSE
www.city-sightseeing.it
www.getyourguide.de

### FLORENCE FREE TOUR
Stadtführung auf Englisch: Täglich starten am Obelisk auf der Piazza Santa Maria Novella geführte Stadtspaziergänge zum Thema Renaissance um 10.30 Uhr (Spanisch/Italienisch Mo., Do., Sa. 11 Uhr). Ein Trinkgeld erfreut natürlich! Wegen Covid-19 sind Anmeldungen ratsam.
www.florencefreetour.com

### CAF TOURS & TRAVEL
Alteingesessene Agentur mit reichem Tourenprogramm durch Florenz, in die Toskana, mit Bussen, Segways, Rädern, Vespa usw., auch auf Deutsch.
Via dei Calzaiuoli 7
Tel. 055 28 32 00
www.caftours.com

### CITTÀ NASCOSTA
Kundige Stadtführer bieten interessante Themenspaziergänge (sogar Fashion-Tours) an, auch auf Englisch.
Lungarno B. Cellini 25
Tel. 055 6 80 25 90
https://cittanascosta.it/tour

### FLORENCE TOWN
Geführte Stadtspaziergänge zu Fuß, mit dem Rad, auch Bootstouren auf dem Arno werden angeboten.
Via de' Lamberti 1
Tel. 055 28 11 03
www.florencetown.com

### ITALY SEGWAY TOURS
Segway-, Radtouren sowie Weinausflüge u. v. m.
Via dei Cimatori 9 r
Tel. 055 2 39 88 55
www.italysegwaytours.com

### TUSCANY BIKETOURS
Radtouren in der Stadt, im Chianti, nach Fiesole und auch in weiteren Gebieten der Toskana.
Via Ghibellina 34 r
Tel. 0039 338 2 64 24 31
https://tuscany-biketours.com

### MY GREEN TOUR
Die Agentur bietet thematische Stadtführungen an sowie Touren durch Florenz und die Toskana auf dem Rad, dem Vesparoller, zu Pferd oder in historischen Booten auf dem Arno, außerdem Kochkurse, geführte Museumsbesuche und vieles mehr.
Via dei Martelli 33r
Tel. 055 9 33 11 43
https://mygreentours.com

### DEUTSCHSPRACHIGE FÜHRUNGEN
Die deutsche, in Italien offiziell anerkannte Kunstführerin Monika Eva Sandberger bietet individuelle Führungen durch Florenz an, zu ausgesuchten Kunstthemen, aber auch für Familien mit kleinen Kindern. Sie arbeitet mit in der Region lebenden deutschen Kunsthistorikern zusammen.
Tel. 0039 347 735 05 37
http://artandlandscape.it

# ÜBERNACHTEN

***Mit etwa 10 Mio. Übernachtungen erreichte die Stadt 2022 nach der Delle während der Corona-Pandemie wieder fast den Höchststand von 2019. In Florenz allein bieten 385 Hotels ihren Service an – von Pensionen mit einem Stern bis zu Fünf-Sterne-Luxusherbergen. Hinzu kommen zig B&Bs und Ferienwohnungen.***

**Übernachtungsmöglichkeiten**

Viele Luxusherbergen, aber auch Mittelklassehotels oder Residenzen sind in historischen Palazzi untergebracht. Den Hotels mit mittleren und einfachen Standards machen die breit gefächerten B&B-Angebote Konkurrenz. Eine weitere Unterbringungsmöglichkeit sind **Residenzen,** d. h. möblierte Apartments oder Zimmer mit Kochecke, die auch tageweise vermietet werden. Für längere Aufenthalte lohnen Ferienwohnungen, die meist wochenweise über Agenturen vermietet werden (▶ S. 314 f.).

**Bettensteuer**

Seit 2023 darf die Stadt Florenz ihre Übernachtungssteuer pro Gast (tassa di soggiorno) auf bis zu 10€ pro Nacht erhöhen. Diese Steuer wird auf den Hotelpreis aufgeschlagen und muss direkt im Hotel bezahlt werden. Davor wurden für Hotels je nach Sterneanzahl 3 bis 5€ pro Gast über 12 Jahren fällig. Analysen gehen für 2023 von einer moderaten Erhöhung auf 4 bis 7 € aus. Auch für Hostels (bisher 3€) und B&B (bisher 4€) werden Erhöhungen fällig.

**Zentrumsnah wohnen**

Ideal ist die Wahl eines Hotels im Stadtzentrum. Wer mit dem Pkw anreist, muss jedoch die per Video überwachte **Zona Traffico Limitato (ZTL)** beachten. In diese Zone mit begrenztem Verkehr dürfen Gäste nur dann fahren, wenn sie vorab gebucht und ihren Anreisetag auch vorab dem Hotel mitgeteilt haben. Sonst werden empfindliche Strafen fällig. Nicht alle Hotels im Zentrum verfügen über eigene Parkplätze. Zahlreiche Unterkünfte haben sich daher außerhalb der ZTL angesiedelt, um ihren Gästen auch Parkraum anbieten zu können. In den sehr heißen Sommermonaten ziehen es zudem viele Florenz-Besucher vor, außerhalb der Stadt zu nächtigen und Florenz per Park & Ride und/oder öffentliche Verkehrsmittel zu besuchen.

**Preise und Buchung**

Bei der Hotelauswahl hilft die Webseite des Tourismusamts (www.feelflorence.it/de/dove-dormire). Buchungen ermöglicht die offizielle Agentur der Stadt, **Destination Florence** (https://booking.destinationflorence.com). Die Hotelpreise variieren je nach Saison erheblich. Die Online-Buchung gibt bei vielen Hotelpreisen zusätzlich Spielraum (z. B. www.booking.com, www.hrs.de). B&B-Angebote in Florenz finden Sie auf www.bbitalia.it/de/bed-breakfast-firenze.html oder auf www.bed-and-breakfast.it/de/florenz.

## EMPFOHLENE UNTERKÜNFTE

1 etc. ▶ S. 274

€€€€ = über 250 €
€€€ = 170 – 250 €
€€ = 100 – 170 €
€ = bis 100 €

### HOTELBUCHUNG CONSORZIO FIRENZE ALBERGO

Tel. 055 2 70 72 78
https://firenzealbergo.it

### 1 JOHANNA & JOHLEA €–€€€€

Unter dieser Bezeichnung findet sich eine Reihe von besonders behaglich und stilvoll ausgestatteten Gästehäusern, B & B-Zimmern und Ferienwohnungen, die auf das historische Zentrum von Florenz verteilt sind. Zum Guest House Antica Dimora Johlea gehört sogar eine zauberhafte Dachterrasse.

Via San Gallo 80
Tel. 055 4 63 32 92
www.antichedimorefiorentine.it

### 2 PALAZZO CASTRI 1874 €€–€€€

Aus dem stattlichen Gebäudekomplex aus dem 19. Jh. am nordwestlichen Rand der Altstadt (800 m bis zum Domplatz) hat man ein schönes Stadthotel mit 59 modernen komfortablen Zimmern und einem lichten Bar- bzw. Frühstücksbereich gemacht. Zu den besonderen Extras zählen der exzellente Service, die Pflegeprodukte im Bad vom Florentiner Parfümmeister Dr. Vranjes, ein gut ausgestatteter Wellnessbereich, vor allem aber der Garten: eine zauberhaft gestylte grüne Oase mit Sommerbar, Whirlpool und Loungeecken.

Piazza dell' Indipendenza 7
Tel. 055 47 21 18
www.palazzocastri.com

### 3 FOUR SEASONS €€€€

Dieses 2008 eingeweihte Traumhotel hat es sich in einem nahezu märchenhaften Park mitten im Zentrum bequem gemacht und steht für den puren Luxus: mit seinen feinen Spitzenrestaurants, den schönen, stilvollen Möbeln in großzügigen Suiten sowie famosen Wellness-, Pool- und Fitnessanlagen. Und all das in einer Renaissancevillenanlage, die einst die Residenz des Adelsgeschlechts della Gherardesca war.

Borgo Pinti 99
Tel. 055 2 62 61
www.fourseasons.com/florence

### 4 ROOM MATE LUCA €€–€€€

Die spanische Kette, die in den letzten Jahren mit ihren originell gestalteten, farbenfrohen und lässigen Stadthotels sehr erfolgreich ist, hat auch zwei Häuser in Florenz. Dieses hier liegt im Nordosten der Innenstadt, nur wenige Gehminuten von San Lorenzo entfernt. Schöne Stoffe, extravagante Farb- und Designmixturen, superbequeme Betten und moderne Bäder in den 53 Zimmern; ein üppiges Frühstück und freundlicher Service machen richtig gute Laune.

Via Ventisette Aprile 3
Tel. 055 2 64 55 39
https://room-matehotels.com

### 5 GOGO' €–€€

Das frisch eröffnete Hotel liegt direkt außerhalb der ZTL (beruhigte Verkehrszone) und nur wenige Meter von den Haltestellen für Tram und Bus entfernt. Es punktet mit nagelneuem Mobiliar und Interieur im schnörkellos modernen Design sowie Bar und Lounge.

Corso Italia 13
Tel. 055 0 03 01 12
www.hotelgogo.it

### 6 RESIDENZA DEL BORGO €

Eine von gleich fünf in historischen Florentiner Palästen eingerichteten Residenzen der Residenze d'Epoca Collection (www.residenzedepoca collection.com). Hier am Borgo degli Albizi ist man mittendrin in Florenz und muss auf keinen Komfort verzichten!

Borgo degli Albizi 14
Tel. 055 2 47 67 36
www.residenzaborgoalbizi.com

### 7 LE STANZE DEL DUOMO €–€€

Zentraler geht es kaum: Dieses frisch restaurierte Haus mit B & B-Zimmern mit Frühstück in der nahen Bar oder Wohneinheiten mit Kochecke, alle in einfallsreichem Boutiquestil und mit Klimaanlage und Wlan ausgestattet, liegt zwischen San Lorenzo und Dom.

Via De' Martelli 8
Tel. 055 29 00 12
www.lestanzedelduomo.it

### 8 B & B CIMABUE 9 €

Die Lage zwischen Dom und Santa Croce ist ideal! Hier logiert in der ersten Etage eines Palazzo aus dem 19. Jh. dieses nette B&B.Eines der drei Zimmer (alle mit Bad) ist mit herrlichen Deckenfresken ausgestattet. Enrico kümmert sich um die Gäste, denen auch eine Terrasse zur Verfügung steht. Mit Fahrradverleih.

Via Cimabue 9
Tel. 0039 320 8 44 01 86
www.cimabue9.it

### 9 ORCAGNA €

Das ist das, was man ein angenehmes, sauberes Cityhotel nennt, in einer normalen Wohnstraße östlich des Santa-Croce-Viertels. Im Altstadtkern ist man in 20 Minuten zu Fuß oder rasch mit dem Bus. Die 18 Zimmer sind frisch, ansprechend modern, manche mit Balkon. Das Frühstück ist sehr ordentlich, im Innenhof kann man relaxen, und das Ganze gibt es zu einem sensationell guten Preis-Leistungs-Verhältnis.

Via Orcagna 57/59
Tel. 0039 380 7 80 55 00
www.hotelorcagnafirenze.it

### 10 PALAZZO DAL BORGO €€–€€€

Dieses besonders freundlich geführte Haus liegt zentral in der Nähe der Kirche Santa Maria Novella. In einigen Zimmern schlafen Sie unter bemalten Deckengewölben, in anderen in Betten mit Baldachin. Alles ist von üppig-gediegenem Charme, man fühlt sich wohl, das Frühstück ist reichhaltig und im Sommer nimmt man es in einem schattigen Innenhof ein.

Via della Scala 6
Tel. 055 21 62 37
www.hotelpalazzodalborgo.it

### 11 AL PALAZZO DEL MARCHESE DI CAMUGLIANO €€€€

Hier wohnt man nicht nur in den Gemäuern einer altehrwürdigen Residenza d' Epoca, vielmehr ist der Betreiber der Marchese persönlich, der heutige Nachfahre der alten Adelsfamilie, der mit viel Stilgefühl das wunderbare Ambiente zu höchster Perfektion aus Alt und Neu geformt hat und exklusive Gastlichkeit bietet.

Via del Moro 15
Tel. 055 2 65 45 78
www.palazzodicamugliano.com

### 12 HELVETIA & BRISTOL €€€€

Gegenüber dem Palazzo Strozzi liegt die traumhafte Nobelherberge, Mitglied der Leading Hotels of the World. Sie wurde Ende des 19. Jh.s erbaut und avancierte schnell zu einer der ersten Adressen von Florenz, wo u. a. Strawinsky abstieg. Die 25 neuen Zimmer und Suiten im Bristol-Flügel gestaltete Stardesignerin Anouska Hempel.

Via dei Pescioni 2
Tel. 055 2 66 51
https://collezione.starhotels.com

### 13 MILÙ €€€–€€€€

Hinter einer sorgfältig restaurierten Fassade an der seit Jahrhunderten besten Adresse der Stadt – Via Tornabuoni –, heute von Luxusboutiquen gesäumt, tut sich die klare, auch verspielte Welt italienischen Designs auf. Unvermittelt steht hier ein Vintage-Fernseher, dort die runde Eclisse-Lampe von Vico Magistretti aus den 1960ern, und zum Frühstück schenkt man sich die Säfte aus den federleichten Plastikkrügen des Florentiner Designers Mario Giusti ein.

Via de' Tornabuoni 8
Tel. 055 21 71 03
https://hotelmilu.com

### 14 LA CASA DI MORFEO €–€€

Im beliebten Santa Croce-Viertel bietet dieses 2012 eröffnete kleine Hotel sorgfältig eingerichtete Zimmer in modernem, auch romantischem Design und einen besonders netten Service, kurz, zum Wohlfühlen.

Via Ghibellina 51
Tel. 055 24 11 93
www.lacasadimorfeo.it

### 15 ANTICA TORRE DI VIA TORNABUONI 1 €€€–€€€€

An der feinsten Innenstadtstraße hat sich eines der ältesten Turmhäuser aus dem Mittelalter erhalten – seit der Renovierung 2015 ist es ein besonders elegantes Hotel. Fantastisch ist das Panorama von den Dachterrassen.

Via de' Tornabuoni 1
Tel. 055 2 65 81 61
www.tornabuoni1.com

### 16 ALESSANDRA €€

In einer stillen Seitenstraße mitten in der Altstadt nur wenige Schritte vom Ponte Vecchio entfernt, zentraler geht es kaum. Man wohnt in alten Gemäuern in gediegen eingerichteten, großzügigen und gepflegten Zimmern. Zur angenehmen Atmosphäre trägt auch das Personal bei, das sich sehr freundlich ums Wohl der Gäste kümmert. Dazu gehört ein reichhaltiges Frühstück. Um zur Rezeption zu gelangen, muss man eine Treppe hochsteigen, in die weiteren Etagen geht es dann mit dem Aufzug. Auch das Preis-Leistungsverhältnis erfreut.

Borgo SS. Apostoli 17
Tel. 055 28 34 38
www.hotelalessandra.com

### 17 GALLERY HOTEL ART €€€–€€€€

Zum Stilimperium der bekannten Modemarke Ferragamo gehören in Florenz auch zwei schicke Hotels. Die Lage ist ideal, ganz nah bei der Brücke Ponte Vecchio auf dem südlichen Arno-Ufer. Zeitgenössische Eleganz und schöne Materialien in Braun-, Beige-, Weißtönen, der diskrete Service, die leichte, asiatisch inspirierte Küche des Restaurants, die guten Cocktails, all das macht aus dem Haus eine komfortable Oase. Höhepunkt im wahrsten Sinn sind die fünf Suiten mit je eigener Dachterrasse.

Vicolo dell'Oro 5
Tel. 055 2 72 63
www.lungarnocollection.com

### 18 B & B IN CENTRO €

Auf der südlichen Arno-Seite im Südwesten von Florenz finden sich diese sechs charmanten modernen Gästezimmer. Das Frühstück bekommt man in einer nahen Pasticceria mit ofenfrischen Cornetti. Die Wohngegend liegt außerhalb der strikten Verkehrsbeschränkungen der Innenstadt, entsprechend gut stehen die Chancen, einen bezahlbaren Parkplatz zu finden.

Via del Ponte Sospeso 22
Tel. Tel. 0039 347 4 31 30 58
www.bbincentro.com

### 19 PALAZZO GUADAGNI €€–€€€

Das ist ein Hotel für Liebhaber etwas altmodischen Flairs. Eine altehrwürdi-

ge Etagenpension in einem Renaissancepalazzo direkt an der Piazza Santo Spirito, dem Herzstück auf dem linken Arnoufer; mit hohen behaglichen Zimmern, venezianischem Steinboden, Stilmöbeln aus dem 19.Jh., das Frühstück eher italienisch als international, kurz, alles atmet Grand-Tour-Atmosphäre. Der Höhepunkt ist die Loggia-Terrasse, ideal zum Weintrinken, Lesen und Entspannen mit Blick auf die beschaulich-lebendige Piazza und den Kirchturm von Santo Spirito.
Piazza Santo Spirito 9
Tel. 055 2 65 83 76
www.palazzoguadagni.com

### 20 SOPRARNO SUITES €€€

Eine schicke Unterkunft für anspruchsvolle Individualisten: Auf der linken Arnoseite nahe Palazzo Pitti und Piazza Santo Spirito bietet dieses kleine zeitgenössische Hotel in schönen alten Gemäuern – geräumige, besonders originell und stilsicher eingerichtete Zimmer, dazu kommt eine angenehme, einladende Atmosphäre.
Via Maggio 35
Tel. 055 0 46 87 19
www.soprarnosuites.com

### 21 AD ASTRA FLORENCE €€–€€€

Diese absolute Traumunterkunft im San Frediano-Viertel auf dem linken Arnoufer ist der verwirklichte Traum eines Architektenteams: die Gestaltung der großen herrschaftlichen Zimmer ist die gelungene Mischung aus Antiquitäten, modernem Design, Vintage und Pop-Elementen, das Frühstück wird im Salon des Piano Nobile serviert oder auf der großzügigen Terrasse, die auf den herrlichen Villenpark Torrigiani zeigt. Das Team hat auch 13 tolle B&B-Zimmer nahe am Palazzo Pitti gestaltet (www.soprarnosuites.com).
Via del Campuccio 53
Tel. 055 0 75 06 02
www.adastraflorence.it

### 22 ANNALENA €€

In dem Gebäude nahe der Porta Romana war früher mal ein Kloster untergebracht. Dazu gehörte ein üppiger Garten mit leicht verwilderter Baum- und Pflanzenschule. Direkt gegenüber geht es in den Giardino Boboli; ein paar Schritte stadteinwärts und Sie stehen vor dem Palazzo Pitti. Im Annalena steigen Sie die große Treppe hinauf, betreten die gemütliche Etagenpension und mit ihr eine andere Zeit. Einige Zimmer haben kleine Loggienbalkone mit Blick ins Grüne. Einfach, aber mit Stil und gepflegt – ein Geheimtipp für romantische Seelen und passionierte Stammkunden.
Via Romana 34
Tel. 055 22 24 02
www.annalenahotel.com

### 23 TORRE DI BELLOSGUARDO €€€€

Wer ruhig und vornehm wohnen möchte, sollte sich für diese wunderschöne Renaissancevilla entscheiden: Sie liegt auf einem Hügel südlich des Zentrums und gewährt von dort aus einen herrlichem Blick auf die Stadt. Hier wähnt man sich in vergangene Sommerfrischezeiten versetzt, und der Pool im Park tut das seine. Schon der Name »Bellosguardo« sagt eigentlich alles: Der Blick von hier oben auf Florenz zählt zu den schönsten der Stadt.
Via Roti Michelozzi 2
Tel. 055 2 29 81 45
www.torrebellosguardo.com

## VERMITTLUNG VON FERIENWOHNUNGEN

### ACACIA

Via dei Pepi 7
Tel. 055 24 47 50
www.acaciafirenze.com/en

Das Hotel Four Seasons residiert stilvoll in einem alten Palazzo (▶ S. 311)

**FLORENCE AND ABROAD**
Via San Zanobi 58
Tel. 055 48 70 04
www.florenceandabroad.com

**WWW.GOWITHOH.COM**
Das Online-Portal vermittelt 244 Ferienwohnungen im Stadtgebiet von Florenz, in allen Größen und von schlicht bis elegant.

P

# PRAKTISCHE INFOS

*Wichtig, hilfreich, präzise*

Unsere Praktischen Infos helfen in allen Situationen in Florenz weiter.

Die Italiener haben den Motorroller als flinkestes Fortbewegungsmittel in den engen Gassen und zwischen den vielen Autos entdeckt. ▶

## KURZ & BÜNDIG

### ELEKTRIZITÄT
220 Volt/50 Hz; im Allgemeinen ist ein Adapter (ital. adattatore) nötig.

### GELD

### WÄHRUNG
Euro (Euro) ist in Italien das offizielle Zahlungsmittel. Für die Schweiz gilt: 1 CHF entspricht 0,99 Euro, 1 Euro ist 1 CHF wert.

### BANKEN & GELDAUTOMATEN
Banken sind in der Regel von Montag bis Freitag zwischen 8.20 und 13.30 sowie 14.30 und 16.15 Uhr geöffnet. Am Geldautomaten (ital. bancomat) gibt es Geld rund um die Uhr. Kreditkarten akzeptieren auch viele Hotels, Restaurants, Autovermieter und Geschäfte. Die Zahlung per Smartphone ist z. B. im öffentlichen Nahverkehr möglich (elektronisches Ticket per SMS).

### SPERRNOTRUF
Unter folgender Nummer können Sie im Falle eines Verlusts oder Diebstahls Bank- und Kreditkarten, Handys und Krankenkassenkarten sperren lassen.
Tel. 116 116 (aus dem Ausland mit Vorwahl +49)
www.sperr-notruf.de

### QUITTUNGEN
In Italien ist der Käufer verpflichtet, den Kassenbeleg (ital. scontrino) aufzubewahren. Bei Kontrollen kann sonst ein Bußgeld anfallen.

### NOTRUFE

### ERSTE HILFE
Tel. 1 18 (landesweit), Tel. 1 12

### POLIZEINOTRUF
Tel. 112 (landesweit)
Tel. 113
Städtische Polizei:
Tel. 055 32 85 (Notfall)
Tel. 055 055 (Kontaktzentrum)

### FEUERWEHR
Tel. 1 15 (landesweit)

### PANNENHILFE DES ACI
Tel. 80 31 16

### ADAC PANNENHILFE
In Deutschland
Tel. +49 89 22 22 22

### ACE-NOTRUFZENTRALE STUTTGART
Tel. +49 711 5 30 34 35 36

### DRK-FLUGDIENST
Tel. +49 211 917499-39
www.drk.de

### DRF LUFTRETTUNG FILDERSTADT
Tel. +49 711 7 00 70
www.drf-luftrettung.de

### STÄDTISCHES FUNDBÜRO (UFFICIO OGGETTI TROVATI)
Via Francesco Veracini 5/5
Tel. 055 33 48 02
Mo.–Fr. 8.30–12.30,
Di., Do. auch 14.30–16 Uhr

### ZEIT
In Italien gilt die Mitteleuropäische Zeit (MEZ) und von Ende März bis Ende Oktober die Mitteleuropäische Sommerzeit (MEZ + 1 Std.).

# ANREISE · REISEPLANUNG

Mit dem Auto

Für die Anreise mit dem Auto nach Florenz empfehlen sich die Autobahnen und Hauptstraßen. Am günstigsten erreicht man Florenz über den St. Gotthard, Mailand und Bologna oder über den Brenner, Verona und Bologna. Die vormals enge, kurvenreiche und dicht befahrene Strecke zwischen Bologna und Florenz verteilt sich heute auf zwei Trassen, auf die begradigte »Direttissima« durch eine Reihe von Tunneln sowie auf die »Panoramica« auf der alten, nun aber fast verkehrsfreien und sehr entspannten Strecke.

Maut-gebrühren

In **Österreich** sind Autobahnen gebührenpflichtig. Es gibt Jahres-, Zweimonats- und Zehntages-Vignetten. Auf mehreren Strecken wird zusätzlich eine Sondermaut erhoben, so auf der 38 km langen Brennerstrecke. Eine Übersicht zu den aktuellen Mautgebühren erstellen jährlich der österreichische Automobilklub und die ASFINAG (www.asfinag.at), in deren Online-Mautshop man die Vignetten erwerben kann. Sonst stehen 6000 weitere Verkaufsstellen zur Verfügung. Die Digitale Vignette ermöglicht Reisen ohne Klebevignette. Sie ist ans Kfz-Kennzeichen gebunden, wird per Kamera erfasst und ist auch über die kostenlose »App unterwegs« der ASFINAG beziehbar.
Für **Schweizer Autobahnen** braucht man eine Jahresvignette. Auf mehreren Strecken muss man zusätzlich noch eine Sondermaut zahlen. Jahresvignetten kann man direkt an der Grenze oder schon vorab online kaufen (www.tolltickets.com/country/schweiz/).
Auch auf **Italiens Autobahnen** wird eine Maut erhoben. Wartezeiten an den Mautstellen erspart die Via-Card, die bargeldloses Zahlen ermöglicht. Sie können an den Mautautomaten auch zügig mit der Kreditkarte zahlen, wobei keine zusätzlichen Gebühren anfallen.
**Onlinebuchung:** www.tolltickets.com/country/italien

Mit der Bahn

Direktverbindungen mit der Bahn nach Florenz bestehen von allen wichtigen Städten Deutschlands, Österreichs und der Schweiz. Es verkehren auch Nachtzüge mit Liege- und Schlafwagen. Die Bahnfahrt von Berlin nach Florenz dauert etwa 15 St., von München 8 St., von Wien 11 St. und von Zürich 6 St. Mit Fernzügen bzw. den italienischen Hochgeschwindigkeitszügen »Frecciarossa« (Roter Pfeil; bis 300 km/h), »Freccargento« (Silberpfeil; bis 250 km/h) und »Frecciabianca« (Weißer Pfeil) erreicht man den Hauptbahnhof Santa Maria Novella. Die Reservierung für Hochgeschwindigkeitszüge ist obligatorisch. Für den Fahrradtransport (nur in Intercity-Zügen) ist sie anzuraten. Die preiswerten inneritalienischen Regional- und Intercity-Züge fahren nunmehr den Vorstadtbahnhof Firenze Rifredi an. Fahrkarten können Sie online erwerben oder im Bahnhof an Schaltern und Automaten. Vor Fahrtantritt müssen sie an den gelben Stempelautomaten entwertet werden.

**Zugportale (Information und Buchung):**
www.trenitalia.com/de.html oder www.italotreno.it/en

**Mit dem Bus** Von einer großen Anzahl von Veranstaltern werden Busreisen angeboten, die entweder Florenz direkt als Ziel haben oder einen Florenzaufenthalt innerhalb einer Rundreise vorsehen. Zumeist handelt es sich dabei um Gruppenreisen. Wer als Individualreisender den Bus nimmt, um nach Florenz zu fahren, kann wählen zwischen den mehrmals wöchentlich zwischen vielen nordeuropäischen Orten und Florenz verkehrenden Fernbussen von www.eurolines.de oder von www.flixbus.de. Das Busunternehmen Touring Eurolines fährt mehrmals wöchentlich nach Italien. Aus Österreich reist man auch mit dem ÖBB Intercitybus an.

**Mit dem Flugzeug** Der Flughafen Amerigo Vespucci in Florenz-Peretola (6 km vom Stadtzentrum) wird direkt von München, Frankfurt a. M. (beide Lufthansa bzw. Air Dolomiti), Zürich (Swiss Air) und mit Umsteigen von Wien (Austrian Airlines u. a.) angeflogen. Der nahe Flughafen Galileo Galilei in Pisa wird von Lufthansa/Air Dolomiti ab Frankfurt a. M. sowie Billigfluggesellschaften, z. B. ab Wien oder Berlin, bedient: von Ryanair, Easyjet und Eurowings. Von Pisa fahren regelmäßig Züge (Bahnhof direkt am Flughafen) und Busse nach Florenz (Fahrzeit: ca. 1 St.).

## Ein- und Ausreisebestimmungen

**Personalpapiere** Auch als Bürger der Europäischen Union sollte man nicht ohne Personalpapiere nach Italien reisen. Für deutsche, österreichische und auch Schweizer Staatsbürger genügt der Personalausweis. Kinder brauchen einen eigenen Ausweis; ob Kinderreisepass, Reisepass oder Personalausweis, hängt vom Alter ab.
Autofahrer müssen Führerschein und Kraftfahrzeugschein vorweisen können. Empfohlen wird auch zusätzlich die Internationale Grüne Versicherungskarte.

**Verlust der Papiere** Wenn die Papiere gestohlen wurden, helfen die jeweiligen Vertretungen im Ausland. Erste Anlaufstelle ist jedoch die Polizei, denn ohne eine Kopie der Diebstahlsmeldung geht gar nichts. Ersatzpapiere bekommt man von der Botschaft viel leichter, wenn man die Kopien der jeweiligen Dokumente vorweisen oder diese von einem elektronischen Postfach abrufen kann.

## BAHN, BUS, FLUGZEUG

### IN DEUTSCHLAND
Zentrale Servicenummer(auch Fahrplanauskunft): Tel. 030 29 70
www.bahn.de

### IN ÖSTERREICH
Tel. 05 17 17
www.oebb.at

### IN DER SCHWEIZ
Tel. 0848 44 66 88
www.sbb.ch

### IN ITALIEN
Tel. 89 20 21 (in Italien)
Tel. 0039 06 68 47 54 75 (aus dem Ausland)
www.trenitalia.com

### BUS

### EUROLINES
Tel. 069 9 71 94 48 33
www.eurolines.de

### FLIXBUS
Tel. 030 3 00 13 73 00
www.flixbus.de

### FLUGHÄFEN

### FLORENZ
Amerigo Vespucci
Tel. 055 3 06 13 00
www.aeroporto.firenze.it

### PISA
Galileo Galilei, Tel. 050 84 93 00
www.pisa-airport.com

### FLUGGESELLSCHAFTEN

### ITA AIRWAYS
Tel. 069 66 10 27 30 (in Deutschland), Tel. 06 85 96 00 20 (Italien)
www.ita-airways.com

### AIR DOLOMITI
Tel. +49 89 97 58 04 97
www.airdolomiti.de

### AUSTRIAN
Tel. +43 5 17 66 10 00
www.austrian.com

### EASYJET
Tel. 030 7 26 29 75 10 (in D.)
Tel. +39 02 32 06 88 89 (Italien)
www.easyjet.com

### EUROWINGS
Tel. 0221 59 98 82 22 (in Deutschland)
www.eurowings.com

### LUFTHANSA
Tel. 069 86 79 94 00 (in Deutschland), Tel. +39 02 99 95 39 20 (in Italien)
www.lufthansa.com

### RYANAIR
Tel. 030 80 09 83 56 (in D)
Tel. +39 02 30 56 00 07 (Italien)
www.ryanair.com

### SWISS
Tel. +41 8 48 70 07 00 (Schweiz)
Tel. +39 023 8 59 42 83 (Italien)
www.swiss.com

**Haustiere**

Seit 2011 müssen Haustiere in der EU mit implantiertem Mikrochip reisen und brauchen einen EU-Heimtierausweis samt Nachweis der Tollwutimpfung. Diese muss mindestens 21 Tage, maximal 12 Monate vor der Einreise erfolgt sein. Maulkorb und Leine sind immer mitzuführen. Außerdem ist eine Haftplichtversicherung vorgeschrieben.

Zoll-bestimmungen

Innerhalb der **Europäischen Union** ist der Warenverkehr für private Zwecke weitgehend zollfrei. Es gelten lediglich gewisse **Höchstmengen:** 800 Zigaretten, 400 Zigarillos, 200 Zigarren und 1 kg Tabak sowie 10 l Spirituosen, 90 l Wein und 110 l Bier. Zollfrei sind zudem Geschenke bis zu einem Wert von 430 € für Flug- und Seereisende und von 300 € für Bahn- und Autoreisende. An Bargeld dürfen bis 10 000 € mitgeführt werden, höhere Barmittel müssen deklariert werden.
Für **Touristen aus Nicht-EU-Ländern** wie der Schweiz gelten folgende Freigrenzen: 250 Zigaretten oder 100 Zigarillos oder 50 Zigarren oder 250 g Tabak, ferner 5 l Getränke bis 18% Alkoholgehalt, 1 l Alkoholisches ab 18 % Alkoholgehalt, zudem z. B. 1 kg Fleisch. Bei einem Warenwert über 300 CHF wird Steuer fällig.

Kranken-versicherung

Versicherte der deutschen Krankenkassen haben im Krankheitsfall in Italien Anspruch auf eine Behandlung nach den in Italien gültigen Vorschriften. Seit 2005 gibt es die europäische **Krankenversicherungskarte (EHIC)**. Auch mit dieser Karte muss in den meisten Fällen ein Teil der Kosten für ärztliche Behandlung und verordnete Arzneimittel selbst bezahlt werden. Gegen Vorlage der Quittungen übernimmt die Krankenkasse zu Hause dann die Kosten – allerdings nicht für jede Behandlung. Schweizer Bürger müssen die ärztliche Behandlung und Medikamente selbst bezahlen. Privat Versicherte legen zur Kostenerstattung bei ihrer Versicherung die Rechnung vor.

# AUSKUNFT

## WICHTIGE ADRESSEN

### IN ITALIEN

STAATLICHES ITALIENISCHES FREMDENVERKEHRSAMT AGENZIA NAZIONALE ITALIANA DEL TURISMO
Zentrale Webseiten:
www.enit.de
www.italia.it/en

### IN DEUTSCHLAND

ENIT
Schaumannkai 87
D-60596 Frankfurt/Main
Tel. 069 68 60 47 - 65

### IN ÖSTERREICH

ENIT
Mariahilfer Str. 1 B
A-1060 Wien
Tel. +43 (0)1 5 05 16 30 - 12
www.enit.at

### IN DER SCHWEIZ

Tödistrasse 65, 8002 Zürich
Tel. +41 (0)445 44 07 97

## IN FLORENZ

### KONTAKTZENTRUM TOURISMUS

Tel. 055 000
www.feelflorence.it

### UFFICIO DI INFORMAZIONE TURISTICA

Via Cavour 1r
Tel. 055 29 08 32
Mo.–Fr. 9–13 Uhr
Infos zur Città Metropolitana Firenze (Metropolitanstadt Florenz)

### INFOPOINT STAZIONE GEGENÜBER DEM BAHNHOF

Piazza della Stazione 4
Mo.–Sa. 9–19, So 9–14 Uhr
Infopoint Loggia del Bigallo am Domplatz
Piazza San Giovanni 1
Mo.–Sa. 9–19, So 9–14 Uhr

### INFOPOINT BORGO SANTA CROCE

Borgo Santa Croce, 29 r
Tel. 055 2 69 12 07
Mo. - Sa. 9 - 19, So. 9 - 14 Uhr

### INFOPOINT AEROPORTO DI FIRENZE

am Flughafen via del Termine 11 (Ankunftshalle)
Tel. 055 31 58 74
Tgl. 9 - 19 Uhr

### INFOPOINT PARCO IM PARCO DELLE CASCINE

Piazzale delle Cascine 7
Tel. 055 36 57 07
Mo.–Fr. 16–19.30, Sa. 10–13.30, So. 11–17 Uhr

Schöner geht es kaum!

# ETIKETTE

Was kommt an in Italien und was nicht?

**Bella Figura**, der schöne äußerliche Schein, ist für die meisten Italienerinnen und Italiener ein innerliches Bedürfnis. Auch wenn es sich bloß um den Gang zum Postamt oder einen Markteinkauf handelt, wer auf die Straße tritt, macht sich gern für die Öffentlichkeit fein – frei nach der Devise Coco Chanels, immer so angezogen zu sein, dass die Frau jederzeit den Mann ihres Lebens treffen könnte. Im Zweifelsfall gibt man sein Geld eher für Mode (und gutes Essen) als für Möbel oder Fassadenanstriche aus. Umso verständnisloser oder amüsierter schaut man auf etikettelose Touristen herab, die mit Badeschlappen Kirchen betreten, in Shorts Gemäldegalerien besichtigen, mit Sandalen in Restaurants sitzen oder gar mit nacktem Oberkörper durch die Altstadt schlendern. Auf was Sie beim **Restaurantbesuch** achten sollten: Man steuert nicht einfach auf einen Tisch zu, sondern wartet auf den Kellner, der die Gäste an einen Tisch begleitet, wobei man natürlich Wünsche äußern kann. Auch zahlt in der Regel nicht jeder einzeln für sich, vielmehr lässt man sich eine gemeinsame Rechnung ausstellen, die man dann untereinander aufteilt.

Verkehr

Nicht nur hinter dem Lenkrad sind Italiener spontan. Sie fahren zügig, aber auch kavaliersmäßig rücksichtsvoll und suchen stets nach einer sinnvollen Lösung, um einem etwaigen Verkehrschaos zu entgehen. In Florenz wurden frühere Auswächse im Straßenverkehr eliminiert dank einer intelligenten Verkehrslenkung, aber nicht zuletzt auch dank des italienischen Bußgeldkatalogs, der mit hohen Strafen aufwartet. Auch zu Fuß sind Florentiner und Florentinerinnen wahre »gentiluomini« (Gentlemen) und »donne« (Damen). So ist es selbstverständlich, den bei Regen obligatorischen Regenschirm für Entgegenkommende anzuheben. Und gerade die Stadt Florenz und ihre Bewohner sind stolz darauf, sich im öffentlichen wie im privaten Raum für Menschen mit Behinderungen einzusetzen und Barrierefreiheit umzusetzen.

Arrangiarsi

Glücklich wird in Italien, wer auf die einzelnen Italiener zugeht und ihnen durch ein Lächeln oder eine Geste zu verstehen gibt, dass man es schätzt und genießt, es gerade mit diesem besonders kompetenten und gewinnenden Gegenüber zu tun zu haben. Fragen Sie ruhig nach dem Vornamen des Kellners, rufen Sie lieber ein »bravo«, »grande« oder »bello« zu viel als zu wenig. Und wenn wieder einmal etwas nicht klappen sollte, dann praktizieren Sie ganz die uralte italienische Kunst des »arriangiarsi«. Ein verständnisvolles Kompliment führt meist schneller zum Ziel als herrische Drohgebärden, die – Sie ahnen es schon – die Bella Figura beschädigen.

24-STUNDEN-APOTHEKEN

FARMACIA COMUNALE SANTA MARIA NOVELLA
Piazza della Stazione (EG des Hbf), Tel. 055 2 16 76 1

FARMACIA MOLTENI
Via Calzaiuoli 7r
Tel. 055 28 94 90, tgl. 8–22 Uhr
www.farmaciamolteni.com

ÄRZTLICHE HILFE
24 HOURS-MEDICAL SERVICE
Via Roma 4
Tel. 055 47 54 11
(auch auf Deutsch)
www.medicalservice.firenze.it

MEDIZINISCHER NOTDIENST
Tel. 1 18
auch Tel. 1 12

# GESUNDHEIT

Medizinische Versorgung

Im Notfall wenden Sie sich am besten an den rund um die Uhr erreichbaren Notfalldienst Guardia Medica, der im **Universitätskrankenhaus Careggi** arbeitet: Largo Brambilla 3, www.aou-careggi.toscana.it, Zentrale Tel. 055794111. Für **Kinder** ist die Erste Hilfe (pronto soccorso pediatro) im Krankenhaus Ospedale A. Meyer zuständig: Viale Gaetano Pieraccini 24, Zentrale Tel. 055 5 66 21, www.meyer.it. **Erste Hilfe** bietet auch das italienische Rote Kreuz (Croce Rossa Italiana) an: Lungarno Soderini 11, Tel. 055 27 44 01, tgl. 7.30–20 Uhr, https://crifirenze.it.
Eine Liste von **Zahnärzten** (dentisti) liefert www.dentisti-italia.it/dentista-toscana/dentista-firenze. Bei der Azienda USL Toscana Centro finden Sie alle Anlaufstellen für die Metropolitanstadt Florenz (zentrale Nummer Hospitäler: Tel. 055 54 54 54, www.uslcentro.toscana.it).

Apotheken

Apotheken (farmacie) haben in der Regel von Mo. bis Fr. von 9 bis 13 und von 15 bzw. 16 bis 20 Uhr geöffnet. Manche öffnen durchgehend von 9 bis 20 Uhr, andere rund um die Uhr.

# LESETIPPS

Belletristik

**Giovanni Boccaccio:** Das Dekameron, Jazzybee Verlag 2015. Novellensammlung mit 100 Erzählungen, entstanden 1349 bis 1353 nach der großen Pestepidemie von Florenz. Alles startet an der Kirche Santa Maria Novella.

**Dan Brown**: Inferno, Lübbe 2014
Diesmal hat sich der amerikanische Bestsellerautor Florenz mit seinen Palazzi, Kirchen und Kunstschätzen zum Schauplatz seines spannenden Thrillers ausgesucht. Wieder ist Robert Langdon unterwegs, eine Weltverschwörung aufzudecken, und Dantes Mittelalterepos »Die Göttliche Komödie« liefert den Code dazu.

**Dante Alighieri:** Göttliche Komödie, Reclam Verlag 2020
Das ab 1311 als allegorisch-lehrhaftes Gedicht verfasste Hauptwerk Dantes verweist an zahlreichen Stellen auf tatsächliche Ereignisse und Zeitgenossen des Florentiner Dichterfürsten.

**E. M. Forster**: Zimmer mit Aussicht, Fischer TB 2014
Florenz im Jahr 1907: Eine Engländerin verliebt sich auf einer Bildungsreise in einen jungen Schöngeist. Zunächst leugnet sie ihre Gefühle, entscheidet sich dann aber mutig gegen alle Konventionen.

**Julia Fischer:** Die Galerie der Düfte, Knaur TB 2018
In der ehrwürdige Apotheke Officina Profumo-Farmaceutica di Santa Maria Novella, die eingehüllt ist von verschiedensten Düften, die einem dort in die Nase steigen, muss sich Johanne zwischen zwei ungleichen Brüdern entscheiden.

**Pietro Bellini:** Signora Commissaria und die dunklen Geister, Droemer/Knaur 2020
Auftaktband der grandiosen Krimireihe um Kommissarin Giulia Ferrari, deren erster Mordfall sie zum Ponte Vecchio in Florenz führt.

**Rainer M. Schröder:** Die Medici-Chroniken – Der Pate von Florenz, Arena 2014
Nach Teil 1 (Hüter der Macht) entführt der Autor erneut in die Welt der Intrigen der Medici-Familie.

**Ross King**: Das Wunder von Florenz. Architektur und Intrige: Wie die schönste Kuppel der Welt entstand, Pantheon Verlag 2014
Roman über die spannende Baugeschichte der Domkuppel durch den Baumeister Brunelleschi

**Ross King**: Machiavelli: Philosoph der Macht, Bassermann 2021
Das Leben dieser spannenden Persönlichkeit, einer der einflussreichsten Denker der Renaissance, und zugleich ein Porträt von Florenz zur Blütezeit der Medici

**Magdalen Nabb:** Tod in Florenz, Diogenes 2018
Die englische Autorin hat den Großteil ihres Lebens in Florenz verbracht und bis zu ihrem Tod 2007 zahlreiche, in Florenz angesiedelte

Kriminalromane verfasst. Im Zentrum steht stets der schrullige, volkstümliche Kommissar Maresciallo Guarnaccia.

Sachbücher

**Peter Burke**: Die Renaissance, Wagenbach 2019
Einer der wichtigsten Klassiker zur kunsthistorischen Bedeutung der Renaissance.

**Stefan Klein**: Da Vincis Vermächtnis oder Wie Leonardo die Welt neu erfand, Fischer Taschenbuch 2009
Im Mittelpunkt steht die wissenschaftliche Neugier und Experimentierfreude des großen Universalgenies der Renaissance.

**Tobias Rath:** Welt der Renaissance, Galiani 2020
Prächtiger Folioband und zugleich Schatzkammer des Staunens zur Geschichte der Humanisten in Florenz. Ob Heiratspläne Florentiner Mütter oder obszöne Briefe Machiavellis – eine kostbare Fundgrube für alle.

**Volker Reinhardt:** Die Macht der Seuche, C. H. Beck 2021
Wie die Große Pest von 1348 und dann fünf weitere Pestwellen Florenz, die Toskana und dann Europa sozial und kulturell veränderten, das zeigt eindringlich der Professor für Geschichte an der Universität Fribourg auf.

**Bernd Roeck:** Der Morgen der Welt. Geschichte der Renaissance, C.H. Beck 2023
Dieses herausragende Sachbuch zeigt auf 1306 Seiten, wie Florenz im 15. und 16. Jahrhundert mächtig wurde.

**Giorgio Vasari**: Lebensläufe der berühmtesten Maler, Bildhauer und Architekten der Renaissance, Manesse Verlag 2020
Um das Jahr 1550 verfasste Vasari die Biografien berühmter Zeitgenossen von Cimabue bis Michelangelo – ein bedeutendes Werk zur Renaissancekunst.

**Ingeborg Walter**, Der Prächtige. Lorenzo de' Medici und seine Zeit, C. H. Beck 2009
Mit profunder Kenntnis und in hervorragendem Stil zeichnet die Autorin ein nüchternes Bild der bedeutendsten Herrscherpersönlichkeit der mächtigen Familie Medici.

Zur Einstimmung

**Henss, Rita** (Text); **Anzenberger-Fink, Christina und Anzenberger, Toni**(Fotos): DuMont Bildatlas Toskana – im Herzen Italiens, DuMont Reiseverlag 2021.
Kenntnisreiche, atmosphärische Texte verbinden sich mit exklusiven Fotos zur Region.

# PREISE · VERGÜNSTIGUNGEN

Firenzecard

Die Firenzecard (www.firenzecard.it) bietet Vergünstigungen für eifrige Museumsbesucher. Sie gilt ab dem ersten Museumsbesuch für 72 St. und kostet 85 €. Familienangehörige unter 18 Jahren erhalten freien Eintritt. Die Firenzecard+ umfasst auch den kostenlosen öffentlichen Nahverkehr. Die Firenze CardRestart ermöglicht Smartphone- und Tablet-Inhabern die Verlängerung um 48 St. (28 €). Weitere Infos zu Museumsbesuchen und Gratis-Eintritt: ▶ S. 295.

# REISEZEIT

Als beste Zeit für eine Reise nach Florenz empfehlen sich die Monate April bis Juni und September bis Oktober mit durchschnittlichen Temperaturen zwischen 15 und 20 °C; aber auch im Juni kann es schon sehr heiß sein. Allerdings sollte man nicht unbedingt an Ostern oder Pfingsten eine Reise in die Metropole am Arno unternehmen. Die Stadt ist über die Festtage von Touristen derart bevölkert, dass die Besichtigungstouren kaum noch ein Genuss sind. Am ungestörtesten wird man die grandiosen Sehenswürdigkeiten von Florenz in den Monaten von November bis März besichtigen können – manch ein Besucher nimmt dafür das um diese Jahreszeit unbeständigere Wetter gern in Kauf.

# SPRACHE

Entwicklung der italienischen Sprache

Das Italienische ist die geradlinige Fortsetzung der lateinischen Sprache, der es von allen romanischen Sprachen am nächsten steht. Nicht zuletzt infolge der früheren politischen Zerrissenheit des Landes entstanden zahlreiche Mundarten, aus denen die großen Dichter des 13. und 14. Jh.s, besonders Dante, das Toskanische als noch heute gültige Schriftsprache heraushoben. In den größeren Hotels und Restaurants von Florenz kann man sich in der Regel in Englisch verständigen, ansonsten helfen mitunter schon einige Redewendungen weiter.

# KLEINER SPRACHFÜHRER ITALIENISCH

## ZAHLEN

| | |
|---|---|
| zero | **0** |
| uno | **1** |
| due | **2** |
| tre | **3** |
| quattro | **4** |
| cinque | **5** |
| sei | **6** |
| sette | **7** |
| otto | **8** |
| nove | **9** |
| dieci | **10** |
| undici | **11** |
| dodici | **12** |
| tredici | **13** |
| quattordici | **14** |
| quindici | **15** |
| sedici | **16** |
| diciassette | **17** |
| diciotto | **18** |
| diciannove | **19** |
| venti | **20** |
| ventuno | **21** |
| trenta | **30** |
| quaranta | **40** |
| cinquanta | **50** |
| sessanta | **60** |
| settanta | **70** |
| ottanta | **80** |
| novanta | **90** |
| cento | **100** |
| centouno | **101** |
| mille | **1000** |
| duemila | **2000** |
| diecimila | **10000** |
| un quarto | **1/4** |
| un mezzo | **1/2** |

## AUF EINEN BLICK

| | |
|---|---|
| Sì/No | **Ja/Nein** |
| Per favore/Grazie | **Bitte/Danke** |
| Non c'è di che | **Gern geschehen** |
| Scusi!/Scusa! | **Entschuldigen Sie!** |
| Come dice? | **Wie bitte?** |
| Non La/ti capisco | **Ich verstehe Sie/dich nicht** |
| Parlo solo un po' di ... | **Ich spreche nur wenig ...** |
| Mi può aiutare, per favore? | **Können Sie mir bitte helfen?** |
| Vorrei ... | **Ich möchte ...** |
| (Non) mi piace | **Das gefällt mir (nicht)** |
| Ha ...? | **Haben Sie ...?** |
| Quanto costa? | **Wie viel kostet?** |
| Che ore sono?/Che ora è? | **Wie viel Uhr ist es?** |
| Come sta?/Come stai? | **Wie geht es Ihnen/dir?** |
| Bene, grazie. E Lei/tu? | **Danke. Und Ihnen/dir?** |

## INTERNET UND HANDY

| | |
|---|---|
| telefono cellulare | **Mobiltelefon** |
| il caricabatterie | **Ladekabel** |
| il caricabatterie smartphone | **Handy-Ladekabel** |
| La batteria non funziona più. | **Die Batterie funktioniert nicht mehr.** |
| Ho rotto il display del mio cellulare. | **Das Display meines Handys ist kaputt.** |
| Riparazione/sostituzione | **Reparatur/Austausch** |
| Cambio | **Tausch** |
| tutti i modelli | **alle Modelle** |

| | |
|---|---|
| Casella di posta elettronica | **E-Mail-Posteingang** |
| Qui c'è il collegamento internet/wifi? | **Gibt es hier einen Internet/WLAN-Zugang?** |
| La connessione ad internet non funziona. | **Die Internetverbindung funktioniert nicht.** |

## UNTERWEGS

| | |
|---|---|
| a sinistra/a destra/diritto | **nach links/nach rechts/geradeaus** |
| vicino/lontano | **nah/fern** |
| Quanti chilometri sono? | **Wie weit (in Kilometern) ist das?** |
| Vorrei noleggiare ... | **Ich möchte ... mieten** |
| ... una macchina | **... ein Auto** |
| ... una bicicletta | **... ein Fahrrad** |
| ... una barca | **... ein Boot** |
| Scusi, dov'è ...? | **Bitte, wo ist ...?** |
| la stazione centrale | **der Hauptbahnhof** |
| il tram | **die Straßenbahn** |
| l'aeroporto | **der Flughafen** |
| all'albergo | **zum Hotel** |
| Ho un guasto. | **Ich habe eine Panne.** |
| Mi potrebbe mandare un carro-attrezzi? | **Würden Sie mir einen Abschleppwagen schicken?** |
| Scusi, c'è un'officina qui? | **Gibt es hier eine Werkstatt?** |
| Dov'è la prossima stazione di servizio? | **Wo ist die nächste Tankstelle?** |
| benzina normale | **Normalbenzin** |
| super/gasolio | **Super/Diesel** |
| deviazione | **Umleitung** |
| senso unico | **Einbahnstraße** |
| sbarrato | **gesperrt** |
| rallentare | **langsam fahren** |
| tutte le direzioni | **alle Richtungen** |
| guidare a destra/tenere la destra | **rechts fahren/sich rechts halten** |
| zona di silenzio | **Hupverbot** |
| zona tutelata inizio | **Beginn der Parkverbotszone** |
| Aiuto!/Attenzione | **Hilfe!/Achtung** |
| Chiami subito ... | **Rufen Sie schnell ...** |
| ... un'autoambulanza/la polizia | **... einen Krankenwagen/die Polizei** |

## AUSGEHEN

| | |
|---|---|
| Scusi, mi potrebbe indicare ...? | **Wo gibt es ...?** |
| ... un buon ristorante? | **... ein gutes Restaurant?** |
| ... un locale tipico? | **... ein typisches Restaurant?** |
| C'è una gelateria qui vicino? | **Gibt es hier eine Eisdiele?** |
| Può riservarci per stasera un tavolo per quattro persone? | **Können Sie für heute Abend einen Tisch für vier Personen reservieren?** |
| Alla Sua salute! | **Auf Ihr Wohl!** |
| Il conto, per favore. | **Die Rechnung, bitte.** |
| Andava bene? | **Hat es geschmeckt?** |
| Il mangiare era eccellente. | **Das Essen war ausgezeichnet.** |

| | |
|---|---|
| Ha un calendario delle manifestazioni? | **Haben Sie einen Veranstaltungskalender?** |

## EINKAUFEN

| | |
|---|---|
| Dov'è si può trovare ...? | **Wo finde ich ...?** |
| ... una farmacia | **... eine Apotheke** |
| ... un panificio | **... eine Bäckerei** |
| ... un negozio di articoli fotografici | **... ein Fotogeschäft** |
| ... un grande magazzino | **... ein Kaufhaus** |
| ... un negozio di generi alimentari | **... ein Lebensmittelgeschäft** |
| ... il mercato/il supermercato | **... den Markt/den Supermarkt** |
| ... il tabaccaio/il giornalaio | **... den Tabakladen/den Zeitungshändler** |

## ÜBERNACHTEN

| | |
|---|---|
| Scusi, potrebbe consigliarmi ...? | **Können Sie mir ... empfehlen?** |
| ... un albergo / una pensione | **... ein Hotel / eine Pension** |
| Ho prenotato una camera. | **Ich habe ein Zimmer reserviert.** |
| È libera ...? | **Haben Sie noch ...?** |
| ... una camera singola/doppia | **... ein Einzel- / ein Zweibettzimmer** |
| ... con doccia/bagno | **... mit Dusche/Bad** |
| ... per una notte/settimana | **... für eine Nacht/Woche** |
| ... con vista sul mare | **... mit Blick aufs Meer** |
| Quanto costa la camera ...? | **Was kostet das Zimmer ...?** |
| ... con la prima colazione? | **... mit Frühstück?** |
| ... a mezza pensione? | **... mit Halbpension?** |

## ARZT UND APOTHEKE

| | |
|---|---|
| Mi può consigliare un buon medico? | **Können Sie mir einen guten Arzt empfehlen?** |
| Mi può dare una medicina per ... | **Geben Sie mir bitte ein Medikament gegen ...** |
| Soffro di diarrea. | **Ich habe Durchfall.** |
| Ho mal di pancia. | **Ich habe Bauchschmerzen.** |
| ... mal di testa/gola/denti | **... Kopf-/ Hals-/Zahnschmerzen** |
| ... influenza/tosse/la febbre | **... Grippe/Husten/Fieber** |
| ... scottatura solare | **... Sonnenbrand** |
| ... costipazione | **... Verstopfung** |

## SPEISEKARTE

| | |
|---|---|
| prima colazione | **Frühstück** |
| caffè, espresso | **kleiner Kaffee ohne Milch** |
| caffè macchiato | **kleiner Kaffee mit wenig Milch** |
| caffè latte | **Kaffee mit Milch** |
| cappuccino | **Kaffee mit aufgeschäumter Milch** |
| tè al latte/al limone | **Tee mit Milch/Zitrone** |
| cioccolata | **Schokolade** |
| frittata | **Omelett/Pfannkuchen** |

| | |
|---|---|
| pane/panino/pane tostato | **Brot/Brötchen/Toast** |
| burro | **Butter** |
| salame/prosciutto | **Wurst/Schinken** |
| miele/marmellata | **Honig/Marmelade** |
| yogurt | **Joghurt** |

| ANTIPASTI | VORSPEISEN |
|---|---|
| affettato misto | **gemischter Aufschnitt** |
| anguilla affumicata | **Räucheraal** |
| melone e prosciutto | **Melone mit Schinken** |
| vitello tonnato | **kalter Kalbsbraten mit Tunfischsauce** |

| PRIMI PIATTI | NUDEL-, REISGERICHTE, SUPPEN |
|---|---|
| pasta/fettuccine, tagliatelle | **Nudeln/Bandnudeln** |
| gnocchi | **kleine Kartoffelklößchen** |
| polenta (alla valdostana) | **Maisbrei (mit Käse)** |
| vermicelli | **Fadennudeln** |
| minestrone | **dicke Gemüsesuppe** |
| pastina in brodo | **Fleischbrühe mit feinen Nudeln** |
| zuppa di pesce | **Fischsuppe** |

| CARNI E PESCE | FLEISCH UND FISCH |
|---|---|
| agnello | **Lamm** |
| ai ferri/alla griglia | **vom Grill** |
| aragosta | **Languste** |
| brasato | **Braten** |
| coniglio | **Kaninchen** |
| cozze/vongole | **Miesmuscheln/Venusmuscheln** |
| fegato | **Leber** |
| fritto di pesce | **gebackene Fische** |
| gambero, granchio | **Garnelen** |
| maiale | **Schweinefleisch** |
| manzo/bue | **Rind-/Ochsenfleisch** |
| pesce spada | **Schwertfisch** |
| platessa | **Scholle** |
| pollo | **Huhn** |
| rognoni | **Nieren** |
| salmone | **Lachs** |
| scampi fritti | **gebackene Langustinen** |
| sogliola | **Seezunge** |
| tonno | **Tunfisch** |
| trota | **Forelle** |
| vitello | **Kalbfleisch** |

| VERDURA | GEMÜSE |
|---|---|
| asparagi | **Spargel** |

| | |
|---|---|
| carciofi | **Artischocken** |
| carote | **Karotten** |
| cavolfiore | **Blumenkohl** |
| cavolo | **Kohl** |
| cicoria belga | **Chicorée** |
| cipolle | **Zwiebeln** |
| fagioli/fagiolini | **weiße Bohnen/grüne Bohnen** |
| finocchio | **Fenchel** |
| funghi | **Pilze** |
| insalata mista/verde | **gemischter/grüner Salat** |
| lenticchie | **Linsen** |
| melanzane | **Auberginen** |
| patate | **Kartoffeln** |
| patatine fritte | **Pommes frites** |
| peperoni | **Paprika** |
| pomodori | **Tomaten** |
| spinaci | **Spinat** |
| zucca | **Kürbis** |

| FORMAGGIO | KÄSE |
|---|---|
| parmigiano | **Parmesan** |
| pecorino | **Schafskäse** |
| ricotta | **quarkähnlicher Frischkäse** |

| DOLCI E FRUTTA | NACHSPEISEN UND OBST |
|---|---|
| cassata | **Eisschnitte mit kandierten Früchten** |
| coppa assortita | **gemischter Eisbecher** |
| coppa con panna | **Eisbecher mit Sahne** |
| tiramisu | **Löffelbiskuit mit Mascarponecreme** |
| zabaione | **Eierschaumcreme** |

| BEVANDE | GETRÄNKE |
|---|---|
| acqua minerale | **Mineralwasser** |
| aranciata | **Orangeade** |
| bibita | **Erfrischungsgetränk** |
| bicchiere | **Glas** |
| birra scura/chiara | **dunkles/helles Bier** |
| birra alla spina | **Bier vom Fass** |
| birra senza alcool | **alkoholfreies Bier** |
| bottiglia | **Flasche** |
| con ghiaccio | **mit Eis** |
| digestivo | **Digestif** |
| gassata, con gas/liscia, senza gas | **mit Kohlensäure/ohne Kohlensäure** |
| secco | **trocken** |
| spumante | **Sekt** |
| succo | **Fruchtsaft** |
| vino bianco/rosato/rosso | **Weiß-/Rosé-/Rotwein** |
| vino della casa | **Hauswein** |

# TELEKOMMUNIKATION · POST

**Telefonieren** Die Ortsvorwahl ist Bestandteil der italienischen **Telefonnummer**; sie muss auch bei Ortsgesprächen und Anrufen aus dem Ausland (einschließlich der führenden 0) mitgewählt werden. Davon ausgenommen sind Notfall-, Service- und Handy-Nummern (sie beginnen nicht mit einer 0). Servicenummern mit Vorwahl 800 sind gratis.

Das Mobiltelefon (ital. telefono cellulare, auch telefonino) wählt sich automatisch via Roaming ins entsprechende italienische Partnernetz. Seit 2017 sind innerhalb der europäischen Staaten die EU-Roaming-Gebühren abgeschafft, man kann also mit den gängigen Netzanbietern grenzüberschreitend zum normalen Tarif telefonieren. Das gilt auch für mobiles Internet – jeweils bis zu einer bestimmten Obergrenze. Italienische Mobilfunknummern erkennt man an den dreistelligen Mobilfunkvorwahlen, die jeweils mit einer »3« beginnen. Gewählt werden sie ohne »0« vorweg.

Genaueres auf www.teltarif.de

Bereits zu Zeiten der Römer war die heutige Piazza della Repubblica das Zentrum der Stadt. Heute findet man auch die Post in den Arkaden des Platzes.

Postämter

Die italienischen Postämter sind in der Regel Mo.–Fr. 8.20–19 Uhr und Sa. 8.15–13 Uhr geöffnet. Die **Hauptpost** (Via Pellecceria 3) in den Arkaden der zentralen Piazza della Repubblica ist für ihre Kunden Mo.–Fr. 8.30–19 Uhr und Sa. 8.15–12.30 Uhr da.

Briefmarken

Briefmarken (Francobolli) gibt es in Postämtern oder Tabakgeschäften (Tabacchi), die durch ein »T«-Schild gekennzeichnet sind. Ein Brief (bis 20 g) oder eine Postkarte wird innerhalb Italiens mit 1,20 €, mit Ziel im europäischen Ausland mit 1,25 € frankiert (Stand: 2022).

# VERKEHR

Öffentlicher Verkehr

Seit 2021 werden die innerstädtischen Buslinien in Florenz und der gesamte lokale Busverkehr in der Toskana von der Busgesellschaft **Autolinee Toscane** durchgeführt (AT; www.at-bus.it; kostenloses Info-Tel. 800 14 24 24, tgl. 6–24 Uhr). Innerstädtische **Tickets** (Kategorie »Urbano Capoluogo«) sind in der AT-Verkaufsstelle Florenz erhältlich (Via Santa Caterina da Siena 17; Mo.–Sa. 5.45–20.40, So. 6.25–20.30 Uhr), außerdem in Läden, an Automaten, online über die **App TABNET** (www.tabnet.it) oder per SMS (4880105 für die gesamte Toskana). Am Flughafen in Peretola bekommen Sie Tickets im Zeitschriftenladen im Ankunftsbereich. Sie sind auch für die Tramlinien in Florenz gültig. Die einfache Fahrt (90 Min., auch mit Umsteigen gültig) kostet 1,50€! Bei Zahlung im Bus werden 2,50€, per SMS 1,80€ und online sowie bei kontaktloser Kartenzahlung im Bus 1,50€ fällig. Der Zehnerblock (Carnet Urbano Capoluogo) kostet nur 14€, die Tageskarte (Nottetempo) 5 €. Das **historische Zentrum** von Florenz erschließen die Elektrobusse C1, C2, C3 und D.
Busfahrten mit den Autolinee Toscane ins **Florentiner Umland** kosten ab 1,50€. Man erwirbt »außerstädtische Tickets« (biglietti extraurbani). In Florenz fahren die **Straßenbahnen** T1 »Leonardo« und T2 »Vespucci« (www.gestramvia.it). Die T2 verbindet den Flughafen mit dem Hauptbahnhof Santa Maria Novella. Eine dritte Linie T3 wird ab Sommer 2023 gebaut. Die Trams fahren So.–Do. 5–0.30 Uhr, Fr. und Sa. 5–2 Uhr. Die Ticketpreise entsprechen denen der AT. Die Fahrradmitnahme in der Tram ist So. ganztägig, Mo.–Sa. nur 5–7, 10–17 und 20–0.30 Uhr möglich.

Taxi

Bei Taxifahrten wird ein Mindesttarif verlangt, unabhängig von der Zahl der Fahrgäste. In der Nacht zwischen 22 und 6 Uhr sowie an Sonn- und Feiertagen ist mit einem Preisaufschlag zu rechnen. Man kann Taxis anhalten, allerdings nicht in der Nähe eines Taxistands.

Wer einen Beleg für die Fahrt braucht, bittet um eine »ricevuta«. Die Taxifahrt Flughafen zum Stadtzentrum kostet ca. 25 €.

Innenstadt gesperrt!

Das Zentrum von Florenz ist für den privaten Autoverkehr großteils gesperrt, als »zona di traffico limitato« (ZTL) mit sehr eingeschränkten Zufahrtszeiten, die auf Lichttafeln angezeigt sind. Auch die exklusiven Busspuren werden mit Kameras kontrolliert. Achtung: Eventuelle Bußgelder werden ab 70 € auch innerhalb der EU eingezogen.

Parken

Zahlungspflichtige Parkplätze sind blau markiert, die **Parktickets** zieht man an Automaten auf den Bürgersteigen oder kauft sie als Rubbeltickets in Tabakläden. Wer nicht zu einem innerstädtischen Hotel fahren muss, sollte versuchen, sein Auto außerhalb der ZTL-Zone abzustellen. Die größten **Tiefgaragen** befinden sich unterhalb des Hauptbahnhofs und an der Porta al Prato. Parkplatzreservierung z. B. über: https://en.myparking.it/parcheggio_firenze. **Firenze Parcheggi** (Reservierung: www.fipark.it) bietet 6000 Stellplätze, z. B. auch in »San Lorenzo – Mercato Centrale«, »Fortezza Fiera« (Fortezza da Basso) oder im Parkhaus »Parterre« (Via del Ponte Rosso 4; 1008 Stellplätze; Tagesticket 15 €). Sinnvoll sind auch Parkplätze an den Tramlinien T1 und T2.

Autos dürfen zwar nicht durch die Innenstadt fahren, aber mit dem Rad kommt man schnell von A nach B

**Verkehrsvorschriften**

Die Promillegrenze liegt bei 0,5. Außerhalb von Ortschaften muss man tagsüber mit dem Abblendlicht fahren. Bei Regen, Schnee und Nebel sind auf der Autobahn max. 110 km/h erlaubt. Ansonsten gelten folgende **Tempolimits:** Pkws, Motorräder und Wohnmobile bis 3,5 t: innerorts 50 km/h, außerorts 90 km/h und auf Schnellstraßen (2 Fahrstreifen in jeder Richtung) 110 km/h, auf Autobahnen (Autostrada) 130 km/h. Für Wohnmobile über 3,5 t gilt: außerorts und auf Schnellstraßen 80 km/h und auf Autobahnen 100 km/h. Wer zu schnell fährt und erwischt wird, muss mit hohen Geldstrafen rechnen. Denken Sie daran, dass Bußgelder ab einer Höhe von 70€ EU-weit fällig und auch eingezogen werden. Wichtig: **Pannenwesten** sind in Italien Pflicht! Privates **Abschleppen** auf Autobahnen ist verboten. Im Fall einer Panne werden ausländische Auto- oder Motorradreisende vom Pannendienst des italienischen Automobilklubs ACI zur nächsten Werkstatt abgeschleppt. Auf Motorrädern über 50 ccm besteht Helmpflicht. Bei Totalschaden ist der Zoll zu verständigen, da sonst u. U. für das Schadensfahrzeug Einfuhrzoll bezahlt werden muss. Das **Telefonieren** im Auto ist auch in Italien nur mit Freisprechanlage erlaubt.

Seit 2022 ist der neue Service »Luceverde« (Grünes Licht) des ACI eingerichtet. Er gibt aktuelle Verkehrsinformationen für 28 Städte in Italien, darunter auch Florenz (Tel. 800 18 34 34, www.luceverde.it/en, www.aci.it).

## AUTOMOBILKLUB

### AUTOMOBILE CLUB D' ITALIA (ACI)
Tel. 80 31 16
www.aci.it

## ÖFFENTLICHER NAHVERKEHR

### AUTOLINEE TOSCANE (AT)
Via Santa Caterina da Siena 17, Florenz | Tel. 800 14 24 24
www.at-bus.it

## MIETWAGEN

### AVIS
Tel. +49 (0)6171 68 12 83
www.avis.de

### BUDGET
Tel. +49 (0)6171 6 80 (in Deutschland)
Pannenservice:
Tel. +49 (0)30 25 79 98 99
www.budget.de

### EUROPCAR
Tel. +49 (0)40 5 20 18 80 00
www.europcar.de

### HERTZ
Tel. 01806 33 35 35 (in Deutschland) | www.hertz.de

### SIXT
Tel. in Italien: +39 02 94 75 79 79
Pannenhilfe: +49(0)89 24 40 00 88
www.sixt.de

## PARKEN
www.fipark.com

## TAXI
Tel. 055 42 42, Tel. 055 43 90

# REGISTER

# BILDNACHWEIS

akg-images/Rabatti-Domigie 221 (oben), 182
Bilderberg/Hans Madej 213
David Lees/Kontributor/getty images 22
Dumont Bildarchiv 54, 272
Dumont Bildarchiv/Christina Anzenberger-Fink & Toni Anzenberger 5 (oben), 9, 25, 31, 65, 72, 78, 142, 205, 229, 234, 279, 282, 296, 308, 336
Dumont Bildarchiv/Widmann 37 (unten), 172
Eric Bouloumie/hemis.fr/laif 10
fotolia/BestPhotoStudio 146
getty images/Davor Curic 245
fotolia/alfredogarciatv 253 (oben)
fotolia/GAIA 99
fotolia/iMarzi 26
fotolia/orionlafuente 241
fotolia/rh2010 334
fotolia/Roi Barnett 152
fotolia/stiopacom 95
fotolia/zummolo 200 (oben)
Getty images/Davor Curic 5 (unten), 247
Getty Images/Dea/Dagliorti 118
Getty Images/Leemage 89
Getty Images/Maremagnum 292
Getty Images/Mayfield 317
Getty Images/Origlia 77
getty images/Rory McDonald 3 (unten), 150
Getty Images/Scicluna 101
Getty Images/Tondini 281 (oben)
Getty Images/Watson 315
Huber 200 (unten)
Huber/Bernhart Udo 280
Huber/Cellai 203
Huber/Gräfenhain 323
Huber-Images 41
huber-images/Guido Cozzi 37 (oben), 49
huber-images/Kremer Susanne 156
istock/Daria Trefilova 20
Juergen Richter/Look-foto 125
Karl Baedeker Verlag U 7
laif/ Galli 87
laif/Günter Standl 95
Laif/Steinhilber 281 (unten)
Laura Lezza/Kontributor (Getty Images) 116
Le Figaro Magazine/laif 177
Look/Richter 3 (oben), 135
Look/Maeritz S. 269
Martin Thomas 238
mauritius images / adam eastland/ Alamy 196
mauritius images/Alex Ramsay/Alamy 13
mauritius images/angel manzano/ Alamy 28
mauritius images/CuboImages/Gimmi 4, 154
mauritius images/Eddy Galeotti/ Alamy 71
mauritius images/Gianni Pasquini/ Alamy 17
mauritius images/Russell Mountford/ Alamy 299
mauritius images / Vova Pomortzeff / Alamy 14
picture alliance/AKG-Images 102
picture alliance/AKG-Images/Rabatti-Domingie 259
picture alliance/dpa 225
picture alliance/Lars Halbauer U 7, 262
picture alliance/Rabatti-Domingie 181, 303
picture alliance/robertharding 2 (oben), 18, 43
Shutterstock/Alberto Zamorano 113
Shutterstock/Aliaksandr Antanovich 129
Strüber 221 (unten), 233, 253 (unten)
Wrba 130
Titelbild: Getty Images/Paul Seheult/ Eye Ubiquitous

# VERZEICHNIS DER KARTEN UND GRAFIKEN

# BAEDEKER VERLAGSPROGRAMM

Viele Baedeker-Titel sind als E-Book erhältlich.

A
Ägypten
Algarve
Allgäu
Amsterdam
Andalusien
Australien

B
Bali
Baltikum
Barcelona

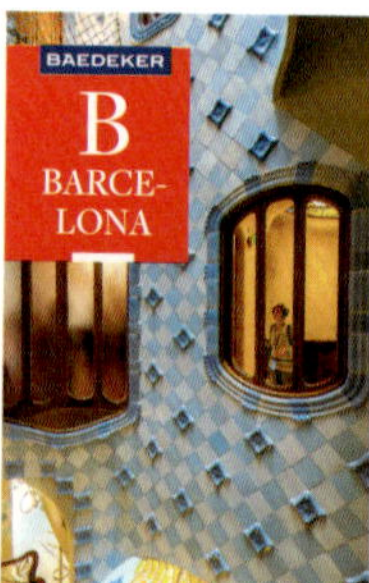


Belgien
Berlin · Potsdam
Bodensee
Böhmen
Bretagne
Brüssel
Budapest
Burgund

C
China

D
Dänemark
Deutsche Nordseeküste
Deutschland
Dresden
Dubai · VAE

E
Elba
Elsass · Vogesen
England

F
Finnland
Florenz
Florida
Frankreich
Fuerteventura

G
Gardasee

Golf von Neapel
Gomera
Gran Canaria
Griechenland

H
Hamburg
Harz
Hongkong · Macao

I
Indien
Irland
Island
Israel · Palästina
Istanbul
Istrien · Kvarner Bucht
Italien

J
Japan

K
Kalifornien
Kanada · Osten
Kanada · Westen

Kanalinseln
Kapstadt · Garden Route
Kopenhagen
Korfu · Ionische Inseln
Korsika
Kreta
Kroatische Adriaküste · Dalmatien
Kuba

L
La Palma
Lanzarote
Lissabon
London

M
Madeira
Madrid
Mallorca
Malta · Gozo · Comino
Marrokko
Mecklenburg-Vorpommern
Menorca
Mexiko
München

N
Namibia
Neuseeland
New York
Niederlande

Norwegen

O
Oberbayern
Österreich

P
Paris
Polen
Polnische Ostseeküste · Danzing · Masuren
Portugal
Prag
Provence · Côte d'Azur

R
Rhodos
Rom
Rügen · Hiddensee
Rumänien

S
Sachsen
Salzburger Land
Sankt Petersburg
Sardinien
Schottland
Schwarzwald
Schweden
Schweiz
Sizilien
Skandinavien
Slowenien
Spanien
Sri Lanka
Südafrika
Südengland
Südschweden · Stockholm
Südtirol
Sylt

T
Teneriffa
Thailand
Thüringen
Toskana

U
USA · Nordosten
USA · Südwesten

Usedom

V
Venedig
Vietnam

W
Wien

Z
Zypern

# IMPRESSUM

**Ausstattung:**
91 Abbildungen, 31 Karten und Grafiken, ein großer Cityplan

**Text:**
Bettina Dürr, Carmen Galenschovski, Jürgen Sorges, Reinhard Strüber

**Bearbeitung:**
Baedeker-Redaktion (Cornelia Thoellden)

**Kartografie:**
Franz Huber, München, Klaus-Peter Lawall, Unterensingen, © 2024 KOMPASS-Karten GmbH, A-6020 Innsbruck; MAIRDUMONT, D-73751 Ostfildern (Cityplan)

**3D-Illustrationen:**
jangled nerves, Stuttgart

**Infografiken:**
Golden Section Graphics GmbH, Berlin

**Gestalterisches Konzept:**
RUPA GbR, München

15., aktualiserte Auflage 2024



Trotz aller Sorgfalt von Redaktion und Autoren zeigt die Erfahrung, dass Fehler und Änderungen nach Drucklegung nicht ausgeschlossen werden können. Infolge der Corona-Pandemie kann es darüber hinaus zu kurzfristigen Geschäftsschließungen und anderen Änderungen vor Ort gekommen sein. Dafür kann der Verlag leider keine Haftung übernehmen. Jede Karte wird stets nach neuesten Unterlagen und unter Berücksichtigung der aktuellen politischen De-facto-Administrationen (oder Zugehörigkeiten) überarbeitet. Dies kann dazu führen, dass die Angaben von der völkerrechtlichen Lage abweichen. Irrtümer können trotzdem nie ganz ausgeschlossen werden. Kritik, Berichtigungen und Verbesserungsvorschläge sind jederzeit willkommen. Schreiben Sie uns, mailen Sie oder rufen Sie an:

**MairDumont: Baedeker Redaktion**
Postfach 3162, D-73751 Ostfildern
Tel. 0711 4502-262
www.baedeker.com

Printed in China

# Meine persönlichen Notizen

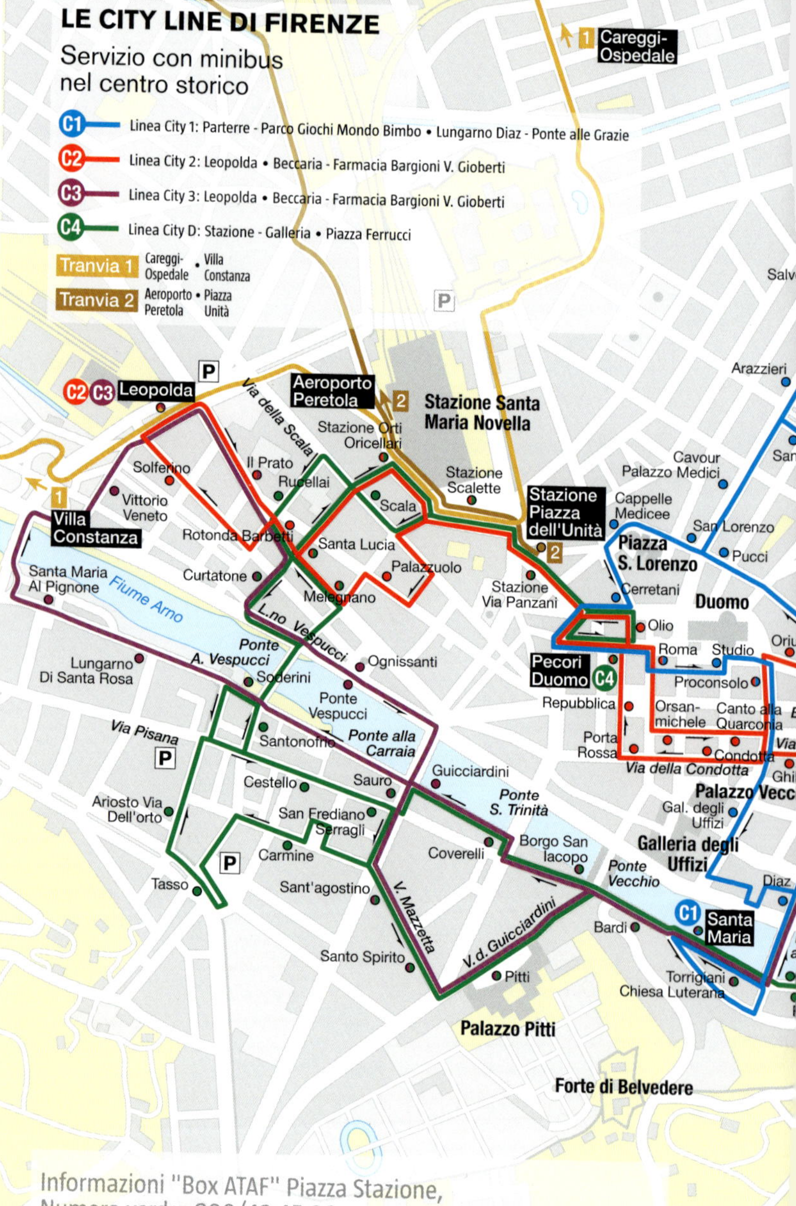


Informazioni "Box ATAF" Piazza Stazione,
Numero verde: 800/42 45 00
Da cellulare: 199/10 42 45 -Costi secondo operatore telefonico-
www.at-bus.it/en